U0576574

总 主 编 李红权 朱宪

本卷主编 李红权 朱宪

近代蒙古文献大系

概览卷

◇ 第五册 ◇

中华书局

目　录

包头市的鸟瞰

安　撰

　　包头为西北重心，且为国防重镇。西接甘、宁，北邻内外蒙古，间接苏俄，南连陕境，东毗察、绥，［西］与热河遥遥相对，西邻黄河，背负阴山。在交通上，扼平绥铁路之终点，并为包宁之航空母站，故世云包头为西北水陆之中枢，于军事、政治、经济均有密切之关系，故是凡关心西北问题者莫不到包考察，如美国之沈夫人暨沙以哲女士，以及平津各大中学生组织之西北考察团即其明证矣。

　　包头市之土城系建筑于同治九年，至十二年方始告竣。城虽系土筑，但与砖城一样伟大，也有炮台，也有城朵，而朵上亦有枪眼，高约二丈与三丈之间，厚约数尺，当地虽尽为沙土，但此城之泥大有粘性，虽经悠久之年代，而其质之硬不亚于敏土，借此可见吾国古人亦精于科学也。

　　按省府调查城内居民有一万三千余家，而居民约六万五千余人，女性占有二万三千余众，男性占四万有奇，更加上其他共二十余万众，而全境共约十八万余。倘今更进一步之调查，则余相信有多无少矣。

　　市内街道亦分东、南各大街，而其小巷亦繁，人烟稠密。因包头生于西北沙漠之地，故其街上之泥沙亦甚，俗有"秽土三尺厚，臭气满街闻"之诮。这是因为街上泥沙太多，且人民多不注意公共卫生之所致，据云今已较昔进步多了。因为沿街小巷均可看出有公共尿池之设立，禁止便溺之禁令触目皆是，但以习惯久远，一时不易矫正，不过现在是比较的好点罢了。

市中的人比较的懒散，因此官家在墙壁上大书着"人不早起，不如禽兽"等字警语，查其原因，或者是抽烟的人太多的原故吧？据说此地妓女亦广，这或者又是以上所述男多过于女的反应，亦或是连年水旱灾，而邻封灾民因生活而逼迫之所致呢？

文化落后之西北的教育是未普及的，而包头市当然亦不能例外，不过比较起来，包头近年之教育是有显著的进步，市内除省立第二中学外，共有小学十二处，计各校教育经费为一万数千余元，男女学生约达八百人之左右，而教员之最高薪月得三十元，最低薪约十余元，以目前包头市之生活程度而论，似较低廉。

此外有中央政治分校一所，内有学生八十名，简易师范部四十名，小学部四十名，该校为培植各蒙旗青年之最高学府，且为中央特办，凡校中管理，均与其他不同。同时关于学生待遇及一切衣食住、书籍等费全为公费，该校经费亦直接由中央发给，故其精神亦较特殊。

包头交通之便，诚为西北之冠。以铁路而言，则位居平包铁路之终点，以公路言，则有绥包公路。近年自绥包段之公〔铁〕路完成，此路势以失去其价值。此外有包乌公路，由包头至乌拉河，而陆途亦极便利。在北有包固大道，以达固阳，由固阳可达外蒙；又北去，则有包安大道，以达安北设治县，由此可转往五原，或至乌蓝脑包以达外蒙；南去复有包东大道，以达东胜县；其余五原、临河，亦早有汽车通行矣。

以水道而言，黄河在包头与宁夏之间可以输运，虽仅于水大时可以输运，然于包宁交通上实大有裨益。计往来于其中之民船有七站报，及高梆大船与小筏子三种。七站报约千只，高梆大船约百余只，小筏子约五十余只。每年自四月解冻，九月结冰，其余都为航行时期。而城外南海子现已装设小火轮试航于包、宁等处，借此可观包头交通之一斑了。

　　而于电信方面，亦极便利，除本市电话外，兼设有长途电话，而有线及无线电报，亦随时可以收发。此外设有二等甲级邮局，兼辖安北、固阳、小淖村、达拉村旗府各处邮寄代办所。此外复有包五路，由包头至五原，长约四百五十里，尽〔昼〕夜开班；包固路，由包头至固阳，长约一百四十里，每日一班；包小路，由包头至小淖村，长约四十里，每日一班；包达路，由包头至特拉齐王府，长约四十五里，每日一班云。

　　包头以地位之重要，交通便利之关系，均在在〔均〕需要工业之设置，然因历史之关系，包头之工业尚在萌芽时期。查现有之工业有电灯面粉厂，及甘草厂与毛毯厂，而此中以电灯面粉厂为最大。因厂中购有价值六千余元之磨粉机械，有店伙三十余人，每日可磨二百余袋。据目前价格，头等每袋可售大洋二元五角，二等可售二元三角，其次粗面亦可售二元左右。至电灯营业，自开办及今，均能维持现状，其资本云十八万元，有云三十万，未详。另有晋源西油粮面粉公司，资本仅十万元，兼营收买油粮之业，厂中亦购有价值二万四千余元之机械，而毛毯业亦为包头著名之工业，其资本之大者有数千元，而少者仅数百元而已，如永茂厂及和记厂等为大。甘草厂系芬兰人维利俄斯所办，厂名永茂源，资本仅三千元，厂中设备简单，一切动力皆备人与畜之劳力，民国二十年由本市官钱局收回经营，而现已停业矣。此外如马鞍店及粗细皮房，与打铁、木工等，均为其工业中之较著者也。

　　包头因为扼西北水陆空交通中枢，因是凡由内地运往西北及内外蒙古之零整货物，及由西北各地运赴内地之货物，咸以包头市为中心。出口货物，以毛皮、牲畜为其大宗，而进口货则以绸缎、棉纱、布匹为重要。据民国十九年调查，出口货物之总价值仅八百万元之谱，但当十三四年商业繁盛时期，而进出口之总价值达二千五百余万元以上。嗣以十五年冬国民军退县之时，向各界商人摊派军饷，搜括至二千万元之巨，因此包头之元气大待〔伤〕，迄今仍未恢复其旧观。加以年来灾害频临，土匪遍地，农事不兴，经济破产，至形成今日之衰落现象，而趋于萧条之途也。

包头之货币，银币有袁头及孙总理银币，与光绪年间所造之银币，铜币仅当二十及当十两种，均能通用，比较平、京就好的多了。纸币以中国及交通两银行之纸币最为通行，可与现洋同样使用。此外丰业银行及平市官钱局亦有纸币之发行，此二种均有兑现与不兑现两种，但从前面流行之纸币则以不兑现为最多。民国二十一年经总行整理一次后，乃又发出兑现之铜元票，现以五百枚铜票可换一大洋云。

包头之金融周转机关除旧有十余家钱庄外，现有中国银行、交通银行，及丰业银行与平市官钱局等，为其周转之金融机关也。

本年黄河以北均少见雨雪，因是气候温暖，据有经验者谈，实素来〈未〉有之现象，但以春耕在急，恐西北农事将蒙其患也。

二十四年二月十二日，于包头客次

《康藏前锋》（月刊）

南京康藏前锋社

1935 年 2 卷 6 期

（朱宪　整理）

绥远近况一瞥

作者不详

绥远省境面积，等于四川，而四川全省人口达三四千万，绥远全境人口，不过一百万人。据民国十九年绥民政厅之全省户口调查，计正省为三十五万二千九百六十户，人口为二百万○四千七百二十二人。延至今日，相差无甚出入，地广人稀，大好沃野，等于废弃。查绥远当有清之季，置将军，管辖蒙旗行政，为外番属行政区域，察哈尔、热河均为内番属行政区域。绥远特别区将军之下，设都统二员，计正副各一，汉、蒙二员充任，彼时行政区域，除蒙古乌兰茶〔察〕布、伊克昭二盟共十三旗以外，并有土默持〔特〕旗，开辟县份不过归绥、五原二三县而已。迨至民十八〔七〕年，始改特别区为行省，除由察哈尔拨划丰镇、集宁、兴和、凉城、陶林五县外，连同民国后开辟之县份、设治局等，现在绥远已设有十六县及二设治局，计归绥、萨拉齐、包头、丰镇为一等县，武川、五原、集宁、兴和为二等县，凉城、陶林、临河、清水河、托克托、东胜、固阳、和林格尔为三等县。民十八，辟安北为设治局，十九年辟沃野为设治局。绥省出产，以农作物为大宗，谷米尤为大量之出产，每年运往翼〔冀〕、鲁二省者甚多。矿产，煤矿蕴藏甚多，燃料价格低廉。皮毛亦为乌、伊两盟之特产，绥蒙旗产马名闻内地。黄河流域，绥西一带产鱼，应为塞北一特产品。绥民性强悍，然以沉迷于鸦片，遂见懒惰之风。

妇女缠足之风，迄今未改，而鸦片之癖，尤甚于男子，操暗娼（晋、绥名为破鞋）业者尤多。绥教育尚属普及，各县小学不在少数，较之察省教育，似有发展，省垣男女中学及师范学校、职业学校等，办理尚属完善。当民二十以前，绥省东部及西北部，匪患甚多，剿捕维艰，后经傅作义主政后，拟定清乡办法，经数年军队之痛剿，境内匪氛，已告平靖。建设方面，公路已有一部分完成，民生渠因低于农田，渠水引入为艰。各县造林，有显著之成绩。至于黄河后套绥区，流域水利之运输，因河底深浅不匀，疏浚不易，汽艇不能通往上游，上游河运，多借木筏以维航运。绥新汽车公司汽车通行哈密后，不过载邮件及旅客，而于绥省经济状况，并不能调剂，且该公司以营业不振，亏累甚多。至绥省商业，自外〈蒙〉诸商务断绝后，包头商业一落千丈，与张家口之情形相似。绥、包二地，先是多经营外馆业（外馆业即指对外蒙百货贸易），巨商资本多至数百万元，现均冷落，所余者，不过经营皮毛业之少数资本，仅几十万元之商店而已。近来因欧美皮毛市场，疲敝不振，输出滞塞，包头为甘、宁、青、新四省皮毛之集中处，当民十以前，每年皮毛输出于欧美者，交易数在四五千万元，市场之繁荣，关系甚巨，近者每年包头皮毛之输出，仅数百万元而已。去年绥官商集资三十万元，建设绥远毛织工厂于绥垣，计官股占二十余万，商股四万余，已于今岁三月二十日开幕，利用出产牛、羊、骆驼之毛，织成毛织品，倡销国产，规模尚属可观，毛织机计十余架，为购用天津海京毛织厂之旧机，现在出品多数销于绥境，渐可行销内地。每月出品额，计毛毡五百余条，毛织呢一千余码，地毡及毛线五千余磅，每日需毛（羊毛及驼毛）在二万余斤，厂内工人计一百五十余人。厂长为绥萨拉齐人，曾留学东瀛，习毛织业，名贺云章，供职于实业部，为一有志实业者。厂内分总务、厂务二科，设董事会主持厂务，将来能否发展，须视其出品之成绩而定。绥远、包头二地，均为西北之重镇，绥垣为省府所在区，官厂多在包头，若在经济形势上言之，绥垣实逊于包头，绥垣人口不过九万，而包头城内人口，亦达九万之数，其商业辐辏，又非张垣所能及矣。包宁航空开始后，包头又成为西北交通之中心区，近来包宁线一周间航行四次，营业亦属发达，包宁票价，已由一百六十元落至一百二十元，先前行程几达十日，现在二小时即可到达。

《经济评论》（月刊）

汉口中国经济评论社

1935 年 2 卷 11 期

（朱宪　整理）

苏俄控制下的外蒙现状

杨公怀　撰

一　外蒙是怎样的一个地方

外蒙在我国的极北部，东界黑龙江，南界察哈尔、绥远、宁夏，西界新疆，北界俄属西伯利亚，是一块超出海面一千米突的大高原，面积约当东三省的三倍，地旷人稀，可谓至于极点。在我国内地人看来，外蒙真是一个神秘窟，哪里敢大踏步的进去。即或有一二个商人，被利欲所引动，去到那些大城镇，如库伦、科布多、乌里雅苏台等，贩卖商品，已经算是了不起的事情。从前的执政者，又以为相去太远，鞭长莫及，由他自治也好，独立也好。就是有几次派员前去监督或管理政务，也不过留驻在那些大城镇上，小地方是不见他们足迹的。从这种传统思想上看来，外蒙人民，简直和化外之民无异了。加以所谓蒙古人，当十三世纪之始，成吉思汗席卷欧亚大陆的时候，确是勇猛果敢。自从元代狂热地信仰西藏传入的喇嘛教，民族性就极端的麻痹退化了，人口也由当日的一千万锐减至二百万左右，在近代史上，表现出日就灭亡的民族的痛苦姿态。在这种情状下，自然予苏俄以一个可乘之机。

苏俄势力的伸入外蒙，历史很久。中间曾用种种阴谋来攘夺，使之脱离中国。至一九二四年以后，苏俄虽仍确认中国在外蒙有宗主权，但实际成立了"外蒙占共和国"，一切政治、经济、军事、建设等，都为苏俄所控制了。外蒙人民，虽曾因俄政府的压制过甚，而群起反抗，终于给苏俄雄厚的军力将反抗高潮镇压下来了。

外蒙的矿产，主要的有金、银、铜、铁、石炭等，埋藏在地下，无限丰富。西北有肥沃的农地。全境都有广大的牧场，实为最富于生活资源的地方。我们要具体地明了外蒙的富藏，可引俄人柏古哀夫氏的话作证。他对于外蒙富源的结论是："这样广大无边的富源，恐为世界上任何国家所难见的。西北蒙古显然将成为各国的竞争地；尤其是那些人口过剩、原料不足的国家——特别是日本，不久恐将蜂拥而至。依我的推算，只是西北蒙古已足安插五六千万人，营自给自足的安乐生活，实为受现代机械文明威胁的国民所垂涎不已的快乐天地啊！"

二　外蒙的政治、经济、教育及军事现状

（甲）政治　外蒙的行政，过去很简单。盟长一人，管理司法、行政等一切事务，是世袭的。自宣布独立后，活佛势力完全消灭，俄蒙关系日渐密切，实际不过是苏维埃劳农政府的一个联邦罢了。

现行的宪法，是一九二四年制定的。根据《权利宣言》上说：一切权利都属于劳动人民，废止封建的政教，同时认土地、矿产、森林、湖川及其他一切的资源为国有。废弃一九二一年以前的外债，并废止王侯贵族的称号及特权。但结果，贵族、喇嘛及布尔乔亚相结合，产生了反革命的阴谋，同时再加上贫穷程度的深刻，对于新政权，酿成了第一次的危机。一九三二年七月，外蒙政府决定实行清党，使四万二千的党员锐减至一万二千。一面许可将

查封的贵族、喇嘛的财产，酌量给还，加以限制，以缓和空气，也许将来给与现政权以不安，而造成第二次的危机，就在这里。

（乙）经济　外蒙人民的生活资源，完全在畜牧。在他们中间，时常有下面的谈话：

问："府上的畜牧还好吧？"

答："谢谢你，很好。府上的草料呢？"

他们畜的是骆驼、马、牛、羊、豕、骡、驴等，其中以骆驼和羊最多。家畜的产额，据日人方面的发表：马约一百五十万匹，骆驼三十万头，牛十四万头，羊九百五十万只。畜牧之盛，由此概见。

外蒙的商业，比较落后，现在完全为苏俄所操纵。贸易方面，几全为苏联独占。一九三四年一月——十月，双方贸易额数字如左：

苏联输向外蒙：四〇，〇二〇卢布

外蒙输向苏联：一五，〇八六卢布

外蒙的农业，已于一九三〇年二月——四月第八回党大会，树立蒙古社会主义建设的五年计划，而施行集团农场。六月，将寺院所有的家畜三百三十万头中，约二百万头，收为国有，并编入集团农场，和苏俄取同一的步调。总之，现在的外蒙经济权，是完全在俄人手中了。

（丙）教育　外蒙的教育实在幼稚得很。从前，以为养人有禽兽，养牲有刍薪，日用不缺乏，人事就算完了，设学校，教诲子弟，在他们梦都没有做到。只有几处人烟稠密的地方，有来过中国内部的，也就仿效汉人的村塾，设立一二学校，教些满、汉、蒙文字罢了。生徒极少，肄业的多是王公、官吏的子弟，预备后来服官的地步。如果平民，则他们读书的目的，又不过是为将来可入寺为僧罢了。

但现在，也知道教育的重要了。政府竭力提倡，已有相当成绩。一九三〇年九月，青年同盟实行扑灭文盲的文化运动。一九

三一年，废止了复杂的旧阿拉伯文字，采用拉丁文字。他们渐次
注意教育，国家预算中，文化事业费也渐高，在下表很明显：

一九二八年	二，八二〇卢布	占全体预算一七·九％
一九二九年	四，五九二卢布	占全体预算二三·一％
一九三〇年	六，八〇三卢布	占全体预算二五·三％
一九三一年	七，四九八卢布	占全体预算二六·五％

学校中课程，除科学外，偏重俄、蒙文学和共产主义，比较
优秀的都送至莫斯科留学，以造成共产党干部人才，汉文不过具
文的科目罢了。此外并办有蒙文报纸和定期不定期刊物，宣传共
产主义，改变人民思想，使蒙人彻头彻尾的做苏俄顺民。其阴谋
的狠毒，着实可怕！

（丁）军事　外蒙的军备，自从在苏俄卵翼下，改建共和政体
后，因俄人的严厉指导，现在颇有进步。兵备方面，大体如左：

一、首府库伦的军备：一军团（三师团，七三，四四名），战车
八辆，飞行机八架，多数装甲汽车，飞行场二，化学兵器工厂二处。

二、桑贝子军备：一联队，骑兵约一千名，山炮六门，大型野
炮二门，兵十五名付有轻机关枪，各小队（一队三十六人）均有
重机关枪一架。

三、乌古木尔，桑贝子（译音）的第一支队，有骑兵五百，
野炮十八尊。

四、戈尔芬斑，桑贝子（译音）的第二支队，有骑兵五百。

五、唐斯库，桑贝子（译音）的第三支队，有骑兵约六百，
炮兵一大队。

三　"满蒙国界问题"的纠纷

外蒙政府自"满洲国"成立后，即在边境戒备。接着发生了
哈尔哈庙的冲突事件。这个纠纷，表面虽似满蒙纠纷的一环，实

际却是日苏纠纷的全面。

哈尔哈庙的地位，在贝尔湖边。东南河角上有哈尔哈河流入，贯串呼伦湖和贝尔湖之间有乌尔顺河，联贯以上两河流的还有一条小江，叫做查理兹河，居于三条河流与贝尔湖之间的三角地带，即是哈尔哈庙所在地。日苏双方，认该地为满蒙要塞，将来日苏军事上负有重大的意义。今年的一月二十四日，日本教官本多少佐，率领兵士十余，与外蒙斥候队冲突，结果，日军死伤数名。三十日，日方才由海拉尔派一大队兵去，将哈尔哈庙占领。据日本及满洲方面宣传，谓哈尔哈庙是"满洲国"领土，决非外蒙地域。接着，日苏双方，陈兵边境，形势是透顶的严重。

至于外蒙政府，亦发表很长的抗议文对抗。苏联的《真理报》上，有如左的评论："日本对外蒙政府要求国境的解放。以前曾用以对朝鲜，后又用以对东三省的同一政策，现又将用以对外蒙古，征诸事实，即可了然。……日本比较起从前来，显然地做着危险行动，但如果太做过分了，结果将要把自己的头盖骨碰碎。"

这是苏俄当局向日本下的警告，日本对这当前的劲敌，当然也不敢轻视。在双方的允洽下，所谓满蒙的满洲里会议，就开始了。经过了十多次的磋商，还得不到一个解决。对于哈尔哈庙主权的争执及整个满蒙边界的划分，依然在僵持中。日苏关系，亦持续在一张一弛间，但并不消失其严重性。最近，据电讯所传，满洲里会议有破裂说；预料在最近的将来，满蒙的边界上要发生严重的变化。密云不雨的北满风云，总有一天，扯破了灰澹的脸，来一阵倾盆大雨的危险的。

四　外蒙人民如何自救

现在的外蒙，已到处迷漫着赤色的火焰，已濒于一个很危险的境地。我们要挽救他，中国政府当然负有重大的责任。现在，我们要想望政府用实力去援助外蒙，自然是空的。但我们除内部挣扎外，至少不要忘了外蒙是中国的领土，外蒙的人民是中国的人民，正期待着我们去拯拔！

另一方面，还得靠外蒙人民的自觉和努力。因为外蒙虽已"赤化"，未受麻醉的人，尚有不少。他们愤恨苏俄的阴谋而替自己的民族危险。最近，苏俄警察的肃清仇俄分子，就是一个明显的反映。他们明白外蒙脱离中国后所遭受到的帝国主义宰割的痛苦。他们只有起来自己挣扎了，是的，除了自己挣扎外还有什么办法呢？

现在，我国政府对外蒙，像思想的指导、贫乏的救助等，都是应做的事。但在目前，自顾不暇的当儿，当然无暇及此，也是无力及此！只有希望外蒙人民起而自救！将消极的愿望化作积极的行动。自救工作约分四点：

甲、觉悟的外蒙人，应努力宣传，使大家明了苏俄"赤化"外蒙的阴狠及外蒙民族的危机。

乙、废喇嘛教，以恢复蒙古民族固有的英勇精神。

丙、鼓吹民族自决，反抗苏俄统治。

丁、宣布取消独立，与中国政府切实合作。

这样，外蒙人民，或许有真正独立的一天！外蒙民族，或许有个光明的前途。

《人言周刊》

上海人言周刊社

1935 年 2 卷 37 期

（王芳　整理）

察绥之现在与将来

马鹤天　撰

开发西北之重要，已为今日举国所公认，惟欲实施开发工作，必先明了西北实际情形。察绥为西北门户，自东北沦陷以来，又为国防前线，实与整个西北、整个国家，有重大之关系，尤应洞悉其实况而早施开发。开发西北协会第二届年会之机，得对察绥作短时期之考察，见闻所及，觉其现状，如人口稀少、财政困难、文化落后、富源未辟等等，无不与西北各省同一现象，而足以代表，惟强邻侵略之险状，甚于其他各省。此种困难危机，如不从速解决，前途将不堪设想，然苟能实施准备，积极建设，不特两省将来有甚大之希望，且足以巩固国防，而促进西北各省之开发。兹略述两省现状，并对于两省建设之管见，以供注意开发西北、并巩固边疆者之参考。

察绥现状，可分为以下数项述之：

一、人口稀少　察绥一部分，因原为蒙地，故人口稀少。现察省面积八十余万方里，而人口仅一百九十余万人，绥远面积约一百二十余万方里，而人口仅二百余万人，平均每方里均不过二人，与江苏、河北、山东等省每方里平均数十人至百余人者比较，不啻天渊之别。又以各县言之，察省首县万全县仅九万二千余人，其他各县除蔚县较多外，余均仅数万人，六万者四县，四万者三县，三万者一县。绥省首县归绥县二十五万人（每方里平均十人弱），其余每县均数万人，四万人者三县，三万人者二县，二万人三县；人口最稀如东胜县，每四方里平均一人，每三十四方里平均一户。察省会张家口市，人口仅七万八千人，绥省会归绥，人口仅八万人。且人口历年不加多而反减少，如民国十二年时，万全县人口一二三，八〇〇人，张家口一二七，〇〇〇人，至民国二十二年，万全县为九二，九〇〇人，张家口为七八，〇〇〇人，十年之间，万全减三分之一，张家口减二分之一。绥省五年前，临河县人口为五六，七八〇人，五原县为五三，六八〇人，去年临河为四九，七八〇人，五原为三六，六八〇人，临河减少八分之一，五原减少三分之一。其原因不外荒年之绝粮，与丰年之谷贱伤农，以及兵灾、匪灾，农民不能安居乐业，并不卫生，不能预防疾病、医治疾病，死亡率特多等关系。至蒙古人口，更日益减少，如察省之锡盟及察哈尔部，蒙人共仅十五万余人，绥省之乌、伊西〔两〕盟，蒙人共仅约二十万人，占全省人口不足十分之一，而两盟内汉人有十五万人。

二、财政困难　因宝藏未兴，地力未尽，故财政困难，收入少而支出多。察省田赋收入，每年仅三十余万元，总收入不过三百余万元，支出政费三百万元，党费三四万元，所余军费不足百万元矣。绥省田赋收入仅二十余万元，地方总收入约二百一十万元，国家税收入约一百八十七万元，两共不足四百万元。与山东、江苏每年收入一千数百万元，河南、山西每年收入五六百万元者比较，真不啻天渊之别。再以县计之，江苏一县之收入，有抵察绥一省者。且察省仅十〈五〉县，连同设治局三，不过十八县，绥远十六县，连设治局二，亦不过十八县，每年收入，多者一二万元，少者仅数千元，如归绥县全年收入仅一万七千余元，最少如东胜县，仅八千元，故一切建设，不易推进。两省公务员薪俸亦最廉，简任职最多者三百五十元，普通二三百元，荐任最多者二百元，委任最多者八十元，少者八元。惟包头教员为三十元，比较尚丰。人民亦穷，生活简单，每人每年生活费三十九元甚至二十四元即足，如全家计，十五元即足，但负担每人每年约四元。

三、文化落后　因原系蒙地，交通不便，移殖之汉人，多为农民、兵士及商人，而历来地方政府，又不注意教育，故文化日益落后。以学校教育言，察哈尔全省，仅有省立中学二，师范四（男女各二），职业二，私立中学二，县立乡村师范八，学生人数共计仅一千三百余人，每校平均仅数十人，经费共计全年仅二十六万余元。小学全省共一千八百余校，学生共计仅万余人，经费共八十余万元。绥远全省，仅有省立中学二，师范三（男二女一），职业一，又中山学院一，学生共计亦一千三百余人，经费共二十余万元，小学共计仅九百余校，学生共计三万余人，经费共二十余万元。无论校数、学生数、经费数，均不足江浙教育发达之一县，而实质更无论矣。

四、荒田遍野　两省地多未垦，察哈尔可垦之荒田，有二百多万顷，绥远仅河套一带，未垦之地有七百多万顷。光绪二十八年至民国二十年，共报垦地二十二万余顷，已放者约二十余万顷，垦后而又荒者约千顷，可耕之沃田，约五万顷，已耕之水旱地，仅二万顷。若能次第开垦，两省之经济发展，不可量也。又荒地价值甚廉，归绥每顷上地八十元，中地六十元，下地仅三十元；五原每顷上地百元，中地五十元，下地三十元，最廉有低至每顷一元者。已耕之熟地，价亦不高，在归绥每顷上地六百元，中地四百元，下地二百元；五原则更廉，每顷上地二百元，中地百元，下地五十元。包头之水地，每顷上等一千五百元，中地千元，下地五百元。故大地主甚多，有千顷地者三家，百顷以上者百五十家。现有大渠十一，可灌田二万顷，以永济渠为最大，长一百五十里，宽八丈，前年所开有民生渠，将来灌田更多，但目下成绩，尚不大佳。

五、物产丰富　察绥物产，异常丰富，如畜牧，现世界各国日益减少，而察省现有马、牛各约二万余头，羊约二十万头，绥远现有马、牛各约十万头，羊约七十万头，仅归绥一县有马、牛各约二万头，羊约十万头。马有日行千里者，价约千元，能行数百里者极多，若能普及兽医，使死亡减低，并保留佳种，将来生殖量必可增加数十百倍，而质亦可改良。农田，已耕者不过二十分之一，而出产并不见少，察省年产麦共约七千万斤，谷约一万万斤，莜麦一万五千万斤，绥省大小麦十四万石，谷三十五万石，莜麦十五万石。矿产，察省煤量约五万万吨，铁约六千万吨，已开煤矿共六十九处，铁矿五处，铜矿一处，龙溪铁矿，尤为著名，惜停顿未开。绥省有无烟煤十三处，烟煤十一处，石油一处。副产物有皮毛，皮如狐、羊、鼠各皮，毛织物如毯子、哔叽，皆人工手作，故产量尚少。他如甘草、蘑菇、麻油等，皆产量甚富。

六、国防危急　自九一八事变以来，日人之欲无餍，由东北而西北，有东蒙而西蒙，察绥已成第一防线。年来多伦、沽源，已等于亡，而锡盟日人亦视为囊中物，汽车路、飞机场、无线电等，无不积极设置。而赴张家口、归绥与锡盟之侦探、调查员，络绎于道，鼓动蒙人，不遗余力。蒙古盟旗，占察绥面积大半，险象环生，岌岌不可终日。最近竟图穷匕见，公然派飞机，掷炸弹，运输日伪军深入察境，攻击独石口，强谓沽源县属地为热河丰宁县属地，必欲并吞察哈尔全省。察如不保，绥亦随之，而西北各省，又为今日之察绥矣。

如上所述，察绥现在，有种种困难，最大危机，然两省当局之努力，令人抱无限之希望。宋明轩氏，为沉毅勇敢、不言而实行之一人，对国防则严守边境，其治军养成刻苦、耐劳、俭朴、清洁、整齐、严肃各习惯；对政治则能用人，西北军旧有人材，现多集于察省，曾任简任职或将官者，现任荐任职或校官，故能牛刀割鸡，各种政务，着着进步。当察省屡经大变，经济凋敝之后，强敌压境、不断攻扰之时，宋氏与各机关各界领袖，能维持进步，实为难能。傅宜生氏，以军人而兼政治家，努力建设，不遗余力，厉行廉洁，财政收入，除不得已月供给晋军费若干元外，完全用于绥省之建设事业，如毛织厂、图书馆、种树、改良畜牧等新建设甚多。且时开赛马会、物品竞赛会，观其印刷物如《绥远概况》、《绥远省政府年刊》、《绥远分县调查概要》等，足知其努力一般，内省未之逮也。对孙殿英问题，能解决迅速，且干净无遗患，与宋氏之长城杀敌，同为难能可贵。两省当局及各领袖人员，均能以刻苦之精神，猛力奋进，实为西北边防之幸。惟察省军事人材较多，而政治人材较少，绥省烟禁未能完全肃清，而党政未能切实合作，尚为憾事。兹就管见，关于各问题之解决方法，略述于左：

一、人口问题　察绥人口减少，固有天然原因，如气候寒冷、水利未兴、生活困难等，但重要的为人事问题。除兵匪、荒旱各灾外，如蒙古人与穷乡僻壤之土民，不讲卫生，不知种痘，不知预防疾病，有病不知治疗，亦无良医良药。今后如欲增加人口，应宣传卫生知识，普及种痘习惯，广设医院，使现在人口，不再减少。再加以剿匪防旱，人口自然增加。至移民问题，应同时并进，但尚属次要。

二、财政问题　欲开发察绥，需款甚巨，察绥目前财政，维持现状尚不足，焉有余力开发，故察绥财政，须中央特别补助，但宜专用之开发建设事业。全国经济委员会，对西北开发，固极重视，然多注意于陕甘方面，对察绥未拨一文，未举一事，实则察绥与陕甘，同一重要，应酌拨若干，用之于交通、兽医、畜牧等事。又察绥向为协济之区，今不特协济毫无，闻绥省尚有月拨若干，协助晋省之事。今后察绥之款，应完全用于察绥。而察绥驻军，为西北国防重兵，其军费应全由中央支出。一方面再由中央拟〔拨〕款开发各种富源，便利与西北各省之交通，察绥财政，自不成问题矣。

三、教育问题　现在察绥教育当局，已积极推进，并依照中央方针，注意职业教育，如察教厅有改革中等学校、推行职业教育计划等。惟现在察绥教育，似宜先注重普及，欲普及察绥教育，除用普通学校教育方法外，应用特别方法，因察绥有土广人稀、住居散漫、交通不便、生活困难、民族复杂等种种原因，以及师资、经费、教科书等种种困难。对蒙地荒区，应用巡回教员、巡回讲演，及半日校、夜校等简易办法。对蒙人应先设汉语学校，渐授汉字，至中学则汉蒙合校，不可分设，以期泯除界限，平等进步。又民众学校、小学校，应多设立，一方使年长失学者，皆有识字及得常识之机会，一方使已达学龄之儿童，得有入学机会，然后再从质的方面改进。至职业学校，当然重要，但应就察绥物产，设立实用科目。

四、垦牧问题　察绥荒地甚多，价值又廉，河套一带，尤为肥沃，或宜于农，或便于牧，而交通亦比较西北各省为易，应速提倡移民开垦，或改良畜牧。放垦办法，应分别情形，如系自耕农，或按口授田，地价全免，如有资者，地价略高，且限制亩数，如是则有劳力而无资本者，不奖励而自移，有资本而无劳力者，亦不至坐拥广地，而任其荒芜。向之放垦，多系有势力、有资本者，以廉价购得无限之沃壤，又以重价或重租，转给有劳力之农民，农民利少，且受压迫，当然裹足不前，以故虽有沃壤，有主权者无劳力，有劳力者无资本，徒产生大地主，而土地依然荒芜，反使提倡移民垦殖者，认为此路不通，实则不然。又对蒙地开放，往往不顾蒙人利益，或失信用，致遭反对，实则如能实行并利办法，蒙人亦无不愿，过去移民垦殖之失败，法有未善，非事之不可也。至畜牧，在察绥较农垦或更有利益，因不讲兽医，不知选种等原因，故有得利者，有失败者，如能普及兽医，改良畜种，前途利源之增加，不可限量。又察绥树林甚少，故多旱、多水、多风沙，如能广造林木，既可得利，亦可免害，尤宜特别提倡。

五、工矿问题　察绥可兴之工业甚多，而最要者不外毛织、制革、罐头、药材数种。西北皮毛，多集于包头、张家口。年来受世界不景气影响，运至天津出口者甚少，今后应将原料就地制成用品，以应国人之需，既免亏损，又塞漏卮。年来察绥已用手工业织成哗叽、毛毯（哗叽每尺仅二三角，毛毯每床仅七八元），价甚低廉，尚不足与外货竞争，如能用机器制造，当可抵制舶来品（绥远已筹设毛织工厂），又如能设制革厂，一切皮件，亦可自造。此外有大宗牛羊肉、牛奶、牛油等，制造罐头，必可畅销。栽绒毯质美而花样不新，应作各种图案，积极改进。药材中如甘草，可制甘草精，销路必广。至矿产，察省多铁，绥远多媒〔煤〕，同为今日世界之要需，惜未能用新法开采，或开采而转运困难，以致产量虽多，而不能达远，产地价虽极廉，运出而成本即昂，不能与他货竞争。又察省宣化之龙烟铁矿一百余万万吨，虽系铁沙合计，而平均铁分在百分之五十以上。在民国五年创立铁矿公司，十二年已实行开采，业有财产七十余万元，机器已购得一部分，乃尚未开炉，即行停闭，全部机器，暴露广场，实为可惜，应由中央拨款办理。绥省及大同所产之煤，因运输不便，未能畅销，平绥车应特别予以便利，减轻运费。而中央与地方，并应同减轻税捐，则察绥之工业、矿业，可长足进步，不特察绥之富源已也。

六、国防问题　最近日人侵略察哈尔，一方在威挟我国，要求利权，为占领华北之初步，一方在由察而绥而宁、新，为攫夺西北及整个蒙古之企图。此非地方问题，而为重大之国防问题，如何防御，非一省之力所能及，亦非一省之权所能决，应由中央预为筹谋，使地方有所准备，有所遵循。如最后必须抵抗，应充分接济，预施防御工作，作宁为玉碎之计划，如以事实不许抵抗，应从外交方面，求比较可行之途径，否则事起仓卒，抵抗则毫无能力，徒为无谓之牺牲，放弃则丧失国格，重演四省沦亡之耻辱。惟地方长官，守土有责，平时亦应尽力准备，作与城俱亡之决心，有事遵照中央方针，作相当之对付，不以小故而启衅，不因力弱而气馁，在可能范围内，巩固国防，维持国格，即使势穷力蹙，土地丧失，予国民及国际以良好之印象，则中华民族精神，或有恢复之望，且或终有越复沼吴之一日也。

　　总上所述，可知现在之察绥，关系于将来之整个西北、整个国家者甚巨。保全西北，须先保全察绥，开发西北，亦须特别开发察绥，无论保全开发，应由中央决定计划，补助地方，按期实施，则察绥之幸，国家之幸也。

《开发西北》（月刊）

南京开发西北协会

1935 年 3 卷 1、2 期合刊

（朱宪　整理）

包头市现状概述

杨瑞春　撰

包头市在好久以前，就想去一趟，但都没有实现。此次民教馆派我到包头各乡调查，趁这个机会，才把包市的前得印象，证实了一下，并且得以"一偿宿愿"。此次除去下乡往来的时间，在包市统计起来，也不过仅有三五日的工夫。时间虽然很短，而对于包市的片面观察，尚不至毫无所获。除乡下工作另文叙述外，兹愿把在包市三五日内"走马看花"所得到的东西，向大家作"囫囵吞枣"的简单报告一下。

停而未进的商业

包头市位于归绥之西，而当平绥铁路之终点，西通宁夏，东达张家口、平津等地，北由固阳、五原而通外蒙，汽车道四向联络，船舶东西往来，水陆交通，均极便利。商旅辐辏，货物总汇，洵为绥远经济之要地、交通之咽喉。自平包直接通车后，商业蒸蒸日上，渐臻繁盛。惜自十五年以后，国家多故，匪悍频仍，元气凋伤，喘息难苏。商业虽未至悉数倒塌，然已极度萧条，整个陷于停而不进之状态中，影响市面繁华颇大。去岁复受孙军之影响，而倒闭之商号达五十余家，资本雄厚，规模最大之阜德有，亦未逃其劫运。现该市共有商号八百余家，每日成交往来数约三万余元。而交易路线，亦已较前缩减，外蒙交易完全停顿，甘、宁、新、青等省为数有限，主要交易范围，仅及于内蒙及河套一带耳。所有牲畜及皮毛等土货，销售于平津一带者，亦日见减少矣。兹将各业概况，略述如下。

概况 转运业九家，以皮毛、粟粮、烟茶、药材等为大宗，由蒙古及新疆、青海一带采办，而销售于平津一带，总值约一百万余元。杂货业五十四家，销售一切布匹、糖味等货，由平津采办，而销行于包头各乡镇，总值约二百余万元。钱业十四家，专为活动市面金融，往来各地汇款，资本约十五万元。皮毛业十五家，大部分代客买卖皮张，由本地及甘、宁一带采办，而销售于天津一带，总值约二百余万元。食料业二十家，专售各种果食，由平津一带采办，销售于本市，总值十万元。茶叶九家，专营各种茶叶及鲜果，由湖南、湖北、安徽等省采办，销售于内蒙及本市乡镇各处，总值约十万余元。油粮米面业二十四家，专营米面油粮等货，由本地各城乡采办，销售于本市及平津一带，总值一百余万元。性〔牲〕畜业八家，代客买卖牲畜，由内蒙各旗物色，销售于晋、豫、鲁各省，总值三十五万余元。蒙古业十三家，专售各种杂货，由本市采办，销售于蒙边各旗，总值三十五万余元。酒业十三家，由本地各乡采办高粱造酒，销售于蒙边一带及本市，总值约三万余元。药材业十五家，由祁州一带采取草药，销售于本省及西宁等地，总值三十五万余元。绸缎京货业十家，经营各种洋货、绸缎，由平津采办，销售于本市及西宁等地，总值三十五万余元。木料业十七家，专制各种木料器具，由本市城外采办，销售于本地各城乡，总值约三万余元。当业三家，专以质当贷款为业，总值六万余元。南纸业七家，专营各色南纸及印刷品，由天津采办，销售于本市，总值一万三千余元。靴鞋业二十六家，以制造靴鞋为业，由本市各洋货庄采办制造，销售于本市及五原、临河一带，总值六万余元。生皮业十八家，收买各乡皮张，销售于平津各地，总值十三万元。染业十五家，专为本市各布业代染各色布匹，总值三万七千元。银楼业十六家，用银制做首饰等品，销售于本市及蒙人，总值六万余元。糖粉业九家，以米制糖，用豆制粉，销售于本市，总值一万六千元。鱼业三家，由南海子、五原为客代买黄河鱼，销售于本市，总值四千六百元。成衣业二十四家，总值一万余元。此外尚有小商号五百余家，经营各种零星杂货，总值约六十余万元。各商号每年交易最盛时期，首推冬季，主要交易货物，以皮毛、牲畜、烟茶为大宗。统计二十二年出入货物之总数如下。

直接输出货物　剪口铁五十万斤，三九砖茶五百箱，生烟一千笔，糖味三千包，棉织品一万二千五百匹，丝织品一千五百匹，驼毛九十八万斤，羊毛六百六十万斤，羊毛绒五十万斤，老羊皮四万五千张，以上剪口铁、砖茶、生烟、糖味、棉织品、丝织品等物，均销至内蒙及新、甘各省，驼毛、羊毛、羊毛绒、老羊皮等物，均销至天津一带。

直接输入货物　羔皮六万五千张，狐皮一万一千张，驼毛一百万斤，羊毛六百七十万斤，羊绒五十六万斤，老羊皮四万五千张，棉花五万斤，剪口铁五十万斤，粗洋布五万匹，生烟三千五百箱，冰糖五百包，白糖五千包，赤糖五千包，尖茶一千支，二九砖茶八千箱，二四砖茶二千五百箱，斜纹布二万四千匹，水烟一千五百箱，火柴八千箱。

羔皮、狐皮、驼毛、羊毛、羊毛绒、老羊皮等物，均贩自王爷府及后山、后套等处。棉花、剪口铁、粗洋布、糖味、斜纹布、火柴等物，均贩自天津。生烟贩自山西曲沃。三九、二四砖茶，均贩自湖北。水烟贩自河南清化镇。总观以上输出、输入货物，包市商业情况，不难一目了然。各种捐税，亦复不轻，即每日卖三元之小摊贩，亦须日交商会费八角，营业税五角，其负担之重，由此一端，亦可想见全豹矣。

日有进展之工业

包市工业，多系手工，用新式机器者颇少，或有，亦甚简单。各业以毛织及毯业为最见进步，用本地原料，织成用品，销行于本地，颇合经济原则，惜不甚畅旺，殊难充分发展。

市内有毛织工厂三家，工人四十名，每日可出五十七尺，每尺至高价格三角四分，至低二角八分，平均每尺三角二分。三家内以新兴工厂规模为最大，组织亦最完善，出品亦较他厂为尤。洗染系用简单机器，由李运清任指导师，颜色美观，并不减退，为他厂所不及。厂内采用学徒制，学徒以十三至十八岁者为多，由做上学，由做上教，于"做、学、教"颇相吻合。学徒于每日除应织品量以外，厂内并规定奖励办法，以鼓励之，庄严活泼，俨然职工学校也。外地有来参观者，多以该厂为必至之地，绥省毛织工业之将来，亦以该厂为最有希望。现该厂亦增设织毯部，充分表现着逐渐扩充之现象。毯业工厂二十七家，工人四百九十六名，内有学徒二百六十五人，工人二百三十一人，日可出三百八十六寸，价格每方尺至高一元八角，至低一元二角，平均一元五角。毡业工厂十六家，工人一百三十四名，日可出九十二尺，价格至高二角，至低一角五分，平均每尺一角七分。

口袋毛单业七家，工人五十二，日出五十二条，每条价格至高一元二角，至低六角，毛单长六尺，宽一尺二寸，以六角五分至五角售价。

麻绳业工厂四家，工人二十四名，日出四百斤，每斤价格至高四角，至低一角五分，平均三角。

此外尚有面粉公司二家，一为电灯面粉股份有限公司，一为晋源面粉公司。二公司以电灯面粉公司为最大，资本亦以该公司为多。二公司均用新式机器，并借电力以磨面，销路除本市外，仅达于五原、临河、归绥等处，销售于宁夏者，为数极少。股份多山东及山西人，为包市制面最多之工厂。惟用户多机关，乡下人用者绝少，故销行亦不见十分畅旺。但小资本而仅用骡马力以磨面者，受其影响颇大，因而赔累倒闭者亦甚多。

正在计划中之建设

包市位于大青山之南麓，其地形北高南低，倾斜度相差达三数丈，立身北街，南望有黄河曲折蜿蜒，近在目前，北望则山坡叠叠，沟崖相间，青山黄水，遥相探望，凭临眺望，别饶风趣。惜市内街道，坎坷不平，丘陵起伏，步履维艰，步行其上，灰尘扑面，真所谓"无风三尺土，有雨一街泥"，行人多苦之。并有东西瓦窑两沟，直通大街，该二沟在包市街心一段，乃系南北重要马路，有水即为河沟，无水则为马路。每当夏季，山洪暴发之时，该沟常聚其左近之水，直冲包市，不但断绝交通，且每冲刷两旁商铺，危险堪虞。当前清光绪廿六年，曾洗刷包市一次，损失巨万，状亦凄惨，包市人至今谈之，犹惊形于色。建设局长王治宽颇忧之，计划修改，非止一日矣，奈需费约三万余元，工程浩大，殊难即行，现正筹划中。目下包市关于建设，据王局长谈，厥为修筑该沟及整理市容与马路为主，现车站距南门一段马路，业已着手修筑，街市尚未兴工，马路仍旧"一榻〔塌〕糊涂"，将来乃能按照计划实现，殊不难整齐清洁而达于美观。

关系工商业的水陆交通

包市交通，以平绥铁路为总干，以汽车道及黄河为支脉，陆运大道为末梢，四通八达，尚称便利。所有各地以包市为起卸处之货物，均汇聚于其地，由东往来省外货物，均由平绥铁路运输，西宁及河套一带者，均靠黄河与汽车道及陆运大道转运，故包市工商业发达与否，与上项交通途径，实发生莫大关系。兹分述之。

陆运除平绥路外，首推包宁汽车道，由包市起，经五原、临河而达于宁夏，全路长约一千二百八十里，沿途旅客、货物，均可赖之转运。此外包武、包东等汽车路，或通或不通，直接间接，均与以不少方便。大车路则有包五、包固、包萨、包东四路，共有大车三百余辆，往还其间。每辆可载重一千二百斤上下，每辆每日平均雇佣价格一元五角，牛车日可行五十里，马车日可行八十里。此四路除包东路有黄河阻隔，用船联接外，余虽有山陵阻碍，尚可勉强通行。惟沿路匪徒，出没无常，旅客货物，时有被劫之虞，近年来影响包市商业甚巨。水路交通，则有帆船、木筏两种，帆船多往返于包头、临河间，约二千余艘，大船可容一百五十余石，小船一百余石，每石运价一元二角，木筏多往返于甘、宁、包头间，约四百余支，每支可容三万余斤，每百斤运价五元。此项运输，除冻结不能行驶船筏、用骆驼及大车代替外，均可通畅运输，并有船筏护路队，保护运输，途中安全，较前稳妥。

仅及于城市的教育

市内有县立高、初级小学校七处，以一高及女高为最发达，有省立初级中学校一处，有私立清真小学、私立妙法寺小学、私立三公旗小学各一处。合计各小学校经费约一万六千七百余元，教员三十余人，男女学生七百余人。经费来源有鼓轿捐、水果学捐、绒毛车驼捐、鸡鸭鱼学捐、戏园座票捐、学田租、教育基金生息、九行十六社学款、车脚酒饭行补助学款、农圃社学捐、契税附加学捐、驼捐附加学捐、船筏附加学捐等。省立初级中学校经费，直接由省教育厅支领，今年复成立镇立小学数处，每镇设一校，由镇公所负责人任董事，负责筹款，虽系初设，而成绩裴〔斐〕然可观。关于民众教育方面，仅有图书馆一处，其他设施，尚付阙如。

《开发西北》（月刊）
南京开发西北协会
1935 年 3 卷 1、2 期合刊
（朱宪　整理）

居邻西伯利亚的外蒙

［苏联］泡兹得也夫　著　　　苏　汉　译

　　蒙古在未来的世界风云中是占着举足轻重的地位，但是因为地理上的限制，国人对于蒙古——尤其是外蒙的情形向来知道得很少，甚至于连蒙古境内的重大事变，也很少有普遍的详细的传述。提起蒙古，一般人的印像大概总是黄沙万里、牧马胡笳的一片荒凉。其实错了，蒙古正是中国富藏的宝库，而唐努乌梁海的风景正也不亚于欧洲的瑞士。

　　这篇文章是苏联泡兹得也夫教授的西伯利亚论文中的一段。在时间上，这篇文章的内容似乎已经成了陈迹，但是由此我们倒可以认出她历史的价值，蛛丝马迹，我们不难寻出她的现在与将来。至于论述西伯利亚，必须言及外蒙，这也是一个耐人寻味的问题。

译者识

一　蒙古苏维埃共和国——喀尔喀

　　无疑义的，在西伯利亚的邻居——喀尔喀的生活中最重大的事变就是：旧政体的消灭与苏维埃共和国的成立。

　　这件事对于曾经考察过近几年来蒙古民族自觉的发展的人，绝不是一件意外。以一九二四年死于库伦的哲布尊丹巴呼图克图为领袖的神道政治，已经逝去他的时代了，也是不可避免的必然衰落了。还是在一九一二年外蒙初次脱离中国独立的时候，在外已经喊出不能再把政权交给人民的宗教领袖的呼声。不过当时僧侣们的势力还很强大，马上进行反对他们，主观力量还薄弱。此外，为急速驱逐境内的中国势力，也要求蒙古人以呼图克图作中心立刻团结，于是呼图克图即了王位，并借此统揽了一切人民宗教的大权。

　　但是，十年来已经使蒙古人十分清楚的认识：僧侣们的政治经济的优越地位，确是蒙古发展前途的一个最大的阻碍。他们这些不劳而食的分子不仅寄生于无产阶级的身上，而且在自己手里掌握一切政权，处分人民的财产。本来在蒙古早已有了党的组织，他们仅是等待一个方便的机会，就把政权从僧侣的手里夺回来，而这个机会以库伦的呼图克图之死也就到来了。一九二四年六月十九日，蒙古外交部正式交给苏联全权代表（瓦西列夫）政府的关于宣布蒙古共和国的照会。从那时起，新政府渐渐执行了自己的新的任务：关于地方自治的创设、捐税制度的实行、人民经济生活的改良、城市经济的改良、国内封建势力的肃清、国民教育、大众文化以及经济的发展。新政府以在莫斯科的代理公使的口头传达，谓："蒙古共和国独立在国际间的巩固，将仰赖于苏联的维护和苏联、中国、蒙古间的谈判。"

　　由此蒙古与苏联的关系成为最亲密的。不仅在文化关系上如此，同样也是在经济关系上。国内一般大众文化水准的提高和国民经济的发展是蒙古政府所最关心而被置于计划的主要地位。近三年来，在各城市，各蒙旗已经设立了许多初级、中级学校，在库伦并且设立了一个国民大学和几个党校。

　　得了库伦政府的许可，克兹洛瓦教授的考察团着手从事于蒙古博物的考察。他们在肯特山附近诺音乌拉发掘了几组坟墓。这次发掘的结果获得许多历史上的纪念品，丰富了他们对于蒙古的研究。据一九二四年七月十五《消息报》发表的克兹洛瓦教授的信，蒙古政府的委员们是很赞成他们的考察的。

一个很有趣味的关于蒙古的经济报告，登载在一九二四年八月的《远东经济生活》杂志上。这个报告和我们上一年引叙的马益斯基与保果列泡夫、少保列夫教授的考察有很大的差异。在某些情形上，新的数字比较旧的少（例如骆驼，新数字是五〇，〇〇〇头，旧数字是二二八，六四〇头，相差甚远）；而在另些方面，就像讲到马和牛的数目，又比较旧数字为多。我们认为这新的数字有完全被重视的价值。

按照在杂志上登载的几个统计的调察，在蒙古现在有：（一）绵羊八百万头，每只羊大概可剪毛三分特（注一）①。除了抛弃百分之几的废物与脏毛，在蒙古每年可以取得品质纯洁的羊毛二十六万五千布特（注二）②，品质稍次的也有与这相同的数目——二十六万五千布特。按估价平均每布特羊毛值三元五到五元五，那么每年羊毛的总收入大约有二百万元；（二）骆驼（约计五万头）主要的是用于运输，每年出口的驼绒大概有五万布特，约值四万元；（三）马大约一百五十万匹，他的数目是很快的在减少；（四）牛约计三百万头。

每年〈输〉向俄国和中国的牛，有九万头，羊三十万头和几千匹马，价值总额大约由一百五十万到六百万。此外每年输出的猪鬃、马尾、羊油、奶油等等，约值五十万元，绵羊和山羊皮筒和牛、马皮约值三十六万元。如此，蒙古输出的总值，按照远东国家商业处统计经济科的统计，每年不能超过一千万元。

---

① 未见注释。——整理者注
② 未见注释。——整理者注

　　除上述的以外，还有两个正式收入的来源：皮毛猎业和货物运输。每年输出的松鼠、狐皮、貂皮、獾皮等等约值二百万元，运输的收入也有和这相等的数目。因此粗算起来蒙古每年的贸易总额等于一千五百万。但这个数目有三分之一是归于喇嘛、王公了，实际仅仅剩下的一千万圆构成蒙古在国外市场的购买力。

　　在入口货物中占第一位的就是中国的茶砖。每年输入蒙古的茶砖有七百万块，值四百万元。其次就是烟草、面粉、衣服、靴鞋等等，约值六百万元。这些东西多半也都是中国出产，因为中国货是比较便宜些。

　　所有这一切比较上年度的调察，可以证明蒙古经济统计的变动性。不过，现在还是收集材料的阶段，我们还没有可能来解决究竟哪一个数字是正确的问题。

　　在外蒙的首都（库伦）已经有很多的俄蒙工商业机关，有几个并且已经有高度的发展了。此中占第一位的就是在一九二四年设立的蒙古工商银行。还是在一九二二年一月十二日蒙古政府就商请苏联设立俄蒙银行，但事情一直牵延到二年后才得实行。这个银行是苏联财政部和蒙古政府合资经营的，他的使命是：（一）巩固苏联、蒙古间的经济关系；（二）发展蒙古境内的工商业；（三）巩固蒙古境内货币的流通。此外，银行必须协助蒙古工业的发展：一方面拨款补助旧有的和新兴的健全的企业，另方面银行自己参加相当的工业企业的创设。在这种情形上，银行必须特别注意于在蒙古最有成功希望的农业与矿工业。银行为着实行她所有的募集蒙古的、俄国的，并且在必要时也可以招集外国的资本的权利，它可以在蒙古政府取得租借权。

　　银行现在的基金仅有二十五万卢布，但预想将扩充到五十万卢布。银行有权利发行纸币和办理一切银行的通常业务。银行也可以开设分行和代理处，并且在蒙古政府赞同的情形下也可以代办蒙古国库的收支，不过为此必须先缔结一种相当的契约。银行的总事务所设在库伦，在哈尔滨、海拉尔、天津、上海以及蒙古各城市都设有分行或代理处，办理汇兑。

按其重要性在蒙古占第二位的是西伯利亚边疆联合会。它办理出口入口和信托事业。在蒙古从库伦往西有十七个分会，在乌梁海六个，中国二个，在边境上有四个分会，属于它的还有几个洗毛作坊，制革工厂在阿尔坦布拉克，和一个火磨在乌梁海。这个火磨的生产力很大，不仅供给乌梁海全境的面粉，蒙古西部克〔科〕布多、乌里雅苏台以及别的许多中心区域都要仰赖它的面粉供给。西伯利亚边疆委员会在蒙古的购买也是很大的。一九二三年买的牛和羊有二万八千头，洗净的羊毛一万五千布特，羊皮、小牛皮、马皮十一万一千张，奶油三千四百布特，脂肪油二千四百布特，灰鼠皮、狐皮、獾皮、狼皮等四万张。

蒙古中央人民合作社负如下之任务：在人民间的收买和分配，日用必须品和家庭用品的收买，在国内组织工业，防止私人资本的压迫，提高民众文化的水平和教育人民的自动能力。合作社的资本是四万五千两，基本金一万五千两，公积金和特别基金一万两，但是它每年的营业额差不多达到三百万两。在蒙古各处有二十六个分社，一百零二个代理社。它的地方事务所设在库伦、察音萨毕、乌里雅苏台和科布多；国外事务所设在张家口和海拉尔；属于它的分社还有十八个羊毛洗作、制革工厂、羊皮工厂、毡靴工厂、制脂工厂、制肠工厂、制鞋工厂、一个百货商店，商店货物的运输都是用自己的载重汽车。

此外，乌拉根商船公司专办蒙古、俄国间和国外的运输事业，它协助建立海参崴、蒙古间的联络关系。国家贸易局远东支局也办理出口入口的业务。乌拉根消费公司正在长足的发展，全权代表处、商船公司、乌拉根职业联合会的职员大多数加入了合作社作为社员。至于蒙古和布利亚特共和国的关系则由布蒙共和国地方交通处来维持，它担任两地方货物的运输、保存和保险。

和整个中国与满洲一样，蒙古货币的复杂与困难成为不足奇怪的现象。在库伦，蒙古人、中国人、俄国人间的账目清算主要的是用银两。但是此外还通行银圆（墨西哥银圆和中国银圆）、俄国的金卢布、卢布钞票以及金属的辅币。这些货币每天都有它兑换的行市。不过我们可以想见，虽然现在在交易与货币兑换上掠夺并欺骗蒙古人的投机者还有相当势力，但在蒙古工商银行帮助之下，已经由紊乱日趋于正轨了。

在蒙古一切财政经济的正常进行，国家的预算就给一个很好的证明。蒙古虽然还很幼稚，但是她有固定的国家收入，而且年有增加。例如海关收入一九二二年是一百五十五〈万〉，一九二三年已增加至二百五十万。在最近的一个计划中，收入部分预定为四百九十六万四千九百九十八两，支出定为五百六十六万二千四百五十五两。这中间的亏额，据财政部长的意见，以上年度的赢余是很容易弥补的。此外国家收入超过计算的部分，也可以作为弥补这种亏额的源泉。例如一九三三年不仅实行预算没有亏欠，并且国库还剩了一百万的现金。

这所有的一切证明了蒙古经济发展的健全性。因此我们边疆的邻居与西伯利亚的关系，尤其是与布蒙共和国的关系必须竭力追随着发展。

二　乌梁海区域

乌梁海区域，在他战后的状态中，近几年来是比较以前更为俄国文化界所知道了。但是，报纸登载的关于在乌梁海区域成立的唐努图瓦政府在一九二二年三月五日致苏俄政府的照会，说明唐努——图瓦——乌梁海国家的成立以及他们的执政者愿意和苏俄设定一种亲善关系，这对于俄国社会仍然是一个很大的意外。此后两天，库伦蒙古政府也从唐努图瓦乌梁海政府收到了同样的宣言书。一九二二年三月二十七日苏俄外交人民委员长回答三月五日的来文的照会也公布了，在这个照会里说明：苏俄并未把乌梁海看成自己的领土，苏俄对于乌梁海也绝没有任何野心，同时也情愿与新成立的政府建立亲善关系。由于事务的进行，渐渐明了这个民族，蒙古人称他们为乌梁海，俄国人称他们为少约特，他们自称为图瓦或者图温聂契，是以唐努山的名称为名的。这个山脉构成他们国家南部边疆，因此也就被取为国家的名称了。他的首都设在红城（从前的白帝城），位置在发源于乌卢凯马的白衣凯马与哈凯姆河合流的地方。

关于这个国家和政府成立的详细情形，到现在我们还不明了，在此我们也不能介绍。

照乌梁海——或者说唐努图瓦国家——的地理位置，自然地是倾向西伯利亚。在地理上使它和西伯利亚隔离的仅仅〈是〉萨彦山脉，可是叶尼赛河和人种的组织又给他们联系起来了。因为住在萨彦山以南的乌梁海人和俄国乌辛斯克地方的土人是同种族的，甚至按照传说他们同是来自密努辛斯克县的图卑河，从这里仅仅在一七一八年才游牧过了萨彦山的。至于住在乌梁海境内的俄国人是地道的西伯利亚人，在各时间越过萨彦山出境的那更不消说了。此外，在中国南部，乌梁海为二千俄里的戈壁大沙漠隔绝了，而住在湖波苏姑拉湖附近的同种的达尔哈特蒙古人，想在境内占势又嫌人数太少，这也是乌梁海不能不倾向西伯利亚的一个大原因。

如此，唐努图瓦国家自然把他们的文化关系倾向北方了。

乌梁海与西伯利亚的经济关系，首先是交通给他们帮助了。货物的运输如果用骆驼从中国经过戈壁沙漠到乌梁海，合计起来比较经过西伯利亚要贵。这不仅重的金属货物如此，就是轻的茶叶也是如此。经由俄国运输是：从中国用轮船到海参崴，然后用火车运到克拉斯诺牙尔斯克，再用轮渡到密努辛斯克，再用马运到乌梁海；或者从中国用轮船运到德国的汉浦，再转运到列宁哥勒，再由铁路到克拉斯诺牙尔斯克转乌梁海。我们必须注意此点，到乌梁海首都红城的叶尼赛河航线的开辟，仅是不久的将来的问题。因为航路的清除是早已预定到，而且从欧战前到革命初期已经把阻碍河流的一万三千立方米突的岩石清除一万立方米突了。

　　乌梁海输出占第一位的是毛皮。假使把各种皮毛都变成灰鼠〈皮〉计算，那么最低限度每年输出到俄国的就有一百万。此中最主要的就是最珍贵的乌梁海的貂皮。其次占第二位的是在中国视为珍贵的药材与补品的鹿茸。输出的鹿茸每年不下一千五百万布特，其价值超过一百万金卢布。金子的输出现在仅是十到十二布特的样子，这比以前是减少的多了。此外，肉类、鱼、谷类、松子以及矿工业的出产本来也可以由乌梁海大量的输出，但现在交通的不便把这类输出限制了。

　　输入乌梁海的主要东西是中国的茶砖，每年有八千布特。这现在完全是经过俄国运输的。假定从克拉斯诺牙尔斯克直航成功，那么茶叶运往蒙古、乌梁海以〈及〉唐努乌拉附近将更有保障了。糖输入乌梁海的每年有一万布特，布匹有三万布特。在乌梁海最大的需求是火枪和打猎用品，这些是那里打猎所必需的东西；其次是犁和各种农具、家具、斧、叉子、剪、各种刀子以及铁匠用的细铁和钢。一般人推测：一种生铁块，可以从阿巴堪斯克工厂和密努辛斯克县运送的，乌梁海每年可以用一万布特已制的皮革（软皮和鞋底皮），每年从彼益斯克、恰努图、密努辛斯克运往乌梁海的有二千布特。杂货在富裕的乌梁海人间也有很大的需要，每年由俄国输出的也在五百布特以上。总之我们可以如此确定：和乌梁海的贸易总额总可达到五十万布特。假设一方面交通能够改良，第二，商业、农业的贷款改良，国家农业银行，或者蒙古工商银行以有利的条件在乌梁海开设分行，最低限度开设代理处，那么无疑义的，西伯利亚与唐努图瓦国家相互的经济关系将很快的增加若干倍。

《新蒙古》（月刊）

北平新蒙古月刊社

1935 年 3 卷 3 期

（侯超　整理）

绥远的现状

吴永詹　撰

一　绪言

绥远为西北之一部,北控外蒙,南襟晋、陕,西接宁、甘、青、新,东由平绥路直达平、津,唇齿相依,呼应相助,河域之屏藩,筹边之要地也。从古北族肆扰,皆凭陵于此。自建筑平绥铁路,改建特别区城,开拓垦土,绥辑蒙民,治理已同内地各省。今且改建行省,设立省政府,对于治理建设之道,自当更有进一步之计划,果能教化蒙民,移殖边民,尽辟漠南土地,多筑铁路,互使声息相通,则阴山南北,尽是耕牧之场,旧蒙各旗,无非内向之民,交通利捷,易收指臂之助,汉蒙一家,地利无遗,岂只可用为障内防外之资而已哉!

自东北四省沦陷后,国人咸知注意西北问题。绥远砺山带河,形势险要,岂特为西北重地,抑且是中原屏藩。然吾人反顾绥远之实况,殊令人生莫大之失望。绥远地广人稀,文化落后,其社会情景与生活概况,除平绥线附近已有显著之进步外,其他各地或乡村中,则仍带有十五世纪中古时代之风味:一般平民,食则免〔兔〕葵燕麦,衣则老羊皮袄,燃料以牛粪,住屋以土碉。其土地面积,共约一百四十九万方里(各县、局约占六十三万方里,乌、伊两盟十三旗约占八十六万方里）。其人口，据最近调查，各县、局计一百七十九万六千四百余人，乌、伊两盟约三十七万五千二百余人（内蒙人二十一万八千七百余，汉人十五万六千五百余），共为二百一十七万一千六百余人（平均汉人居百分之六十，满人居百分之十，蒙人百分之十五，回、藏合占百分之十五），与全省面积比率，每方里不足二人，较之内地每方里七八十人之多，相差太远。同时地又未尽其用，货又未畅其流，在我国军事上、政治上、经济上，均占重要地位之边陲要地竟若此，能不令吾人忧虑哉！

二　绥远之沿革及其自然环境

绥远在汉时为定襄、云中二郡地。后汉时，属云中郡。后魏初年，建都于此，号为盛乐城。后置云州，领盛乐、云中等郡。隋时复置定襄郡。唐时置大都护府。五代时入辽，置丰州天德军，属西京道。金仍旧。元属大同路。明宣德初，筑玉林（在杀虎口外西北三十五里）、云川（在归化城西南）等城，设兵戍守，后为蒙古所有。嘉靖间，俺答筑城于丰州滩（在归化城南一百二十里），是为西土默特。隆庆间，因俺答约束诸部，奉约维谨，封为顺义王，封其妻三娘为忠顺夫人。清初太宗征察哈尔，曾驻归化城，土默特部落悉降。在清季设归绥道，辖九厅。民国一律改县，并合河套划为特别区域。民国十七年，由察哈尔划来五县，并内蒙古乌、伊两盟和晋北归化厅等改为绥远省，设省府于归绥。

绥远地势，有阴山山脉自察哈尔高原而西，绵亘至于包头，一若天设屏幛，以为界限者然。自归绥东北数十里起，西经萨拉齐，以至包头，地势突然中断，自陷落之平原，北望高原，殊觉山势峻峭，形势天然，幸赖巨沟急涧，辟为北通蒙古之孔道。自归绥以西，迄于黄河，地势平坦，东西四百里，南北二百余里，都为近代冲积层所成。拔海在一千至一千零五十米突之间，较大同犹低二百米突左右。东界陶林至和林格尔间之高原，也是地势低下，相距极远。东南界和林格尔至河水河县间之山地，则自高至下，黄土极多，陂〔坡〕地较缓。

绥远气候，因地势高爽，夏日无虑暑热，且因阴山横亘于北，故南麓转得以稍避北寒，而气候较为和平。冬时大雪，冰结封河，须至来春，河冰始解，春秋两季，时有狂风，果树皆不能结实，河套春夏时，雨泽极稀，但气象特异。

绥远山脉，有阴山主峰，横贯境内，东西千余里，西端接贺兰山，抱后套而东转，旧为古之狼居胥山，所以北部的阴山，又称狼山。再东至归绥西北，又有大青山的名称，大概这些都是阴山的主峰。惟沿后套黄河北岸东走的一脉，叫乌拉山，即古阳山，系秦汉时固阳塞地。翁滚山在归绥之北，层峦峻岭，高出云表，为全脉之名峰。

绥远省之土质，大部为黄河冲积层，故很肥沃，尤其绥西新垦之土地，含有极丰富之有机物，最称肥沃。

三　绥远之农业

俗云："黄河百害，惟富一套。"所谓套者，即后套也。绥西全属后套区，故颇适于农耕。是以绥远除归绥市、包头市、丰镇等商业区商人较多外，其余各地概多属农民。故研究绥远，不得不首先注意于农业。

绥远地广人稀，垦殖实为重要。清代张之洞、岑春宣〔煊〕

辈曾经提倡，但以波澜起伏，未竟厥功。至民四，内务、财政、农商三部，乃协设垦务总局，于是垦业始见蒸蒸。至民国十八年止，计已垦之土地：丰镇三万六千顷，集宁县一万顷，凉城县二万七千顷，兴和县一万七千顷，陶林县九千顷，以上该五县之土地，多已开垦，几无荒地矣。此外，归、包十三县土地，已开垦者，计四子王旗一万五千六百三十顷，西公王旗六千六百八十六顷，东公旗八千五百三十四顷，中公旗一千一百三十顷，茂明安旗三万一百零二顷，达尔罕旗九百九十顷，土尔特旗二万九千七百三十顷，八旗牧场地一万三千四百三十五顷，杭锦旗七百七十顷，准葛尔旗一千五百八十顷，郡王旗九千六百三十顷，托〔扎〕萨克旗二千一百〇七顷，乌审旗一千九百三十顷，月牙湖地七二九顷，草牌界地一千六百六十顷，广觉寺地三千九百顷，普会寺地一千顷，沙拉穆楞召旗地三千顷，庆缘寺地六百顷，昆都仑地七百顷，王爱召地一千四百顷，驿站地九千二百二十顷，特拉旗永租地二千顷，四城〔成〕正地一千二百二十顷，四成补地一千四百二十顷，五原城基地四百四十顷，河套地四千二百顷。总计全省已垦之地为二十六万顷，合二千六百万亩。此外蒙人私垦之地，因未升科纳粮，故亦无从稽考。而绥西一带荒地仍多，计乌察盟除西公旗及中公旗已垦之土地外，尚有十万顷以上之未垦地，伊克昭盟亦有广袤之荒地，鄂托克旗可耕地本有一三一，五九〇顷以上，而现在耕种者亦不过仅有十分之一二。故统计其已报、未报或已放未垦之肥沃可耕地，至少在二百余万顷以上。

绥远之农作物，以谷子、糜子为主要品，高粱、小麦、大麦、莜麦次之。建设厅十九年之调查为：

县别	归绥县	包头县	丰镇县	集宁县	萨拉齐县	和林格尔县	武川县	五原县	东胜县	临河县	同〔固〕阳县	凉城县	托克托县	大余〔余〕大设治局	总计
大麦与小麦	9,800 石	20,000	2,583	50,000	10,000	700	8,000	5,000	—	24,500	7,000	3,000	780	854	142,271
莜麦	72,000	1,600	12,530	60,000	—	—	3,500	—	—	—	5,000	5,000	—	180	159,310
荞麦	47,000	—	15,726	—	—	—	4,100	—	4,615	—	3,000	8,000	—	140	82,581
谷子	97,000	9,600	76,680	60,000	15,000	9,000	—	1,500	20,857	3,100	1,000	55,000	2,200	3,480	354,417
糜子	51,000	40,000	8,049	—	8,000	—	—	15,300	—	52,000	2,000	40,000	8,900	7,560	232,809
高粮〔粱〕	102,000	2,000	—	—	50,000	23,000	—	900	—	—	—	—	1,800	740	180,440

绥省为大陆气候，雨量鲜少，农业水利问题，颇为重要，该省最大农业水利工程，当推民生渠。兹将该渠之概况，略志于后。民生渠之开凿，创议于民国十七年，其时绥省旱灾惨重，由省主席李培基以省款二十万开工，嗣以工程艰巨，乃商请华洋义赈会总会接续进行，开干渠一百五十余华里，支渠十四条，现已完成者十条。二十一年，渠工大部完成，渠经萨拉齐、托克托二县，可灌田二万顷。现以华洋义赈会担任之大部工程已竣，已呈由省府，义赈会及萨、托地方代表合组民生渠水利公会接续永久管理该渠一切。该渠于二十二年开放闸口试水灌田，乃以黄河含沙过多，渠道坡度过小，水流迟缓〔缓〕，宣泄不畅，泥沙遂多冲积，且该渠不深，必于黄河能达最高水位时，水始能灌入。故现在之民生渠，实际上无甚大效用。其水利公会现已聘定专家，对该渠作整个改造计划，二十四年春，即可实施改造工作。

四　绥远之矿产

绥省天然富藏，亦颇丰富，惜交通不便，未能尽量开发耳。阴山主干上承贺兰山，横贯全省，直经察哈尔牧场地而东趋，故绥远山脉所在，矿藏随之，兹将其分布情形，略述于下。

煤炭产于大青山一带，鄂托克旗及集宁、兴和、陶林等县，质佳量丰，惜未能用新法开采，故产额甚少，大青山一带属无烟煤，已开采矿区，共十四处，每年仅产十九万余顿〔吨〕。集宁县之马莲滩年产烟煤一万八九千吨，陶和〔林〕县之丹岱年产烟煤一万五六千吨，兴和县之白脑包年产烟煤一万八九千吨，而鄂托克旗则以广漠之矿区，由私人出数十千钱包租开采，产量亦甚有限。

鄂托克旗，盐矿丰富，质良味美，掘地数尺，比比皆是。其产区为：大盐池淖周围二百四十里，苟盐池淖周围一百四十里，案宾达布素盐淖周围三百二十里，均包含质白如面之矿盐，倘能善为开采，定为一大富源。

天然碱之产区为：察汉淖周围二百里，巴产淖周围二百里，大纳林淖周围一百二十里，小纳林淖周围一百里，敖龙淖周围一百二十里，唔吗淖周围一百五十里，大克伯淖周围二百里，小克伯淖周围一百二十里，伊肯淖周围二百里，乌素淖周围一百五十里，达拉吐鲁淖周围三百里，皂素淖周围一百六十里，沙拉可图淖周围四百里，哈拉图淖周围二百里，乌拉杜淖周围一百五十里，可克淖周围二百里，哈比里汉奴素淖周围一百五十里，叨如图淖周围一百二十里，冈达气乌素淖周围三百里，可克乌素淖周围二百里，沙拉乌素淖周围八十里，毫类甲达亥淖周围十里，迭不拉亥淖周围一百二十里，察汉淖周围一百五十里。

以上所述，非特其面积系概数，且其蕴藏量亦未测算，深望专家详加查勘，以尽地利。除上述者外，如丰镇县之宝石及贵重之特产，归绥之石棉，武川之水晶及银，清水河之铁，固阳县之铜、铅、石棉等，埋藏均极丰富。

中央建设委员会，对大青山煤、油之埋藏量及其品质，曾有较详之测量，兹略述之。

坝子口煤田　有侏罗纪之露苗，面积约三十二方里，为半烟煤，煤层最厚者仅尺许。

黑牛沟煤田　煤田长约七千公尺，属下侏罗系，为半烟煤，层厚约半公尺，假定采深为五百公尺，则储量约二百九十万吨。

柳树沟煤田　属下侏罗系，煤田长约六千余公尺，煤层有一层者，有两层者，各约厚一二尺不等，但至下层者，厚约四尺，均为无烟煤，假定平均为一公尺，可采深度为五百公尺，则储量为一千一百七十万吨。

石拐煤田　此为大青山煤田中之最重要者，煤系为下侏罗系，煤田长约二百里，大沟附近，煤层厚约七尺，六道坝附近，煤层厚四尺至一丈，老窝铺之煤层厚约四尺，石拐镇一带，煤有七层：第一层为瑙节煤，厚约三尺；第二层煤层厚约一尺，故多弃而不采；第三层中大节煤，厚约六尺；第四层，四尺煤，厚约四尺；第五层花石节煤，厚约四尺；第六层底大节煤，厚约七尺；第七层底甘小节子煤，厚约二尺，现时所采者，多为瑙节煤及中大节煤。

童盛茂煤田　该煤田属石炭、二叠纪，煤系露头约长三十余里，槽仅一层。童盛茂南马地湾附近，厚约六公尺，为烟煤，可炼焦。假定平均厚为三公尺，则储量应有三千七百八十万吨。

扬圪埌煤田　在童盛茂煤田之南，自东而西，按煤系之地质时代言，则分为三部。东部属石炭、二叠纪，长约十五里，烟煤约厚二公尺，假定五百公尺为可采深度，则储量约为一千万吨。中部属下侏罗纪，长约十二里，平均约厚一公尺半，假定五百公尺为可采深度，则储量约为一千四百五十万吨。西部属石炭、二叠纪，长约十余里，平均约厚一公尺，假定五百公尺为可采深度，当有储量三百万吨。总计上述三部之储藏总量，约为二千七百万吨。

宽店子煤田　在扬圪埌煤田之南，属下侏罗纪，长约三十里。在宽店子附近，煤槽三层，上层约厚七公寸，中层三公寸，下层一公尺，均无烟煤，可炼焦。假定平均厚度为二尺，可采深度为五百公尺，当有储量二千四百万吨。

总计大青山一带煤田，假定五百公尺为可采深度，其储藏总量为：无烟煤三千五百万吨，烟煤三万四千二百万吨，合计为三万七千七百万吨。若以一千公尺为可采深度，则储量当在八万万吨。而伊克昭盟鄂尔多斯煤田据普来尔（Puller）及克拉皮（Clapp）之推断，其储量有七万余兆吨。至铁之产量与储量，手下虽未得

到其数字之统计，但建设委员会开采计划之第一步，即曰即须练
〔炼〕钢煤三千吨，是亦一铁产之旁证也。

五　绥远之工商业

绥远之工业原料既为毛皮等，故其工业亦属毛皮工业。毛织物
多系木机所织，稍销于华北，虽云坚韧，但极粗笨，绝难与舶来
品比拟。现成立十工厂，采用铁机，成色虽较佳，但仍极幼稚。
归绥、包头手织之栽绒毡，致密坚固，远近驰名，惜图案、颜色，
尚待改良耳。近更以毛绒制造西式呢帽，品质颇佳。而制革、制
骨等工业，多在蒙〔萌〕芽期，亟待今后之努力。至于皮袄筒、
皮帽，实为一大宗产品，每年货值约值四十万两左右，而畅销于
本地之老羊皮筒，每年亦约在二十万张，据《社会科学》杂志所
载，皮革之产地及产量如下：

县别	归绥县	包头县	丰镇县	集宁县	萨拉齐	和林格尔县	五原县	临河县	凉城县	大余太设治局	总计
牛皮	——	24,000	1,300	1,200	1,200	1,700	20,000	2,000	——	6,000	88,400
马皮	——	32,000	300		1,500	1,300	8,000	300	——	——	43,400
羔皮	30,000		2,000					10,000			321,000
羊皮	350,000	96,000	83,000	2,000	3,200	32,000	100,000	30,000	500	20,000	716,700

绥远既为内地与西北之媒介地，故在商业上亦极重要。如丰
镇、归绥、包头等处，实为由内地向蒙古、甘、新销货（砖茶、
杂货等）及蒙古、甘、新之马羊皮毛输向内地之枢纽。故非特百货

云集，而蒙马入口，每年均千万匹。归化城外马店密布（近蒙古禁马入口，故绥远商业颇受影响），其商业上之价值，诚不容忽视。

除毛织物、皮筒及其他工业品不计外，每年输出羊皮九十万张，羊毛九百余万斤，牛两三万头，每头价目约自十元至二十元不等，如按其中数计，每年即三十七万余元，此外所有驼毛均输作国外贸易，每驼每年脱毛一次，每次均五十余斤，每斤价一角余，按其驼毛产量为六，八七一，三〇〇斤，故其总值为六八七，一三〇余元。

绥省过去商业交易，尚称频烦〔繁〕，其商品出路，在东者有多伦，在北者有库伦，在西北者则有哈密、迪化。每年骆驼载道，络绎不绝，大商巨贾，比比皆是。其中最著名为大盛魁商家，资本不下数百万，出入经营之商人，亦动以千计，高楼巨厦，矗立空际，其气象之盛，可叹观止。嗣后新疆连年变乱，每岁烽火，而日帝国主义又占据察东，于是风声鹤泪〔唳〕，草木皆兵，诸路商贾来往，遂告断绝。因而绥省大商如大盛魁等店，皆相继倒闭，以致绥远经济，一落千丈。盖今日绥远经济之不景气，此实为一有力原因。

六　开发绥省之必要

绥省为我国西北政策之张本，同时为国内之屏障。故绥省繁荣与否，关系我国政治前途与经济发展者，至大且巨。兹就开发绥省在我国政治上、经济上之作用，分别申述于后。

（1）开发绥省在政治上之作用　　暴日虽占我东北四省大好山河，其野心犹未为足，无时不欲乘机向我西北进展，以圆其大陆政策之美梦。同时英、俄等国，亦在我西藏、新疆等地，种下一些政治上、经济上势力，均有更进一步取而有之之势。故吾人准是以观，则我西北现已陷于危急存亡之状态中。绥省为我国"近西北"，北控外蒙，南襟晋、陕，西与宁、甘、青、新等省相接，东由平绥路，直达平、津，砺山带河，形势险阻。吾人于此认为绥省若存，西北虽失，犹有挽救之余地；绥省若亡，西北虽存，亦随时有丧失之危险。故早日开发绥省，使绥省政治、经济，列于完善之域，不特可以为国家屏障与开发西北之张本，亦且关系西北存亡之大经。

从政治方面讲来，开发绥省，可使东南及其他处过剩人才，集中其地，一面为之妥筹生计，使之富而好礼，一面联络相互感情，训练团体精神，使其文化、思想、风习等与国内打成一片，以保持我国行政之独立与土地之完整。

（2）开发绥省在经济上之作用　绥省地广人稀，其可耕地之已报未捐，或已放未垦之面积，至少尚有二百余万顷以上，且其已耕地，因面积过广，一般农民之耕地，往往超过其耕作力，致多演成古代之"代田制"，即耕地经过相当时期，肥力减退后，即轮流与以休闲，任其杂草丛生，以培养其肥力，如此，则已耕之休闲地，面积当非少数。中国人口，什九猬集内地，以致地狭人众，谋生不易，更兼天灾人祸，连年不绝，结果游民加多，失业日增，农村动摇，经济崩溃。如能实行移民开边政策，则内地之经济既减少其崩溃性，同时更与绥远经济以繁荣之力，此点不特可以收经济上效能，亦且可得一国国民全体血脉相融之利。

对于实业上，一方面可以推销国内制品，同时可将西北原料供给滨海各地制造之用，其利于我国工商业之发展者，实非浅鲜。年来我国毛织品销路日增，而市场所充斥者，均属舶来品，每年外〔不〕止兆万。绥远毛产丰富，而毛织工业亦已萌芽，倘能善为改良，一方增加产量，一方充实品质，则非特能逐洋货于国境之外，且更可于国际市场上一显身手。杜塞漏卮，开辟利源，不但绥远一地之福，乃整个国民经济之利也。且其制革，倘能得法，亦属国际商品。而皮筒如亦能改良畜种，使毛质细软，则其销路实不可限量。

吾人观察绥省政治、经济之现况与绥省在我国所处之地位，故绥〔认〕为绥省确有继续开发之必要。过去开发之未著成效者，即政府对于西北常因人择事，因事择地，无真实开发边荒之决心与精神。且经济缺乏，物力不足，不合经济条件，其民更因知识浅陋，不谙开发之利，不但缺乏互助共营、共襄共事之精神，抑且联合反抗，常视开垦者为仇敌，以致垦务进行，殊不顺利。此后政府果能力矫其弊，而绥人应深知今日之绥省，已四周布满阴霾，更彻悟共和则共存，相争则相亡之原则，则绥省富强可立而待也。吾人惟望政府与国人共注意此岌岌可危之边陲要地。

《新蒙古》（月刊）

北平新蒙古月刊社

1935 年 3 卷 4 期

（朱宪　整理）

布里雅特蒙古共和国现况目击谈

G. D. R. Philips 著　　唐　仁　译

东西各国现方日渐注意亚洲之中心地带，企图了解其现况及其前途。比广大而神秘之国土，三面环山，一面面北冰洋，数千年来并未处于静止状态，而经受几多之变动、争〔征〕服、败北，此只于其内部为重要者。

目前此地带对于外部世界日形重要，此机器之世界于认为所有可能销售其货品之市场已被寻得、开发、饱和，无望后，忽然重新发现亚洲，于是开始对于中部亚洲市场之争夺。从迪化（乌鲁木齐）到山海关，从库伦到华中，军事活动偕经济活动以俱来。方有人在新疆作未雨之绸缪，在"满洲国"全境并逐步西进，日本方蚕食鲸吞，设立企业，借其自己之名义或借溥仪"皇帝"之名义。在这区域之南是西藏，其北为布里雅特，"布里雅特蒙古自治社会主义苏维埃共和国"，其首都为上乌丁斯克（Verkne Vdinsk），在戈壁沙漠北缘之山后。今年夏季我留住上乌丁斯克。

布里雅特占有贝加尔湖之大部及湖东之广大地区。经过布里雅特的中部为西比利亚铁路，目下已非如以往之为一单轨、无效率、不可靠的铁路，而全线已是双轨，修筑精良，已经改善而方在进步。有很多最时新的力及其所能装载之搭客与货运。一条很好的汽车路从上乌丁斯克越山往南到库伦，从库伦几乎是唯一由戈壁通北平的路；还有一条更难行的往南通迪化、喀什噶尔与雅堪

（yarkand）的路，离巴力斯坦（Balistan）、喀什米尔与印度就不远了。往北——现在由伊尔库次克及一条到里那河的汽车路可以达到，不久就可由一条绕行贝加尔湖东岸的铁路与上乌丁斯克连接起来——是雅库特地方（yakutia），这地方现方迅速的开发着。往西是阿尔泰山，往东是黑龙江盆地，两地在经济上均日见重要。西北是叶尼塞河及其各大支流，及其在伊噶喀（Igarka）的新入海口；此在北冰洋上之城镇现以飞机及汽船两种交通工具与西比利亚铁路连接。此广大之地域，集中于布里雅特，而其交通中心在上乌丁斯克，在世界事情上关系日渐重要；我们很难说，简直是不能说，此重要性之增长到什么地方才是底止。

布里雅特蒙古人是一种短矮的民族，有黄褐色的皮肤，狭窄而稍倾斜的眼睛，小鼻梁或无鼻梁的短平的鼻子，高颧骨，圆而坦的面庞，及直而黑的头发。由于目前之新的治术，他们的生活方在大见改变，并且一般青年人觉到，他们自己方在恢复一部分他们很久以前所失掉之独立，那时他们被剽悍的哥萨克骑兵所征服；那时这族人的英雄们，因为不肯屈服，据传说所云，投身于波涛汹涌之贝加尔湖。

在俄国革命以前，布里雅特人，犹如所有其他蒙古人，处于活佛（呼图克图）之宗教统治下。活佛是欧洲很少人所知道的一位很阔绰的人，但是他在亚洲东北部现下仍然很有势力。蒙古的活佛是喇嘛教的三个首领之一。其他两个之中，一个，达赖喇嘛，住在拉萨，西藏之首都①；其他一个，班禅喇嘛，通常往〔住〕在再往西边的地方，在喜马拉雅山北缘与藏布江之间（译者按即札什伦布）。但是为所有蒙古喇嘛之首领之活佛则住于库伦。

---

① 原文如此，应为首府。——整理者注

库伦，现称乌兰巴图尔，位于戈壁之北缘，靠近成吉斯汗的古都喀喇克朗（Karakorum）。库伦之所以重要，主要因其为活佛之驻锡地，其居民之大部为喇嘛。然近来库伦已成为"蒙古人民共和国"之首都，此共和国并不在苏维埃联邦以内，但与莫斯科之关系则极为友善。库伦与上乌丁斯克间之贸易极为发达，并且就是因此才修筑越过山领〔岭〕之铁路并开辟往来频仍而常川之航空。库伦输出大宗肉食与日本脚踏车，输入者为米谷及此"人民共和国"各种之消费品。

活佛在其他地方虽仍握有其大部之权力，然其对于在苏联境内之蒙古人之势力则幸而方在消逝，"幸而"，因为喇嘛的统治是一桩坏事情。在早先，活佛要每家的长子充当喇嘛。所以从前有，犹如西藏现在仍然有，一为数极众而且极为贪婪的喇嘛阶级，并极缺乏生产食物之男子；人民大众都穷的要命，甚至喇嘛——除掉活佛和他的朋友——也不富，因为国内生产的东西太少。可是还要叫贫困的蒙古人不只把他们的长子送到库伦，而且还送去繁重的贡品。

喇嘛奉行一种极下流的佛教，在这种佛教下出来好些形态的"佛"以及无数凶恶的男神与女神，他们的仪式是野蛮而且迷信的，并且在这种制度之下发展知能与地方是不可能的。一部分因为这种原因，一部分因为蒙古人为狼心的商人所榨取，布里雅特人成了酒精与疾病的牺牲，并于本世纪开端很快的日就消灭。科学家计算此族仅能再生存五十年。据估计他们有百分之九十患着花柳病，痴呆之比率极高，此在当时为一使世界闻而却步之事。

苏联政府设立医院与诊疗所，并禁止将长子给予喇嘛及越境向活佛纳贡。现在，不但不日就消灭，布里雅特族于健康及数量上已迅速的在增加。在乡间现在还有喇嘛庙，现在还有那些野蛮的仪式，连同奇形怪状的戴着巨大而神奇鬼怪的面具的喇嘛跳舞。尤有进者，喇嘛现在仍然能征得相当数量的贡品，并将其偷运出境而至库伦，他们并且仍利用势力从各乡村弄到长子去当喇嘛，但是老一代的人死去不久以后，这些事情就会消灭的。一个青年布里雅特人，当他在上乌丁斯克之新的铁路修补工厂或肉食组合作工，或当他被派送到七千粁以外的莫斯科去学工程，他怎么会相信他父亲之不可能的佛呢？

至于蒙古人民共和国，苏联以蔼然之态度遇之，因为它之产生是最穷的人民反抗较富者之一种解放运动，此较富者当时方使蒙古陷于万劫不复，并方在谈判将它移交于日本。但是活佛现在还当国，虽然他的权力已为政府所挪去；长子现在仍被给去当喇嘛；妇女仍然是活财产；在教育上现在作的还很少，在建筑上几乎什么也没有作。库伦方在发展，因为与布里雅特的贸易，苏联今年派一代表团参加此共和国建国之周年纪念，并赠给他们一些载重汽车与飞机。

布里雅特共和国有与在雅库次克、海参崴及伊尔库次克所见一样之红军——加仑将军统率下之远东红军。但是我们可以注意到在布里雅特之红军兵士大部分为青年布里雅特人，当地的警察也是如此。上乌丁斯克之重要官署内均有布里雅特人——老是青年布里雅特人，在国家银行内、《布里雅特真理报》及其他编辑及印刷所内、在货店内、在饭馆内——在各地方，俄国人方在教布里雅特人照管他们自己。他们在布里雅特本地教他们，并将他们之中之最优秀者大批的派送到各大学，他们学成以后就可以得到重要的位置。布里雅特的技艺被提倡。书籍与报章是用布里雅特文印的，既用原有的写法（那是由上而下读而不由左往右读），又用拉丁字母（教他们是用拉丁字母的）。他们有关于这种科目的书籍，比如数学、俄国地理、无线电学。现在布里雅特有二十五种日报，还不算工场壁报及其他定期刊物；然而这还是供不应求。

为驱除此区域内之疾病，在上乌丁斯克及其他地方已设立有一些设备完善的医院及诊疗所；在上乌丁斯克附近之森林内有一宏大之新的疗养院，在此地布里雅特人受到现代医学及解剖科学的好处，包有各种的光线治疗。也有一大公园——内有一华美之剧场——在里边布里雅特人以及俄国人实行有组织的游戏，既有西洋的游戏，并有本地的游戏，如布里雅特摔交〔跤〕：一种很有趣的比赛，有明白规定而严格遵行的规矩。

本地人，尤其是年青一点的，看着快乐而且满足。此身材短小之男女们工作勤恳，虽然作的还不很好。有几方面他们的性格比俄国人的还好，比如他们待他们的马匹好得多。布里雅特人看来是足食的，并且他们与任何其他的人是挣一样多少的工资的。住在城镇里的人及乡间的青年人穿的也很像样，虽然老年的乡下人常是穿的坏。他们大多数在城里的时候舍弃传统的蒙古服装而穿西服，但一到乡下便又穿上旧服装。然而在上乌丁斯克看见穿着带有两三寸长的扣钮及黄铜扣子的交折的长袍；皮制、毛底、趾尖翘起的刺绣的靴子；及下缘环有一圈皮毛，尖顶垂有辉煌的燧〔穗〕子的圆锥形的绒帽：这样的人也是数见不鲜的。他们的食物颇充分而且良好，除番茄外几乎没有水果，番茄的价钱而且很高；有丰足的鱼、面包、肉及多种菜蔬，其中最通常的是葱。在这方面的情况，犹如在大多数其他方面，方在改善，并且上乌丁斯克的居民敦促记者："过二年再回来，过五年还再回来，并看一看那时我们怎样生活。"

到那时看一看他们怎样生活，他们进步到怎样情形，他们的国家发展到怎样情形，这将是有趣的。

——译自三月十八日上海英文《新世界报》

《新蒙古》（月刊）

北平新蒙古月刊社

1935年3卷5期

（朱宪　整理）

被苏俄所夺取的乌梁海

[日] 高桥利雄　著　　洪炎秋　译

所谓乌梁海

苏俄外交部和贸易部所发表的文书之中，最近常常发见一个个叫作"达那·自洼"的听不惯的国名。苏俄和这一国，不但交换过外交代表，而且结有通商关系。可是无论怎样在世界地理上钻研，除却特别该博的人不算，知道这个国家的正体的人，恐怕很少。这个奇怪的国名，并非别的，乃是蒙古紧邻的唐努乌梁海。

乌梁海现在已成为独立的人民共和国了。不过这一句话，和纯粹的意味不大一样。如果在思想上要把世界地图分成颜色的话，则挟在苏俄和蒙古之间的这十七万平方公里的土地，恐怕是非染为深红颜色不可。因为它和邻居的蒙古一样，不，它是在蒙古以上地，仰着苏俄赤色的鼻息的。

为要使读者容易理解起见，兹特把这个地方的地理的事情，简单介绍一下。

它的位置在中央亚细亚的北方，苏俄的民奴辛斯克地方和鄂伊拉特自治州，由北望西，把它压下；南方是外蒙共和国；东方则连到布里亚特蒙古苏维埃共和国。换言之，它的周围，全是苏维埃化的赤色土地。因了这些压力，乌梁海的赤化，并非无理，这个原因，可由地理上来加以理解。

它的面积达到十七万平方公里，比较瑞士、比利时或葡萄牙三国中的任何一国，都稍宽广。依照莫斯科〔的〕发行的《百科大辞典》所统计，一九二七年乌梁海的人口共为七万二千人，内中：

土著民	五八，〇〇〇人
俄国人	一二，〇〇〇人

每平方公里的人口密度，仅仅为〇·四一人。所谓土著民者，即各种蒙古人之谓，这些民族的种别如左：

民族名	人口	喇嘛僧侣
巴阳·汗	一三，六二七人	一七二人
乌兰·汗	一六，五五九人	七八〇人
伊赫·喀姆斯克	一〇，六〇〇人	二六六人
卡·喀姆斯克	八，五三〇人	三八七人
帖新·戈尔	四，九四五人	二二〇人
托夫基·努尔斯克	二，〇一五人	一六人
合计	五六，二七九人	一，八四一人
（以上系依据一九二六年的统计）		

此外的一万二千人的俄罗斯人，均自帝政时代以迄苏维埃化的近年，即植〔殖〕民于该地。

这个共和国的行政区域，为叫作"所门"的村团五十四，叫作"哈基"的村一百八十九，叫作"阿尔班"的区域七百三十所构成。这些地方，一面是自治区域，一面又为行政单位。

乌梁海的富源和主要产业

土民的主要产业为狩猎，他们可以天山山脉、阿尔泰山脉，以及其他山岳地带，猎取狐、栗鼠、獭、白貂、黑貂，和其他各种高价的毛皮的兽类。该地方有多量的原油以外，还埋藏着很多的石绵、菱苦土石、岩盐、石炭等矿产；现今所积极采取的，只有砂金而已。

这是由苏联［邦］的国立银行连络苏联国营金矿业托拉斯来开发的，所使役的人员，除土著民以外，还有中国人和朝鲜人。不过无论如何，这地方的主要产业，还须算是牧畜；家畜的总数，在一九二九年约有二十万头，现在恐怕已达三十万头以上了。因此土著的人民的大部分，都从事牧畜。经营农业的住民，占总人口四分之一，农牧兼营的户数，为三千八百户。农牧最盛的地方，为巴阳·汗和乌兰·汗民族的两地方。托夫基·奴尔地方的诸民族，则从事于饲养驯鹿和狩猎，他们通常是游牧于萨彦山脉的草原地带。

乌梁海侵略的历史

最近的乌梁海的历史，即是俄罗斯帝国和苏维埃政府的侵略历史。中国清朝的时代，乌梁海在她的统治下，是她的领土。不过在远隔的边疆地方的乌梁海，统治自不能十分周到，这犹之乎人的身体过大，血液也就不能十分循环。所以当时也可以说是群雄割据的时代，有的地方是归蒙古的王候〔侯〕，有的归察尔汗活佛，有的归三音诺音〔颜〕汗，有的归乌里雅苏台驻扎的将军去分割统治，随意向人民征取贡物。所以虽说是归清朝支配，也只是名义上如此而已，实际上威令是完全行不到的。

到了清朝没落，辛亥革命发生，乌梁海地方也就依效蒙古，名实两方，都脱离中国的支配。虎视耽耽地在那里窥窬乌梁海的俄罗斯，便急速伸出手来，自是以来，乌梁海在形式上虽算外蒙古的外藩，实质上则无异于俄罗斯的殖民地。在中国东部——即满洲，设有中东铁路，更欲把朝鲜吞下去的俄罗斯，对于中国西部方面，边〔便〕勃勃欲试。二十世纪的初头，居住民奴辛斯克的商人萨非将曾经把他多年在乌梁海所调查的结果，报告于当时的财政大臣克罗姆进，并提出一种殖民政策。自是而后，俄罗斯政府即定出乌梁海进出的重要计划，一九〇七年任命察其〔基〕罗夫为乌民斯基地方的国境监查官，奖励俄罗斯人移民，中部地方一带，形成俄人部落，察基罗夫上尉，就如同主权者在那里活动。

乌梁海住民对于这件事，也感觉不快，做出种种的抵抗，可是这无异是螳臂当车，不但无效，且于一九〇九年惹出俄罗斯政府以保护住民为名，派遣多数的军队，在军事上强行霸权。俄罗斯的商人和企业家，在那里恰如王者，擅作威福，土著民的颦蹙，自不待言。

当时为世界上最富侵略性的俄罗斯帝国主义，曾把乌梁海强制的置在西伯利亚叶尼塞州管辖之下，一九一〇年任命格里戈里叶夫为乌梁海事务监督官，连形式上也握有乌梁海的支配权。

遵循俄罗斯革命的流风

在俄国的乌梁海统治上，发生历史的影响者，为一九一七年的二月革命。这个革命使俄罗斯的中央政府和乌梁海的联络，陷于断绝。在首都伯洛亚尔斯克（现在的名称为基醉尔·霍特）召集俄罗斯乌梁海大会。这个大会，即为自里谋夫至格连斯基时代，支配民主主义革命当时的乌梁海地方的机关。构成这个大会的人的要素，系由俄罗斯所派遣的官吏和迎合他们的乌梁海人。共产党的势力，在这里面渐次抬头，遂至执这机关的牛耳。

在旧俄罗斯政府的势力下，已经殖民地化的乌梁海，在一九一七年的大革命后，也和俄国本国遵循一样的途径，由桃色渐变为赤色。

十月革命后未几，即于一九一八年三月二十一日召集州民大会，这个大会，可以说是蹈入布尔塞维克化的最初的正式步骤。在《告乌梁海的住民》这篇宣言书，曾经明记这些话：

> 我本国俄罗斯，已于去年十一月七日废止民主主义临时政府，而产生出由构成人民根干的劳动者、农民、赤军兵士等代表所构成的苏维埃，作为国民的权利机关。临时政府的执政官和他们所任命的官吏，均已罢免，而代以苏维埃政府。在乌梁海地方，也是为要强化人民的权利的缘故，所以在这三月廿一日的州民大会中，选任乌梁海地方劳动者、农民、兵士等代表的苏维埃，而罢免临时政府所任命的执政官苏尔察尼诺夫，另以人民所选举的苏维埃执行委员会长任执政官的职责。苏维埃权力所拥立的新执政官，在处理俄人和乌梁海混合的事务时，要秉承中央政府的人道的命令，举全力以拥护乌梁海住民的利益，以完成其保护。乌梁海的住民啊！苏维埃政府毫无干涉乌梁海人的内政事务的意思，对于乌梁海的民族自治和良心的自由，容认其有完全的自由。新国民政权对于乌梁海人民今后的措置，苏维埃中央政府还有命令通达下来。

苏维埃政府对于乌梁海和边疆诸民族，是采取怀柔的手段，所以并不马上就把他们划入苏维埃国家的组织构成内，而使他们在民族自决的旗帜之下，进行工作。因此在形式上和名目上，设立独立的人民共和国，在苏联政府方面，乃是最"合法"的方策。

由桃色转化为赤色

一九二一年八月中旬，以苏维埃政府为后台老板，在斯格·巴夏地方，开第一次国民大会。出席者为代表乌梁海各区的数百名议员，苏维埃方面则有西伯利亚革命委员会特别代表十八名出席，而外蒙古国民政府也在形式上派出代表三名参加陪席。

在乌梁海的苏维埃化上有历史的意义的这个会合，所有一切，均由苏维埃方面来安排，来操纵，是不用说的。西伯利亚革命委员会首席代表萨非耶诺夫劈头宣读开会词，其中有这几句话："在这大会自由选出的国民革命政府，自然要成为领导国民于自由之路的原动力，在这里集合的代表者兹〔诸〕君，应该深深省察事态的重大，而使乌梁海国对于在这大会后所要定的制度，能收满意的效果。"由了这段演说，自可以明白这里头的消息。这个大会的主席，系选任旧乌梁海王国的布阳·巴达拉霍，以资欺瞒，一切的事情，均按照预定，全会一致通过，并发表独立国家的组织宣言。在这里又选出帖新·戈尔族出身的苏托诺姆·巴里奇尔任首相，并以巴阳·汗族出身的奇姆巴贝西，乌兰·汗民〔族〕出身的布阳·巴达拉霍公外〔等〕四名为阁僚，组织乌梁海人民共和国最初的政府。在八月十六日的末次会议上，采择制定莫斯科制的共和国临时宪法。这个宪法为一九二六年宪法制定的前驱。

不过这个最初的政府，好像俄罗斯革命政府最初的首相葛里乌夫公一样，不是贵族，便是土豪，和苏维埃所希冀的革命的和社会的认识，都是缘份疏远的人物。这一桩事在后来政治的实际上，遂暴露出来，而和后台的老板苏维埃方面，生出好些矛盾。

这样一来，这些阁僚就和日本的明智光秀的运命一样，不久之间，便被驱逐。代替这班人的，是和苏维埃共产党员有极深的血液的交流的独立革命党员、贫农和普罗阶级的代表者等，登出台上来。乌梁海的"赤化"，由是而更深了。

在这时候，共产党和跟他们实质内容一致的国民革命党的势力，远在共和国政府以上，共和国政府，反成为执行党的议决的机关。在这一方面演出这划期的任务的，是一九二六年的宪法制定，和一九二八年的党大会。这个大会公认政府和小国民会议（小福尔丹）内党团的活动，乌梁海的共产主义的独裁政治，由是而至确立。

和苏联的社会主义建设五年计划的强行军一样，政治的和经济的工作强行，也就开始起来。在这强行下受牺牲的人物，上自党的旧干部，下至旧王候〔侯〕、土豪、富农均在其中。

自一九二一年的共和国的独立起，经十四年以至今日，乌梁海的地图，完全成为苏维埃的属领，深染赤色。在不久之间，或者要剥掉"独立"的假面具，名实都划入苏维埃联邦的构成中，也未可知。

苏维埃统治上的苦恼

但是苏联对于乌梁海的工作，也并非没有困难和矛盾。第一要数出的，是乌梁海的阶级构成，依然为：（一）半原始的游牧民，（二）衣食于牧畜和农耕的人，（三）佛教和喇嘛僧，占绝对的过半数；这都和时代的工业普罗列太利亚不同，他们对于一切的社会主义，是属于少缘或敌视的阶级。

苏维埃的支配乌梁海，乃建筑于大多数国民的无智和无关心的上头的，要在里面施行社会主义的教化，终是前途辽远，在这一点要成为今后的困难。

《新蒙古》（月刊）

北平新蒙古月刊社

1935 年 3 卷 5 期

（朱宪　整理）

布里雅特蒙古共和国之地理情形

[日] 吉村忠三　著　　黄春田　译

版图及面积

（一）概说

布里雅特蒙古自治共和国为苏维埃社会主义共和国联邦之一部分，由于民族自决之宗旨与其他民族自治共和国特被认为自治共和国。一九二三年八月一日，基于全苏联邦中央执行委员会之指定，由以前之依尔库次克①暨图郎斯贝加尔洲〔州〕之地域，以远东二布里雅特蒙古自治州组合成立。其总面积为三十九万四千七百平方粁。领土大别之为三大地区，即西部、东部、中部。共和国之行政上共分十六部落：西部为阿拉勒部落②，位于以前之依尔库次克地方之间；东部为阿金斯克部落，伸入东部西伯利亚；其余十四部落，皆属于中央部分。共和国之中心都市为乌拉奴乌达（旧名乌耶尔呼尼乌金斯克，一九三四年七月改称），直隶于共和国，为行政上之单位。

---

① 后文又作"伊尔库次克"。——整理者注
② 后文又作"阿拉鲁斯克"。——整理者注

（二）位置

布里雅特蒙古自治共和国位于贝加尔湖的周围，东部西伯利亚高原，亚细亚大陆之中央，距海甚远。兹将由贝加尔湖距离大陆诸地方之主要地点列后：

列宁古拉都	五，八〇〇粁
里嘎	六，〇〇〇粁
乌迪资萨	六，五〇〇粁
海参崴	三，〇〇〇粁
北冰洋（沿叶尼塞河）	四，〇〇〇粁
北冰洋（沿勒拿河）	四，五〇〇粁

（三）境域

共和国之西部及北部均与西伯利亚相接，东与极东俄领，南与外蒙古交境，阿金斯克部落隔以极东之狭隘地区与外蒙古及"满洲国"接境。布里雅特蒙古自治共和国行政上由十六部落组织成之，其地势大别之可分西部、中部、东部之三部分：

西部：1. 阿拉鲁斯克部落

中部：2. 布汗斯克部落

　　　3. 耶洗里图布拉嘎知克部落

　　　4. 图温根斯克部落①

　　　5. 扎嘎明斯克部落

　　　6. 谢林金斯克部落

　　　7. 克亚夫沁斯克部落②

---

① 后文又作"图温金斯克"、"通金斯克"。——整理者注

② 后文又作"客亚夫金斯克"。——整理者注

8. 木号鲁西必鲁斯克部落①

9. 岳木胡尼乌金斯克部落

10. 喀般斯克部落

11. 八鲁格金斯克部落②

12. 郝林斯克部落

13. 耶拉乌宁斯克部落

14. 八温图呼斯克部落③

15. 北八温图呼斯克部落④

东部：16. 阿金斯克部落

西部阿金斯克部落孤立于旧伊尔库次克州领域之内，地区极为狭隘，与布汗斯克接壤。

东部之阿金斯克，已如前述，在东部西伯利亚领内，即孤立于赤塔州内，与中部各部落距离甚远。

地势及地质

（一）山系

共和国之领土由于贝加尔湖之深渊，地形上可分为两大部分。

西部　凡在贝加尔湖以西，阿拉尔〔鲁〕斯克，布汗斯克，及耶西〔洗〕里图布拉嘎知克之西部皆属之。以上各地占东部西伯利亚高原之东南部，高于海面三三〇——四五〇米，但安加拉河及勒拿河之流域比较稍低，其高度只有二〇〇至二五〇米耳。

---

① 后文又作"木号鲁希毕鲁斯克"。——整理者注
② 后文又作"巴鲁库金斯克"。——整理者注
③ 后文又作"巴温多夫斯克"。——整理者注
④ 后文又作"北拜喀勒图根金斯克"。——整理者注

地形为小丘陵，其干燥地带有出产岩盐之处。尚有贝加尔山脉，系沿湖水之西岸至伊尔库次克市之附近，东北折行贝加尔湖，流入贝加尔湖山脉之南麓。

东南部指贝加尔湖之东南部各部落，其地概属山岳地带，古生代之岩石在在皆是，就中尤以图温金斯克为最高，高出海面约八〇〇米。其通行于南境之东萨彦山脉，到处皆有万年雪带，其最高峰蒙古萨鲁迪次克山，高出海面三，五〇〇粁〔米〕。

以下各地方之高度：

图温金斯克西部高地　　　　　　　一，三〇〇米

乌耶鲁〔尔〕呼尼乌金斯克　　　　五二〇米

特罗伊次克萨夫斯克　　　　　　　七七一米

呼林斯克之东境（西雅克库西雅湖附近）一，一〇〇米

阿金斯克　　　　　　　　　　　　七〇〇米

敖嫩河流域（沁丹图附近）　　　　八六〇米

希罗次克河、图格纳河沿岸高地　　一，〇〇〇米

哈麻尔达班山脉系由东萨彦岭山脉分出（高约一，二〇〇米），为贝加尔湖及色楞格河之分水岭。该山脉于距离乌拉奴乌达市约一八粁之地点为色楞格河所横断，延及北方，呼为乌兰布尔嘎斯山脉，经过乌兰斯克之北境，形成库鲁毕斯克山地，与中央毕齐木高原及雅布罗侬①山脉会合。

中央毕齐木高原普通高约一，三〇〇米，其最高处有一，八〇〇——二，三〇〇米者。

此外尚有迪金斯克山脉，与哈麻尔达班并行，小哈麻尔达班山脉，通行于其南。

———————————

①　后文又作"雅布罗奴侬"。——整理者注

色楞格河之左岸一带，围绕于库希奴乌金斯克，多山谷；又于右岸一带，有由西南向东北之资阿干达班、资阿干昏替、扎干斯克、图古奴依斯克、布鲁古图依斯克、拔扎里图布诸山脉通行其间。

其次之山脉，在阿金斯克部落，通行该部之中央者，有布鲁希乔乌齐奴、布依鲁次音斯克、阿敦齐耶伦斯克诸山峰，亦耸然雄大之山也。

（二）河流

以贝加尔湖为中心之东、西二部水系述之如下：

西部昂嘎拉河长约三六粁，发源于贝加尔湖与叶尼塞河之右，支流通古斯嘎雅，汇合注入极远之北冰洋。此河全流虽流于共和国领土之外，而恃此河流出航行便利，与共和国之中心乌拉奴乌达都市及西部各部落相连络，使命不可不谓重要也。西部各部落领域内之温嘎、库依塔、依达乌萨、库达、布库里迪依嘎、萨鲁麻各河流之水量极少，夏季屡有干涸之事。

安加拉河之左支流依鲁库图河，于运输上颇有重大之利益。此河上流环绕通根斯克依之山谷，于木材之输运最为适宜。尚有乌嘎河，系流于通金斯克部落之西北，为高山一带之唯一河流。

东部色楞格河，发源于蒙古，成为大三角洲，注入贝加尔湖，可航之距离达八〇〇粁，而其大半流域属于蒙古之领域。

阿尔坤河，即金果勒河，为流入蒙古领域之支流，不惟适宜于木材之运输，而航行之距离亦甚远。

特木尼次克、乌伦郭依等河，为色楞格河之左支流，皆为小河，不能航行。齐考依河为色楞格河之右支流，河流既大，可航之距离约达三，〇〇〇粁。次之为乌达河、库鲁巴河、乌那河、呼敦河、依塔尼资河，皆可通航。

此外如东古斯科河、希罗知克河，亦属于色楞格河之右支流。

流入贝加尔湖之河流，有巴鲁占金河，及安加拉河，可以通行。依嘎河、图鲁拿河，适于行舟。余如斯尼吉那、满都里瓦、布库里、接嘎等河，皆系小河也。

毕其木河为勒拿河之右支流，蜿蜒流于共和国之东方边境，其长亘七〇〇粁，而可以航行者唯小蒸汽船已耳。

流于东部阿金斯克部落领内之敖嫩河，上流为阿穆尔河，至坤达次依、巴班布依、阔木雅、巴拉马、克鲁伦等河，皆敖嫩河之主要支流也。

布里雅特蒙古之河川，结冰之期，普通皆在每年十月二十至二十八日之间；其解冰之期约在四月五日至十五日之顷。各河流因水流甚急之关系，结冰之期亦为最迟，解冰约有二三周之迟缓。若过寒令〔冷〕之春季，虽至五月末六月初，其上流尚有结冰者。

勒拿河及其支流齐润〔阔〕依、希罗次克、阿尔坤等河，因流行过急，多有不能结冰之处所，而不冻地点于齐阔依河①最为多见。

结冰之厚普通约在一尺八寸左右，若冬季降雪甚大之时，可达二尺四寸。其结冰也，由最近之结冰，至完全之冻结，大抵需要二三周之时间。解冰有四五日即可完竣，而以水流甚急，解冰亦早，此亦原因之一也。

（三）湖泊

贝加尔〔勒〕湖占布里雅特蒙古共和国之中央部，为亚细亚洲最大之湖泊，金〔全〕球驰名之最深淡水湖也。纵长六二三粁，

---

① 后文又作"齐郭依河"。——整理者注

横宽二五——八〇粁，其面积三四，一七九平方粁，在全世界之湖泊上占第七位。

若以深度言之，最大者达一，五二三米突，占世界之第一位。更以水之上下面言之，水面上高出海面四六二米，海面下最深达一，〇六一米。其位置，湖之西岸中部乌里混岛之东方成为港湾，而色楞格河之三角洲之前港为浅水带。

注入湖水之河川总计有三三六之多，而通航者只有上述之色楞格、巴鲁古金、上安加拉三河而已。排水河者安加拉河也，与勒拿河，于乌之长轴成为直径，予意以为以上二河，原为一河，因地块之陷落，被贝加勒〔尔〕湖所切断而为两个河流。

贝加勒〔尔〕湖又为世界第一之透明湖水，在湖岸向水面下透视，可达一六米。若在六月时期，港湾之中，湖〔视〕力所及，可测四〇·五米。水性恒寒，冬必结冰。由十一月之末至五月，约半年之久，全湖化为冰原。以其水面既如斯之辽阔，而冻结之顺序亦与一般湖泊不同。盖湖之结冰先由湖底起始，其被破坏之断片，飘浮于湖之上面，更与注入之流冰混合，浮漂其上，始有冻结之机，而湖滨之冰，一律结冻矣。

冰之最厚凝结有至一——一·二五米之坚固，露出之面积又大，而每当强烈之寒风来袭，被风所吹碎者亦复不在少数。

湖面之冰壳因湖水下面之动摇而屡屡动摇，但无何等之危险。邮政所用之马爬犁，仍照常疾驰其上也。

此湖之御神渡奇怪现像，有如我国之诹访湖焉。其裂罅之处有达二米以上者，状如马鞍之隆起，蜿蜒数粁，亦壮观也。裂罅之间，冰之碎片，堆积如山，往来之撬〔橇〕行者往往有转覆之虞。其冰壳之完全溶化，普通约须两月有余。

湖水含有炭酸盐质，故谓酸盐湖。湖上有大小岛屿二十七处，其中最大者位于两岸之中部，乌里混岛是也。此岛之东北方有乌什油喀尼岛，土人称为海豹之栖息地。

其他湖泊中之最著名者在谢林金斯克市之西方二三俄里（约六里）之地点，有名为库希奴耶湖者是也。此湖长约二七粁，直径最长约一〇粁，水之深度不明。以宗教上之传说，土人群以湖水目为神圣，穆尼次克河之支流即系流入此湖。此外之淡水湖尚有耶拉滨斯阔耶，及巴温图呼斯阔耶、鲁里哈阔、图开里等湖是也。

该共和国除有以上之淡水湖外，尚有多数之咸水湖，惟其面积过小，尚未能营正当的采盐业也。

（四）地质

绕于安加拉河高原之山脉悉为喀木布里雅世纪以前之最古山脉，其地质由花冈岩、片麻岩及片岩构成之。贝加勒〔尔〕湖以西之三部落，其土壤现暗黑色之砂质，类似黑土之腐植土尤为富有，故该处之农产物最为优适，堪称共和国之宝库也。

萨彦山脉及雅布罗奴依山脉之地质，皆为太古时代之片麻岩及片岩，次之为古生代之（阙略）。

其他地质则为火石岩所以构成之花岗石、班岩及辉绿岩等等，沿其断层则见有玄武岩之喷出焉。此山脉一带之矿产极富，萨彦山中之金、银、铜尤多，且其山麓产煤。

扎巴依喀鲁地方被溪流横断之大森林中，现露狭隘之粘土，及黑土地带山地之地质，多为泥土地、粘土地、砂土地三种。河谷之地质，在粘土及砂地之下层现有极薄之黑土层。

扎巴依喀鲁西部之一般地面现有多种多样之光景者，即齐郭依河及希鲁资克河上流之间人迹未到之极大森林，与广漠之沙漠，及毫无森林之山岭相连接，而流谷之间有极壮观瞻之牧草地带，与绵亘数十或数百俄里之悬岩、涉〔沙〕丘相交错是也。

少数河湖之附近地带往往发现含有盐性之地质，此等地方虽屡遭荒旱，而广大之原野中犹有丛密之植物畅茂其间。恰克图附近特别多有之。因此之故，布里雅特及蒙古人之家畜极愿在此等地带牧放之也。

气　候

共和国之气候，因距海洋过远之关系，具有大陆性之特征，而其特征，尤以土地之隆起，有巨大之变化。

每年平均之温度在零度以下，上下于零下八·三度与〇·七度之间。其有大陆之特征者，虽受拜喀勒湖①之影响，稍有缓和之势，而一年间温度之变动仍大，约在八十度至八十八度。

植物之生长期间极短，平均只有六十日乃至一百五十五日耳。中央部比较的长，其他各地方皆短。由于海拔及标高之不同，而气候亦稍有差异之点。

一年之平均雨量极少，各地之节令亦不平均，大概由一五五糎乃至六三四糎。少数地方，夏季之豪雨亦不过百分之八十。故其雨量于植物之繁茂颇有不足之感。冬季之积雪亦不甚大，太阳光线颇强于紫光线。

以上之气候之特征，于农业上予以困难性，其特别显著者，共和国之东部为特甚耳。

三月中旬之布里雅特蒙古气象（一九三四年三月二十三日布里雅特蒙古表）：

---

① 即贝加尔湖，后同。——整理者注

（一）气温

三月之初，西北寒风仍强，中旬气候仍无一日之温暖，最高气温，布里雅特领域之内，无零度以上者。寒气依地区而异，由零下二三度乃至二九度。

平均气温为摄氏零度以下：

特罗伊斯克萨夫斯克	九·三（零下）
嘎班斯克	一二·三（同）
巴鲁古金	一二·九（同）
乌拉奴乌达	一三·〇（同）
高里雅沁斯克	一三·九（同）
图温嘎	一四·三（同）

（二）降雨

只有下列二处可以参考：

嘎班斯克	一糎
高里雅沁斯克	二糎

（三）积雪量

高里雅〈沁〉斯克	一七糎
图温嘎	一二糎
巴鲁古金	一二糎
嘎班斯克	七糎
特罗伊斯克萨夫斯克	四糎
乌耶鲁呼尼乌金斯克	二糎
下谢林金斯克	〇糎

各处雪化之期约在三月末旬，郊外之野可以露出土地，唯高里

雅金〔沁〕斯克此时雪尚未化，土地上仍有雪遮蔽其上。

喀喇海方面近来时吹西北风，受寒气之影响，其结果气温卜异常降落。

人口及种族

（一）　概说

布里雅特蒙古共和国之住民系由布里雅特及俄罗斯人二大民族构成，间有其他各民族之混入。各民族中比较的占多数者为通古斯人、鞑靼人、乌库莱纳人、炮兰都人、中国人等等。

现在之布里雅特共和国，在未被帝俄政府殖民地化以前，土著之民族只有布里雅特人及通古斯族人耳。

一九二三年布里雅特共和国创建当初之全人口为四十八万二千一百五十一名，布里雅特人约占半数，而当时之都市人口三万一千零二十四名，当全人口之六四％。

依据一九二六年之最近实施全联邦人口调查，共和国之全人口为五十二万四千百二名，其中布里雅特人为二十一万五千九百二十六名，当全人口之四一·二％。而全人口之男子二十五万九千二百四十一名，为百分之四九·五，女对于男为一〇〇与一〇二·二人之比较。

再据一九二六年之人口调查，都市人口已达四万五千八百六十八名，比诸一九二三年增加百分之四七·八（共和国之总人口比一九二三年增加百分之八·七）。都市之人口如斯增加，而乌拉奴乌达尤见特别增加，比一九二三年增加百分之六四·二，其原因即由农业而为工业之转化，换言之，亦即农村之人民被都市之工业及新兴之建设事业所吸收，大众之人口群行流入都市也。

一九三二年一月一日，当时共和国之总人口为五十六万三千四百二十名，其中布里雅特人数已达二十一万八千五百几十八名（三八·八％），都市之人口六万九千六百九十名，形成百分之一二·四矣（根据一九三一年度及一九三二年度之农业税调查及都市调查之统计）。

由一九二三年至一九三二年十年之间总人口〈增加〉一六·九％，其中农村人口增加九·四％，都市人口增加数为一二四·六％。人口之密度每平方粁约占一·五人，若依区域之划分，而数目相差过巨者如下：

人口最稠密之部落为呵〔阿〕拉鲁斯克，每平方粁有八三人之密度，其他如客雅夫金斯克为五·四，木号鲁希毕鲁斯克为五·二，布汗斯克为四·六九。其人口最稀薄者为巴鲁库金斯克、巴温多夫斯克、耶拉乌宁斯克、北拜喀勒图根金斯克，每平方粁之密度为〇·七八至〇·四间之上下。

（二）种族

（一）布里雅特人

布里雅特蒙古自治共和国之主要民族布里雅特族，蒙古民族之一种也。蒙古民族大别之为喀尔喀族、喀尔马克族及布里雅特族三大部分；布里雅特蒙古共和国之民族属于布里雅特系之蒙古民族也。

布里雅特蒙古共和国一九三二年布里雅特人之总计为二十一万八千五百九十八名（约三八·八％），复据一九二六年之户籍预备调查，苏联邦内之布里雅特人约有三十万，其中属于布里雅特共和国之布里雅特人计有二十一万五千九百二十六名。而于布里雅特蒙古人中更分布拉嘎都、耶希里特及呼里乃资三种，布拉嘎都及耶希里特二族系住拜喀勒湖西北附近地方，呼里乃资族系住于其他方面者也。西北方面之布里雅特人多受俄罗斯言语、经济上、生活上及风俗之影响，今日已由移动式之生活而趋于纯粹固定式之生活状况矣。其经济生活，农业占主要部分，其商品谷物之产出亦逐渐增加。

呼里乃资族系与彼等同族之喀尔喀人邻接，受喇嘛教文化之影响，经济上、生活上均与同种族之西北部有异。原为纯游牧或半游牧之民族，至最近始从事于农业，居住亦渐趋于固定化。

布里雅特蒙古，尤其东方各部落，住民之文化及生活条件，均极落后。住则毡房，夏季则服用绵布衣服，虽极褴褛污秽亦不洗濯或更易。冬季游牧民衣老羊皮。无卫生之思想，各人之食器均系采用共同式。不沐浴，衣服亦不洗濯。布里雅特人之食物，则惟牛羊肉与乳，其食五谷者，只有固定式之住民耳。至菜园之菜蔬，虽居有定处之农业人民，亦全然不食。

因其食物上之关系，于炭化水素至为不足。彼等之体格，远逊于俄罗斯人。苏联注意此点，乃使布里雅特人民由游牧而进于农业。

（二）俄罗斯人及其他民族

以布里雅特蒙古人口上言之，俄罗斯人实占布里雅特人口之一小部分。俄罗斯人分西伯利亚人、谢木人及新移民三种。西伯利亚人系以前之俄罗斯人与布里雅特人及通古斯人之混血儿，普通称彼等为喀鲁依木人（西伯利亚语，混血儿之意）或雅萨库人，生活之习惯、衣服上、经济上，多受布里雅特人之影响，语言亦系俄罗斯语，而扎拜喀勒住民之间，往往带有特殊之方言。

谢木人系于耶喀特里拿二世时代强制的由马客拉夫斯喀雅县移住于扎拜喀勒，属于当时之保守派者也。谢木人之风俗，其宗教的传统今犹持有派图鲁大帝以前之旧俄偏见，诚一保守的民族也。革命前谢木人为沙皇政府之布里雅特殖民地政策之主持最力者；

一九一八年苏维埃之地方政权尚未确立之际，谢木人之富农及资产阶级对于革命运动曾有反对之行动。

最近之俄罗斯移住民仍各保持各该地方之特资焉。

俄罗斯人基本之职业为农业及牧畜，牧畜之方法亦比布里雅特人进化。

通古斯人能保持民族之特殊性者极占少数耳。彼等次第的被布里雅特人或俄罗斯人所同化，而其最为布里雅特人所同化者为以前之索伦人。现在所存之通古斯人只于北方地区有少数之猎人耳。

（三）都市人口之激增与其社会的构成

国家机关及其他生产部门之劳动者皆在都市，各学校之建设使大部分人口向都市移入，而以乌拉奴乌达之人口增加为最甚。兹将各都市布里雅特人口之统计列后：

都市名	一九二三年	一九二七年	一九三三年
乌拉奴乌达市	二八	一，一〇九	四，六九〇
特罗伊斯克萨夫斯克市	二一九	二四七	五九〇
总　计	二四七	一，三五六	五，二八〇
都市对于人口之百分比	〇·〇五	三·一三	七·九〇

布里雅特共和国之创建以前在乌拉奴乌达住居之布里雅特人殆不甚多，而此十年之间，都市布里雅特人之比率已由〇·〇五%跃进七·九%。

次以都市人口之社会构成观之。都市之经济发达与进展及举行社会化的大建设，其结果劳动者之数日见增加。据一九二六年之调查，乌拉奴乌达市之劳动者总数计达二千二十五名，及一九三一年数达八千名。是五年之间增加五千九百七十五名。从业员集团一九二三年以来由一〇〇增加至一九〇，一九三一年度激增至六千七百七十九名，家内工业者及手工业者其数只增百分之四十九。

　　以上之劳动者从业员与家内工业者比例数之增大，与其他社会构成分子的低下，以下列之表可以窥知梗概①：

年度 职业别	一九二三年			一九三一年		
	男	女	合计	男	女	合计
劳动者	二五·六	二五·六	二三·三	四六·五	一七·二	三六·九
从业员	二四·六	三三·二	二六·九	二六·〇	四一·九	三一·二
家内从业者	一八·一	八·二	二五·五	八·七	一〇·四	九·三
其他之独立 生计者	三一·七	四一·八	三四·三	一八·八	三〇·五	八二·六
总　计	一〇〇	一〇〇	一〇〇	一〇〇	一〇〇	一〇〇

　　（四）农村人口之减少及其原因

　　都市人口之显著增加，而一九二七年以后之农村人口之增加率特别减少。自一九二三年以后，十年之间，全人口已增加百分之一六·九，而农村人口之增加率不过百分之九·四。推其原因，则有下列各事可资参考：

　　（1）因新建筑及运输工业以及其他关于国民经济之部门，致大集团之劳动者，齐向都市流入。

　　（2）因在其他地方服务，及在莫斯科、列宁固拉都以及其他苏维埃联邦重要都市留学而移住。

　　（3）最主要之原因则以气候、风土等项之天惠条件，俱于农业上陷于不利之状况，故苏联政府之布里雅特共和国对于农业之具体政策已完全失败（关于此点参照牧畜业项下牧畜减少之理由）。

　　次以经济集团农民之人口状况观之。经济集团之农民，在最初

---

　　①　表中数字照录底本。——整理者注

之五年期间，农民仅占少数。

一九二三年人口之集团农场化为〇·二％，一九二七年为〇·八％。在第一次五年计划时期，贫农、中农已迅速的转向社会主义矣。及一九三二年人口之集团农场化已达六一·一％。

若以住民之移动状态调查之，属于富农阶级之人口，在一九二九年占百分之五·五，占农业生产总额中之一四·八％。关于资本主义及富农阶级之扫荡，共产党虽已拟具极强烈之灭绝政策，而迄今犹未能完全扑灭，而富农对于国营及集团生产向党及苏维埃政权继续作殊死之抵抗。

动物及植物

（一）植物

布里雅特蒙古共和国概皆气候严寒，雨量稀少，植物之成长时期最短，而带有寒带性之植物尚可相当的繁密，其最著者为落叶松，其他如枞、虾夷松、杜松、白杨等之密林，亦多有之（参照林业项）。

森林外之植物界多与地方住民有密切之关系，而最近数年间，利用山中植物之蒙古茶产出良好之炭宁酸，最初仅于地方上皮革工业有相当之功用，其后将炭宁酸晒干之，运于苏维埃联邦之工业中心地。拜喀勒湖沿岸乌兰布拉克、木拉乌林、扎干希尼、呼乌敦各山脉之西北斜面，悉有蒙古茶丛林之遮蔽，其面积据人推定约有十万方里。

其他如樱树、葱、蒜、万年青，以及药材果物类之植物亦甚多。

（二）动物

共和国内栖息之动物，在在均持有产业上之意味。栗鼠其第一位也，欧战前之最高捕获约达六十万左右。次之则为黑貂，最高捕获由一万乃至一万五千只。其价值最高者为巴尔古金之黑貂也。其他动物，作皮革用者有狐、鞑靼狐、熊、狼、旱獭等等。有蹄属而含有工业之意味，则有鹿、犴〔犴〕鹿、麝香鹿（主要为麝香）、鞑靼鹿（为采角）是也。鹿及犴〔犴〕鹿为其肉与皮而捕杀之也。

禽类之常见者为树鸡、鹧鸪、山鸡、鹅、乌鸭、白鸟等。鱼类之最多者为撒蒙鱼，拜喀勒湖及色楞格河、巴鲁古金等大河皆产之。次之则鲽酒、鲨鱼、鲷面鱼、鳟砦菜等亦产之。

《新蒙古》（月刊）

北平新蒙古月刊社

1935 年 3 卷 5 期

（李红权　整理）

日苏格斗最前线之呼伦贝尔

江 铎 撰

与日、苏关系

近顷报载，伪兴安北分省省长凌陞及其他显要，以通俄被捕，旋经关东军审讯结果，处凌等以极刑。吾人因思伪兴安北分省，即呼伦贝尔旧地，是九一八事变随辽、吉、黑而沦亡于日伪者也。吾等旧主人，阅此消息，不禁想及旧物，而对于呼伦贝尔近状，特作一简单叙述，使国人同念此锦绣河山，思有以收复之也。

在呼伦贝尔，自帝俄建筑中东铁道后，尤显其重要性。盖此处密迩俄疆，西伯利亚铁道在望，如中俄发生军事，则为中俄两国首先格斗之场，故我国早已视为重镇，配置重兵，安设大员，以资防守。不幸九一八后，日伪取而有之，其形势较以前尤为重要。良以外蒙与伪满接壤，达七百公里，苏俄红军驻外蒙在七万以上，对于外蒙东部与呼伦贝尔接近之桑贝子，尤配置重兵，且苏俄最近公布《苏蒙互助协定》，呼伦贝尔是其必争之地。日本为向此方面警戒及为击断苏俄极东地方，如东海滨省等处之后路计，自以此为军事上最重要地带，而今日之满蒙边境冲突，亦在此方面；换言之，今后日苏战争，又以呼伦贝尔为首先格斗之场，是呼伦贝尔在此日、苏风云紧急中，于日、苏有重大关系。

日、俄、苏祝〔视〕呼伦贝尔为最前线之军事准备

呼伦贝尔，在地理上，介于满蒙之间，在今日形势上，即介于日、苏之间，以致日、苏双方对之均有极重要的军事布置。

日本方面，自将杜、马各军，由黑龙江省迫而退入俄境后，即向呼伦贝尔之中部海拉尔、南部甘珠尔、西部呼伦池及满洲里一带分驻重兵，建筑飞机场。其各处驻兵数目及军事工事，日人虽守秘密，不得而知，然吾人由种种方面观察，知其视为对苏军事最前线，而作极重要的军事准备也无疑。

苏俄方面，自援助外蒙叛我独立后，即驻红军三万于外蒙，迄九一八事变发生，则增至七万，而此七万红军之配置，大部分在外蒙东部，即邻近呼伦贝尔一带，其重视呼伦贝尔可知也。兹更将最近苏俄向呼伦贝尔之军事布置列左：

1. 由上乌丁斯克至库伦之铁道，闻在建筑中，近更拟建筑由库伦至桑贝子之铁道。

2. 以桑贝子为对伪满之军事中心地，驻步、骑兵约三团，并筑有可容飞机二三百架之飞机场。

3. 克鲁伦河左岸，筑有大飞机场，停轰炸机三十架。

4. 由哈勒兴寺至邻近呼伦池一带，驻有骑兵及汽车队。

5. 贝尔池附近乌拉可夫渔场，及伊瓦尔布尔分寺，驻步、骑兵数千。

总之，日、苏今日在我黑龙江省与外蒙，双方设防，其地域虽辽远，究以呼伦贝尔最占重要。盖呼伦贝尔之海拉尔至外蒙之库伦，原有呼库站道，俄人设被日人由此道攻入，则影响俄人之整个西伯利亚战线；日人设被俄人由此道攻入，则俄人沿中东路南下，已占有居高临下之利，于日军影响亦甚，故将来日、苏战争，

两军在呼伦贝尔，必有一番最激烈的战斗。

自然环境

呼伦贝尔位于黑龙江省之西部，南北约一千五百余里，东西约四百余里至一千里，其地势东倚兴安岭而为兴安岭岭西斜面，西以额尔吉〔古〕纳河与俄属后贝加尔湖州相对，南以兴安岭之索岳尔吉山与东部内蒙古锡林郭勒盟及哲里木盟之一部接壤，西南与外蒙古车臣汗部交界，东北一带，为兴安岭峰峦纵横之山岳地带，西南为旷漠无垠之大平原。其地当北纬五十三度三十分，距寒带仅十七度，以兴安岭余支，横亘南北，形成深山幽谷，冬季雪地冰天景象，在吾人忆想以外，而六月至十月虽稍暖，然仍有冬天模样。

所谓呼伦贝尔者，因其境内有呼伦、贝尔二池，故名。呼伦池有枯伦泊、库棁湖及阔滦子海等称，蒙古语则称达拉诺尔。此池位于海拉尔西约二百五六十里，为随〔椭〕圆形如枣，由西南至东南，斜长二百余里，宽百余里，周围五百余里，克鲁伦河发源于外蒙古肯特山东南麓，蜿蜒东来，约二千余里注入之，乌尔顺河由贝尔池北来注入之。此二河，汇于呼伦池后，更北流入海拉尔河，又东北流，而为黑龙江大水源之额尔古纳河。贝尔池，古名捕鱼儿海，蒙古语称布尔诺尔，汉大将军卫青追匈奴至此，明隆盛时，将军蓝玉，破元军于此，位于呼伦池东南约二百里，介在黑龙江省与外蒙古之间，其形状如瓠瓜，由东北至西南，约百四五十里，东西约七十里，哈尔哈河注入后，向北流而为乌尔顺河，注入呼伦池，故乌尔顺河为呼伦、贝尔二池间之连系。

行政机关

呼伦贝尔于清初归顺后，清廷即仿八旗制，将旧巴尔虎部落，编为二旗、六佐领（一佐领百五十人），置于海拉尔河北岸；将新已〔巴〕尔虎部落，编为八旗、二十四佐领，置于呼伦、贝尔两池之周围；将索伦部落，编为六旗、十八佐领，置于海拉尔西方及南方与旗河东岸；将额鲁特蒙古部落，编为一旗、四佐领，置于伊敏河东岸，全境并设副都统及总管以治之。然光绪三十四年，废副都统，在海拉尔，设呼伦道台，在满洲里及吉林拉，各设府。旋清室逊位，民国成立，时适有久盘据于乌尔顺河附近之蒙古马贼首领陶什陶，应外蒙活佛之召，参其惟〔帷〕幕，与呼伦贝尔总管贵福通谋，驱逐海拉尔及满洲里之中央官吏，贵福并由活佛授以贝子兼陆军大臣衔，任海拉尔镇守使，宣布呼伦贝尔独立。但至民国三年六月，《中俄蒙协约》成立，呼伦贝尔同时取消独立，划为特别行政区，成立自治政府，以贵福任副都统，受黑龙江省督军之监督。

然此协议成立，俄国势力，在呼伦贝尔，甚为膨胀，据《中俄协约》，呼伦贝尔之收入，除满洲里关税及盐税外，其他一切收入，悉属呼伦贝尔之地方经费，如呼伦贝尔经营农、工业及其他实业，有需要经费时，须由俄国借款。俄国在海拉尔设领事，随带武官一名、兵二百名，俄国人在呼伦贝尔可自由居住，呼伦贝尔如发生事变，中国政府派遣军队时，须先得俄国领事同意等条件。由此可知《中俄协定》后之呼伦贝尔已在俄国之势力范围内，而去岁中东铁道苏俄出卖后，日本势力又代之。

惟一九一七年俄国大革命，呼伦贝尔自治政府取消，改为海满道，划全境为呼伦、胪滨、韦室、奇乾四县，不过官吏，仍以蒙人充之。

　　迨九一八事变发生，呼伦贝尔亦随以亡，日伪旋改为兴安北分省，省公署仍设海拉尔，其初任省长为凌陞，即前呼伦贝尔副都统贵福之子，亦即前述于近日被关东军枪决者。原凌陞为人机警，过去对日伪颇为卖力，今竟被其杀害，飞鸟尽，良弓藏，日人之刻薄寡恩，蒙古同胞及一般汉奸，其不深戒哉。

产业一瞥

　　农业　呼伦贝尔境内，地质肥沃，便于耕种者，比比皆是，而尤以伊敏河、哈尔哈河一带平原为著，其在九一八以前，内地人前往农耕者，年年增加。吾人一观黑龙江省官民合办农民移民公司之经营方针及收支预算，则知该公司规模之大与呼伦贝尔农垦之甚有利益也。该公司先承领荒地百井约六方里，计十六万二千晌〔垧〕，第一年移民二千人，支出开垦等费为四十四万两，第二年移民二千人，支出开垦等费为四十九万两，第三年五千人，支出开垦等费九十七万两，第四年六千人，支出开垦等费百四十三万两，第五年一万人，支出开垦等费百〇二万五千两，四年开垦完竣，计开垦后之地价与五年间农产物所卖之价相加，除去一切费用，总利益为一千四百七十八万二千两，由此可知呼伦贝尔在农业上价值。

　　牧畜　呼伦贝尔境内，沿兴安岭以至森林地带为止，水草丰美，宜于牧畜，故此等地方居民，悉以游牧为业，其牧畜种类，多属骆驼、马、牛、绵羊及山羊。

　　森林　呼伦贝尔以森林为一大富源，其地域，由黑龙江至南部交界止，长凡一千公里，森林繁茂，蒙日蔽天，产林面积，约占呼伦贝尔总面积五分之一，其林木种类，以松、桦、杨、榆为最多。

矿产　呼伦贝尔以产金为最有名，向为欧洲人所注目，其主要产金区域，为吉拉林，而奇乾河、吉林子、阿木毗河、姚斑、布斯达尔河、乌马河、三河、札格达河、威月河、贝内伊河、库拉克世河、吉根达河次之，扎赉诺尔及察罕敖拉之煤矿、现山之铁矿，亦有名。

海拉尔南三百里地方，有珠尔博特盐湖，盛产盐，其收入，为呼伦贝尔一大财源。呼伦贝尔渔业亦盛，仅呼伦池一处，每年可取得鱼约十八万斤。

都　市

呼伦贝尔之重要都市，仅海拉尔与满洲里二处。海拉尔即辽之上京，现为呼伦贝尔之首府，伪兴安北分省署在焉，日本自强占黑龙江省后，对苏、蒙军事，即以此为重镇。境内中东铁道之铁道村及新海拉尔，贸易颇盛。满洲里位于中东铁道与俄国后贝加尔湖铁道终点，自去年三月苏俄出卖中东铁道后，此处尤为日本对俄军事上之最前线。

上述二地外，位于海拉尔西南约三百里，有甘珠尔庙，亦称宁寿寺，每年八月间，举行法会。其时，不特东部内蒙古各盟旗善男善女来此参拜，即远在外蒙古之蒙民，亦来礼佛。其来拜佛者，所张之幕，连接至十里，并各带畜牲及牧产品前来，交换商品，以故每年该庙在此时间，颇称繁盛。

哈洛阿尔善温泉

蒙古语称哈洛为温，阿尔善为泉，哈洛阿尔善，即温泉之意

（该泉亦有冷水泉），现在并以之为地名，而通称阿尔善温泉，该泉位于呼伦贝尔西南，而近于洮索线。其泉水，患病者洗浴之，能治疗各种疾病，因此远如平、津，近如内外蒙古及俄属后贝加尔湖各处人士，皆来此洗浴治疗。尤其俄人自民国十年至十五年，有一千七百人之多，尔后每年亦复不少，惟自去春苏俄出卖中东铁道，去夏苏俄之浴客激减，今后该泉又当为日人洗浴之所也。

该泉因能治疗各种疾病，在医学上，颇有价值，惟考其治疗之起源有二说，兹述如左：

（一）治愈受伤之母羊，由某帝王修庙纪念，而为该泉治疗之起源者。先是，托拉尔及哈尔哈河沿岸一带，向为蒙古王公行猎之地，某年间，帝率侍从来斯行猎，狩猎竟日，仅获一负伤之母羊，然亦旋逃走，留有血痕在途而已，帝大怒，令其将羊觅回，并遣人循母羊血痕，追寻许久，至一温泉，见血痕全灭，归而闻之帝，谓"此泉料将羊治愈，不知羊往何处"。帝闻之，大怒，即枪伤其人腿部，且曰："母羊之伤，既称为泉水所愈，汝其往试之。"伤者果往其泉，数日后，痊愈而归。因此，帝一面以为神，于泉之附近，修庙记念，一面将所有泉，围以花岗岩，准一切病人享用，不取分文。此一说也。

（二）某喇嘛述千年前，有某帝，英武仁爱，国人甚爱之，患病甚笃。有一老喇嘛，由托拉尔盟入京晤太医，劝其送帝往温泉一试，遂平治北京至阿尔善大路，送帝抵温泉，洗浴十四日，病全愈，由是传为奇闻，举国皆知。此该泉治疗之又一说也。

以上二说，皆属神话，吾人莫克办〔辨〕其以何为是者。惟该泉之能治疗，确有数百年历史，现在每年五月至九月间，远近病人，皆往洗浴治疗，且均云有效果，而一般科学家，将泉水化验，并谓有医学根据。惟九一八后，呼伦贝尔沦亡于日，此种艳称世界之天然疗养所，竟为他人占有矣。

《边事研究》（月刊）

南京边事研究会

1935 年 3 卷 6 期

（马语谦　整理）

布里雅特蒙古共和国之教育及文化的建设

〔日〕 吉村忠三　著　　黄春田　译

国民教育

（一）概说

一九一七年革命以前，布里雅特蒙古之文化极为幼稚。就其文化低落之原由，可举以下数项之理由。概括言之，即文盲过多而学校过少，对于贫农及劳农子弟之教育，学校设备极不完备，且受啦〔喇〕嘛教之影响，以致劳农阶级之文化阻碍其发展。

布里雅特共和国创建以来，当局为扫除文盲，有学校网之建设，在各处普设私塾，同时国民初等教育完全使用彼等之母国语，即布里雅特语，以故布里雅特一般劳民之文化已逐渐向上。

一九二〇年、一九二三年及一九二六年之全国人口调查，一九三一年之租税调查，一九三三年教育人民委员会之材料，若以男女性别、地域别，布里雅特人读书能力之状况观之，则八岁以上之人口每千人中有读书之能力者如下表：

地域	年次	全民族合计			内分					
					布里雅特人			俄罗斯人		
		男	女	合计	男	女	合计	男	女	合计
西部	一九二〇	三一·二	一二·一	二二·〇	二六·八	七·〇	一七·四	四〇·六	一七·三	二九·一
	一九二六	五三·五	二三·九	三九·二	五一·二	二一·八	三七·一	五六·三	二六·五	四一·七
	一九三一	六四·八	四〇·九	五五·〇	六四·二	四〇·四	五三·〇	七一·二	四一·二	五六·四
	一九三三	八一·八	六一·三	七一·六	七八·七	五九·八	六九·三	八五·五	六三·四	七四·七
东部、北部诸区	一九二〇	三五·一	七·九	二一·六	二五·四	二·八	一四·一	四五·四	一二·三	二九·五
	一九二六	四九·五	一四·四	四二·七	四三·四	六·七	二四·一	五八·二	二一·四	三八·二
	一九三一	六二·五	三〇·九	四六·九	五一·二	二五·四	三八·三	六八·二	三四·一	五一·五
	一九三三	七八·九	四九·三	六三·八	七〇·六	四三·六	五五·八	八五·四	五三·七	六九·二
共和国和全国(合计)	一九二〇一九二二	三四·二	八·八	二三·〇	二五·九	四·二	一五·三	四四·二	一四·三	二九·四
	一九二六	五〇·六	一七·三	四四·〇	四三·〇	一〇·九	二七·五	五六·九	二三·三	四〇·〇
	一九三一	六四·七	三四·五	四九·七	五八·〇	三〇·九	四四·三	六九·三	三三·七	五三·二
	一九三三	七九·一	五一·九	六五·三	七二·八	四八·一	六〇·三	八四·三	五五·三	六九·六

以右表观之，共和国成立以来，农村人口之读书力增至三倍，而其中布里雅特人之读书力增至四倍，尤以女子读书力增加殆达六倍。布里雅特之女子读书力增加至十二倍为最足惊异者也。盖以从前之女子尽属文盲，共和国制度颁布十年之后，一九三三年有读书能力者已超过半数，国民文化建设上经当局努力之结果，有特殊之成绩，于以概见也。

（二）初等及中等教育

国民教育，尤以初等教育，在革命前非常落伍。良以帝俄时代之政府当局，将后进之民族置于无学之状态，以确保其支配力之政策。只此一因，已可概见其余也。革命前之学校，教授咸用俄语，且依神法以宗教之指导，特别有其重要性。其结果布里雅特人之子弟，对于彼等之母国语言则已完全不能操用矣。

再有上级学校，仅于乌拉奴乌达等都市设立，入学资格亦只限于富农、喇嘛、官吏、巨商等人特殊阶级之子弟；布里雅特人之大多数，因经济上之关系，皆不得遣其子弟入于此等上级学校。

革命后苏联当局努力于学校网之完成，在一九二三——四年度之共和国创建当时，建立初等学校四百八十五校，其收容儿童达二万人。及第一次五年计划之末期，初等学校七百十一校，学童达六万三千人，即学校数增加一倍半，学生数增加三倍四分之一。其他上级学校〈如〉第一坤知因图尔（相当于日本之高等小学），就学儿童有三千五百六十名。

由八岁至十一岁学龄儿童之收容率，一九二三——四年二六·九%，一九三二——三年度已增至九四·二%，其中布里雅特人子弟之收容率由二七·一%增加至九六·一%，增加之数不为不大矣。

初等学校之教师数，一九二三——四年度为六百零一名，一九三二——三年度为一千六百十名，即增加二倍三分之二。

上级教育方面，仅有二年级之学校十二校，学生一千七百名，其中布里雅特人之学生数，三百六十九名，只占全数三分之一。迨中等学校之增设及改组以后，上级教育次第发展，其结果，一九三二——三年国内农业集团之青年学校六十一校，七年制度学校十四校，学生数除去第一坤知因图尔不计外，尚达九千五百二十名；此中属于农村地方出身之学生，为六千七百二十八名，而此中之布里雅特人占百分之四五·七。

初等、中等学校网，既如斯之发达，量的方面，已有上述之成绩，而质的方面，亦有相当成绩。其最足令人注目者，即学生社会政治教育方面之改善，与儿童共产主义运动之成长，弱小民族学校之母国语教授，工艺思想之养成是也。

教育费之预算，已比过去十年间，增加至十六倍之多。一睹其教育费之增加，即可推想其教育发达为何如也。即一九二三年——四年五十六万五千六百卢布，一九三二年度，增加之数，达于一千九万一千七百卢布。

（三）专门教育

经济建设时代，以农业之生产集团，与现代科学技术之依据，使国家工业化为其特征，故技术专门家、熟练分子之养成，实为最重要之问题也。兹以布里雅特蒙古自治共和国之国家事实观之，此项问题，尤为布里雅特人之最切实问题，新建设大工场之运用，使游牧及半游牧民族之定住化，农业、畜产业之社会化、技术化等问题，皆与此有密切之关系。

以上项之意义言之，不仅工业学校及工场学校，即高等专门学校，亦有新近设立者。在共和国成立之初，全国仅有工业学校二，工场学校一，劳动技术学校一，学生之总数，为二百八十名，内有布里雅特人一百五十一名，即占百分之五四，及第二次五年计划之初期（一九三二年度），为熟练干部人员之养成所设立之学校，及所收之学生数目，已如下表之跃进：

学校之种类	学校数	学生总数	布里雅特人	对于布里雅特人总数之百分比
高等教育机关	三	三五八	二八二	七八·七％
工业学校	一四	一，二四四	六二九	五〇·五％
工场学校	三	五七五	一九三	三三·六％
劳动技术学校	一	五八	二四	四〇·一％
工场学校式之学校	四	二九六	一三三	四五·〇％
劳动者预备校	八	八六五	五七七	六六·七％
苏维埃党务学校	三	二五九	一八一	七〇·〇％
总　计	三六	三，六五五	二，〇一九	五五·三％

共和国政府当局为养成熟练干部人员起见，不惟于国内增设学校，且每年选送劳工，及经济集团团员，于莫斯科及列宁古拉都等主要都市之各高等专门学校留学。

似此布里雅特共和国，每年教育数百数千之指导员于工业学校及高等专门学校，加之由无产阶级及农民中补充专门家，而首先补充者，为布里雅特人之专门家，以充实国民经济。不特此也，且由未成年者，养成新的熟练干部人员也。

（四）出版

布里雅特共和国为民族文化建设起见，学校均用布里雅特语言教授，复为国家各种设施执行事务便利起见，于共和国创立伊始，同时设立国立之出版所。

凡文化之高低，与出版物之多寡，有连带之关系，一查其出版界之多寡，即可知其文化高低也。一九二三年出版物，只有十本，而一九三二年，即三百三十八本，其中属于拉丁文字者，一九三〇年，五十五本；一九三一年，八十一本；一九三二年，一百九十八本。

印刷物之种类，主要者为教科书，关于政治及艺术之书籍，仅于一九三二年以后，始有出版者。例如政治方面，史丹林之《列宁主义之各问题》，艺术方面呼尔玛诺夫之《暴动》，如斯而已。

首都乌拉乌奴达市，有布里雅特文之《布尔蒙古真理报》及俄文之《布里雅特蒙古报》二种日报发行。前者之发行数三千，后者之发行数一万四千份。最近二三年中，各部落之地方新闻，亦有发行者，现在发行地方新闻者，已有十一部落矣。

（五）文字之拉丁化

文化革命事业之最显著者，即以古来之蒙古文字，使之成为新的拉丁化，此盖由于布里雅特蒙古之文艺语及科学术语而发生者也。

以最近两年间事实观之，经过之英语字母普及会，及英语字母俱乐部所转化，新拉丁化之文字，在学校及各种教育机关，受学之布里雅特人之学生，及成年者，而尤于党及劳动党之前卫分子间，宣传普及活动最广。

（六）最近之教育状况真相

以上所介绍之布里雅特共和国之教育状况，主要部分，系根据于苏维埃联邦侧之报告，加以说明者也。共和国创建以来，十年间，国民教育之成功，已如上述，然而事实上，果与报告之文字相符否？是否夸大的宣传？是必须加以考虑者。例如学生数，中途有无变更？关于学校之建设，以及修缮，是否依照计划实行？而多数之学校窗上不按〔安〕玻璃，冬季不置炉火，应修缮而不修缮者，甚多见之。

　　再就退治文盲运动言之，普及教育之报告，殆与事实不符，视为有教育者，事实上仍无教育，教育之实质，仍占低级，殆不可免也。中等学校之状况，依照计划一一实行者，百分之八七耳，中途退学者有二，六一六名之多，占百分之二七·六。

　　其在各区者移动之情形殆有甚焉，例如布汉市一九三二年之就学生徒为七二四名，一九三三年仅有三一九名；加班斯克四八九名，〈一九三三年〉为三三七名，退学者已有百分之三五。

　　更以教育人民委员部之办事情形言之，劣于各人民委员部，既无何等之组织，又无何等之计划，教员之变动，更足令人惊异。

　　以上所述之退学者增加，就学者减少，其故安在？其主要原因，莫不曰共营之农场，学生之物质供给，无有充分之保障；但吾人之意，以为与布里雅特蒙古之地方特殊情形，全不相容之教育法强制的教育，应不易于普通化也。

社会文化的建设

　　布里雅特共和国创建之第一时期，约分九部分，六十旗，旗之下为乡，乡之下为村，四级行政系统（喀班斯克部落除外）。

　　第二时期，为与各地方苏维埃民众接近起见，行政系统有根本改变之必要，以此目的，由一九二七——二八年以后，将四级行政系统，改为三级，使下级苏维埃之权利，逐渐扩大也。

　　一九二七年，扩张新行政管区制与村委员会，其结果有十六部落，喀班区在内，即由以前之伊尔库次克郡，合并于布里雅特共和国之地，全国村委员会之统计，已达二百五十三，斯布里雅特人村委员会之比率，由一九二三年百分之三九，至一九三二年，增至百分之四三矣。

（二）保健设备与反宗教运动

布里雅特共和国人民之健康状况，有疮毒、肺结核、瘀眼等流行症之蔓延，此等流行症，尤以幼童及少年之间罹病率及死亡率特别多。

因社会生活上恶劣之环境与西藏医学之影响，疾病之蔓延既易，疗治之方法又难。

革命前拥有势力之喇嘛，因其使用喇嘛教之治疗法于民众之间，维持宗教之信仰力，同时共和国民族社会文化之发展上，予以恶劣之影响，而尤以东部民族为甚。特于布里雅特人教以近代科学的治疗方法，不惟保健机关以此为其唯一应尽之义务，同时于反宗教之运动上，亦一极重要之过程也。

施药处所之完备，与党、苏维埃各团体之援助，所设施之各项卫生预防方策，以及其他适宜的卫生政策之确立与扩大，使布里雅特人由西藏医术与喇嘛教不良之影响下，努力之结果得以解放，一般劳工分子之健康上，均予以良好之影响。

第二次五年计划之第一年度，即一九三三年，以其计划实施之状况观之，入病院患者之收容数，对于计划之九九〇名，为九七五名；医疗机关计划为一一六，实行为一〇八；新企业内之保健部，计划设立八处，实施设立四处；托儿所之收容数，计划为二，一四〇，实施收容一，二二五。

医师之不敷应用，于病院之经营至感困难，各部落共产党之书记，于病院、医院之巡视及监督概陷于怠惰之情势，其不能有良好之成绩者，良有以也。

（三）党之组织

共和国创建之当时，布里雅特蒙古党务组织有党员及候补党员一，二三二名，而候补党员占百分之二五·九，党内之劳工分子约有百分之二六·五，仅占党员全部四分之一。盖因革命前之工业发展极为幼稚，且当时之无产阶级极少优秀分子之故也。党员大部分为农民，其比率数为百分之五八·三，已占全党之过半数矣。

以过去之情形言之，一方面罗马诺夫王朝之专制，他方面复受富农及喇嘛等政治的、经济的束缚，与其野蛮之传统，而顷刻之间，即使多数之民众，引入共产党组织之下，岂易事耶！一九二三年党组织内之布里雅特人，在全部不过为百分之九·五，然布里雅特蒙古，并未经过资本主义的发展阶段，竟能社会主义化者，实由于列宁、史丹林等指导理论之下，强烈的、耐久的奉行者也。

共和国创建以来，富农、喇嘛、贵族，及彼（共和国共产党）代辩者，有激烈之斗争，二十年于兹矣。共产党及国土之工业化，农业社会主义的改革，依照共产党之方针，反抗从来之传统焉。

经过上项之斗争，与社会的、技术的建立上之过程，布里雅特人之无产阶级，干部人员，都市上、部落上，以及各村，皆逐年增加。此项无产阶级，对于政治的活动向上发展者，实因为社会主义而斗争之党部，及苏维埃政权努力最大，故其结果，十年间党员增加七倍，一九三三年一月一日，已有八，八三三名党员及预备党员。

劳工出身之党员数增加十一倍，其比率一九二三年度由百分之二六·五，进达于百分之四〇·四，而因社会主义新教育与政治活动之进步愈多，布里雅特人之入党者亦随之愈多，已上百分之四二·一之比率，其绝对的增加，已达于三十二倍矣。女子之参加生产及社会主义的建设运动，于彼等组织队员之数目上，可以考察参加女子之多寡，一九二三年全组织之女党员仅有七六名，不过百分之六·一耳；一九三三年一月一日女党员增加二一倍，为一，五九六名，占全党员之一八·一%；而一九二三年党内之布里雅特妇人仅有十名，一九三三年一月一日，已达七四四名，是增加七十五倍矣。

　　然对于新入党者缺乏相当的选择及慎重的调查，与其教育上不充分的关系，当有其他分子之混入，均未加防范也。

　　布里雅特共和国最进步，而党员最多者，为威尔呼内金斯喀牙党是也。在一九三二年之末，有二千名以上之党员，其组织，在过去之十年间，劳动分子逐年增加，今已达五倍以上矣。一九三三年一月一日劳动党员，约占全部党员三分之二。

　　上述入党人员异常增加，而以共和国人口上观之，与苏维埃联邦其他部分相差不啻霄壤，此布里雅特蒙古党的组织上，不可谓不困难也。以布里希耶依克州委员会为首脑之布里雅特蒙古之布里希耶依克，在布里希耶依克中央委员会，及同地方委员会指导之下，于党之民众化，甚为努力也。

《新蒙古》（月刊）

北平新蒙古月刊社

1935 年 3 卷 6 期

（李红权　整理）

布里雅特蒙古共和国：苏联西伯利亚的生命线

〔日〕平竹传三　著　　洪炎秋　译

一　苏联的亚细亚民族和布里雅特人的关系

苏维埃联邦成立以来，世界即分成社会主义经济和资本主义经济两个完全矛盾的经济体系。这两者在表面上，在对外关系的便宜上，虽也有过临机应便〔变〕的妥协工作——如同苏联的加入国际联盟，列强的欢迎，这一类的事情；可是在骨子里面，总是彼此虎视眈眈，以激烈的斗争相终始。以个人企业间的自由竞争为根基的资本主义经济，和以所有生产手段全归国有为标榜的社会主义经济，在根本上即有不能相容的关系，不管所用的是哪种方式，他们的冲突在原则上终是难以避免的。在这个现阶段中，苏联周旋于资本主义列强之间，而向国内五年计划的经济建设蓦进下去。在这个工作之中，苏维埃联邦所用的，有两种独特的武器：其一种为基于社会主义体系所特有的计划经济，而使全国国民和生产手段总动员的单一的经济组织；另一种为拥有跨亘欧亚两洲，二千一百三十五万平方公里的广大版图的威力。

苏维埃联邦，实在是庞然的大国，因为她一国，即占有世界陆地的六分之一，其余的六分之五的土地，则分配于大大小小七十来个国家，只凭这一点，也可看出她的大来了。这个庞大的国家，占有世界经济的决定的地位，在她的版图中，既包有了煤、铁、锰、铝及其他无尽藏的天然资源，又拥有保证开发的劳动资力的人口一万六千五百七十万，这个数目，在世界上也占第三位。这些人口是由一百六十余种的多色多样的异民族构成起来的。因为苏联的国土跨亘欧亚两个大陆，自古以来，即成为民族移动、国家兴亡的活舞台，他们的子孙，残留于此，遂隶属于现代的苏维埃联邦。主要的民族是俄罗斯、斯拉夫人，占总数的百分之七七·四八，余下的百分之二二·五二（数目为三千七百三十万人），则属于异民族。这些异民族，多属于亚细亚系人种，其中如中央亚细亚的卡扎克、乌茨蔑克、土耳克明、基尔逆斯等族（以上属于土耳其系），苏联本国的加列利、摩耳多茨、鄂察克、马利等族（以上属于芬回纥系）以及达达尔、久瓦西、巴西其尔等族（以上属于土耳其系），北部西伯利亚的亚库图族，都不过是其中之一例。现在我们所要叙述的布里雅特蒙古族，则为苏联治下染上蒙古族彩色的代表的一雄族。

原来蒙古族是分为三种的。其一为现在居住于内外蒙古的所谓固有蒙古族，其二为南俄罗斯的加尔每克族，其三即为这里所说的布里雅特蒙古族。据历史科学所证明，这个民族在纪元十四世纪时，由中国内外蒙古地方，被固有蒙古族所驱逐，而移动于现在的俄蒙国境附近。

二　苏联民族政策下的布里雅特共和国

苏维埃联邦政府，本来是根据列宁的民族政策，而标榜苏维埃治下边疆异民族的政治的解放和经济的解放的。布里雅特蒙古共和国，也是出自这个意味，在一九二三年组织下来，她是处在苏联管辖之下，而受允许的自治体。上述的民族政策的方针，系编入在五年计划之中，极力推行。边疆异民族生活水准之提高，和领导其进向社会主义的建设这些事，也和苏联的工业化，农业的社会主义集团化，资本主义要素的清算等标语一样，成为五年计划的重要的、决定的目标。这是因为要完成世界史上未曾有的、机构庞大的五年计划，势不得不顾及这三千七百三十余万人口的国内异民族的积极参加。

在进入第二次五年计划的时候，苏联经济建设的方针，已由俄罗斯本国，移而集中于西伯利亚，因了乌拉尔·库资巴斯综和〔合〕企业，昂哥拉·贝加尔综合企业，以及北部西伯利亚大铁路的建设计划等，把西伯利亚大陆，由密林荒野的原始境，改造而为巨大工业到处林立的、近代文化的一大产业地带。在这时代中，西伯利亚民族共和国的发展，即成为苏联政府重要的政策。由此意味看来，布里雅特蒙古共和国，乃苏联开拓西伯利亚南部国境上有力的民族共和国，无论在经济上或政治上，均成苏联政府的慎重对策的对象。

三　经济建设的基础、水系、
资源和昂哥拉·贝加尔综合企业

布利〔里〕雅特蒙古共和国，在苏联的行政区域上，是包含于所谓东部西伯利亚区之中，以贝加尔湖为中心，而偏处于这带以南的地方。她的南部境界，成为苏联本身的国境，而和外蒙直接相对。国土的面积为三十八万五千平方公里，约略和日本本国相伯仲。地势有国土三〇％为平原，余下七〇％则为峨峨的山脉和高原。

奔驰于这一带的河川体系，系以贝加尔湖为中心，由色楞〔楞〕格、巴尔额丁其他诸水系的流入，由贝加尔湖的西南部方

面，则有大昂哥拉河的流出。这些水系，不但能使地方经济的中心，得以连联，而且可以辅助西伯利亚本线，把西部西伯利亚、乌拉尔、库资巴斯的铁材、煤炭、军需品、谷类，输送于远东地方，而将木材、鱼类、煤油以及日本、苏俄贸易的输入品，移入于乌拉尔、库资巴斯等经济地带，发挥极大的运输机能。其中尤以由外蒙北流，贯通苏俄和外蒙的国境，而流入于贝加尔的色楞〔楞〕格大河，蜿蜒奔流，距离流末，及于八〇〇公里，有成为苏联和蒙古的联络大动脉之观。"满洲国"成立以来，苏联积极东进出的政策，因为转变，热中于外蒙的"赤化"工作，因了第二次的五年计划，虽着手于布里雅特的上乌丁斯克和恰克图间的铁路的建设，但由现在看来，要搬运铁路枕木、铁轨、军需品、马粮以及洋灰、耐火粘土这些建筑材料，以确立外蒙"赤化"的物质的基础，则色楞〔楞〕格水系，实有重大的意义。

　　但是在以把西伯利亚工业化为中心眼目的五年计划中，能发挥最大机能的，还是大昂哥拉河，因为河长及于二千八百公里。这河系西伯利亚国土之母——叶尼塞河的上流，因为共和国内的流末地方，有险峻的山岳地带，所以能够显示莫大的水压动力。在苏联国中，把水力称为白炭，认为比白炭还有更大的工业价值，在五年计划中，在全国建设了数十个水力发电所，由此意义看来，大昂哥拉河，有巨人的伟力。据邻接的伊尔库次克市的西伯利亚地理学协会水力部所调查，此河含有一万六千万马力的可惊的伟力。在苏维埃电影片中所看到，而被认为第一次五年计划的主角的，乌克兰的堵涅普尔发电所，其实不过是以一百六十五万马力的堵涅普尔河为基础而已。这一个一万六千万马力的莫大水力，自然可以使堵涅普尔发电所望尘莫及，而成为超〔努〕级的巨人〔大〕发电所，并可建设以此为基础的庞大的工业综合企业。所以苏联政府依据地理学协会的报告资料，在一九三二年，发出建设世界的大昂哥拉发电所的指令。

这里有一个问题，就是假使巨人发电所能够建设出来，而没有需要利用动力的天然资源，则岂不成了白费？在这一点上，布里雅特蒙古，却颇有天惠。乌拉尔、库资巴斯诸经济地带，虽含有煤和铁的无尽藏的资源，而布里雅特在贝加尔湖方面一带，除却莫大的铁矿脉不算外，还有无限的有色金属、化学原矿以及其他诸种资源。铁矿的埋藏量及于一万万吨，银、锡、苍铅、锰、铝、苏打、水铅、岩盐、硅藻土等，都可以保证无限的工业原料，金矿脉也为西伯利亚全土之冠。这些资源，均在接近昂哥拉水系的地方，所以要用该河川来开发，极为方便。所以在第二次五年计划中，苏联计划经济的根本方针，一面经营乌拉尔·库资巴斯综合企业，一面在这地方建设庞大的大昂哥拉·贝加尔综合企业，决定以这两个经济地带为中心，而计划使西伯利亚全土工业化。由一九三三年起，即着手实施，于是布利〔里〕雅特这个地方，即由从来的原始境，急速地改造为重工业、军需工业的中心地了。

四　人口和都市

布里雅特蒙古的总人口，据一九三一年所统计，为五十七万二千人，一平方公里不过是一·五五人的比率而已。以之比较日本本土一三四人的人口率，固然有天壤之差，但是比较西伯利亚全土人口率的〇·五人，则属于浓密的方面，其中尤以中部地方为最，一平方公里，可到五人。其中纯粹的劳动资力（十六岁至四十九岁的男女），占有六一％，计为三十四万九千人。这个共和国虽然叫作布里雅特共和国，可是她的住民，并非全是布里雅特人，其中还有赤卫军、工业劳动者及其他多数的俄罗斯人，至于现在的布里雅特人，大都是经营畜产或农业。由人口率看来，在乡村方面，布里雅特人为四九％，俄罗斯人四七％，其他四％，而在都市方面，则俄罗斯人八四％，布里雅特人一〇％，其他六％。至于布里雅特以外的异民族，有达达尔、通古斯等族各若干。

首都在于西伯利亚铁路本线的上乌丁斯克，人口三万，为工业中心地，兼西伯利亚赤军的一个根据地。其次为靠近外蒙国境的特罗邑，人口一万，为苏联"赤化"外蒙工作的门户，占重要的地位，有强力的赤军屯所、第三国际支局等机关。此外人口一万以上的工业都市，还有贝特罗夫斯克、梅斯罗洼、色连银斯卡等处。

五　第一次五年计划的展望

布里雅特的国民经济，当然是构成大东部西伯利亚区经济的一环。在帝政时代，这些地方不过是停滞于原始的农村经济的地步，布里雅特地方虽含有莫大的天然资源，可是并没有实行过有组织的调查和开发。帝政治下的资本主义政策所采的方针，系注重本国工业的发达，以实现俄罗斯资本主义的繁荣，至于边疆地方，不过拿它当原料供给地，只成为农业地方，而成为本国工业物产的重要销售地，以收获巨大的利润而已。为要达到这个目的起见，就须极力阻止原始弱小异民族的文化的经济的发达，并加以苛敛诛求。布里雅特地方，系山岳地带，本来不适于农业，只靠适于高原地带的牧畜，以供帝政政府的悉索而已。在这里并没有工业的普罗阶级，所有的土地和家畜，均为一部分的富农阶级所独占，布里雅特的农民大众，无不呻吟于地主和帝政政府两重压迫之下。

因为有了这种关系，布里雅特蒙古国民的经济的解放，不得不以此地方的大规模工业化，和农村经济的社会的改造及其集团化为前提条件。不过要由过去数世纪的黑暗的农村经济，在第一次五年计划数年之间，把它发展为巨大的重工业国，实是一件不可能之事。因此在一九二八年至三二年度间，只在一面谋农业和畜产的集团化及机械化，以这些原料为基础，去建设轻工业，以确立消费物资供给之道，一面施行地下埋藏资源的彻底的调查，为第二次五年计划中转化为一大重工业国的准备工作。

依照最新的统计所报道，一九三二年度农业和牧畜的集团化，已达农家总数的六五％，耕地和牧场开拓的机械牵引站，已组织出三十处，播种面积，也由一九二八年度的二十七万六千赫克达，增加三〇％，扩大至三十五万九千赫克达，家畜头数，也由三〇四万头，增加二五％，为三八〇万头。农产物为裸麦、小麦、燕麦，牧畜则为牛、羊、马、绵羊。

以这些东西为原料的轻工业的勃兴，遂能丰富布里雅特大众的消费物资，提高物质生活的水准，增强五年计划中西伯利亚经济建设的劳动资力。一九二八——三二年度间，在布里雅特的工业投资，每年平均为二百五十万路布，在上乌丁斯克、贝特罗夫斯克及其他各地，建设了好些制粉、酿造、皮革、罐头等多数的工场。

六 第二次五年计划和赤军的军备

第二次五年计划，处在"由农业国转为工业国"这个标语之下，对于布里雅特的国民经济，用了决定的态度，渐渐把她改造为一重大工业国。为要使苏维埃联邦工业化，为要"追上！追过！"先进的资本主义列强，在第二次五年计划中，苏联政府所决定的计划经济的根本方针，为苏联的宝库西伯利亚的富源开发。由此意义看来，拥有盖乎苏联全土的最大水力〔利〕资源，和无尽藏的地下埋藏资源的布里雅特蒙古共和国，及环绕这一带的大东部西伯利亚地方，和乌拉尔、库资巴斯一样，不仅是西伯利亚经济的中心，而且是可以掌握今后苏联经济发展的关键的重要地带。

自一九三三年度，已经利用到一，六〇〇万马力的昂哥拉水系的动力，在贝加尔湖的西方，建设世界的昂哥拉发电所，这是六所巨人发电所的综合体，完成的时候，电力生产量可达六四〇万万基罗瓦特，比之有名的堵涅普尔发电所的二五万万基罗瓦特，多出二十五倍的威力。在现今第一期的建设事业，为用暴风雨一般的速度，在离伊尔库次克八公里的地点，建设昂哥拉·贝加尔发电所，出电力五十二万基罗瓦特，又在其下流建设巴尔哈特斯基发电所，出电力八十万基罗瓦特。一到第三次五年计划末年度的时候，全体达到竣工，则苏联西伯利亚的南部生命线，便可以完全电化了。

因了这些惊异的工业动力，数多的重工业综合企业，由是而陆续出现，并着手于开发莫大的铁矿、锰、铝、锡以及化学原矿等。旧有的贝特罗夫斯克制铁工场，业已开其端，在第一次五年计划中，大大地改造，已到了可产出年额一万八千吨的铣铁，四万三千吨的展铁，在第二次五年计划期内，预定可以达到这个产额的二倍。此外在萨尔民斯基、阿尔马克及其他好些资源埋藏地，逐渐建设制铁工场、铝工场、卑金属工场、化学工场。捷礼姆霍甫的煤田（五八〇万万吨）和坎斯克煤坑，也设有大火力发电所，以作昂哥拉发电所的辅助动力。因了昂哥拉·贝加尔综合事业的全面的出现，布里雅特共和国和东部西伯利亚区，即将发展成为近代的重工业的一大坩埚了。

这些重工业的发展，当然可使西伯利亚赤军的军备强化。因为以铝为原料的飞行机制作所，和以铁和化学品为基础的兵器工场的建设计划，在在都值得我们的尖锐的注目。

现在布里雅特地方的赤军，屯驻于伊尔库次克、堵鲁伊克·扫斯克、上乌丁斯克、贝特罗夫斯克和东方赤塔、图姆诺计五万人，合入远东重要地点的驻屯军，据说有二十三万的兵力，上列诸都市，都筑有大兵营、大堡垒，而布里雅特地方的军需工业，预定要在和这些军事的重要地点互相关联之下，建设于最合理的地点。这样一来，布里雅特的军需工业地带，既成为乌拉尔·库资巴斯大工业地的前卫，又可作供给南部西伯利亚、外蒙、远东赤军的兵器弹药的根据地，发挥重大的功能。

到了进入第二次五年计划的阶段，苏联的经济中心地，即由本国而东渐，移于西伯利亚，远东方面，这一件事和建设"满洲国"后的日本势力的满蒙进出，互相牵连，使日苏关系，更形复杂。现下因中东路的解决，两国关系稍形〔行〕好转，让渡价格一万四千万的三分之二，为物质支付的契约，所以由平时的贸易关系看来，布里雅特的经济建设，所要的机械和其他物资，即由日本输入，在日苏的经济关系上，给以一个重大的要素。不过话虽如此，这种日苏间的和平关系，终可持久吗？则谁也不敢断言，现所可预料的，也不过一二年间的形势而已，至于基于五年计划的西伯利亚的经济发展，将来对于日本有很大的威胁，可认定其能惹出很多的问题。例如北洋的渔业问题，即其一端。所以一预想到将来万一的时候，布里雅特蒙古地方的军需工业及其兵备在军事上实有重大的意义。总而言之，不管将来日苏关系怎么样，接近日本和满蒙的，南部西伯利亚的新经济的、新军事的中心地的布里雅特蒙古共和国，实是苏联西伯利亚的生命线，而由日本方面看来，也是个需要慎重注目的地方。

（译自《东亚》）

《新蒙古》（月刊）

北平新蒙古月刊社

1935 年 3 卷 6 期

（朱宪　整理）

外蒙近况

——译自日本《社会评论》一卷六号

[日] 谷口贤次 著　　　高璘度 译

　　中国的边疆各地，无时无刻不在帝国主义者的窥伺之中，新疆、西藏、蒙古以及东北、西南各地，有的陷在危机一发的境地，有的已逐渐改变了原来的颜色。

　　蒙古在所谓"战略的意义"上，素为日本和苏联所重视，外蒙古本是中国的边疆，而自一九二三以降，竟成立了"外蒙古共和国"，他的将来的变化，是国人应当特别注意的。

　　本文系日本人对于外蒙近况的观察和评价，移译于此，聊供研究边事者的参考。

译者

蒙古是个怎样的地方

　　蒙古是一块平均高出海面一千米突的大高原，面积三百十四万平方粁（基罗米突——译者），约当东三省的三倍。戈壁大沙漠纵贯其间，西北部称外蒙古，东南部称内蒙古。所谓蒙古人，当十三世纪之始，成吉思汗席卷欧亚大陆的时候，的确是勇猛果敢。自从元代热狂地信仰西藏传入的喇嘛教，蒙古人的民族性就极端地麻痹退化了，人口也由当日的一千万激减至二百万左右。在近代史上，真实地表现出日就灭亡的民族的痛苦姿态。蒙古就一般的讲起来，气候干燥，灌溉极其不便，土壤内含多量的盐分，适合牧料的野草繁茂，所以蒙古人的生活，宿命地和牧畜——游牧——结合起来。逐水草而居的游牧生活，不特是和叫作"计画"的这个概念不生关系，而且制造出不能征服自然暴威的怯懦民族。

他们的生活的内容，完全由家畜类代表。日常食品是羊肉、羊乳、点心，酒类以羊乳为原料，靴、外套、天幕以羊毛制成。于是他们之间的应酬话是：

问："府上的牲畜还好吧？"

答："谢谢你，很好的。府上的草料呢？"

他们最堪哀悯之点，就是受喇嘛教的极大的影响，生活的一切都由迷信支配，牧畜样式在全体上也极其原始的，因为不肯贮藏干草，一入冬期，牧羊的死亡不在少数。他们的唯一财产——家畜——的数目如左表：

	内外蒙古合计	东三省兴安岭附近
骆驼	二七五，〇〇〇	九，〇〇〇
马	一，四〇〇，〇〇〇	一八〇，〇〇〇
牛	一，五五〇，〇〇〇	一七〇，〇〇〇
羊	一〇，七〇〇，〇〇〇	一，六〇〇，〇〇〇
豚	九五七，七七五（注）	二，四〇〇

注：仅内蒙数字系根据一九三三年南京实业部发表。

东三省兴安岭的附近一部分地方，西部内蒙古中的热河的大部、察哈尔、绥远两省的南半部，外蒙古首府库伦附近等地，农耕有显著的发展，特别是内蒙古一带，中国内地的人民迁移进去的，每年的数目都异常增加。不过由牧畜业看来，农耕一类的事并不值注意。同时金、银、铜、铁、石炭的地下埋藏量素称无限的丰富，但蒙古人因宗教上的迷信，不愿采掘土地，以致矿业的发展上遭非常的障碍。

当我们讨论近代蒙古的时候，决不能省略了她的封建的身份制度。外蒙古共和国虽已废弃了这种制度，但该制度的残滓——尤其经基〔济〕的基础，还显然地没有废止。

第一，他们以二对八的比率，分为贵族和奴隶。在贵族里面又分为二类，一类是王公、贝勒、贝子的爵位，以及享有这些爵位的世袭权的塔、囊、台吉等普通的贵族；二是喇嘛教构成的特别贵族。奴隶则系由平民及家奴所构成。家奴又为平民的奴隶，换句话说就是奴隶之奴隶。贵族当然不能和平民缔婚，同时是买卖和担保的对象。平民里面更有若干的身份的分别，就大体而言，负担税金、兵役、徭役者，同时可多少地享有任官的权利。由以上各点看来，颇与日本奈良朝时代相仿佛。

在这般昏迷、蒙昧之中，新时代的光射露了。一派是对于外蒙古民众的封建制度，揭起宣战布告，向着反资本主义的方向蓦进；其他一派是以内蒙古德王为中心的高度自治运动。我们对于这种种动向，首先应求得理解。

"外蒙古共和国"的成立

现在的蒙古国民共和国的宪法，系一九二四年十一月所制定。据该"权利宣言"所云，则首先规定一切的权利均属于劳动人民，废止封建的政教，同时认土地、矿藏、森林、湖川及其他一切的资源为国有，废弃一九二一年以前的外债。并宣言宗教为各个人本身之私事，决然废止王侯贵族的称号及特权。政治的最高实权属诸大呼拉尔丹（大国民会议），当该会议闭会中，则最高实权由小呼拉尔丹（中央执行委员会）行使，政府隶属于这个最高执行机关，大呼拉尔丹的议员由比例选举法选出。

外蒙的宪法在其基调上，几与苏联宪法一致，此事决非偶然。外蒙的指导郜〔部〕队——蒙古国民革命党，自其诞生的一天，即在第三国际的直接、间接的影响下。一九二一年三月，该党在恰克图创立时，首先以实现社会主义为纲领。

一九二二年，扫荡了国内的反革命党，一九二四年采用了前述的划期的宪法，就连首都库伦的名称，都改称乌兰·巴图鲁（赤色勇士之都），显示出走向外蒙社会主义的第一步，但是封建的残滓和新兴资本主义的要素，是意外地强而有力。王侯、贵族的称号和特权虽已废止，但其经济的基础并未完全被排除。贵族、喇嘛以及布尔乔亚的要素的结合，产生了打倒革命政权的阴谋，同时再加上逐渐贫穷度激增的勤劳大众的不平，对于新政权，酿成了第一次的危机。

反对派拥护素来主张纠正党的右翼指导的革增（译者）为首领，在一九二七年的大呼拉尔丹一败涂地，翌年十月——十二月的第七回党大会，该派始得支配党的大势。

该派为拥护外蒙的反资本主义的发展起见，主张与苏联作更强固的提携。同时采用了许多的左翼政策，如没收贵族、喇嘛的财产，设立农业生产者合作社等。一九二九年七月更公布征伐喇嘛的命令，九月十五日更发表训令，说明由贵族、喇嘛没收的财产、家畜、土地应有效地利用，并创立集团农场。到了一九三〇年二——四月第八回党大会，终于法定树立蒙古社会主义建设五年计划（一九三一——三五）。

此举系受苏联五年计划成功的刺激。现代蒙古的经济状势，还缺乏五年计划所期待的急激发展的前提条件。例如当时农牧家总数十六万五千户中，贫农七万九千户，中农七万三千户，该计划规定于三五年内，合贫农、中农九万一千户——即全体百分之五十五，使其成为集团农场。但蒙古现状尚为"极其原始的、单纯的集团牧草刈取，共同牧畜合作社一类的组织刚才能够成立"。

由此看来，当右翼倾向克复时，左翼偏向就同时萌芽了。

一九三〇年六月，将寺院所有的家畜三百三十万头中，约二百万头，收为国有，并编入集团农场内。这种方策对于集团农场的发展上发生阻碍，因为这种方策反将比较没有坚固信心的勤劳大众，由革命政权的政营，驱逐到喇嘛和布尔乔亚方面。

更于一九三一年，全面地禁止个人商业，将国外贸易置诸政府的独占下。这是左翼偏向最甚之点，因为代替旧商业关系的新制度未曾准备，国内的商品流动即时就停止了。于是"蒙古受商品饥饿的袭击"。

蒙古国民革命党鉴于反乱勃发的现势，于一九三二年七月开全体大会，对于左翼偏向如"不合蒙古的经济、农业实情之方策，以及忽视商业上之特殊性"，加以彻底批判，规定蒙古共和国的现阶段为"标榜布尔乔亚民主主义革命，反帝国主义，反封建主义的共和国"，应渐进地移向反资本主义发展的途上；开始对于以往谬误，作实践的克服。清党运动决定实行了。四万二千的党员减少至一万二千。许可了国内的个人商业，为了商品流通起见，认可运输业个人的提案权（Initiative）。寺院固一旦查封，但许可了收回家畜的权利。集团农场的一部废止了。借着行政手续，停止了反宗教的措施。协同合作社的解散或存续，一任社员的自由意志。

上述的对于根本政策所加的变革，使人联想到苏联采用新经济政策的往事。所谓加以限度，即再次容许封建的、布尔乔亚的要素的存在，将来这也许给与现政权以不安。蒙古国民共和国第三次的危机，看来岂非就潜伏在这种地方么？

外蒙当面〔前〕的问题

外蒙古共和国政府的当前急务，乃建设产业，确立赤军的教化及教练问题。只有经过此种措施，方能克服第三次危机于未然。

无知文盲大众间的启蒙运动的速度，就全体而言极其缓慢，这一点是当然的。一九三〇年九月青年同盟实行扑灭文盲的文化运动，一九三一年废止了复杂的旧阿拉伯文字，采用拉丁文字，不过虽则已经采用了，而党员中能读、能写的不过仅占百分之四十。但他们对于这方面，加以特别的注目，国家预算中，上述的文化事业费渐次增高，这一点是足多的。

	产业建设费 （对国家全体预算）　卢布	文化事业费 （同上）
一九二八	一，六二三（一〇·三％）	二，八二〇（一七·九％）
二九	三，三六八（一六·九％）	四，五九二（二三·一％）
三〇	三，九一五（二一·九％）	六，八〇三（二五·三％）
三一	七，八五〇（二七·七％）	七，四九八（二六·五％）

观前表所记，产业建设费亦受重视，惟目前的工业、轻工业中以制革、金属制品、制砖为中心，其生产额数极微，与主要产业牧畜合起来，所谓蒙古的全经济实依存于苏联。因最近外蒙贸易有任苏联独占之观，而苏苏〔联〕的外国贸易，外蒙仅次于英、德，居于第三位的交易国。一九三四年一月——十月，两国贸易额数字如左：

	卢布
苏联输向外蒙	四〇，〇二〇
外饬〔蒙〕输向苏蒙〔联〕	一五，〇八六

一九三四年底，两国间缔结通商条约，今后两国间的关系，

将愈加密切。

外蒙国民赤军，自第七回党大会反对派胜利后，即改称国民革命军，据说受着苏联赤军将校的近代训练。成绩优秀者，令其入士官学校，至高等教育则在莫斯科陆军大学授与。

外蒙赤军以骑兵队为主，政治教育激〔彻〕底之点，与苏联赤军无异。据一般的批评，不特自幼时即熟习乘马，即素质方面也是理想的。兵备方面，大体如左：

一、首府乌兰·巴图鲁的军备：一军团（三师团，七，三四四名），战车八辆，飞行机八架，多数装甲汽车，飞行场二，化学兵器工场二处。

二、桑贝子军备：一联队，骑兵约一千名，山炮六门，大型野炮二门，兵十五名，付有轻机关枪，各小队（一队三十六人）均有重机关枪一架。

三、乌古木尔桑贝子（译音）的第一支队，有骑兵五百，野炮十八尊。

四、戈尔芬斑桑贝子（译音）的第二支队，有骑兵五百。

五、唐斯库桑贝子（译音）的第三支队，有骑兵约六百，炮兵一大队。

据另外的消息，一九三四年度，乌兰·巴图鲁兵营收容步兵一万八千人，大炮四十二门，高射炮七门，轻机关枪二百四十架，重机关枪一百三十架，飞行机十二架，坦克车十八架。该地的苏维埃军用飞行场内原屯驻空军一中队，一九三四年春以来，由蒙古政府之手更加扩张，增加了容纳二百架的收容力。

"满洲国" 国境事件之意义

外蒙政府自"满洲国"成立后，即在"满洲国"国境实施严重的监视，虽在要路上设置了无线电，但自哈尔哈庙事件以来，最近"满洲国"境上的纷争不绝的发生。新闻纸上频频对外蒙加以非难，外蒙政府也发表了长的抗议文对抗，目下正在开会中的满洲里会议，何时能〈得〉以解决，一时还看不出来。

七月十日的苏联《真理报》，关于此事，评论如左：

> 日本对外蒙政府要求国境的解放，以前曾经用以对朝鲜，后又用以对东三省的同一政策，现又将用以对外蒙古，此征诸种种事实，即可了然。……日本比较起从前来，显然地在做着危险行动，但如果太做过分了，结果将要把自己的头盖骨碰碎。

《时事类编》（半月刊）

南京中山文化教育馆

1935 年 3 卷 18 期

（朱宪 整理）

布里雅特蒙古共和国的现势

吴勃冈　撰

一　绪言

据历史科学所证明，最初的蒙古族，是分为三种的。其一，为现在居住于内外蒙古的蒙古族；其二，为南俄罗斯的加尔每克族；其三，即为这里所说的布里雅特蒙古族。相传这个民族在十四世纪时，由中国内外蒙古地方，被固有的蒙古族所驱逐，而移住于现今的俄、蒙国境附近。

在俄国革命以前，布里雅特蒙古人，同其他蒙古人一样，处于活佛（呼图克图）的宗教统治下，活佛是喇嘛教的三个首领之一。这三个首领：一个是达赖喇嘛，住在拉萨，西藏的首都①；一个是班禅喇嘛，通常住在再往西边的地方，在喜马拉雅山北缘与藏布江之间（即札什伦布）；蒙古的活佛喇嘛则住于库伦。喇嘛对待平民，非常残酷，蒙人因为信仰神权过深，及政治理解力薄弱的原故，不敢反抗，事实上也无力反抗。适逢其会的近邻苏联政府成立，执行其解放边疆异民族的政策，因此，布里雅特人就在一九

---

① 原文如此，应为首府。——整理者注

二三年组织了一个共和国。

布里雅特蒙古共和国是在苏联管辖之下，而受允许的自治体。近十余年来，以一个近乎原始日渐渐灭的民族，无文化、无教育，而竟在短期内走上工业化的坦途，成为苏联国防的重镇，这不能不使人惊异！并且外蒙古的独立，亦多是布里雅特人从中主持。在东亚风云万分紧急的今日，苏联极力经营该地，建设重工业，修筑铁路，屯驻重兵，启迪民智，俨然成了远东的第一防线，而为国际注目的焦点。可是中国人对于它的情形，知道很少，这实在是我们惭愧的一件事。

二　自然环境

布里雅特蒙古共和国，是苏维埃社会主义共和国联邦（简称苏联）的一部分，根据民族自决的原则被认为自治共和国，以远东二布里雅特蒙古自治州组合而成。面积为三十九万四千七百平方粁，领土大别之为三大区，即西部、东部和中部。西部有阿拉鲁斯克部落，中部有布汗斯克部落、耶洗里图布拉嘎知克部落、图温金斯克部落、扎嘎明斯克部落、谢林金斯克部落、克亚夫沁斯克部落、木号鲁西必鲁斯克部落、岳木胡尼乌金斯克部落、喀般斯克部落、八鲁格金斯克部落、郝林斯克部落、耶拉乌宁斯克部落、八温图呼斯克部落、北八温图呼斯克部落，东部有阿金斯克部落。计西部、中部、东部，共有十六个部落。

地形为小丘陵，干燥的地带有出产岩盐之处。东南部（指贝加尔湖的东南部各部落），概属山岳地带，古生代的岩石触目皆是。就中尤以图温金斯克为最高，高出海面约八〇〇米。横亘于南境的东萨彦山脉，到处有高山雪带，其最高峰蒙古萨鲁迪次克山，高出海面三，五〇〇粁〔米〕。

布里雅特蒙古共和国的气候，因距海洋过远的关系，具有大陆性的特征，尤以土地的隆起，有巨大的变化。每年的平均温度在零度以下，上下于零下八·三度与〇·七度之间。

植物的生长期间极短，平均只有六十日乃至一百五十五日。中部比较稍长，其他各地方皆短，由于海拔及标高的不同，而气候也稍有差异之点。一年的平均雨量极少，冬季的积雪也不甚大。太阳光线之中以紫光线较强。

布里雅特蒙古共和国，以气候极严寒，雨量稀少，植物的生长期间极短之故，只有寒带性的植物，尚可相当的繁殖，最著者为落叶松，此外如枞、虾夷松、杜松、白杨等的密林，亦多有之。

森林外之植物界多与地方住民有密切的关系。近数年间，利用山中植物的蒙古茶产出良好的炭宁酸，最初仅对地方上皮革工业有相当的功用，以后将炭宁酸晒干之，运至苏联的工业中心地。贝加尔湖沿岸乌兰布拉克、木拉乌林、扎干希尼、呼乌敦各山脉之西北斜面，悉有蒙古茶丛林，其面积约有十万方里。其他如樱树、葱、蒜、万年青以及药材果物类的植物也很多。

布里雅特蒙古共和国内栖息的动物，在在含有产业上的意味。栗鼠占第一位，欧战前的最高捕获额约达六十万只左右。次之则为黑貂，最高捕获额由一万乃至一万五千只，其价值最高的为巴尔古金的黑貂。其他动物，可供皮革之用的有狐、鞑靼狐、熊、狼、旱獭等。有蹄属而含有产业意味的，则有鹿、犴鹿、麝香鹿（主要为麝香）、鞑靼鹿（采角）等。

常见的禽类为树鸡、鹧鸪、山鸡、鹅、乌鸭、白鸟等。鱼类最多的为撒蒙鱼，贝加尔湖及色楞格河、巴鲁古金等大河皆产之。次之则牒酒、鲨鱼、鲷面鱼、鳟砦菜等。

贝加尔湖方面一带，除却庞大的铁矿脉不算外，还有无限的有色金属、化学原矿以及其他诸种资源。铁矿的埋藏量达于一万万吨、银、锡、苍铅、锰、铝、苏打、水铅、岩盐、硅藻土等，都是工业的原料，金矿脉也为西伯利业全土之冠。

布里雅特蒙古共和国的河流，结冰之期，普通皆在每年十月二十至二十八日之间，其解冰之期约在四月五日至十五日之间。结冰之厚，普通约在一尺八寸左右，若冬季降雪甚大，则可达二尺四寸。

贝加尔湖占布里雅特蒙古共和国的中央部，为亚细亚洲最大的湖泊，全球驰名的最深的淡水湖。纵长六二三粁，横宽二五——八〇粁，其面积三四，一七九平方粁，在全世界的湖泊上占第七位。注入湖水的河川总计有三三六之多，而通航者只有色楞格河、巴鲁古金河、上安加拉河而已。

三　人口及种族

布里雅特蒙古共和国的主要民族为布里雅特族，在一九三二年布里雅特人总计为二十一万八千五百九十八名。而布里雅特蒙古人中更分为布拉嘎都、耶希里特及呼里乃资三种，布拉嘎都及耶希里特二族住在贝加尔湖西北附近地方，呼里乃资族住于其他方面。西北方面的布里雅特人多受俄罗斯的影响，今日已由移动式的生活而变为固定式的生活了。农业经济占主要部分，商品谷物的生产也逐渐增加。呼里乃资族受喇嘛教文化的影响，经济上、生活上均与同族的西北部有异。原为纯游牧或半游牧的民族，至今仍从事农业，居住也渐趋于固定化。

布里雅特蒙古，尤其东方各部落，住民的文化及生活条件，均极落后，住毡房，夏季用绵巾衣服，虽极褴褛污秽也不洗涤或更易，冬季则衣老羊皮。不知卫生，不沐浴，衣服也不洗涤。食器均系采用共同式，食物是牛羊肉与乳，食五谷者限于固定生活的住民。至菜园的菜蔬，虽居有定所的农业人民，也全然不食。

因其食物的成分，碳化水素甚为不足，所以他们的体格，远逊于俄罗斯人。苏联注意此点，乃使布里雅特人民由游牧而进于农业。

就布里雅特蒙古共和国的人口说，俄罗斯人实占一小部分。俄罗斯人分西伯利亚人、谢木人及新移民三种。西伯利亚人系以前的俄罗斯人与布里雅特人及通古斯人的混血儿，普通称他们为喀鲁依木人（西伯利亚语，混血儿之意）或雅萨库人，生活习惯多受布里雅特人的影响，说俄罗斯语，而扎拜喀勒住民之间，却往往带有特殊的方言。

谢木人系在耶喀特里拿二世时代强制的由马客拉夫斯喀雅县移住于扎拜喀勒。谢木人宗教的传统，至今犹持有派图鲁大帝以前的旧俄偏见。革命前的谢木人，为沙皇政府的布里雅特殖民政策的主持者，一九一八年苏维埃地方政权尚未确立之际，谢木人的富农及资产阶级对于革命运动曾有反对的行动。

俄罗斯人的基本职业为农业及牧畜，牧畜的方法也比布里雅特进化。通古斯人能保持民族特殊性的，极占少数，他们次第被布里雅特人或俄罗斯人同化。

国家机关及其他生产部门的劳动者皆在都市，因各学校的建设，使大部分人口都向都市移入，而以乌拉奴乌达的人口增加为最甚。兹将各都市布里雅特人口的统计列后：

都市名	一九二三年	一九二七年	一九三三年
乌拉奴乌达市	二八	一，一○九	四，六九○
特罗伊斯克萨夫斯克市	二一九	二四七	五九○
总计	二四七	一，三五六	五，二八○
都市对于人口的百分比	○·○五	三·一三	七·九○

上表证明在布里雅特共和国创建以前，在乌拉奴乌达居住的布里雅特人不甚多，十年来，布里雅特人之移入都市者，其比率

已由〇·〇五％跃进至七·九％。

次就都市人口的社会构成看，都市的经济发达与进展及举行社会化的大建设，结果，劳动者的人数日见增加。据一九二六年的调查，乌拉奴乌达市的劳动者总数计达二千二十五名，至一九三一年增到八千名，是五年之间增加五千九百七十五名。从业员集团则自一九二三年以来由一〇〇增加至一九〇，一九三一年又增到六千七百七十九名。家庭工业者及手工业者只增百分之四十九。

以上之劳动者，从业员及家庭工业者比例数的增大，与其他社会构成分子的低下，从下表所列的百分数中可以窥知其梗概：

年度	一九二三年			一九三一年		
职业别	男	女	合计	男	女	合计
劳动者	二五·六	二五·六	二三·三	四六·五	一七·二	三六·九
从业员	二四·六	三三·二	二六·九	二六·〇	四一·九	三一·二
家内从业者	一八·一	八·二	一五·五	八·七	一〇·四	九·三
其他之独立生计者	三一·七	四一·〇	三四·三	一八·八	三〇·五	二二·六
总计	一〇〇	一〇〇	一〇〇	一〇〇	一〇〇	一〇〇

一方面是都市人口的显著增加，另一方面又是农村人口的增加率特别减少。自一九二三年以后，十年之间，全人口已增加百分之一六·九，而农村人口的增加率不过百分之九·四。推其原因，因新建筑与运输工业以及其他国民经济的发展，以致大批的劳动者，齐向都市流入，同时又因气候、风土等天然条件，对于农业不利，所以布里雅特蒙古共和国的农业不能与工业兼程并进。

四　教育状况

一九一七年革命以前，布里雅特蒙古的文化极为幼稚。概括言之，即文盲过多而学校过少，对于工农子弟的教育，极不完备，且受喇嘛教的影响，以致一般的文化无从发展。

自布里雅特蒙古共和国创建以来，当局为扫除文盲起见，有学校网的建设，在各处设立私塾，同时，国民初等教育完全使用彼等的母国语，即布里雅特语。因此，布里雅特一般的文化逐渐向上。根据一九二〇年、一九二三年、一九二六年的全国人口调查，一九三一年的租税调查，及一九三三年教育人民委员会的材料，证明八岁以上的布里雅特人，每千人中有读书能力者如下表。

地域	年次	全民族合计			布里雅特人			俄罗斯人		
		男	女	合计	男	女	合计	男	女	合计
西部	一九二〇	三一·二	二·一	二二·〇	二六·八	七·〇	一七·四	四〇·六	一七·三	二九·一
	一九二六	五三·五	二三·九	三九·二	五一·二	二一·八	三七·一	五六·三	二六·五	四一·七
	一九三一	六四·八	四〇·九	五五·〇	六四·二	四〇·四	五三·〇	七一·二	四一·二	五六·四
	一九三三	八一·八	六一·三	七一·六	七八·七	五九·八	六九·三	八五·五	六三·四	七四·七
东部、北部诸区	一九二三	三五·一	七·九	二一·六	二五·四	二·八	一四·一	四五·四	一三·三	二九·五
	一九二六	四九·五	一四·四	三一·七	四三·四	六·七	二四·七	五五·二	二一·四	三八·二
	一九三一	六二·五	三〇·九	四六·九	五二·三	二五·四	三八·八	六八·二	三四·一	五·五
	一九三三	七八·九	四九·三	六三·八	七〇·六	四三·六	五六·八	八五·四	五三·七	六九·二

续表

地域	年次	全民族合计			布里雅特人			俄罗斯人		
		男	女	合计	男	女	合计	男	女	合计
全国合计	一九二〇 一九二三	三四·二	八·八	二一·七	二五·九	四·二	一五·三	四四·二	一四·三	二九·四
	一九二六	五〇·六	一七·三	三四·〇	四三·九	一〇·九	二七·五	五六·九	二三·三	四〇·〇
	一九三一	六四·七	三四·五	四九·七	五七·〇	三〇·九	四四·九	六九·三	三六·七	五三·二
	一九三三	七九·一	五一·九	六五·三	七二·八	四八·一	六〇·一	八四·三	五五·三	六九·六

从右表看，可知共和国成立以来，农村人口的读书能力增至三倍，其中布里雅特人的读书能力增至四倍，尤其是女子——增加殆达六倍，而布里雅特的女子读书能力更增加至十二倍，不能不说是最足惊异之事。

初等教育，在革命前非常落伍。良以帝俄时代的政府，将后进的民族置于无学的状态，以贯彻其愚民政策。革命后，苏联当局努力于学校网的完成，当一九二三——四年共和国创建之时，设立初等教育四百八十五校，收容儿童达两万人。到第一次五年计画末期，初等教育有七百十一校，学童达六万三千人，即学校数几增二分之一，而学生数则增加至三倍以上。其他中级学校"第一坤知因图尔"（相当高级小学），就学儿童有三千五百六十名。

由八岁至十一岁学龄儿童的收容率，一九二三年——四年度为二六·九％，一九三二——三年度已增至九四·二％，其中布里雅特人子弟之收容率由二七·一％增加至九六·一％，这样增加的数目，不为不大。

　　初等学校的教师数，一九二三——四年度为六百零一名，一九三二——三年度增至一千六百十名，即增加二倍半以上。

　　从前，中级教育方面，仅有二年级的学校十二校，学生一千七百名，其中布里雅特人的学生三百六十九名，只占全数三分之一。到了中等学校增设及改组以后，中级教育次第发展，结果，一九三二——三年国内农业集团的青年学校六十一校，七年制度学校十四校，学生数除去第一坤知因图尔不计外，尚达九千五百二十名，其中属于农村地方出身的学生，为六千七百二十八名，布里雅特人占百分之四五·七。

　　初等、中等学校网，既如此发达，即量的方面，已有很好的成绩，而质的方面，也有相当进步。教育费预算，比过去十年间，增加至十六倍之多，我们根据其教育费的增加，即可推想其教育发达的程度了。

　　工业学校及工场学校，即高等专门学校，也不为不发达。在共和国成立之初，全国仅有工业学校二、工场学校一、劳动技术学校一，学生总数，为二百八十名，内有布里雅特人一百五十一名，即占百分之五四。到第二次五年计画初期（一九三三年），为训练干部人员而设立的学校，及其学生数目，已如下表：

学校的种类	学校数	学生总数	布里雅特人	布里雅特人对于总数的百分比
高等教育机关	三	三五八	二八二	七八·七%
工业学校	一四	一·二四四	六二九	五〇·五%
工场学校	三	五七五	一九三	三三·六%
劳动技术学校	一	五八	二四	四〇·一%
工厂学校式的学校	四	二九六	一三三	四五·〇%
劳动者预备学校	八	八六五	五七七	六六·七%
苏维埃党务学校	三	二九五	一八一	七〇·〇%
总计	三六	三·六五五	二·〇一九	五五·三%

共和国政府为训练干部人员起见，不惟在本国内增设学校，且每年选送工人及经济集团团员，赴莫斯科及列宁格勒等主要都市的各高等专门学校留学。

五　社会建设

布里雅特蒙古共和国创建的第一时期，约分九部分，六十旗，旗之下为乡，乡之下为村，采用四级行政系统（喀般斯克部落除外）。

第二时期为与各地方苏维埃民众接近起见，行政系统已有根本的改变，因此，在一九二七——二八年以后，将四级行政系统，改为三级，使下级苏维埃的权利逐渐扩大。

一九二七年，扩张新行政管区制与村委员会，结果有十六个部落（喀般区在内，即由以前之伊尔库次克郡，合并于布里雅特共和国之地），全国村委员会之统计，已达二百五十三，是布里雅特村委员会的比率，由一九二三年百分之三九，到一九三二年增至百分之四三了。

在从前，活佛要每家的长子充当喇嘛，喇嘛之中百分之九十患着花柳病，这种极坏的现象现已消除了。苏联政府设立医院与诊疗所，并禁止将长子给予喇嘛及越境向活佛纳贡。目前布里雅特族在健康上已有迅速的进步。他们有了新的疗养院，以除疾病；华美的剧场，以供鉴赏；宏大的公园，以凭游玩。这短矮的民族，工作十分勤恳，文化日见提高。这种成绩，是许多落后的民族梦想不到的。

《新中华》（半月刊）

上海新中华杂志社

1935 年 3 卷 20 期

（朱宪　整理）

察绥概况

吴永詹　撰

　　察、绥北连瀚海，南障长城，东控热河，西接甘肃，扼西北之咽喉。察哈尔约在北纬四十度至四十六度半，东经四度至西经五度之间（经度仍系以北平为起点），共辖万全、张北、宣化、赤城、龙关、怀来、怀安、阳原、蔚、延庆、涿鹿、商都、康保、宝昌、沽源、多伦十六县，此外尚有锡林郭勒盟十二旗群，分隶本省各县及绥东。绥远约在北纬三十七度半至四十三度，西经三度半至十二度之间，共辖归绥、萨拉齐、包头、清水河、托克托、五原、临河、武川、固阳、东胜、丰镇、凉城、兴和、集宁、陶林、和林十六县，安北、沃野二设治局，及乌兰察布、伊克昭二盟旗。

　　两省因处长城之北，故亦称塞外草原。阴山主干横亘全区，上承贺兰山脉，自临河入绥，蜿蜒而东，经后套之北，过包头、萨拉齐、归绥之北，固阳、武川之南，至陶林、凉城县境，遂入察哈尔。自此以东约分为二脉，一沿长城之北而东走，经张北、沽源、商都诸县，南走入长城，是谓长尼图山脉，一向东北走，经商都牧场而迤逦东北，东接白岔山，是为大马群山脉，自此再东北为兴安岭，即察、热之界山也。

　　就水系言之：阴山以北，系内陆流域，湖泊星布，多含盐、碱，尤以察省北部为多。无贯彻全区之长流，河水多潴于湖泽，其较大者，在绥远有西兰木伦河、锡拉木伦河、巴哈林河，在察哈尔有锡林郭勒河、乌攸特河、鸡林河、乌尔浑河。

　　绥远省阴山以南，属于黄河流。黄河由宁夏北流入绥，过定口，分南北二脉，南脉水流较畅，北脉行将就淤，至惠德成渡口，两脉复合，两脉之间，纵有八十干渠，纬以横沟，是称后套。河又东流，分合者再，直至托克托县，始南折入长城，其支流以大黑河及红河为大。察省之南部有上都河，为赤木伦河、滦河、沽河之上源，又有桑干、洋河为永定河之上源。

　　关于察、绥之面积及人口，据参谋本部陆地测量局发表之土地面积计算，计全国总面积为一七四，一三二，五八三公顷（原列面积为旧制三四，九九〇，〇四六平方里），察哈尔省为四一四，三五八市顷（原列面积为旧制八七八，四〇〇方里），又据《经济年鉴》第八章《林垦》，全国土地面积为一六七，六〇三，三七〇市顷，察省为三，八八二，二二五市顷，绥省为四，五六〇，八七〇市顷（二者颇有出入，测量发表者当较为可靠，但因与森林面积联络关系，以后仍根据《经济年鉴》），察省土地面积，约占全国土地面积千分之二十四，绥省土地面积，约占全国土地面积千分之二十五强。户口据《经济年鉴》，察省有三九四，〇六七户，一，九九七，二三四人，绥省有三六一，四五二户，二，一二三，九一四人（据《绥省分县调查概要》，绥省人口有二，一〇二，一八五人），而全国户口有八二，八一五，九七六户，四五二，七九一，〇六九人，察省全户数占全国总人数千分之四·四一[1]，绥省全户数占全国总户数千分之四·三六强，全人数占全国总人数千分之四·六九强。

　　察、绥气候，据竺可桢氏之分类，属于口外草原区，年中平均雨量为二十公分至四十公分，平均气温为摄氏五度至十度。全年

----

　　[1]　应为"察省全户数占全国总户数千分之四·七五强，全人数占全国总人口数千分之四·四一强"。——整理者注

降雨量变化颇大，旱灾时闻，雨量之大部分分配于五月至九月之间。全年中平均气温在十五度以上者，亦仅自五月至九月间，约为一百五十日，惟昼夜之气温较差颇大，自三四度达二十度左右。结霜于处暑之后，开冻于谷雨之前，故农作只能一熟。每月平均温度，以七月为最高，约在二十度至二十五度之间，最低为十二月及一月，达零下十余度；日别之最高气温为摄氏三十余度，最低为零下三十余度。终年多西北风，春秋时有狂风，常害及幼芽及果树，有时幼芽连种子吹出地面，或果树之花被其摧残，致不结实。

概言之，地位愈西，则受大陆气候之影响愈多，以故愈西则温度较差愈大，炎夏之气温愈高，寒季之气温愈低，霜雪之期愈早，地域环境不同，气候亦故有差异也。

农田状况

察、绥一带，自清代康、乾以后，汉人出塞移植，以至现今，农垦逐渐发达，蒙人亦渐就同化，其近长城者，凿井耕田，与汉人无异，故现今察、绥之农业，正由游牧而趋耕种之过渡时期也。将来耕地面积之扩大，至少当在现在耕地之二三倍以上，惟荒地之大部分，因气候、水利及土壤等之关系，恐仍以经营畜牧较为有利耳。

两省已耕面积、水田面积及旱地面积，据张心一氏估计如左：

	已耕面积（顷）	水田面积（顷）	〈旱田面积（顷）〉	作物栽培面积对于已耕面积之百分比
察哈尔	一六八，三九〇（当总面积）四·一%	一八，五五〇（当已耕面积）一一·〇%	一四九，八四〇（当已耕面积）八九·〇%	九六
绥远	一八六，三九〇（当总面积）三·七%	一四，〇〇〇（当已耕面积）七·五%	一七二，三九〇（当已耕面积）九二·五%	九一

	总户数（以千户为单位）	总人数（以千人为单位）	农民户数（以千户为单位）	农民人口（以千人为单位）	农民户数对总户数之百分数
察哈尔	三九四	一，九八六	三〇九	一，五五八	七八
绥远	三六七	二，〇一〇	二五〇	一，三六六	六八

根据以上二表，则已耕地之面积，仅占全面积百分之四左右，而已耕地面积中，旱地占其十分之九，作物栽培面积与耕地面积大致相同，盖年仅一作故也。人口密度，约每方英里二十人，农户约占总户数百分之七八十。按总人口每人平均摊得之已耕地为八·九亩（察哈尔每人八·四八亩，绥远每人九·二七亩），每农户平均所耕之农地约为六千〔十〕亩（察哈尔每农户五十四亩，绥远每农户七十五亩）。

关于两省荒地及可耕荒地面积，尚无详确之统计，其数值言人人殊。据《各省荒地概况统计》所载：察哈尔在锡林果勒盟地，有荒地五万万亩左右，其可垦而未垦之地，尚有一万万余亩。在正蓝、正白、镶白各旗，并牛羊群辖境，共有荒地二千万亩，除已垦熟者外，尚有未垦生荒四百余万亩。全省荒地面积，共为五万万二千万亩，可垦荒地，约在一万万亩以上。绥远省之四子王旗等九旗，荒地面积共三百五十六万三千余亩。

据《绥远垦务计划》所载：绥远未报蒙荒，当在二百五十万顷左右，而可垦种者，约有一百七十余万顷。据张心一氏著《中国的垦殖事业及三大荒区垦殖计划大纲》所载：可耕地之估计亩数，察哈尔为一百六十二万顷，绥远为二百十六万顷。以上所述，不过要略之数目而已。

察、绥气候严寒，适于作物生长期间，仅五月至九月五个月左右，每年仅能一熟。又因雨量缺少，多行旱农制，保存土中水分与及早下种，实系西北耕种之要诀，又因地广人稀，劳力与肥料均不足，故多数农田，今年栽培，则明年必须休闲；或连种两年，第三年休闲，使地力恢复。在休闲期内，任野草滋生，待至伏暑，青草畅茂之际，用犁耕地将青草翻入地中，而以土壤压于青草之上，是谓之压青，为西北农垦上主要工作之一。普通农民，常以今岁压青地之多寡，而预测来年收成之多寡，盖压青系一青绿肥，可使土壤增加有机物（腐植质）及养分并增加土壤保持之水力。

又有行烧土法者，将表面土壤掘起，和干草等燃料，堆积熏烧，然后复行耙开；此法使草灰和入土中，可以增加土壤之加里含量，且因熏烧时经适当之热度，土壤中原有难于溶解之加里、磷酸等植物养分，有一部分变成溶解性者，而易于作物之吸收，故可增加土壤之生产力。

耕地方法，大多犁起一次，再耕一次，播种后，直至收获，大都不加管理。有少数地方，于播种后，用辊轴镇压一次，苗出后再耙二三次，兼行除草。此种方法，颇为合理，盖镇压则土壤毛细管引力增加，下层水分易于上升，而供作物之吸收，耙土则毛细管切断，可以减少表面之水分蒸发热。

在水地则于周围作垄，以备灌溉潴水之用。灌溉除用河水及山水外，尚有凿井灌溉者。肥料以牛、羊、马等畜粪为主，亦有采集杂草堆积而制造堆肥者，人粪尿则仅用于园蔬作物。

两省农业生产物之种类大致相同。农艺作物有小米（即粟，一名谷子）、莜麦（即燕麦）、稷（即糜子或糜米）、黍（亦称黄米）、高粱、荞麦、小麦（亦称草麦）、玉米（即玉蜀黍）、稻等；黍、稷属同一种类，糯者为黍，粳者为稷，亦有混称为黍者；菽豆类有黄豆、黑豆、绿豆、红豆、蚕豆、豌豆等。大麻，雌雄异株，雌株称为籽〔籽〕麻，用以榨油而供食用，雄株称为花麻，用其纤维制造麻绳、麻袋等。此外，又产亚麻（即胡麻），可供榨油、燃灯及烹调之用，又可制造一种弹性凝胶，以代橡皮。

蔬菜类以马铃薯为主，甘薯、萝卜、蔓青〔菁〕、玉头（芋）、芥菜产量亦颇不少。此外尚有大葱、韭菜、芹菜、菠菜、黄瓜、茄子、扁豆、豇豆，辣椒，茴香，西胡芦等，亦为普通之蔬菜，果品类产量甚少，仅少数地间有之特产而已。

牧畜及林业

（1）牧畜业

察、绥遍野青苍，水草丰肥，实天然游牧之区。汉人多事耕种，而以牧畜为主要副业，亦有少数营畜牧者。蒙人生计，专赖牧畜，牲畜以牛、羊、马、驴、驼、猪、鸡为主。蒙人牧畜，大都取自由游牧，逐水草而牧，草丰则留，草少则去，不另饲以浓厚养料，惟在冬季则日间放牧，早晚略喂干草、稿秆、树落等，亦有完全不给饲料者，故牲畜凌雪搜寻枯草，冻死或饿死者，为数极多。牧畜方法至简单，普通羊以五百为群，牛以十为群，马以一百为群，由牧丁管理之。平时无圈，入冬垒石作围墙，高二尺余，以防风雪，普通羊一千头，牛五十头，约需草地二十五方里。

察省牧畜事业，尤为发达，因察省为全国第一产马场；自沽源以西，多伦以南，和商都一带地方，水草丰美，实为最适宜养马之所在。所以前清御马场、太仆寺牧场、礼部牧场，均在该处。其中尤以察哈尔所产之马质最为驯良，北部锡林郭勒中乌珠穆沁地方之达里噶崖牧场所产马，为最特色。产马的概数：察哈尔部约八万头，乌珠穆沁二十万头，浩齐特六万头，苏尼特四万头，阿霸垓三万五千头，阿巴哈那尔二万头，共四十四万五千头。其余牛、羊、骆驼，在本省锡林郭勒盟，亦为内蒙中产畜最盛之地。因乌珠穆沁部，水草丰多，地形最适，故牧业居本盟第一。

绥远牧业，亦甚发达，自丰镇沿平绥至包头，为羊皮名产地，牛、马、骆驼亦多，皆集中归绥、包头出口。

　　察、绥本系蒙古牧地，人口又极稀少，故关于二省畜产确计，殊无详细之调查。蒙民方法又极幼稚，畜产品产量，日有衰落之势。其主要原因，即不外治安、天灾、疾病、耕地面积之增加、管理方法不良、牧民负担过重之所致也。故宜改良品种，防除病害，栽培优良牧草，并建畜舍以饲养牲畜，而免寒季之饥饿与冻毙，以促进畜牧之发达。

（2）森林业

　　察、绥到处，童童濯濯，殆无森林可言，天然林除绥省乌拉山、大青山、蜈蚣坝各有一片外，其稀疏暴乐，点缀于召庙、村庄、沟道等者，实系一种风景树木。至于人工之所栽植，亦尚无大面积之森林可睹。虽然地无丹砂，黄土为贵，在他处不能视为森林，在察、绥洵可珍贵也。

　　据《经济年鉴》，全国森林面积，估计为六千五百九十三万七千五百八十五顷，占全国土地面积百分之四十弱，其中林地占全土地面积百分之九，占全森林面积百分之二十一强，宜林地占全土地面积百分之三〇，占全森林面积百分之七十九弱。

　　察哈尔全森林面积一百一十二万五千八百四十五顷有奇。占全省土地面积百分之廿九，其中林地二万三千二百九十三顷有奇，占全省土地面积百分之〇·六，占全森林面积〈百分〉之一·八，宜林地一百十万二千五百五十二顷弱，占全省土地面积百分之廿八强，占全森林面积百分之九十八强。

　　绥远全森林面积，一百三十六万八千二百六十一顷，占全省土地面积百分之三十，林地三万六千四百八十七顷弱，占全省土地面积百分之〇·八，占全森林面积百分之三弱，宜林地面积一百三十三万一千七百七十四顷，占全省土地面积百分之九十七强。兹将二省每户每人均摊面积示如次：

项别 省别	全森林面积（市亩）		人口			户数		每人均摊			每户均摊		
	林地	宜林地	总数（人）	农民数（人）	总户数	农户数	全省林地市亩	农民宜林地市亩		全省林地市亩	农户宜林地市亩
察哈尔	2, 329, 335	110, 255, 190	1, 997, 234	1, 565, 831	394, 067	309, 109	1.17	55.20	1.45	70.41	5.91	279.78	7.54–	356.68–
绥远	3, 648, 696	133, 177, 404	2, 123, 914	1, 444, 261	361, 452	249, 727	1.71	62.70	2.53–	92.21	10.09	368.43+	14.64+	533.29+

察、绥两省，砂碛虽多，雨水较少，冬寒过甚，均不足以影响林业之生长。且开发西北，首在发展农林事业，以其为衣食住行之资源，并供给各种生产事业之原料；而森林又为农业之母，因森林防蔽风砂，改良土壤，涵养水源，调和气候等等，皆足以维护农业，使臻于繁盛之域也。察、绥目前宜耕之地，本属不多，而十年之中，丰年仅占其二三，此非特因雨量之不足，并且风大且多，摇荡作物茎叶，伤害枝芽，兼促进土壤及作物之蒸发，以使其易致干燥，并降低气温，减少光化能力，故欲妨〔防〕备农作物旱灾与风害，造林为不可缓之事实。

矿产及工商业

察、绥矿产富饶，种类繁多。其在察哈尔省境内者，如龙关与宣化烟筒山之铁，下花园玉带山、鸡鸣山之煤，延庆大沙岭之金，宣化王家楼之硫磺，商都之晶石。其在绥远省境内者，如大青山之煤，固阳县公义明村与武川县白云鄂博之铁，归绥与兴和之石墨，武川与凉城之石棉，固阳与集宁之云母，陶林黄花圪洞之宝石，均甚著名。除此之外，察、绥之天然矿产，曰天然曹达。

天然曹达又名天然碱，化学成分为炭酸钠（Na_2CO_3），乃一种非金属重要矿物，此项矿物世界上产区并不甚多（惟北美、埃及及斐〔非〕洲东部最为著名），其用途至广。凡（一）制面食，（二）洗衣服，（三）造纸张，（四）洗羊皮、羊毛，（五）染颜色，（六）造玻璃，以及（七）照相药品，（八）生铁翻砂，（九）石油精制，（十）动植物油精制，（十一）软水，（十二）氰化钠与铬酸钠等化学品，莫不赖为原料。世人竞称"碱为化学工业之母，看一国用碱之多少，即可推测其工业程度之高下"，可见其效力之博大，地位之重要，产区之弥足宝贵。天然碱者，诚不独堪称察、绥之特种矿产，抑吾中国之特种矿产也。

此碱生于湖内，每年秋后，湖水结冰，天然曹达，即粘结于冰之下面，垂悬如石钟乳，颜色洁白，成结晶体。冬季蒙人将冰凿开，翻冰取之，往往就地利用污水，略加人工，然后用骆驼牲畜运走，沿途沾染灰沙，经过长距离始到集中之市场，其本来面目不免改变，而效用因之亦削减。集中市场之最大者为张家口，由张家口碱店将原料入锅，以水溶解成卤，加火熬至七八分时，将浓卤倾入制定模中，候冷凝结，即成碱块，每块重二百斤，名曰口碱，然后运往平、津一带。从前口碱极盛时代，足迹达于闽、粤，惟自洋碱进口以来，口碱销路日蹙，不过在华北小范围而已。张家口民国初年有碱店三十余家，现在只有宝隆源、德懋、德恒、裕源四家，规模狭小，资本微弱，每年输入内地不过一二千吨。

以上所述，察、绥天然曹达从原料方面言，确属一种极大之富源，已无疑义，从营业方面言，则昔盛今衰，范围日蹙，有天然淘汰之趋势，岌岌可危，洵属可虑。今后补救之道，在消极方面，宜如何改良制造，减轻成本，以资维持；在积极方面，宜如何培值〔植〕基础，利用原料，推广销路，以辟利源，乃吾人亟应研究之问题也。

察、绥地瘠民贫，工业极为幼稚，全境除人民措集微资经营之小手工业外，并无大规模之工厂暨机器工业，因之亦无集合之大部分劳工团体，少数手工业工人，居常零星散处，多自作小工艺以谋生。其重要者，为制造毛帽、毡毯及造纸等项，历来多墨守陈规，不事改良，故出品率多粗笨。

察省之工业品，以制毡为重要，普通以羊毛制之，蒙人用以作蒙古包和马具、垫床、帽、鞋、袜等御寒品物。他如揉皮业亦颇发达，皮以牛、羊、马、骡、驴等之皮为主，其余野兽毛皮亦有，均可制为熟皮。此外多伦土人，善制铜佛像，工致精细，颇为著名。

　　绥远工业，无足称述，商业以归绥、包头为最盛，而萨拉齐等处次之，为甘、新、蒙古与平、津间贸易之中枢地，亦有洋商在归绥设庄，采买羊毛绒、牛马皮者。归〈绥〉商贩运砖茶、绸布、棉布、米面等物，赴各蒙交易驼、马、牛、羊皮革、绒毛等物者，皆春夏去而秋冬归，岁以为常，其内部僻陋地方，现银极少，多系以物易物。

　　总上以观，察、绥矿产，不为不富，惜开采未得其法，以故地下埋藏仍在土中。工业因环境关系难以发展，商业则外蒙受苏俄垄断，东西蒙又受日人限制，瞻望前途，实堪忧虑！

《新蒙古》（月刊）

北平新蒙古月刊社

1935 年 4 卷 1 期

（朱宪　整理）

从政治经济上所见的外蒙地方现势

胡一声　撰

一

外蒙为我国领土之一部，其地包括旧车臣汗部、土谢业图汗部、札萨克图汗部、三音诺颜汗部，及科布多等地，广袤四百八十八万余方里，人口约六百余万（日人谓八十余万人），为我国人口最稀薄的部落。清朝末叶，我国内政不振，外侮日亟，在蒙清吏又极专横，故于辛亥革命时，蒙古也突然宣言独立，拥戴活佛，树立新政府，脱离满清的统治。迨至民国四年，外蒙人民深体我国五族共和的主旨，故于恰克图中俄会议时，蒙人自愿承认我国的宗主权，在我国指导底下，实行地方自治。不久，俄国大起革命，帝俄政府倒坏，俄国在蒙古的势力失坠，而蒙古地方自治的成绩又不见好，故中国政府乃照西北筹边使徐树铮的意见，取消蒙古的自治。但其时中国本部又历遭袁逆称帝、张勋复辟等等事变，及北洋军阀纷纷割据，边政不能实施，边防无法兼顾，故当一九二一年（民国十年），俄国革命的余烬未消之际，白党巴伦翁格尔军乃得乘虚侵入库伦，迫退我国驻军，拥戴活佛，再企图制造蒙古独立。当时在苏俄庇护下的蒙古青年，乃以国民解放运动的先驱自命，聚集于买卖城，密派要员分往蒙古各村落，进行潜伏运动，作打倒白党及反对世袭的蒙古王公贵族宣传，他们复于一九二一年三月，在恰克图召集蒙古国民解放运动大会（即所谓蒙古国民革命党创立大会），组织临时政府，以活佛为元首，博德为人民委员长兼外交员。临时政府所编成的便衣队六百名，得苏俄的援助，于买卖城击败翁格尔的白军，七月初收复库伦，翁格尔所拥立的蒙古封建政府从此瓦解，但活佛的名义犹存。

民国十三年（一九二四年）五月，活佛死了，外蒙古乃自称为共和国，宣言实行委员制，旋于是年十一月，召集其所谓国民代表大会，以七十七名的国民大会代表，制定其宪法。

其宪法第一条的规定是："蒙古是独立共和国，一切权利属于勤劳农民。"一切政务，均由国民会议所选出来的政府及蒙古国民党独裁处理，实际乃为苏俄所操纵。该政府对于地方行政，是把全蒙古地方分为若干部（爱马克），在部下又分为若干区（苏门），部和区的行政委员，均由地方会议所选出的充任之。民国二十年，该政府颁布新行政区划，把全蒙分割为十二"爱马克"（部）的行政经济中心管辖区，其下又设置三百二十四个苏门（区），以便统治。兹举其十二爱马克（部）的名称如次：

1. 东部地方；2. 肯特地方；3. 中部地方；4. 农业地方；5. 科苏哥尔地方；6. 阿尔坑外地方；7. 乌布尔坑拜地方；8. 多尔比特地方；9. 科布多地方；10. 南戈壁地方；11. 东戈壁地方；12. 阿尔泰杂布兴地方。

蒙古国民党及其指导之下的青年革命党，是支配蒙古政治的中坚分子，其党规之特别可注意的是第七十七条及第七十八条，盖在这两条中很明白的规定曰："蒙古国民党及青年革命党，加入与世界多数国民有友好关系的第三国际，服从共产主义的指导，成为第三国际的正〈式〉党员。"在此，我们便明明白白的可见得外蒙自治的方针或经济设施，是完全抄袭俄国的蓝本，与俄国走同一的路程的。惟其如此，故蒙古自从一九二四年宪法制定之后至一九三○年间，国民党内便发生了亘四五年的左右两派的流血抗争。

在右派得势的一九二六年，蒙古殆有恢复旧制的倾向，甚至探寻活佛后继的法律，也可以产生出来。但自这派的中坚分子，如国民党中央委员长坦巴多尔济、青年党中央委员长兼军事会议委员长赉坦巴、人民委员长测仑多尔济等或被杀，或被革斥以后，反干部派的左翼派即掌握了党的实权，非常左倾，没收全蒙僧俗、王公的财产，设立农业生产组合，实施其所谓五年计划，彻底的镇压喇嘛，着着地努力于全蒙古的"赤化"。

可是，外蒙人民的文化程度是非常低的，蒙古军总司令官德味特曾于昨年末的第七回蒙古国民大会时大声疾呼的说："……没有见过飞机，便以为只有神能在空中飞行，人是绝对不会飞行于空中的。假如听了留声机唱着蒙古曲，便非常惊怪的或用手摸摸，或用眼迫视，以为箱子内躲着有唱戏的人……"对这样无知的蒙古大众，毕竟蒙古政府能够作何工作，设施如何程度的政治、经济工作，以实现其"赤化"的步骤呢？

无论如何，我们要了解外蒙，便先当了解苏俄在外蒙地方的活动，这是不待赘言的。现今苏俄除在库伦设置外交代表外，在乌里雅苏台、科布多、桑见〔贝〕子、买卖城等各地方均设立领事馆，担当各个地方的政治的及经济的指导，尤其是苏俄的经济活动，是直接可以左右外蒙的经济的。

二

二十世纪初期，俄国之着手对蒙事业的主持人，不是商人或某公司，而是帝俄政府本身。苏俄的对蒙事业也是踏袭着帝制时代一样的指导。中央集权的国营机关，纵横活跃于外蒙全境，兹作一概说如次：

（1）蒙古国民中央消费组合同盟　民国十年设立，以购入廉货物及直接贩卖原料为目的，受财政处的广泛的援助，及由蒙古银行通融百万元度的资金。现有从业员六百人（内蒙古人四五％，布里雅人一五％，苏联人三二％，其它八％），本部在库伦，支部分布于各"爱马克"的行政中心地。

（2）苏蒙贸易有限公司　这是一九二七年为使蒙古各通商机关一元化，以资本金一百五十万卢布组织的，股东中的主要苏俄经济机关，是羊毛有限公司、全同盟纺绩〔织〕新提加、全同盟皮革新提加、国营贸易部等，该公司现在与中央消费组合一样，共同独占蒙古的贸易。他在蒙古各地分设原料购入驻办处十六所，羊毛洗涤工场二十所，羊毛洗涤能力，每个月达一千五百余吨，又在库伦有百货店式的零售店，一日平均可做上三千元的生意，本店在库伦，代表部常驻在莫斯科。

（3）蒙古工商银行　民国十三年设立的，当时只对商业方面贷款，但自民国十五年以后，也对工农方面开拓贷款。现在的资本总额达三百二十一万卢布，本店在库伦，支店设于各爱马克的中心地，一九二五年发行银行券，二六年又发行银货、铜货流通券。

蒙古运输部　有蒙古的货物运输的独占权，设办事处或支店于各主要地方。

苏俄商船队　在蒙古有"蒙古地方事务所"、"蒙古运输有限公司"的名称，主要的任务是担当苏俄经济机关的货物运输，及蒙古各主要地方的自动车的定期行走。

石油输送同盟　代表部常驻于库伦，从事于汽车油、灯油、矿物油的输入和贩卖。

蒙克苏夫布涅尔　一九三三年设立，主要的是从事于家畜、羊毛类的原料买入，及通路建设材料等的贩卖，本店设于库伦。

上面所述的"中央消费组合同盟"，是统制着蒙古的商业活动的，他与"苏蒙贸易有限公司"，纯然是苏俄的机关，其他则实质上全在苏俄的手中。而且苏俄在外蒙的外交机关，在这些通商机关及国内商业机关的密接的连络之下，统制着蒙古的经济机关。由此，可知苏联在外蒙的政治势力的根据，实在是牢固的建立在经济基础之上的。这种办法，可使外蒙的经济命脉，完全操之苏俄手中，蒙古同胞虽至亡国灭种，也不自知啊！

苏蒙贸易，一九三三年自一月至十一月输出为三五，二四六千卢布，输入为一三，四七一千卢布；一九三四年输出为四四，八一〇千卢布，输入为二〇，五六一千卢布。从这数字看来，便可知苏联的对蒙贸易，是凌驾对东亚诸国、新疆、中国本部、日本、波斯、阿富汗等的贸易，而居于第一位的。外蒙古所输入的苏联商品，品目最多，殆是全面输入。即是苏联既把外蒙古看作是世界革命的宝库，同时又是供给苏联以必需的原料的贮藏室。

苏联在外蒙的活动如右。其次则说到外蒙产业的实情如何？外蒙于一九三〇年国民党第八回大会时，建立产业建设五年计划，并着手设施。其计划是欲把百分之七十的贫民中，使其百分之五十成为国营企业化。即是当时蒙古境内有农牧家的总数一六五，〇〇〇户，其中有贫农七九，〇〇〇户，中农七三，〇〇〇户，在五年计划终了后（一九三五年），须把贫、中农中的九二，〇〇〇户成为集体农场化。

五年计划中的农业问题，因调查不明，不知其有农耕地若干，但在买卖城附近及科布多地方，不过有两三个国立农场而已。这些集体农场，据说是政府无代价的给农民以耕地，也不征收什么税金，借以奖励蒙古人从事农业，但生来就贱视农渔业的蒙古人，要强制其从事农业是最困难的。然而，该五年计划是要把在一九三一年的农耕地四一，四〇〇亩（？）到一九三五年增至一〇，〇〇〇亩。其必归失败，乃意中之事。

外蒙人民的家畜总数，即骆驼、牛、马、缅〔绵〕羊及山羊的总数，在一九三三年共有一九，五三〇，〇〇〇头，平均每人有二，五六九头；比一九二四年每人平均二，五二三头，虽略有增加。然在五年计划的实施经费上，则殊觉得不偿失也。

其次是矿业。外蒙石炭产地主要的有三处，一在外蒙中央"爱马克"的库伦东南方三三粁的拿拉哇炭坑；一在东部"爱马克"的桑贝子十二粁的地点；一在科布多"爱马克"的科布多山的东南方一〇〇粁的地点。拿拉哇的石炭埋藏，据说有三万万布多云。一九二八年的采掘量为五五七，六一三布多，原采掘地的价格仅值七八，〇五六银元，一九二九年的采掘量仅较一九二八年增加三□布多而已。

至于制材工场、炼瓦工场、铸造机械工场、制革工场及酒类蒸溜〔馏〕工场等，都是属于国营的工业，但都受到很大的损失，只借政府的补助金之荫而存续云。兹将其自一九三〇年至一九三一年一月的生产物价格及所投资金的对照表揭示如下：

工场	资金（元）	生产额（元）
一、拿拉哇炭坑	八三，九九〇	八五，〇〇〇
二、制材工场	一四九，九三五	五二，八六〇
三、炼瓦工场	二五〇，〇九五	一七五，〇〇〇
四、铸造机械厂	四一四，一四〇	二五二，八八五
五、制革工场	八九二，三五〇	四九三，五〇〇
六、酒类工场	一，五八六，五七〇	八二，〇一五
计共	三，三七七，〇八〇	一，八七〇，二六〇

外蒙产业除上述诸业外，有林业和狩猎业等。狩猎为外蒙极重要的业务，其猎获物的皮毛，是次于家畜的输出货物，约占全输出额的半数。

三

以上所述的是外蒙地方的政治、经济的概略。对于文化、政治、经济等等落后的外蒙古，欲以剧烈之手段，骤然变更一切，强使接受世界最新潮流，殊觉违反自然之定律，其前途能否成功，实为疑问也。至于外蒙的内政问题，应使我们有莫大的关心的，是其对喇嘛教政策。

自一九二七、二八年间起，外蒙国民党左派占了势力，最先便注力没收僧俗王公的财产，一九二九年七月复出其彻底讨伐喇嘛的训令。一方面禁止一般人民的儿童入寺院，一方面又限令已入寺院的喇嘛儿童还俗。同时，使还俗喇嘛皆从事手工业，以寺院蓄积的财产作制作品的报酬，并以行政处分实行这些政策。一九三〇年时，喇嘛还俗的约一万二千人。结果便惹了很大的叛乱！这反乱虽靠军队的力量压平，首谋的被杀了三十八名，但其运动却益加扩大。一九三一年，因外蒙政府续施强硬政策，把寺院所有的家畜收为国有，并入集体农场，遂更诱发国民的不平，西部、东部皆起暴动。至一九三二年五月，已酿成二十次的暴乱出来了，尤以一九三三年以桑贝子为中心的反政府暴动为最盛。外蒙政府有鉴于此，于第七次国民会议时，指摘对喇嘛政策失之过激，使人心动摇而至失败，乃议决"宗教限制案"，以为缓和之计。其内容是许四十五岁的人隶于僧籍，但又废毁寺院一百三十个，其纷争正未有艾也。

外蒙地方的内部情形如是复杂，前途是不堪设想的了！外蒙在法律上仍属我国领土，对此数百万受压迫的外蒙同胞，吾人应如何设法使之解放，宝〔实〕在是我们全国人民应该迫切注意的事情啊！

《蒙藏月报》

南京蒙藏委员会

1935 年 4 卷 2 期

（朱宪　整理）

外蒙的最近情势和"满"蒙关系

〔日〕村田孜郎　著　　洪炎秋　译

一　库伦的最近事情

因了在满洲里所开的"满"蒙会议，纲〔刚〕要放出亮光的外蒙古，后来因该会议的停顿，又使这个秘密国仍旧成为秘密国埋没下去了。外蒙政府近来所行的共产的压迫，很是厉害，一面对于反抗者由内防处加以弹压；一面对于国境通过者严密取缔；极力警戒，以免国内事情，泄漏于外，锁国政策，更加严密。但是近来关于外蒙的诸问题，纷至迭来，日、"满"和俄、蒙的关系，愈为纷纠错综，刺探外蒙古所秘藏的现状，既属必要，又饶兴味。左边所记，为库伦最近的事情，在研究锁国后的外蒙古变迁的经过上，相信是个好材料。

（一）库伦市的现状

外蒙首都库伦的总人口，现在约四五万，比之张家口，稍为少一点。其中苏联邦人约一万，中国人约四五千，其他则全属蒙古人。市的外廓，系为没有树木的秃山所围绕，市的南侧有河流。苏联邦人大都居住洋式家屋，中国人则居住中国式的固定家屋，蒙古官吏和有产阶级虽也居住于准中国式的固定家屋，但大部分的蒙古人则住在"包"内。

市中水井很少，而且不适于饮用，所以多用河水。不过洋式的水井，也能涌出良水。

市的东西约有十中国里，南北约有三中国里，系亘在东西的一直线街。中国人的劳动者，约达两三千人，集聚于通到库伦西北的买卖城的道路的出口附近。

气候为大陆的，冬季约半年，相当的冷，夏季则不很热，旧历四月可脱绵袄而穿夹衣，十月冻冰，翌年四月解冰。

物价很高，中国货约当蒙货的七成，其概况如左：

白米（一布度）	六·〇〇元
绵布（一尺）	六·〇〇元
衣服制造费	二〇·〇〇元
绵（一斤）	五元至八元
洋面（一斤）	〇·三〇元
火酒（一斤）	三·六〇元
白干（一斤）	四·六〇元
洗澡费（一次）	男一·〇〇元
	女一·五〇元
理发（多在澡堂）	一·〇〇元

此外俄国烟草（十枝一包）三角二、四角以至一元五角；中国的哈德门牌和红锡包等也有卖的，都非常地贵。

（二）军事方面

库伦市内，现在并没有苏联军驻屯，所有军队，都属于外蒙赤军，唯平均每一连的蒙古军，约有苏联的将校一名，作为指挥官，在那里服务。据巷间所传，库伦附近的山地内，屯驻有苏联的军队，其实苏联军支部队所屯驻的地方，乃是东方克鲁伦和库伦买卖城之间。

蒙古兵系骑兵，在离库伦市街的东方约四中国里的兵营内，数达二三千人。

在蒙古兵营附近，有飞行场一所，有格纳库一列，每个格纳库可收容两三机。飞机军用和旅客用的，合计有十七八架，每日除试飞以外，还有使用落下伞等等猛烈的演习。上述飞机的操纵者，都是苏联邦人。

无线电台设在兵营附近，系中国政府早先所设的。蒙古兵之中，近时有很多在苏联邦受过军事训练回来的。

最近搬入库伦的新兵器，也不在少，每天市上，总有五六架的飞机在那里飞，其中有最新式的优秀机。此外虽也有装甲汽车约二十台、坦克车十余台、高射炮约二十门，可是关于探照灯和毒瓦斯的设备则没有。汽车在前年（一九三三年）购到约一百二十辆作为军用外，普通用的约有一百辆。至于蒙古兵的服装，也和苏俄同样，穿用黝黄色的军服。

（三）产业和经济方面

A. 工业：库伦市的西南部，有工业地带，那里有织布工场、制靴工场、皮革工场，可是没有面粉工场。这大约是因为面粉乃是由苏联邦输入的缘故吧。职工大都是苏联邦人，蒙古的男女虽也有到那里工作的，可是大部分都不过是从苏联人学徒的。

B. 矿业：在库伦市东南约六十中国里的摩斯机地方有煤坑。现在有苏联工人约二百名，中国工人约百名，唯蒙古工人则很少。库伦附近所使用的煤炭，系有烟煤，冬季的市价每布度（合一百二三十斤）约四元五角。

C. 林业：库伦东方约二三百中国里有大森林地带，产生松树，可供建筑材料之用。因此库伦附近，薪炭颇为丰富。

D. 农业：白菜和其他农产品，都是中国人所耕种。

E. 商业：在库伦集散的主要物产为皮毛，所出的以羊毛、山狗毛、狼皮等为最多，都是官营的，只有小买卖可以允许一般人做。煤商组织有工会，澡堂则征收如下列的税金：

营业税每年一回	二五〇元
所得税每年二回	二五〇元

一般的物价很贵，也不容易买到，唯苏俄人所吃的白面包，则颇丰富。

F. 金融：库伦有蒙古银行，系苏俄国营银行所出的资本，营业管理的人，全是苏俄人，尤其是经管日常现金出纳的，更非苏俄人不可。

中国货币如现大洋之类，完全被驱逐于市场外，不见影迹。

中国人以山西人最多，通俄、蒙语言的很多。

阿片有中国人和蒙古人吸用，唯价钱很高，一般都是秘密吸用，并没有公开的烟馆。

（四）政治方面

中国人和蒙古人，都因税金和其他的征发，很被榨取，对于现政权都表不满，可是只有饮恨吞声而已，大家也没有什么办法。

官厅的吏员，虽表面上为蒙古人，而实际上则由一部分少数的苏俄国人的官吏，垄断一切的权力。关于现状，有如下述：

（甲）家畜类的征发：库伦的蒙古人，除却官吏和商人以外，大部分依然从事于放牧，他们对于其唯一的财产家畜类的征发，最感痛苦。

（乙）反日帝国主义的宣传：这个宣传很盛，不管是俄文新闻或蒙文新闻，无不大挥毒笔。此外对于中国的水灾、旱害、共产军的捷报，也极力夸大报道，为反中国的宣传。

（丙）内防处的活动：内防处和苏俄的"国家政治保安部"（THY）性质相同，有绝大的权力，为一般住民所最怕。其干部指导员，尽是苏俄人，处员约有二百五十人，其中有蒙古人二十人，中国人三名。这些中国人，也都是由莫斯科来的共产党员。外蒙政府为要实施共产化，不择手段，极端压迫有产阶级，对于一定以上的财产收入所有者，课以高率的税金，强制征取，如不服从，即投入监狱，一日只给一次的黑面包，以缩短其生命；渐渐施行征取财产，因反抗而被虐杀的，等于日常茶饭事。因此蒙古人的家畜所有数，也日渐减少，最高的所有者，也不过马五十匹而已，所用的姑息手段，是将一定以上的家畜，用他人的名义作所有主。这种对有产者的压迫，对于苏俄国人，也一律施行，在三年前，苏俄国人的有产者，也都遭遇到国外放逐的运命。

（五）教育方面

现在的教育，已经很向上，蒙古的少年人，差不多已经没有不识字的了。

在库伦有小学约十校。四五年前，无论老幼，均使入学，现时则只限于少年的人，男女共学，毕业期间为六年，成绩优异的则送到莫斯科留学。中学有二校，大学一校。教师为苏俄国人和中国人，施行共产教育。

（注）依照别的调查，则谓库伦附近的教育施设，为国民小学二校，收容人数二百五十名，其他各地有三十一校。国民学校一校，收容人数八十名；国民大学一校，收容人数三十五名；补习学校一校，收容人数六十名；军官学校一校，收容人数十五名；宣传学校一校，收容人数三百名。

（六）文化方面

（甲）电灯和电话在共和政府成立时，马上安设。电灯比张家口还亮。

（乙）新闻和杂志，蒙文、俄文都有。此外还有书店，旧新闻则多供贴壁之用。

（丙）自去年起（一九三四年），所有库伦街市商铺的招牌，都将俄文的去掉，而换以蒙文。

（丁）娱乐机关，则广播无线电相当发达，市民的大部分都是听者，唯放送都用蒙古语。

（戊）剧场也相当发达，中国戏、俄国戏都有。在中国戏中，蒙古人（国民党员）所演的新剧，多带有宣传革命的性质，技术很幼稚，唯影响颇大。

（己）设有俱乐部，为中国人和俄国人的娱乐机关。至于蒙古人方面，则经营有国民俱乐部。中国人俱乐部，系工会所经营，由库伦的中国人每月的积立金（一元至一元半）以作维持费，里面有台球、茶点等设备；俄国人的俱乐部，则为带楼的剧场式建筑，苏俄的有声电影，时时在那里演映。

国民俱乐部则属于中央党部，建筑为圆形，宏壮美丽，可收容数千人。可充大集会、讲演会、音乐会、演剧会等类之用。据说建筑费需数十万元。

（庚）没有公娼制度，市中暗娼则很多。电影和澡堂，中国式、蒙古式、俄国式均有。

赌风甚盛：麻雀、牌九、包等都有。

蒙古人好赛马，很为盛行。阿片已如前述。最近蒙古人乘自行车的也很多，其数达三千辆。

二　外蒙情势点描

（一）政府和现阁

外蒙共和国通称蒙古人民国，正式名称为蒙古革命人民国。

外蒙的议会，有大议会，其权限类似各国的议会，除却王公、贵族、喇嘛不算，一般的人民，都有选举代表的权利。另有小议会，则类似阁议，权力比大议会更为广大，小议会的议长为国务总理，同时又为外蒙行政的最高机关。经过一九三〇年的左倾运动和一九三二年六月的改革时期，政府的组织和阁僚，均有几多的变迁，一九三五年三月小议会任命左列阁僚，以全现在：

国务总理兼外交部长	银准
小议会议长	阿尔蒙
第一副总理	邹伊巴尔山
第二副总理	地弥图
牧畜农务部长	图布真
教育保健部长	蒙霍
商工邮电部长	威微倍多
司法部长	准图伊布
内防处长	南撒莱

右列阁僚之中，银准、阿尔蒙、邹伊巴尔山、南撒莱等，都是当过建国以来国民党干事或其他党部的要职的。第二副总理地弥图系生于一九〇〇年，在斯茨赫巴多尔隶下活动，赤军占领库伦后，隶于文得尔义尔（军政部长，一九三〇年乌兰固木反乱镇定之际战死），在克鲁伦方面，因驱逐温逆伦军而出名。一九二三年末为骑兵学校副校长，一九二五年为该校校长，一九二六年留学俄国，一九二九年回国，为联合军学校校长，一九三〇年为军

事会议议长，一九三二年任现职至今。

（二）蒙古革命国民党

外蒙共产党称为蒙古革命国民党，普遍略称为蒙古国民党。国民党自建国以来，即为外蒙古的指导团体，执全外蒙的牛耳，党本部虽直接受苏联共产党的指令，但自一九三二年的改革以来，党在表面上，已离开国政之指导，而将国权全部集中于政府。又在一九三二年，将和国民党对立的蒙古青年党，全党合并，举行一次大清党。自是以来，在库伦设置全党中央执行委员会，统辖各旗的执行支部，现今对于外蒙诸行政，还有绝对的势力。党本部自然要受第三国际的指令，蒙古革命国民党中央执行委员长，是由布里雅特人哈缘喜斯射尔巴充任。

（三）人民对共产党的关系

现在在外蒙古的不具者、残废者，可受政府的扶助，以营生计，学生在毕业后也能够就要职，所以对国民党表共鸣，唯一般人民则对国民党不抱好感。他们对于蒙古人的信仰中心加以压迫，加以排击，所以人民的怨恨，相当深刻。此外还有王公、贵族、啦〔喇〕嘛等，被共产政府削去势力，财产被收归国有，表面上不得已装作服从，内心则反抗之念极切，两三年来各处所勃发的暴动，即是这种现象的表面化。

（四）外蒙的苏联军备现状

苏维埃俄罗斯在外蒙所有的军备，大略如下面所述，今后还似有扩充的模样。至于外蒙的苏联军备对于日、"满"有什么用意呢？这可以由他们把外蒙军备中心置在克鲁伦一事，十分窥知。在外蒙的苏联兵力，现在大略如下：

总兵力约五师，统率于苏维埃的军司令官，大都配置于克鲁伦至布伊尔诺尔南方一带。

A．库伦：

兵力——骑、炮、机关铳混成兵，一万八千名、炮四门、高射炮四门、重机关铳一百三十架、轻机关铳二百四十架、战车八辆、装甲汽车十八辆。

B．克鲁伦：

空军——据说各种飞机约有一百架，附进克鲁伦河左岸车臣汗飞行场，约配置有三十架的爆击队。此外库伦驻屯的赤军大部队，正续续向克鲁伦移动，本年七月中，炮兵旅团（有六英寸炮四门、三英寸炮四门、载重汽车二十辆）已达到克鲁伦。最近离克鲁伦六俄里的地点，飞机场已完成，飞机数台在那里准备。又附近于"满"、蒙"国境"之地，据说计划要设置军卫成地。以此地为中心，在"满洲国"和内蒙北境，设置骑兵队和汽车队的巡逻兵。

C．达姆斯克斯姆：

本年七月中，因海拉斯丁戈尔事件，"满"、蒙关系发生纠纷，达姆斯克斯姆到达了赤军三师。其编成为骑兵三团、炮兵一团，最近还有该地驻屯的赤军第一师移驻于多鲁伊克・扫斯克。又七月中在晋狄林戈方面，增派骑兵一团，和豆战队一营。

D．买卖城：

兵营七、军需工场二，还有飞行场、格纳库和陆军学校。

E．乌里雅苏台：

对于独立派遣军有赤军经理部。

F．西部国境地方：

正规军、指挥官二千二百名分驻于乌灵撒布至海喜多鲁淮之间，戈尔芬巴音至霍伦地斯之间，有屯驻地十处，乌戈姆尔和达姆斯克各有兵五百名、野炮二十门、坦克车五辆。

（五）乌得的近状

乌得位于内外蒙古的境界，为张库通路的重要地点。内蒙古张库通路的北端，察汗乌谋庙至乌得之间，道路良好，汽车和载重汽车的通行很容易。自察汗乌谋庙北行一百二十中国里，即到外蒙的乌兰霍多加。内外蒙古的"国境"，即在这中间。

在乌得的德华洋行事务所，所用的固定家屋，有苏联人男三名、女二名、儿童一名，蒙古语都很能说。从事于运输的骆驼，有二百单位，有称为"达拉加"的班长，只有"达拉加"可以到德华洋行去，其他的人，则不能进屋里。所定的规约极其严重，货物一到，即有蒙古兵前来，调查讯问货物的量数以及使用人的住所、姓名等。货物则积载于距乌得北方六十中国里的货物积载所。

国境通过者的检查，也极严重，外来的人，绝对不许和蒙古兵或乌得在住人谈话。乌得电信局可直接和库伦通信，滂江和乌得之间，有德华洋行专用的电信。

三　满洲里会议和外蒙古

（一）外蒙古的外交的地位

在和哈尔哈及海拉斯丁戈尔事件互相关联的满洲里"国境"划定会议上，外蒙代表曾经声明，外蒙共和国，乃是完全的独立国；又承认外蒙古的，有苏联邦和乌梁海，前者且互相交换过大使。但是实际上外蒙乃是破弃中国的宗主权而独立的，所以她的独立，可以随便解释。在这一点上，为苏联外交上的大弱点，而在日、"满"的"外交"上，则为极有利的条件。满洲里会议上，

"满洲国"代表对于"外蒙是否独立国"这一点，全未提及，乃是有见而然。

苏联统制指导外蒙的外交，在满洲里会议上，更属显而易见，海拉斯丁戈尔事件一发生，更使苏联统制外蒙外交复杂化，渐渐暴露其弱点。这事件一发生，日、"满"和外蒙之间，即须直接交涉，这是触及苏联最痛的地方。"满洲国"侧所提议，作为该事件解决案之一的相互交换设置代表这问题，外蒙侧即借口未承认外蒙的独立，不能交换代表，依然主张设置"国境"委员会，这不外是把外蒙处在苏联统制之下，不能自由发挥独立国的权能的丑态，暴露出来而已。

（二）外蒙代表的"满洲国"观

外蒙代表把"满洲国"和中华民国视同一律，对于"满洲国"的建国精神，毫无理解，对于"满洲国"所基于"王道主义"而持的"亲善态度"，常报之以骄傲。这当然是为苏联的宣传所蒙蔽，如主席桑谋，尚且如此，其他可知，由这一点便可以推知外蒙国内国务总理银准以下诸要人的动向和其态度之如何了。

他们基于共产主义的解释，以为"满洲国"乃由于日本帝国主义的侵出而形成，日本对于外蒙，也正试行资本主义的侵略。这实是因他们已成苏联的傀儡，为共产主义的俘囚，要使他们领略"满洲国"的"王道精神"和日本主义之如何，自然需要相当之努力和日子。

（三）"国境"调整委员会设置之筹备

如上所述，外蒙代表对于日、"满"的认识不足，和苏联的压抑作用之结果，会议开幕后，虽互二十余回的讨论，终不得要领，更加会商之半途，又遇海拉斯丁戈尔事件之勃发，愈使折冲陷入困难，"满洲国"侧所提的交换常驻代表的最后的提案，也因他们的顽迷和苏联的阻挠，不能接受，一时濒于决裂，后来两国代表间对于设置"满"、蒙"国境"调整委员会的意见，渐趋一致，遂以此为机会，两国代表为向各该国政府商议起见，即离开满洲里。上述关于设置"国境"调整委员会的具体折冲，当可在近中开始，至于交涉地点、代表角色，以及其他必要事项，规定由外蒙方面向赤塔驻扎的"满洲国"领事通告，于是"满"、蒙会商的第一出，即由此闭幕。

（译自十月号《支那》）

《新蒙古》（月刊）

北平新蒙古月刊社

1935 年 4 卷 5 期

（朱宪　整理）

库伦最近的情况

木　铎　译

在满洲里的满蒙会议，被认为刚要明现的外蒙古，由于此后会议的停顿，而秘密国依然秘密国，被湮没下去了，然而外蒙古政府最近共产的压迫很甚，反抗者受内防处的弹压，和通过国境者在严重的取缔，国内的情况极力在警戒泄露于外，其锁国更变成严密了。但是近来环绕于外蒙古诸问题相继而起，日、"满"与俄、蒙的关系，越发极其错踪〔综〕复杂之际，能知道外蒙古被认为秘密的现状，颇为必要的事，也是有兴味的问题。以左是库伦最近情况，相信在研究锁国后外蒙古如何变迁上，是很好的资料。

一　库伦市的现况

外蒙古首都（乌兰巴图勒城）的总人口是约四五万，与张家口相比稍微少［是］些，苏联人约一万，中国人约四五千，其他的全是蒙古人。市的外廓为童山环绕，市的南边有河流着。

苏俄人大半住于洋式房屋，中国人住于中国固定式的房舍，蒙古人官吏及有产阶级，住于仿中国式的房舍，大部分的蒙古人住在蒙古包内。

市内井少，因为无很好适合的饮料，多使用河水。

市内东西十华里，南北三华里，东西是很长一条大街，中国劳动者约达二三千人，在库伦的西北到买卖城道路口的附近居住着。

气候是大陆的气候，约半年是冬季，相当寒冷；可是夏日不十分热，到旧历四月脱棉衣而穿夹衣，十月结冰，翌年四月解冻。

货物在一般说很贵，中国货约七倍于蒙货，其概况如左：

品名	量数	价值
白米	一布度	六·〇〇元
棉布	一尺	九·〇〇元
衣服制造费		二〇·〇〇元
棉	一斤	五元至八元
洋面	一斤	三〇元
洗澡	一人男	一·〇〇元
	一次女	一·五〇元
理发	一次	一·〇〇元
火酒	一斤	三·六〇元
白酒	一斤	四·六〇元

此外俄国香烟（十枚）是三十二仙、四十仙，也有一圆十五仙。中国的哈德门、红锡包等也能来到，可是非常的贵。

二　军事关系

库伦市内苏联的军队，没有驻在。所有的军队，全是外蒙赤军，苏俄的将校，充当指挥官，服务于蒙古军队，此类军官大概每连一名。据传说库伦附近山地内，驻屯着苏联军队，苏联支部军队是驻在东方桑贝子与库伦买卖城之间。

蒙古军是骑兵，驻在库伦市街东方，约四华里的兵营内者，达二三千人。

　　蒙古兵营附近，有飞机场一所，飞机库每所之大，通常能收容飞机二三架。军用机和客邮机合计达十七八架，每日除试验飞行外，降落伞的使用，猛烈的演习着。以上飞机的操纵者，哪个都是苏联人。

　　无线电台，在兵营的附近，是旧时中国政府建设的。在蒙古兵中近来在苏联受军事训练归来者不少。近日在库伦运入新兵器不少，飞机每日在市的上空五六架飞着，其中最新式优秀者也有。其他如装甲汽车，约二十辆，坦克车十数辆，高射炮约二十挺，关于探照灯及毒瓦斯的设备都有。汽车前年（一九三三）当军用购入二百辆外，一般的汽车约百辆的数目。蒙古兵现犹与苏联军同样的咖啡色军服。

三　产业、经济关系

　　A. 工业　　在库伦市内之西南部是工业地带，织布工厂、制靴工厂，也有皮革工厂。没有制粉工厂，是因面粉是从苏俄方面输入的缘故吧！职工大半为苏俄人，蒙古人男女工就职者也有，可是大半不过跟苏俄人见习而已。

　　B. 矿业　　在库伦市东南约六十华里，在茅斯奇有煤坑，苏俄人约二百，中国人约一百，蒙古人作工者也不少。库伦附近使用的煤是有烟煤，在冬季市价一布度（蒙语百二三十斤）是四元五十仙。

　　C. 林业　　库伦东方约二三百华里有大森〈林〉地带，盛产松树，供给于建筑材料，因此库伦附近薪炭颇为丰富。

　　D. 农业　　白菜及其他的农作物，是中国人耕种。

　　E. 商业　　库伦集散的货物的市集是皮和毛。羊毛、山犬毛最多，全为官营，小的交易，一般尚能许可。如煤商之组织工会，澡堂有如以次的征税：营业税，是年一次，二五〇元。所得税年二次，一次二五〇元。一般的货物在高价之上，得到是不自由。苏俄人所食的白面包是颇为丰富。

F. 金融　在库伦有蒙古银行，系苏俄国营银行的出资，经营管理全是苏俄人，尤其是从事于日常现金之出纳者，为苏俄人担任。中国货币现大洋被驱逐，在市上连影也看不着。中国人以山西人最多，多懂蒙语。鸦片，中国人同蒙古人吸食很多，高的价值而秘密吸食，公开的烟馆没有。

四　政治关系

蒙古人因为由于税金及其他的征发等的征取，在一般对于现政权多有不满，可是住民也不过哭睡的样子，有如绝望的没有办法而已。官厅的官吏表面上是蒙古人，可是权力是由于一部分少数的苏俄人所垄断，假若就其现状而观察，有如左列情形：

A. 家畜类的征发　库伦的蒙古人除官吏和商人外，小部分是依然从事于牧畜业，彼等唯一的财产，家畜类的征发，认为最苦酸者。

B. 反日本帝国主义的宣传　在此地宣传颇盛，苏俄报纸、蒙古报，以毒笔描写，或者对于中国水灾、旱灾，共产军的成功，夸张的登载，对于中国的反宣传也。

C. 内防处的活动　内防处有如苏联的哥培卧，有绝大的权力，是一般住民最恐惧。他的干部指导员，全是苏俄人，处员约有二百五十名，其中有二十名蒙古人、三名中国人。此种中国人是从莫斯科来的共产党员。外蒙政府因为要实行共产化，而不择手段，极力的去压迫有产阶级。对于一定以上财产收入所有者，课以高率的税金，而强制去征收，对此不服从者，毫不宽容，且投之狱，一日只给一次黑面包，去缩减其生命。反对强制的征收，日常被杀害者，是平常的事，因此蒙人的家畜所有数，减少颇著，最高所有者，就马一项只是五十匹而已，一定以上家畜所有者，采用一种敷衍方法，以他人所有的名义去应付。此种有产者的压迫，虽然对于苏俄人也被行使，曾在三年以前，凡苏俄人之有产者，遭遇了被追放于国外的命运。

五　教育关系

在现在蒙人少年人教育提高，渐趋向上了。在库伦小学校约有十校。在四五年前，不问年龄的大小，都使就学。可是在现在只是少年人，是男女同校，学期六年卒业，其成绩优良者，派遣在莫斯科留学。库伦有中学二、大学一，教师为苏俄人及中国人，专施以共产教育。

依他方的调查，在库伦附近教育的设施，有国民小学二，收容人数二百五十名，此外在各地有三十一校。国民中学一，收容学生八十名。国民大学一，收容学生三十五名。补习学校一，收容人数六十名。士官学校一，收容人数十五名。宣传学校一，收容学生三百名。

六　文化关系

A. 电灯电话　从外蒙政府成立后即设立了，电灯比张家口者较亮。

B. 新闻　杂志用蒙古字、苏俄字共同发行。现今书店也有新闻纸供壁报之用，从去年（一九三四）在库伦市街商店的招牌，所有苏俄文字，全被换写蒙古字了。

C. 娱乐机关　无线电相当发达，市民大部分是听此者，但是放送全用蒙古语去作。剧场在此也相当发达，有中国戏和苏俄戏。在中国戏，蒙古人（国民党员）多演新剧，带有革命宣传性质，技术是幼稚的，可是此等对于将来的影响，或非小吧！

D. 俱乐部　是为苏俄人及中国人而设立的娱乐机关，又特别给蒙古人经营国民俱乐部。中国者是在工会内经营，在库伦的汉人，每月的存款（一元至一元五）用此维持。内中有撞球、茶社等设备。苏俄人的俱乐部为二层楼式的建筑物，苏维埃的戏剧等演奏着。国民俱乐部附属中央党部，作圆形建筑，颇宏壮华丽，能容数千人。每逢大集会、讲演会、音乐会、戏剧会等使用之，它的建筑费相传数十万元。

其他娼妓制度没有，市中暗娼很多，电影及澡堂，中、苏、蒙式均有。赌博一般很盛，麻雀、牌九等一般赌物均有。蒙人竞马之风很盛。近来蒙人乘自行车者很多，即库伦一处，约有三千多辆。

本文系截译《支那》十一月份《外蒙古最近的情势和"满"蒙关系》的前段。

《新蒙古》（月刊）

北平新蒙古月刊社

1935 年 4 卷 6 期

（朱宪　整理）

外蒙古之现状

任　峋　撰

一　历史之一瞥

在一般的人们看来，外蒙古这块地方或许是一个"迷"吧？但要是张开眼睛，愿意看见事实之人，那它决不是一个谜，而是值得介绍的，值得研究的一个问题，近来在中国的报纸，也常常提到"外蒙古人民共和国"的名称了。的确不错，外蒙古人民共和国虽然还未曾得着世界各国的承认；然它的存在，已是一个绝对不容否认的事实。本文的任务，因篇幅所限，未拟来论述外蒙古人民共和国的存在，是否为有价值，是否为得当，而只是做一个忠实的描写与介绍，并且还是"现状"的介绍。这在中国一班文坛的缺乏上来说，作者敢信是一个最宝贵的材料。

原来外蒙根据民族自决的理想，在清朝末期，即一九一一年十一月，便已爆发了独立运动。不过那要是严格的说，也不是基于民众意志的真正的民族自决，它是在帝政时期的俄罗斯的支持之下，由野心的王公贵族发动起来。

我们晓得，帝国主义的帝俄传统政策是以经略东方为能事。它早就注意了外蒙古之政治的、军事的、经济的意义，历史都是保持了最密切的关系。它又知道外蒙人民对于清朝政治的不满，利用了这不平的气分〔氛〕，着着扶植自己的势力。一九一一年十一月外蒙的独立宣言，实为帝俄所怂恿，独立的翌年，一九一二年十一月，帝俄竟进一步与外蒙的新政权之间缔结了"友好条约"，这所谓友好条约，实质的说，是为帝俄所保护。

惟清廷既倒，当时北京政府虽皆庸老枯〔朽〕败，固不能承认外蒙的真正独立，然一方面因为帝俄的不肯让步，以及为其威力所吓倒，终于一九一三年，中俄两国间成立了谅解。即帝俄承认中国在外蒙的宗主权，而中国则承认外蒙的自治政府。中国只是一个面子的问题，在面子之下掩饰其无能，所谓自治政府，实质上不待说也就是独立了。因为在这种谅解条约的规定下，中国既不能遣派驻兵，尤不能干预内政。外蒙之成为帝俄的囊中物是很显明的。

迨一九一七年俄国发生大革命，苏联政府正式声明废弃帝俄政府时代之一切帝国主义的侵略政策并取消一切不平等条约。外蒙遂亦得到解放。中国政府以积年的羞恨，乃乘帝俄崩坏之机，进兵外蒙，完全恢复了宗主权，并于一九一九年十一月，取消外蒙的自治权。一九二〇年十二月，派徐树铮为边防使驻扎外蒙，秉承中国政府意旨，管理一切行政。

然"好花从无百日红"，事变之来竟有意外者，即一九二一年秋，白俄将军温格雷统率部属约二千人为苏联红军所败，自西伯利亚退入外蒙首府之库伦，驱逐徐树铮之军队，并扶持喇嘛活佛某氏为君主，又重新组织了外蒙政府。

当时中国内讧不已，无暇兼顾，亦只好听任自然，外蒙于是又脱离中国政府之统治。

不过外蒙内部亦有派别的纷争，即有亲苏派者，得苏联政府之援助，急激进行外蒙民族之真正的独立。一九二一年二月，外蒙古国民革命党于买卖城召开大会，并于三月组织外蒙古人民临时政府，以与库伦之君主制对峙。一九二一年七月，外蒙古国民革命党得苏联红军之援，进占库伦，遂消灭白俄军队。

但临时政府因顾忌活佛传统势力之庞大，民智在宗教传播下，中毒甚深；为应此种客观的情势，乃仍旧奉戴活佛为君主，采行君主制度，不过实权则为国民革命党所掌握，该党首领波特自为总理兼外交大臣。

一九二一年结成的外蒙青年团，势力渐渐膨胀，此辈领袖均久居苏联，深受赤色主义之教育，思想新颖〔颖〕急进，对于活佛之君主制深怀不满，则与王公之妥协与温情，亦深恶痛绝。同时国民党左派分子亦抱同感，遂于一九二四年五月，乘活佛逝世之机，废除君主制度，宣告共和政治。直到现在，外蒙人民共和国之政柄，仍为此派所掌握。

二　住民、地势与交通

蒙古分为内外蒙，内蒙较与中国本部同化，而外蒙人民则仍旧有保其特殊之文化、生活、习惯与语言。凡百事项，都具有自己的特性。

外蒙现在的人口，据调查约有八十万人，以其地土辽阔，故人口密度至为稀薄，每平方粁仅有〇·七。公共卫生虽还谈不到，民智虽亦未开，然人口是逐年增加的，自一九一八至一九二六年，约增加了十五万人。

人民职业均以牧畜为生，大别可分游牧民、喇嘛僧与王公贵族三部分。

住民的大部分为哈尔哈种，除西部国境外，此类人种几遍全土。其他尚有托威伯特种、奥列德种、萨瓦金种、米克特种、霍敦种、乌里耶种、布利安种等等。

哈尔哈种以外，均为少数民族，只限于一小地域为住民之所。托威伯特人住西部蒙古霍特河一带，约六万人。布利安种约三千人，萨瓦金约五千人。

除蒙民以外，中国人约十六万，苏联、西藏①、英国、德意志合计约一万人。

想到蒙古，我们就会联想到那一望无际的大戈壁沙漠。但除沙漠以外，如西北之山岳地带，东北之粗伦与奥伦两河流域却为富源的地带。

外蒙西北部之山岳，系东西走〈向〉，山脉之麓乔〔多〕森林，有无数的河川夹流其中，并有大小湖沼，平原为游牧的良所。蒙人称其为牧游的胜地。

大体的说，外蒙的地势乃一大高原。西北的山岳地带平均在海拔一千四百米突以上。高山之上均为万古不溶的白雪，最底〔高〕峰达四五七五米突。

抗〔杭〕爱山脉富森林、牧草与湖沼，游牧民称为理想乡，抗〔杭〕爱之意义则渊源于是。

外蒙及西伯利亚的大河流，其水源均来自此山岳地带。在山岳地带最大的湖泊为库苏古尔湖。而富土喀尔湖则为蒙古最大之淡水湖，海拔五千呎，四面断崖绝壁，水深五百米突。蒙人称此湖为内海，湖上有小汽船航行。其次为乌普萨湖、喀拉乌苏湖、喀尔喀斯特湖等，不过这些湖沼，都是咸水的，其中产有质地良好的自然淀盐。

气候为大陆性的，冬季严寒，夏则酷暑异常。多西风及西北风，冬季强风之时，行旅大感困难。在一日内气候多变。

---

① 将"西藏人"与"中国人"并列，有误。——整理者注

现在外蒙还没有一条铁路，国内外之交通，均仍借古来的道路。即骆驼队的行道与旅人稀少的小路，甚感不便。

请以库伦为中心，其交通之主要干线有五条：

（一）起自张家口，距离约一千六十粁，可通汽车，颇称便利。

（二）自库伦通苏联国境之亚达普克，为汽车道路，货物与行旅之来往，最为频繁，距离约三百七十粁。

（三）自库伦达苏联西方之高斯亚村，距离约二千粁，亦为货运之道。

（四）自库伦向东达萨伯斯，更延长至满洲里。亦为汽车路，乃满、蒙来往的孔道。

（五）自乌里亚斯坦经赛尔乌苏至张家口，长达一千七百粁。

交通的主要用具是马、骆驼、马车。汽车的数目亦渐见发达。

除陆路交通，河川方面亦有轮船，归国营。电话及无线电的设备也实现了。苏、蒙间的航空路且已实行。外蒙政府正在以一切力量加以发展。

三　都邑与牧畜业

外蒙的都市，在近代的意义说还是谈不到的，它只是宗教的中心地，则因喇嘛庙的所在而发达。

堪称为都市者就是库伦，它是全蒙喇嘛教教主的居处，是雄大的宗庙的建设，其他都邑是不能说为都市的，只是部落罢了，真正实行市政制度的只有库伦一个。

乌里雅苏台为威严之意，在独立前乃中国边防总督所驻扎，现在设有苏联领事馆，为经济的中心，人口达六七千人。

科布乔为幸福与安乐之地，乃西部蒙古之中心，前清时为副边防督办的所在，现亦设有苏联领事馆。人口约三千。

恰克图在苏、蒙两国边境，只是一条街道，华人称为买卖城者，华商在此颇多，经营皮革等土产。

外蒙人民以牧畜为业，以此为自给自足的经济，是纯粹的原始生活。除牧畜以外，没有其他产业可言。

蒙人食牛、马、山羊等类之肉，并以乳汁制成各种饮食物。谷类与麦粉几无入口。农业还是没有发达的状态。除少数布利安人经营农业以外，其他蒙人几乎可说是没有的。华人在农业有极大势力，蒙人欲耕种者竟须经过华人的允许。

牧畜业亦是滞留于原始的形态，则自然的放牧，听其所之。家畜以牛、马、骆驼、羊、山羊为主，不饲鸡鸭之类。最主要的还算是羊。

大陆气候的激变，家畜常受莫大的损害。不建牧舍，不贮藏草料，家畜的流行恶症亦听其自然。最主要财产之骆驼与羊等类常常是死完了。

现在外蒙政府为预防这种祸害，曾想养成兽医人才，派遣各地，劝牧民建案〔安〕牧舍，奖励贮草。故现状已见相当改善。

蒙人以家畜为全部财产，在国家亦视为主要资源，家畜之多寡则判断其财产之有无。购买物品多以羊类代替货币使用。

据一九二六年的调查，家畜的数目约如下：

羊	一二，七二六，〇〇〇头
山羊	二，五二九，〇〇〇头
牛	一，九五七，〇〇〇头
马	一，五九〇，〇〇〇头
骆驼	四一九，〇〇〇头

如从年别的看，牛、马、羊、山羊、骆驼等总计，在一九一八年为一，二七〇万头，一九二五年为一，六四五万头，一九二

七年为二，〇〇〇万头，逐年是沿着增进的乐观的路线了。

各种兽类毛皮的统计如下：

羊毛	一〇，六〇〇吨
骆驼毛	一，〇六〇吨
山羊毛	二三〇吨
马皮	三八，〇〇〇枚
羊皮	一，八〇〇，〇〇〇枚
牛皮	一，五七二，〇〇〇枚
肠	三〇〇，〇〇〇个

现在因为客观的自然条件并不是不能发达其他产业，故政府已极力奖励农业、林业、矿业等等的开发。如北部西伯利亚国境附近，库伦附近，鄂尔坤河、哈拉河等等都适宜于大麦、小麦、裸〔稞〕麦、豆类的裁〔栽〕种。耕作地可达四万三千伯达。内华人的耕地竟占三万九千伯达。

政府现已创设中央国营农场，并在各地设立分社，以求国营农业之普遍化。

林业在西北部的山岳地带是相当丰富的，政府已明令禁止采伐，实行森林保护的政策。

在外蒙的河川鱼类是丰富的，惟喇嘛教义系不准食用鱼类及鸟禽，只在〔有〕外国人不在此例，并有相当输出。数量则未详。

矿产有白金、黄金、银、煤、铅、石绵、岩盐、铁、铜，尚未详细调查。正确的埋藏量有多寡未知，目下亦未行采掘。河川的砂金亦不少。

四　贸易的进展

外蒙的贸易，在独立以前为华人与俄人所操纵，独立后则由国营机关独占。主要输出品为家畜、兽肉、毛皮、皮革、兽毛、肠、麝香、脂肪、油类。

输入品为麦粉、谷类、砂糖、茶、烟草、米、酒、药品、煤油、金属制品、棉布、什货等。贸易金额如下（单位：千卢布）：

	一九二四年	一九二七年
输　出	一九，三七六	二五，二五三
输　入	一八，一九六	二四，六〇八
合　计	三七，五七二	四九，八六七

仅苏联与外蒙的贸易亦颇可观，所谓外蒙的国际贸易，主要的亦系与苏联者（单位：千卢布）：

	一九二五——六年	一九二七——八年
苏联向外蒙的输出	三，六七〇	七，五四六
苏联自外蒙的输入	三，七三五	一二，〇八九
合　计	七，四〇五	一九，六三五

逐年的增进也是事实，今后苏、蒙的贸易关系，恐将更加密切吧。在工业方面唯有皮革工场，其他虽正力事建设，还不能总合的估计。

关于外蒙的政治的、财政的状况及其机构，请待异时，当再专文论述。

一九三五年十一月十五日，东京

《大道》（月刊）

南京大道月刊社

1935 年 5 卷 2 期

（朱宪　整理）

河套视察记

关瑞玑　撰

自九一八事变，东北沦亡，开发西北之声浪愈高。政府及国人以为"东隅虽失，桑榆非晚"之计，曾屡派人前往实地调查，以备实施开发之根据。余虽学无专长，但注意边事，未敢后人。今岁因事出塞，得遍游河套一带，跋涉于黄沙白草间计三月之久，目睹所谓"天下黄河，惟富一套"之实况，其富饶情形及将来经营价值，实大有向国人介绍之必要，爰就视查所得，撮要述之。

一　沿革与位置

今河套一带地，在汉为朔方郡。按《大清一统志·鄂尔多斯表》：晋永嘉后，为前后秦地，义熙九年，〈为〉赫连勃勃所据。隋改夏州，唐仍为朔方郡。元改西夏。明时为蒙古所据。清天聪八年，征服其地，编乌、依〔伊〕两盟统之。光绪二十九年，始并大余〔余〕太、达拉特、锦抗〔杭锦〕、乌拉三旗为五源〔原〕厅，设同知驻包头，大余〔余〕太、隆兴长两处设巡检。此为此一带设治之滥觞。民国元年，改五原厅为县。十二年，划东南部归包头设治局（今已改县）。十五年，划东北部归安北设治局（即大余〔余〕太）。十四年，划西部归临河设治局（今已改县）。故今所谓河套一带地，乃指五原、包头、安北、临河等县境而言也。

世所称河套地，咸谓黄河经宁夏中卫，北折入蒙古，东折入晋省河曲，而南下为山、陕两省交界。殊不知此区域实际包括伊盟沙原、碱池、咸泊等不毛之地，而所谓"天下黄河富一套"者，乃在指后套而言。其地约当为北纬四十度，西经十度之地。黄河自宁夏北流，经定〔磴〕口分南北两派，受滕哥里泊转东北至乌镇（属五原治，蒙语为乌兰闹包。乌兰，红色山也），又转东南，潴为乌梁素海子，复向曲南溢出，与东来之南河会合。两河之间，纵开经渠十数，纬以横沟，是称后套。横套内为五原、临河两县，此外安北、包头亦均滨河之地，灌溉之利，要亦不亚于河套焉。

二　土地与人民

河套平原当昆仑北支贺兰山之阳，东接乌拉山（即阴山一段），带砺河山，形势壮胜。在两河间，广袤东西约二百余华里，南北约百五十华里，合二万二千五百方里，计地一千一百九十三万四千余亩，为斜长形。地亩虽广，只以多待开垦，渠道未尽灌溉之利，故荒地最多，耕地极微。近况如左：

（1）五原　自清光绪末年新放升科地，按"元亨利贞"四字编段，共地四千零一十八顷（抗〔杭〕锦旗）。又乌抗〔拉〕特公旗，划归五原者，四百七十顷零五十七亩，达拉特旗捐助者，五百四十余顷。大约五原升科地不过五千余顷。

（2）临河　原达拉特旗隶于临河者，八百顷乃至一千顷。民国十四年，达旗报垦西昭地五千顷，全隶临河。经萧局长收界，南至大河，北至五加河，东至丰济渠。当时拨实厅地千二百顷，拨山东垦民地七百五十余顷，其余丈放千余顷。由五原划归临河征租者，一千五百余顷，约计该县升科地不过三千余顷。

（3）安北、包头　属河套之外，从略。

西北地处高原，雨量极少，所有耕地，全持〔恃〕河渠灌溉。除开渠八道外，尚有私人修浚者，以致成"此浚彼堵"之弊。其自耕农择地而耕，以致"有粮无地，有地无粮"之弊，弃地太多，职是故也。官府于每夏秋之交，始清丈一次，概分：（一）粮地，即放垦升科之地；（二）短租地，系已垦植而未经丈放者，或已经丈放而未垦者；（三）永租地，系垦局与水利公社向蒙旗订立年约租种之地。是以每年清丈数目各有不同。

河套耕地既如是，其地农业遂以渠水为命脉，故云"人随地走，地随水走"，民无恒业，人无定居，势有必然。职是故，农者不必深耕而易耨，每生以待天，地价虽贱，而丰歉不定，有由来矣。

此一带地之价值，据民国十五年五原丈放抗〔杭〕锦旗地时，曾分作"元亨利贞"四段，同年拨归安北、临河者均在内。当时杭锦旗地东巴噶、西巴噶两地丈放价目如次：该地南至黄河王善渠，北至达拉特旗，东西二百三十里，南北宽八九十里，可耕地数千顷，计分五等：上等每顷价洋一百元，上次九十五元，中地九十元，中次八十五元，下地八十元。旱地凡五等：上地每顷价洋五十元，上次每顷价洋四十元，中地三十元，中次二十元，下次十元。可谓廉甚。

河套之地，既持〔恃〕开渠灌溉，故虽终年不雨，与田苗无伤。且河水内含腐植质甚多，资以施肥，禾秧旺盛。土质系河游，土疏松易耨，小农人畜不便者，尤甚赖其利。所惜河套荒僻之区，人民无多，近年来垦地日辟，人口始逐年有增，惟社会组织简陋，政府虽经更番调查，尚难免不实之弊。兹按武〔五〕、临两县查报之户口列左：

（1）五原县于十五年调查，计四千七百余户，一万九千四百余口，汉人约十分之七，客藉〔籍〕以燕、豫、晋、秦、陇之人为多。蒙古十分之三，回族居十分之一二。

（2）临河县十七年调查，计一万二千余户，五万五千余口，种族客藉〔籍〕概同五原。

三　物产与气候

西北富源，以河套著称，惜乎交通未便，地利未辟，宝藏蕴寓，人鲜闻知。设非积极经营，自仍不免被外人觊觎。兹将该地物产及气候之情形略为述之，借引国人之注意。

（一）农产　以大麦、谷、豆为大宗。近水处可种稻，高原则种小麦、莜麦，产量均甚富。黄米、胡麻、马铃薯随处皆是，尤以胡麻子（亚麻仁）用途最广，昔专治油料，现在科学发明，可制胶凝弹性之物，洋商每年收买，与菜子同为输出大宗。

此地森林最少，惟造林成绩，以各外国教堂成绩为最佳。五、临两县已几经提倡，惟不善经营，是以瞠乎其后。他若枳箕草、红柳，产量甚广。枳箕高可丈余，其性柔软，犹似芦苇，用以苫房、编帘、葺庐舍，为用较广。红柳色紫赤，有光，除编织筐篓外，若制上海式之柳莎发（大倚〔椅〕子），光泽鲜艳极佳。他若蘑菇、甘草、黄耆、黄芩、防风、红花、白术、苍术、大黄等，药材甚全，尤以甘草为出口大宗，年产约百万余斤。

（二）矿产　以盐、碱、煤炭为大宗，银、铁等，间亦有之。盐、碱产地以鄂尔多斯部距五、临最近之黄河南岸持格斯盐泊、杭锦旗之白盐池、碱湖五处皆著名，商人每年采运获利数十万两，设与东岛〔乌〕珠穆沁及阿拉善之吉兰泰，世称蒙古之四大盐区，能均加以改良制造，将来发达，未可限量。兹将各盐地所在地，列举于次：

长盐池，在右翼前旗南三十五里（鄂尔多旗）。

红盐池，在右翼前旗西南三百里。

大盐泺，在右翼前旗东五十里。

毫赖甲达亥水淖，方围十里，距鄂尔多旗三百七十里。

迭不拉亥水淖，方围约十里，距鄂王府西南一百九十里。

特点图插汉越没泺，在右翼前旗西三十里。

摩多图察汗淖，方围约十五里，距鄂王府正东一百五十里。

大盐池淖，方围约二十里，经本旗派员设局，采取出售，每斤一文二厘，收税一文，产销甚旺，靖、定两处及本旗仰给食用，距鄂王府西南三百四十里。

河池淖，方围约十里，一切办法、销路同上，距鄂王府西南三百六十里。

脑包池淖，方围约十里，一切办法、销路同上，距鄂王府正南三百八十里。

察斌达希素淖，方围约三十里，盐质净，味佳，仅供本旗食用，不能推销他处，距鄂王府西南一百七十里。

纳林淖，方围一十里，出碱甚佳，惜无人包采，距鄂王府东北八十里。

察汗淖，方围二十里，出碱最佳，经郑、张两商人包办十年，每年纳租银千两。

巴彦淖，方围约二十里，距鄂王府东北一百二十里。

敖龙淖，方围约十五里，碱质甚佳，无人包采，距鄂王府东南十五里。

大小克泊淖，方围约十五里，距鄂王府东北一百六十里。

乌克淖，方园〔围〕约十五里，距鄂王府东北一百八十里六台地内。

达拉吐鲁红淖，方围三十余里，距鄂王府东北一百六十里。

皂素红淖，方围约十五六里，距鄂王府东北一百六十里。

沙拉可免红淖，方围约三十里，距鄂王府东南六十里。

哈达免红淖，方围约二十里，距鄂王府东北七十里。

毫赖免红淖，方围约十里，距鄂王府东南六十里。

乌尔杜红淖，方围约十里，距鄂王府东南百里。

可克碱淖，方围约二十里，碱质较劣，若能改良制法，亦属佳品，距鄂王府东南一百六十里。

哈比里汗奴素红淖，方围约十里，距鄂王府东南一百五十里。

叨好免红淖，方围约十里，距鄂王府东南一百里。

此外，煤炭以大青山蕴藏最富。据地质家调查，无烟煤约在一亿五千万吨以上，烟煤产量尤饶。又宁夏平罗、中卫之煤，运销五、临、包头，价值更为底〔低〕廉，当地大洋一元，可购八十余斤至三百斤。

（三）畜产　河套除渠流可垦地外，随处牧草繁茂，收〔牧〕业兴盛。蒙古小资产阶级之羊群，动以数万计，牛、驼遍野。羊毛、驼绒，最为名产。此外，羔皮、牛皮，产量最富。洋商在绥、包设庄，不下数百家，计每年出口绒毛一千七百三十四万六千余斤，皮革五百余万张，牲口十余万头。即猪、羊肠子，洋商收庄亦各地皆是。去年驼绒一项，价质〔值〕平均每斤大洋三角有寄〔奇〕，运至天津，每磅（约十二两）价大洋一元。滩美〔羊〕羔皮袄每件二十余元，又黑紫羔最上者价六十余元，运至平、津，百元以上。上等裁〔栽〕绒毯子四六尺头三十余元，毡条为农间代席用，更为低廉。若研究制皮革、织丝、绒毛均加改良，利莫大焉。肉类最为底〔低〕廉，牛羊肉每元五十余斤，猪肉每元四十斤。黄河鲤鱼鲜美，名闻远近，亦以生产过剩，每元约可购百余斤，惟种类甚杂，其金眼金鳞之真正黄河鲤鱼，每元钱六十斤。冬季冻鱼公司几满包头镇，若能以西法制罐头，或制咸鱼装运消〔销〕平、津，重利最厚。

此一带地，素以塞上严寒著闻，惟阴山之南，较为温和。夏无苦暑，蚊蚋绝迹。冬则大雪，节后封河，明春惊蛰、春分间，河解冰。春秋之季，时有狂风，故果树作花结实甚难。春种秋收，均按季节，惟暑期时有骤寒，晓夜或大雨时，往往须用皮棉衣服。故谚云："五方六月穿皮袄，围坐火炉吃西瓜。"因其西瓜产量甚富，且能保存至冬月也。然则此地气候之特异可知矣。

四　交通与商业

河套为绥西屏幛，交通之枢纽，东距包头，一衣带水，而与平绥路衔接；南入长城，通陕西榆林等地；西南经宁夏，走甘肃，西出贺兰山，通新疆之奇台、迪化等地；直北经乌镇，走外蒙古库伦与乌里雅苏台。此为陆路交通。水路交通，则黄河上自宁夏之中卫，下达山西之河曲，夏期航行之船舶可载重三四万斤。去冬，包头面粉公司曾研究利用冰上撬〔橇〕运，亦甚便利。惟陆路交通仅有包头至五原长途汽车，此外均系驼桥〔轿〕、车马而已。电报局，五、临各地均为二等局，包头近设无线电台，长途电话各镇互通，邮政均为三等局，但通信机关已大体均称完备。

此地交通既较梗塞，故商货多壅滞，且商人无雄厚资本，无商业上新智识，率守旧法。且以兵燹之余，市面尤为衰落。近年渐趋平静，垦地日多，人口亦日增。乌镇（乌兰闹色〔包〕）、兴隆长、临河县城等地，商肆林立，蔚为大观，实为外蒙贸易之要地。

河套各著名县镇，统计商货出口品，以牛、马、骡、驼绒、羊绒、毛、粮米、皮张为大宗，出口价值，岁计约六七百万元左右。入口以茶、布、烟、酒、糖、纸为大宗，价值岁计三四百万元左右，妆饰品约十万元以上。设将来与俄、蒙复交，贸易上必更见繁荣。

五　教育

　　五原位河套北部，与杭锦旗接界，地处偏僻，教育自不甚发达。当民七时，曾于县城设有小学，是为有学校之始。十四年国民军时期，该县教育经费亦稍充裕，县城始增设模范小学，及男女初级小学校、乡村小学校数处。此外，尚有福音堂私立小学，总计学生不过三百余人。临河位五原西区，跨河套西北部，地居绝塞，迹限遐荒，文教不振，时势使然。民六七时，经该县绅董，在强油房、丹打木、独白尔塔蜡等处，均设有小学。后以频遭兵燹，旋兴旋废。十四年设治于县城，始创立初级小学。十五年于各区设小学一所，用资提倡教育。然以该县人民风气闭塞，民智未开，每校就学儿童，实属寥寥。至十七年，地面安谧〔谧〕，户口日繁，教育当局不时派员督促领导，学龄儿童亦逐渐增多，各区小学渐扩充至二十处，全县学生总计有六百余人。此两县青年学生受小学教育后，缘地域环境之种种关系，欲求深造，势所难能。迨二十一年，有私立河套初级中学之诞生，可谓开西北中等教育之曙光。但该校教职员薪俸甚微，月薪不过二三十元，仅能糊口。且学生习染劣俗，累年不盥漱，污垢满面，曾所谓囚首丧面而谈诗书也。

　　以上所述，均系就个人实地视查所得。综观此一带富源之丰饶，实大有经营之价值，幸希国人，勿以黄沙白草之区而忽视之。至论经营之方策，应以交通为先；次开渠灌田，移民开垦，改良牧畜，提倡造林，及奖励各项毛革工业，创设职业学校。是则须有待于有志于开发西北之国人积谋发展者也。

《行健月刊》
北平东北行健学会
1935 年 6 卷 1 期
（苏日娜　整理）

外蒙古的今昔

〔日〕水谷健一郎　著　　褚问鹃　译

外蒙独立闹了许多年，而我国人对于它的详细情形还不很明了，不是国人麻木，而是懒得去调查的缘故吧！现在，日本人却已代替我们做了这件工作了！因特翻译此文，以供国人参考。原文载日文《陆军画报》二卷八号。

译者

沿沙雅恩由麓及贝加尔湖一带，经过人迹不至的大森林，继续展开在面前的便是满蒙的大平原，它的面积总计约有三十九万五千方粁；在一九二三年间，变成为苏维亚的自治区域了。

蒙古是天然的宝库！各种的重要原料，大森林，丰富的鱼类和鸟兽，天赋的资源是不可限量的。可是在帝政时期，却以此为长期间榨取的好饵，土人们半陷于饥饿的状态中，而度其漂流的生活。官吏、喇嘛僧、大地主等甚至连他们的最后一物亦皆强夺而去，等而上之的，更有喇嘛教和恶病肆其荼毒。

然而时至今日，这个苦难告终了，流恨〔浪〕的生活，饥饿与贫穷等均已消除，无定所的几万流浪的民族各自有了安居之所。劳动和文化生活到处都在兴起，集团农场发达甚速。当人们开始知道这个计画的时候，因为事情太新奇了，大家对此便都有点踌躇不前的神气，于是喇嘛僧说："加入集团农场的人必触佛怒而遭受可怕的灾祸。"

可是到现在中下层的农民已有百分之七十都参加了这个集团农场；以前连怎样使用锄头都不知道的他们，如今却能操纵数百台的牵引器，及使用数千复杂的农具了。

产业化的进步亦甚显著，最近十年间，产量约增加七倍。最新式的工场续有设立，同时，劳动者的数量亦较前增加三倍。更从土人们的中间，渐次养成了熟练的工人。

义务教育推行甚广，高等专门学校及大学亦已次第设立。这些学校里的课程，常用土话教授，书籍和报纸亦然，上边载的也全是土人的言语。废除旧日的蒙古文字而代以拉丁语。政治思想的灌输，则有养成所、剧场、俱乐部以及图书馆等，更有播音机、电影等以事鼓吹。

梅毒及结核和一种传染性极速的眼病（Frochoma），以前是此地有名的产物；对于敬〔散〕居数百粁地域的五万人口仅有一个医者，而此医者又不知配药，于是病人日益增多。苏维埃政府首先注意卫生设备，每一集团农场必设置一熟练的医生。

党防军日益扩大，兵器日益改善，对于破坏新组织阶级的敌人，完成了斗争的准备。

石炭、锡、钨金、金等的产额年有增加，又在河边计画着设立强力的发电所，道路网亦将次第完成。

喇嘛教的信徒激减，寺院只留得巍去的面影块然孤立在荒凉的原野中而已。旧时代的信仰既已绝灭，人们便都勇敢地向着新时代迈进，建立新生活，创造现代化的自由乐园。

首都欧尔勿雷基斯科，在昔帝政时期不过一典型的小都市罢了，所有的人家，都是些木造的平屋，窗关着，大门上有些莫名其妙的雕刻一类的东西。街上点的只有旧式的煤油灯。在各处的十字街头，设着警察的岗位。睡眠式的寂寞的氛围包围着这个山〔小〕市镇。

如今呢！却是外貌一新了；电灯辉耀着五色缤纷的光彩。公园和砖石的大建筑各各夸耀着他们的伟视。新市街向山那边伸展，下边的旧市街只有日趋衰落的一途了。

在这里的新建设，则有图书馆、药房、学校、产院等，卫生设备完全，印刷事业发达，出版物普及，剧场每日人满。

市的周围，各种工场林立，机关库、玻璃工场、肉类罐头工场等，到处烟囱林立，黑烟吞吐云表。木材从水陆各地源源运来，建设事业进步，大有一日千里之势。

一入内地，虽时至今日也尚有毡质的小屋寂然孤立在原野之中，游牧的人们，就在这中间断送他们的无知和绝望的岁月。他们奉献了谷物和羊肉等在神佛的面前希求福佑，而梅毒和不洁和贫穷都〔却〕依然一层层地苦着他们。

在从前，这个广大的原野中木造的住屋是绝难见到的，而今则一般人的住屋大概都用木造的了。火炉熊熊地燃烧着，张着木床，窗子还是玻璃做的。像以前那种狗窝似的毡包是再没有人住的了。整齐的住宅出现后，放浪的生活便从此告终，人们都有了安居之所了。

就是现在的司达令自治区，在数年前也是一块很大的荒原，如今则有将近三百家人家聚居于此，牛、马、猪、羊约有数万头。干略〔酪〕、牛油的制造所，铁工场、机械工场、制粉所、烧锅场等，均有很好的成绩。劳动者的工资渐渐增高，人们的生活亦日渐向上，在一九三二年的时候，对于终日工作的人们，除开支给工钱外，还平均分给四块的小麦，此种赏与，最高时达四百五十日之多。

学校，采用十年制。每校有教师一人。书籍、用具等设备甚为周到，更有实验室的设置，以为平时试验之用。

育儿院亦有惊人的成绩，迄至今日止，婴儿们的数量都是十分旺盛。过去，小孩子一生下地来，就被包裹在羊皮内，一年之内，绝对不见生人。稍长，便和那些污秽的小狗、小羊一同玩耍，因此婴儿的死亡率非常高，常在百分之七十左右。

现在，斧凿声到处可以听见，剧场、图书馆、诊疗所等一一建设起来，清洁的产院亦已成立，产妇十分兴旺。

青年们都喜欢运动及自行车比赛等。在自治区背后，一边是农牧场，许多的牛、马在那里游息着，另一面则有近代的耕种机正在进行耕作。在一九三三年，除开自给自足以外，还缴纳了三千八百吨的米谷给政府。

例如，陈巴·西巴沙诺夫，以前不过是个穷苦的种田人，现在却已做了木匠工头了，并且还能够自由看书和写作。其妻并能使用缝衣机器以缝制衣服。长男和媳都在集团农场工作。小的儿子在小学读书，大的则已进了大学了。可是在休假的时候，他们也和其他的人们一样到田地里去劳动。暇时，一家人围着食桌，读着书籍，或则听听留声机器。现在，陈巴的孙子也已进了养育院了。在一九三二年，劳动的日子满足了一千三百五十日，就可以得到五吨半谷类的分配数，以为一家的教养和生活之需。

接着司达令自治区的还有一爿〔片〕广大的国营牧羊场，是一九二七年设立的，当时的羊群只有一千五百头，现在已及二万头了。将来还预备设立国营的大农场及农事试验所等。

如此繁荣的局面，不仅限于司达令自治区一隅，更将推而及于广大蒙古的全领域。

《黄钟》（半月刊）

杭州黄钟文学社

1935 年 6 卷 4 期

（计麟　整理）

苏联操纵下的外蒙近况

瓦　德　撰

一　"外蒙共和国"之政治组织

"外蒙古共和国"之政权，皆操之于蒙古国民党，及其青年团之手。而外蒙古之最高政治机关，实际即党之中央执行委员会。政府大政方针，名虽取决于"大国民会议"，但议会之一切议案，须已先经党部讨论通过后，始行提出。而议员全体又复悉为党员，故必须遵守党之决议，此亦为仿造苏联以党独裁之一例也。

考外蒙古国民党，原名为国民革命党，成立于民国九年，为外蒙第三次独立运动之中坚。其中主要人物，多半为蒙古贵族及大喇嘛，多半右倾。苏俄有见于此，乃召集留俄亡命之蒙古青年，及党中平民出身之失意者，组织蒙古革命青年团。其组织亦即仿苏俄共产党之青年团。成立之初，表面上仍为国民党之附属团体，不公开干与〔预〕政治，但不久即有反国民党的企图。民国十一年秋，国民党内部起分化，青年团被苏俄之唆使，鼓动党潮，多数国民党右倾领袖，均以反革命罪名被害，青年团气焰日盛，几与国民党分庭抗礼，有青年党之名，国民党本身遂被迫化为左倾。民国十四年后，国民党左倾势力愈盛，乃清除右倾分子，改订党纲，亦成一"赤化"之团体矣。

"外蒙共和国"之政府组织，以民国十三年公布之宪法为基础，中央政府，有"大小国民议会"及"国民政府"，兹胪举于左：

"大国民议会"为全国之最高的政府机关，有议决重要国务之职权，在国际上代表国家，订立政治、经济条约，及宣战媾和之权。宪法修改之权，亦属于该议会。在经济方面，则对内外贸易之管理、赋税之征收、公债之筹募、土地之利用，以及公共经济之设计，均须经过该议会。在军事方面，则蒙古全军均受其节制。至于国家政策之取决，政府机关之监督……等等，亦若世界上各国之议会焉。

"大国民议会"之代表，以部、旗、军队之单位，按人口之多寡选举之，任期为一年，常会每年一次，由"小国民议会"召集之，向例在十一月间，民国二十一年（一九三二）后，改为六月间举行，遇必要时得召集临时议会，由"小国民议会"或"大国民议会"代表三分之一，或选民的三分之一的请求而召集之。

"小国民议会"在"大国民议会"闭会中，为外蒙之最高的行政机关，代表有三十人，由"大国民议会"选出之，而对其负责。其职权除执行"大国民议会"之议决案，公布法律与命令，并控制国民政府。每年开常会二次，于必要时，得由其常务委员会（亦名干事部）或该议会代表三分之一，或由政府之请求，而召集临时会议。"小国民议会"在闭会中，由该议会中选出之常务委员五人，组织"常务委员会"，行使其职权，监督政府一切行政，处理各部间之争执，并将任免部长以次等官吏，一切对"小国民议会"负全责。

外蒙国民政府之国务委员会，由总统及副总统（亦称人民委员会主席及副主席）、军事委员长、经济委员长、参谋总长及内政、外交、财政、司法、教育等部长（亦称内政人民委员长、外交人民委员长……）组织之。其人选均由"小国民议会"选出之。各委员会及各部事务，由法律定之，此外尚有"内防处"及"学术馆"，亦直隶于中央政府。"内防处"亦名"国政保安局"，有独立行使宪兵、司法及警察之权，侦察行旅之出入，防范居民之行动，颇类似苏联之"政治保安局"，即所谓 O. G. P. U. 是也。至于"学术馆"，则为编译及保存蒙古文献，纯属文化机关是也。

蒙古地方组织有"部"（Amaik）、"旗"（Hoshun）、"司蒙"（Somon）、"巴格"（Baga）、"阿尔班"（Arban）及新设之"市"。部、旗为地方区域，多沿旧制，"司蒙"以下，均以蒙古包为单位，十"蒙古包"为"阿〈尔〉班"，五"阿尔班"为"巴格"，三"巴格"为"司蒙"，凡一百五十"蒙古包"。在"阿尔班"以上，均设各级地方议会，处理地方一切的事务，亦如苏联的地方组织焉。

目前外蒙政府主要人物，悉为左倾分子，其暗中操持者，即为苏联驻库代表，及各部之俄人顾问。而重要诸部，俄籍职员，几与蒙人相等，因此颇引起一般蒙人之反感，而苏联亦觉得有失蒙人信念之危机，因于民国二十一年春，授意外蒙政府，颁布法令，宣称提高蒙人工作机能，及一切机关之蒙古化。但迄今各机关主要职位，仍归为俄人所把持。

无产阶级独裁，与共产主义之施行，为苏联"赤化"政策之中心，亦复为外蒙政治最近之趋势。一九二四年之宪法，即明白宣告，蒙古主权，属于劳动国民，剥夺以前贵族、喇嘛以及商人等不事劳动者之选举权，对于私人财产加以限制，封建时代王公之财产，既多被没收，即中产阶级，亦仅保有日常必需品之所有权而已，此后每有改革，均趋向共产之途。一九二九年后尤为明显。私有财产制度，既经否认，私人商业，亦以苛捐重税，消极的禁止，一面仿效苏俄之例，施行外蒙五年产业计划，期发展公家经济，以促成共产社会之实现。

虽然，苏联在蒙古之侵略，除少数受其麻醉之青年党徒及执政诸人外，一般蒙人，多怀不满。反抗者时有所闻。最著者如一九二七年，丹巴之企图联合中国国民党以反抗苏俄，唯以事机不密，未达目的。最近满洲里方面亦常传来此种电讯。一九三三年十一月十八日复有反抗苏联之政变，企图颠覆现时政府，主动者为蒙古政府之司法部长那姆萨林（Mamunsalin）及蒙古骑兵队长麦达麦耶克拉（Madamayakla），参与其事者凡三万二千余人，均为不满苏联之侵略者。其事虽不久被苏联赤军所平，然蒙古人之反感精神，亦可以概见之矣。

二　外蒙古在经济上之价值

一、自然环境——外蒙全境为一大高原，海拔自三千尺到五千尺不等，东南沙漠广原，地势较平，西北部则崇山峻巅〔岭〕，地势尤高。据曾世英君最近之推测和日本人之调查结果：外蒙各地之高度，有如下表：

乌布沙泊——七二二公尺	喀拉湖——九七〇公尺
库苏古泊——一，六七六公尺	慈母湖——一，一四〇公尺
恰克图——七九〇公尺	库伦——①
图尔公山——四，二六八公尺	克鲁伦——一，〇六六公尺
克〔科〕布多——一，二九八公尺	赤尔吉兹湖——八二三公尺
乌里雅苏台——一，八二五公尺	

全境山脉属阿尔泰山系，由西北走东南，以萨彦岭、唐努、杭爱、肯特及大阿尔泰诸山为著，河流以克鲁伦、鄂嫩、色楞格

_____

① 原文如此。——整理者注

及乌鲁克穆等河为著，色楞格为蒙古第一区流，环流三音诺颜汗、
土谢图汗二部北境，为外蒙农业最有希望之区。乌鲁克穆河，在
唐努乌梁海境，昔之剑海，元之谦河，而叶尼塞之上流也，其支
流网布，亦颇适于农作。湖泊较著者，悉在西北部，库苏古泊及
乌布萨〔沙〕泊为最大，东南沙漠地带，间有池沼，但盈涸不定，
雨则泛滥成灾，晴则成为陆地。

　　外蒙既属高原，而距海较远，地面又高，而空气又较干燥，故
气温变化甚骤，夏季苦热，冬日极寒，兹略举外蒙三大都市的气
候变化如下：

地　名	平均温度		最高温度	最低温度	一年平均
	七月	一月			
	冰点下		冰点下		
库　伦	一七・六	二七・八	三四・〇	四八・二	二・九
乌里雅苏台	一九・三	二四・二	三三・一	四七・三	〇・二
科布灵〔多〕	一七・〇	二二・四	三五・〇	三八・八	一・九

　　观上表一年之间，其气候变化，亦足惊人，复据一九一〇年
俄国商队、探险队之记录，谓蒙地六月一日，夜半气温仅摄氏一
・八度，而次日午后二时，竟上腾至二四・二度，然此种骤变之
气候，影响于生产事业者其巨，考蒙古之农耕之所以不能发达者，
其气候即大之原因也。

　　二、农矿之前途——农业之发展，与一地自然环境关系极密，
外蒙高原，平均俱在一千公尺以上，地虽多平坦，然黄沙千里，
既少峰峦，亦复鲜湖沼，盖由于侵蚀作用停滞，所谓老年地形是
也。除冲积层外，土多沙砾，不宜于耕作，一言气候，则不特一
年之间，寒暑均酷，即一日之间，变化亦骤，加之以雨量缺乏，
全年平均不过二八八耗〔粍〕，八九月间，即飞雪结冰，在此种自
然环境下，农耕之不发达，亦为意中事耳。虽然，蒙地农业亦未

始无望，色楞格河流域，及唐努乌梁海乌鲁克穆河流域，灌溉既便，土质亦肥，为外蒙农垦最有希望之区，倘施以科学方法，改进耕耘则发达可期。目前外蒙农耕，仅有少数汉人，在色楞格及阿尔坤河流域，从事耕作。库伦迤北一带，地势较低，气候温和，灌溉亦极便利，故最为发达。而唐努乌梁海盆地，灌溉亦甚便利，土地亦肥沃，故该地土人于牧畜外，亦有兼事农业者。农产则以大麦、小麦、燕麦为主，间有种玉蜀黍、豌豆及蔬菜者。据民国十七年之调查：外蒙耕地面积，约五二五，〇〇〇亩，农产约二二，九五〇吨，价值四百八十万蒙"托"，合美金约一百七十二万元之谱。

蒙古矿藏甚富，以地处边陲，交通不便，故迄无切实调查，在民国六年，国务院统计局拟编全国统计全书，曾分发表格，调查矿藏，外蒙各处亦有填报者，唯仅有地名，莫详矿藏量数。此外俄人及英、美专家，间亦有前往调查者，然均为局部的性质，结果又多守秘密，虽常见书报杂志者，亦破碎材料，未窥全豹，故其实际之蕴藏量数，殊为吾人所可注意者，亦我政府所应调查者也。

三、畜牧之概况——外蒙土地为公有，以旗为单位，凡旗内之人，悉得使用，故牧场均为公有，各家无一定之牧场，亦无一定之住所，人畜咸逐水草而居。然以气候关系，冬夏牧场，略有不同，夏季牧场恒须择水草较丰、蚊蝥〔蝇〕稀少之处，故各家无一定区域，冬季则须择雪薄而又温暖之处，大抵在山之阳面为适宜。因此到冬季为避免互争暖处之患，各家均有一定之牧地，得世世相传，凡有争端者，则取决于旗长。

牲畜种类，大别为牛、马、驼、羊四类，羊复有绵羊、山羊之分，以绵羊为最多，畜类之历年繁殖，亦颇可观，牲畜既为蒙人唯一之财产，占其社会总富力半数以上，亦为其对外贸易之主要输出品。

据俄人苞兹得也夫约计，其每年数目如左：

绵羊	八，〇〇〇，〇〇〇头
马	一，五〇〇，〇〇〇匹
牛	三，〇〇〇，〇〇〇头
驼	五〇，〇〇〇

有以上之牲畜量数，而每年的输出物品量数，据俄人克拉米西夫之估计（W. Koramisheff）有如下表：

肉及脂肪	六〇〇，〇〇〇担
羊毛	一二〇，〇〇〇担
驼毛	一三，〇〇〇担
马毛	一一，〇〇〇担
羊皮	五〇〇，〇〇〇张
小羊皮	七〇〇，〇〇〇张
牛皮及其他	八四，〇〇〇张
马皮	七〇〇，〇〇〇张
乳及乳酪等	一，三二三，〇〇〇，〇〇〇磅
兽皮（狼、狐皮等）	一二，〇〇〇，〇〇〇元

由此可知，仅就牧畜而论，在一九三五年据俄人苞兹得也夫的约计：毛的收入为二，〇〇〇，〇〇〇元，驼的收入为四，〇〇〇，〇〇〇元，外蒙古的经济价值亦殊不弱也。

四、交通概况——蒙古交通，以陆路为主，旧有之台站驿道，仍为现在之旅行要途，牛、马、驼等犹不失为商运的主要工具。考驿道之设，始于清初，初只以内蒙为限，康熙用兵西北蒙古，乃设军台于漠北，即阿尔泰军台也，盖目前大道，即以此为主干，电线、邮路均循此路。

库伦为外蒙古政治、经济之中心，亦交通之枢纽，北通恰克图

为库恰汽车路，由恰北行，即可达上乌丁斯克，与俄之西伯利亚
铁路衔接，为俄、蒙间主要之商路。南下则有张库汽车路，自库
伦至张家口，直趋平、津，为通内地之要道也。张库驶行汽车之
议，创于光绪三十三年，由绅民赵宗贻首创是议，拟组织商办公
司主其事，邮传部赞助颇力，嗣以蒙人反对作罢。迄民国五年，
始有景友白等，重提前议，呈准后大成长途汽车公司，于张家口
购置汽车，行驶张库间，全线长约二千八百里，分十站，四日可
达，初时营业颇佳，然自此以后，时局多故，时有间断，民十八
年中东路变起，外蒙受苏联唆使，设边防于乌得，严禁内地商人
前往，并扣留库伦车百余辆，内外之交通于是断绝。

　　自库伦东行，经克鲁伦，而达呼伦贝尔，为外蒙通黑省之要
道，全线长约二千里，亦可通行汽车，但货运仍多以驼、马为主。

　　乌里鸦〔雅〕苏台及科布多，为外蒙西北之重镇，库乌大道，
为其交通之干线，横亘二千余里，沿旧时库乌台站大道，亦已可
通行汽车，由乌城东南出布颜图，通宁夏，西南出库林，盖〔可〕
通行新疆之镇西，东南行则经赛尔乌苏，可达张家口，科布多东
经乌城，以达库伦，南趋新疆之奇台，北面可通唐努乌梁海，均
有大道可循。

　　外蒙通俄之途，除库、恰外，东有波尔金斯基线，自克鲁伦通
西伯利亚铁道支线之博佳〔佳〕（Borzia）科布多线，则由克城通
俄之皮依斯克（Biisk），为俄、蒙交通之两干线。

　　河流之可通航者凡四：即色楞格、乌鲁克穆、帖斯及库布苏
泊，以色楞格为著。据俄人测量其航线，在本流者凡四百基罗米，
在支流者亦有一四五基罗米，惟航行期间限五月至十月间。一九
二四年后，苏俄设色楞格轮船公司试行□轮，营业颇发达。乌鲁
克穆河，为叶尼塞河上流，俄人入唐努乌梁海，多取是道。一九
○九年间，俄工程师卜特维希（Badzewitsch）曾试行测量，断言有

一二五基罗米可通航，惟萨彦岭山窄处，舟行较险，苏联政府对于此河航线之开发，仍不断努力。一九二七年秋，米诺辛斯克与大瀑布间且已通行六百马力之巨船矣。

近年外蒙之交通悉操之于苏联，内地通蒙商路，民十八年以后，几完全被阻，外蒙进出货物，不得不取道俄方。苏联为控制陆运计，于库伦特设一汽车交通委员会，该会购置汽车千余辆，专为行驶蒙地及俄、蒙间运输之用。前所述者蒙古公路，均渐次完竣，各大城镇要隘，均能通行汽车。在乌丁斯克与库伦间，且已有航空线，飞机亦不时行驶，其间铁道之建设权，已悉让与俄方。近来亦常有兴筑之议，倘一旦成为事实，则不特外蒙恢复无期，而我西北诸省，亦将岌岌可危。

五、商务与金融——蒙人性愚直，不甚经营，牧畜而外，便无余事。在昔蒙古商务，多为汉商独占，民国初年，在蒙内商，经营尚盛，自民国十三年，外蒙改建民国，一均皆听令苏联，经济政策，亦随之倾向共产，从事消灭私人资本，而于汉商摧残尤甚。民十八后，张库交通断绝，次年外蒙复发布禁止私人企业之令，在蒙汉商，遂日趋没落矣。

目前外蒙商务，悉为苏联之苏蒙贸易公司（Sov. Mon）及蒙古中央合作社所独占。考蒙古中央合作社成立于一九二一年，资本为四万五千两，基金为一万五千两，公积金和特别基金为一万两，但每年营业额约达三百万两，在蒙古各处有二十六个分社，有一百零二个代理社。地方事务所设在库伦、察音萨毕、乌里雅苏台和克〔科〕布多，国外事务所设在张家口、海拉尔等地。属于分社的有十八个羊毛洗作、制革工厂、羊皮工厂、毡靴工厂、制纸工厂、制肠、制鞋工厂等。

由此可见它的组织，不仅限于单纯之贸易，兼及实业制造及运输等，与外蒙古银行，有同样的重要。故其业务异常发达，观左表，其历年营业状况，可知之矣。

年　　度	交易总额	买入额	贩卖额
一九二一——二二	一九，七〇〇托	一四，〇〇〇	一五，七〇〇
一九二二——二三	一八三，六〇〇	六一，〇〇〇	一二二，六〇〇
一九二三——二四	一，五〇五，六〇〇	七四七，〇〇〇	七五八，六〇〇
一九二四——二五	八，七四三，〇〇〇	四，五九七，〇〇〇	四，一四六，〇〇〇
一九二五——二六	九，九八二，〇〇〇	四，八四九，〇〇〇	五，一三三，〇〇〇
一九二六——二七	一〇，四六五，六五〇	五，〇二五，六五〇	五，四七一，〇〇〇

　　上述苏联对外蒙古的贸易，本甚复杂，一九二七年后，苏联为谋独占外蒙贸易计，对于以前互相竞争之商业公司，除煤油、羊毛等保存其独立组织外，其他对蒙贸易公司，均合并于苏、蒙贸易公司。该公司于一九二七成立后，即与蒙古中央合作社联合，垄断外蒙内外贸易。一九三〇年以来，我对蒙之商业隔绝，外蒙市场，悉为苏联所独占。其最近三年来之贸易，约如下表：

年　　度	外蒙输入	外蒙输出	总　　额
一九三〇年	一七，八一九，〇〇〇卢布	一九，七四五，〇〇〇	三七，五六四，〇〇〇
一九三一年	三七，三四三，〇〇〇卢布	二八，八三二，〇〇〇	六六，一七五，〇〇〇
一九三二年	四一，四五九，〇〇〇卢布	一九，二七八，〇〇〇	六〇，六七三，〇〇〇

　　外蒙货币，以"托克立克"（Tugtrik）为单位，由蒙古银行铸造。每"托"重二十公分，含银九成。另有铜币曰"蒙戈"（Mongo），一百"蒙戈"为一"托"，现在市面流行者，以"托"为主。昔时流通之墨洋、中钞渐次绝迹。一九二八年夏，财部且有采用金本位，以适应国际贸易之议后，遂以政府不通过作罢。

　　银行事业之创始，远在一九一四年，当时有蒙古国家银行，设于库伦，资本由俄私人所出，但欧战开始，即无法维持，旋即关闭。民国七年陈毅莅库，以外蒙金融过紧，百事莫举，乃与外蒙自治政府商妥，设中国银行分行于库伦，徐树铮入蒙后，复设边业银行分行于库，经营尤力，我在外蒙之经济势力，以此时为最盛时期。

民国十三年蒙古银行成立，外蒙政府授以整顿金融、发行货币之权，除前述铸造银币外，且有发行钞币之特权，惟须有法定之准备金及证券等，发行以来信用颇佳，流行又甚广，自银行券发行后，不及二年，蒙古之通货渐次安定，其收效颇巨。一九二八年后，其流通额已占通货总额半数以上矣，其进步之神速，殊值得吾人所可注意者。

银行之业务发达，亦殊可观，该行初设时资金仅二十五万托，三年后即增至百二十五万托。其贸易额在一九二五年为一七九，四三六，一一七·六托，翌年则增至三八八，一一九，四九〇·五托，一年之间，增一倍有奇，其近年之发展，当更可观矣。

蒙古银行与中央合作社，为外蒙经济之中心，其关系重要可知。然二者之资金，半由苏联所出，复以受苏俄国家银行等之援助，故不特其营业管理权受其控制，而一切重要之职位，亦多由俄人充任。由此可见，外蒙经济之实权，操之于苏联之手，盖可以想见矣。

外蒙的一切财政、经济，在苏联的操纵下正在长足的发展中，譬如国家的豫〔预〕算，即为一很好的证明，虽然在幼稚时期，确有固定的收入，而且年有增加，有如下表：

一九三二年	一，五五〇，〇〇〇元
一九三三年	二，五〇〇，〇〇〇元

在苏俄的最近计划中收入部分预定为四百九十六万四千九百九十八两，支出定为五百六十六万二千四百五十五两，这中间的缺额，据外蒙财长的意见，以上年度的盈余来抵补，此外再将国家收入超出计算的部分，也可以作为弥补亏额的源泉，例如一九三三年不仅实行预算没有亏欠，并且国库还剩了一百万的现金，

此可证明蒙古经济发展之健全性，殊为吾人可注目者。

三　结论

前所述者，外蒙之亡，以时间论，是在东北丢掉以前；以地位论，则外蒙地居漠北，与内地隔绝，在苏俄操纵下，封锁边境，禁止外人入内，故最近实际情况，不易探悉，吾人仅就各报章杂志参考所得，举其纲要，以供献研究边疆问题者之参考云耳。

《外交月报》

北平外交月报社

1935 年 7 卷 2 期

（李红权　整理）

绥远集宁县之概况

作者不详

绥远省集宁县县政府，以该县地处蒙疆，文化晚开，不特县志未编，即关于此类记载之刊物亦付缺如，爰将该县县内之山峡、河流及县名起源、县之位置、面积，及其他大概情形，分别缮具节略，呈报内政部，以备志书缺略部分之参考。兹录原文如左：

一　县名之起源

查本县地处边陲，设治年代很浅，溯于民国九年，平绥铁路，建筑北上，曾划拨绥远省属之东五县丰、凉、兴三县边余地一万顷，在现在之县地（原村名老哇嘴），成立平泉设治局，开始设治。至民国十一年，地方渐以繁荣，博征古迹，拟定县名，因在县城东南约三十余里之丰镇县属八苏木集成庄，发现古元朝石碑一方，上镌有"集宁路"三字，遂以集宁二字，定为本县县名，将平泉设治局，更为集宁县，成立县治，至今仍用斯名。

二　县之位置及面积

查本县位置，适居绥东五县之中，北接陶林，南连丰镇，东北与商都连界，东南与兴和毗邻，而凉城在西，形同环抱。至于面积，则以南北为纵，而东西为横，横约一百二十里，纵约一百八十里，除缺凹之处，约合一万六千八百方里。

三　气候

查本县地处蒙疆，气候寒冷，每于四五月间，气候一变，犹结坚冰，至十月时，田原间即无青草，按摄〔华〕氏表计算，普通春季五十二度，夏季八十度，秋季六十度，冬季二十五度。

四　地形及土质

查本县地处高原，土质多系水成岩夹层土质，间有粘性砂土。至于地形，不甚规则，南大北小，如凹字形。

五　山峡

查本县县城之北约三十里，有灰腾梁山一道，为阴山之支脉，横互〔亘〕东西，颇极形势，山之中间，有大沟名乌得沟，双峰对峙，巉岩险峻，形势极为雄壮，其平垣〔坦〕之处，土壤肥美，山花野草，殊为茂盛，附近人民，多牧放牲畜于其上，水草足敷应用。

六　河流

查本县城北五里许，有霸王河一道，由丰镇县属小八苏木起，流入丰镇二苏木海，宽约七八尺，深系尺许，水势不甚泛滥，清流荡漾，足资灌溉，附近农民，多利用之。

七 户口及人民职业

查本县户口，计一万一千〇七十六户，人口为六万四千二百六十口，其务农者居百分之九十，商居百分之六，工居百分之三，其他职业居百分之一。

八 出产

查本县地处边隅，壤接蒙古，所产之物品，以粮粟、皮毛为大宗，粮粟之种类有谷子、糜子、黍子、筱〔莜〕麦、大麦、小麦、荞麦、菜籽、葫麻等，皮毛种类，有羊、牛、马等皮。

九 种族及风俗

查本县人民，虽汉、满、蒙、回皆有，而以汉族为最多，俗尚检〔俭〕约，不事豪侈，良民子弟，类多蔼然可亲，谨守旧礼教，颇有忠厚之风也。

十 乡区

查本县共为四区、四镇、五十五编乡。第一区所属集贤镇、永宁镇、德润乡、恒美乡、富和乡、裕厚乡、安和乡、颐寿乡、意盛乡、吉盛乡、同庆乡、祥盛乡、如盛乡、裕丰乡、裕盛乡。第二区所属弓沟镇、保合乡、利益乡、临财乡、大盈乡、孚惠乡、贵和乡、前后同善乡、德丰乡、泉来乡、亨茂乡。第三区所属地预乡、泰泉乡、泽普乡、泉和乡、咸乐乡、发福乡、有余乡、集乐乡、九佐乡、阜丰乡、新安乡、安居乡、德裕乡、德厚乡、石城乡。第四区所属卓山〔资〕山镇、福庆乡、魁盛乡、同兴乡、马盖图乡、庆云乡、大有乡、王盖四苏木乡、仁义乡、四苏木乡、财旺乡、财裕乡、吉庆乡、永耀乡、和顺乡、富和乡、东胜乡。

十一　县府组织

查本县为二等县治，县府组织，县长、秘书以下，分一二两科，各设科长一员，一科科长兼总务主任，次设民政主任一员，财政主任一员，科员二员，雇员四员；二科科长兼财政主任，次设建设主任一员，教育主任一员，督学一员，技士一员，科员一员，雇员六名。

十二　公安局之组织

查本县公安局设局长一员，二等巡官一员，二等巡长一员，三等巡长二员，雇员一员，警士三十三名。

十三　保卫团之组织

查本县保卫团，总团长一职，由县长兼任，设副团长一员、分队长一员、书记司书各一员、班长二名、传达二名、团丁二十名。

十四　各机关学校之大略情形

查本县机关，除县政府、公安局、保卫团而外，有司法公署，设于县府院内，县党部，设于桥西马桥街。学校有省立第二师范学校，在桥东四马路街，校内建筑颇可。所有县立学校，有完全小学三处，二处在城内，一处在县属四区之卓资山；初级小学有十八处，城内一处，各乡村共十七处；并有城内图书馆附设之民众学校一处，全县小学共计二十二处。至民众团体，有商会、农会、木匠业工会、教育会、文献委员会等会。

十五　交通

查本县交通方面，颇称便利，平绥铁路，南来西去，道经本县县城，站台即设于县城之中，建筑颇称宏敞，所有铁道，在本县以南，为南北轨，出本县县城不二三里，即为东西轨，揆其形势，可为东西交通之枢纽。

十六　县城之形势

查本县县城，北临霸王河，西依黄家梁，东南方面，有老虎山，山之西偏，怪石突现，形若伏虎盘锯〔踞〕，山名因焉。山峰高峻，独秀巉岩，登临其上，全城毕都〔睹〕。山下有渠，名曰南河渠，紧迫城之南堵〔部〕，由西而东，回环若带。城内地址，则西南较高，而东北较低，周围环以土围，除西南突出，而东北略形缺凹外，作扁方形，街衢虽以开辟未久，建筑不甚完善，而道路宏敞，闾阎宽阔，规模颇有可观。

十七　泉水

查本县城南约四五里，有毛不浪村，村之西北，有泉水一道，宽约三尺，深一尺许，每当夏季，清波荡漾，两岸丰草绿蓐

〔缛〕，可供游人赏玩。

十八　森林

查本县城南南河渠，地势下洼，林木茂盛，山禽野鸟，噪杂其上，每当夏季夕阳西下时，游人多散步其间。

十九　营盘

查本县县城西南，有山西骑兵第六团兵工建筑营盘，工虽未竣，第据该军所称，本年内一准竣工，将来此工完成，则于本县之防守，大有裨益，诚幸事也。

《内政公报》

南京内政公报处

1935 年 8 卷 16 期

（朱宪　整理）

绥远政治经济概况与绥远开发问题

蒋　赞　撰

（一）导语

国人自"九一八"事变后，咸知注意西北问题。故年来开发西北之空气，甚嚣尘上。绥远为西北之一部，北控外蒙，南襟晋、陕，西接宁、甘、青、新，东由平绥路直达平、津。砺山带河（山之高者，以阴山为干脉，水之大者，以黄河为总流），形势险要，岂特为西北重地，抑且是中原屏藩。故张溥泉先生对绥远有"近西北"之称。西北之政治整理与经济开发，实以绥远为先锋。

然而吾人反顾绥远之实况，殊足引起吾人莫大之失望。地广人稀，文化落后，其社会情景与生活概况，除平绥线附近已有显著之进步外，其他各地或乡村中，则仍带有十五世纪中古时代之风味。一般平民，食则兔葵燕麦，衣则老羊皮袄，燃料以牛粪，住屋以土碉。至其地广人稀之真相，计绥远土地面积，共约一百四十九万方里（各县、局约占六十三万方里，乌、伊两盟十三旗约占八十六万方里）。全省人口据最近调查，各县、局计一百七十九万六千四百余人，乌、伊两盟约三十七万五千二百余人（内蒙人二十一万八千七百余，汉人十五万六千五百余），共为二百一十七万一千六百余人（平均汉人居百分之六十，满人居百分之十，蒙人百分之十五，回、藏合占百分之十五），与全省面积比率，每方里不足二人，较之内地每方里七八十人之多，相差太远。

综观上述，可知绥远为我国边陲重地，在军事上、政治上、经济上，均占重要地位。同时又知其地未尽其用，货未畅其流，政治幼稚，文化落后。故特将绥远之政治经济概况，加以检讨，俾促国人对于绥远问题之留意，并供关心西北问题者之参考。

（二）绥远政治概况

1. 省制小史——秦以前之绥远，情形不详。在秦属《禹贡》雍州。汉属并州（分云中、定襄、五原、朔方四郡）。后魏都于和林格尔（即今和林县）。隋复置定襄郡。唐属关内道。元代系隶西夏中兴等路，后废为东胜、云南二州及延安、宁夏等路。明初为东胜等州，后入蒙古，属察哈尔，是为鄂尔多斯。清初土默特归降诸部，悉内属，置都统以领之，乾隆设绥远道，康熙改归绥道，辖九厅。迄民元，一律设县。民国二年划绥远特别区。十七年九月，内政部呈准，就旧绥远特别区域原辖各县、局暨原辖蒙旗地方，并划分旧察哈尔特别区所辖之丰镇、凉城、兴和、陶林、集宁等五县，合并改置绥远省，现省会在归绥。

2. 行政区划——绥省分一市，十六县，二设治局。所谓一市者，即省辖包头市。二设治局，即安北、沃野。其十六县分三等，一等县为归绥、萨拉齐、包头、丰镇，二等县为武川、兴和、五原、集宁，三等县为托克托、东胜、凉成〔城〕、清水河、和林格尔、陶林、固阳、临河。全省总分为四部，即察哈尔部右翼、土默特、伊克昭盟、乌兰察布盟。兹将其十六县、二设治局、四部、十三盟建置表列后：

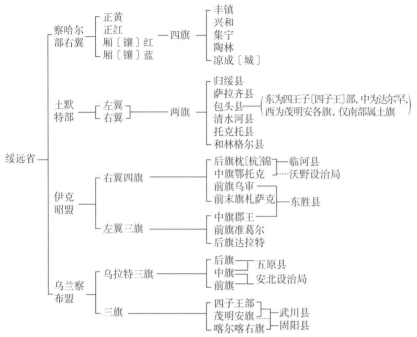

3. 行政近景——绥省行政，自十七年划为省后，其组织与内地各省不相上下，故无庸赘。兹所需说明者，为绥省内政近年之变化与进步。绥远在民十七年以前，种种设施，仅具雏形，政治方面，更为幼稚。自傅主席主持绥政后，深感西北连年荒旱，兵匪遍野，地方元气已损失殆尽，将欲起人民于水深火热之中。乃于二十二年冬曾一度出巡，视察民隐。由此视察，因而从事政治改革者，有（甲）废除杂税苛捐，减轻人民负担。（乙）缩减政府组织（如裁局为科），增加行政效率（如省府成立县政研究会）。然应改新之点仍多。

至于地方治安情形，亦较往年稍有进步。绥远在七八年以前，因受内战影响，军队调动失常，防剿疏忽。加以十七八年荒旱成灾，人民不堪饥馑，挺而走险，故其时遍地皆匪，人民不能安居乐业。近两三年，因政府痛剿之结果，匪患渐平，地方比较安静。
如绥西、后套一带，向为悍匪盘据之老巢，现亦肃清。其他绥省
全境，罕有匪迹。二十三年解决孙殿英部后，不免有零星逃走散
兵为害闾阎，但以防御严密，现已相继远遁。故绥远地方之近况，
现尚称平静。

以上就绥远一般政治状况上观察，尚不甚恶。但其应兴未兴之
事，应革未革之政，亦复甚多。其最著者，如教育之腐败，殊足
引起吾人重大之悲观。办教育者多以教育为啖饭地，而不以教育
为社会事业，各县教育局无异分配教育饭碗之总机关。所谓教界
人士，莫不明争暗夺，勾心斗角，上则逢迎上司，下则利用学生，
咸欲得一席之地位而后快。因是学潮起伏，累有所闻，学生亦多
养成嚣张之习气，好高骛远之心理，以致校风日下，收效维艰，
此种现象，已足为绥省教育前途可虑，至其教育程度之落后，当
不待论。盖以其教育历史尚浅，文化背景，根本不能与内地相比
也，故政府对于绥省教育之改进，首宜整饬学风，再分别提高其
教育程度与改择其学科标准。

（三）绥远经济现势

绥省经济，概括言之，当然立于不发达之地位（如交通之不
发达，农地之未尽垦，市场之萧条……）。然若详为观察，可作如
下分列之说明：

1. 农业概况——关于绥省农地未尽利用，与其开发之重要，
容于下节中详为说明。兹所论者，为其一般的农业略况。绥省各
地稼禾年只一季，农产品以小麦、山药为大宗，次为鸦片之种植。
农民生活程度之低，较之关南，奚啻霄壤。惟自近年以来，绥省
亦为农村破产之狂澜所冲激，农民之购买力大形减弱，劳动者生

活恶化，遂成为社会上一般的现象。同时因农作物之价格日渐低下，受谷贱伤农原则之支配，农村更走入进一步的不景气。

绥省为大陆气候，雨量鲜少，农业水利问题，颇为重要。该省最大农业水利工程当推民生渠。兹将该渠之概况，略志于后。民生渠之开凿，创议于民国十七年。其时绥省旱灾惨重，由省主席李培基以省款二十万开工，嗣以工程艰巨，乃商请华洋义赈会总会接续进行，开干渠一百五十余华里，支渠十四条，现已完成者十条。二十一年渠工大部完成，渠经萨拉齐、托克托二县，可灌田二万顷。现以华洋义赈会担任之大部工程已竣，已呈由省府、义赈会，及萨、托地方代表合组民生渠水利公会接续永久管理该渠一切。该渠去年（二十二年）开放闸口试水灌田，乃以黄河含沙过多，渠道坡度过小，水流迟缓，宣泄不畅，泥沙遂多冲积。且该渠不深，必于黄河能达最高水位时，水始能灌入。故现在之民生渠，实际上无甚大效用。其水利公会现已聘定专家，对该渠作整个改造计划，二十四年春，即可实施改造工作。

2. 商业略志——绥省过去商业交易，尚称频烦。其商品出路，在东者有多伦，在北者有库伦，在西北者则有哈密、迪化。每年骆驼载道，络绎不绝，大商巨贾，比比皆是。其中最著名为大盛魁商家，资本不下数百万，出入经营之商人亦动以千计，高楼巨厦，矗立空际，其气象之盛，可叹观止。嗣后新疆连年变乱，每岁烽火，而日帝国主义又占据察东，于是风声鹤唳，草木皆兵，诸路商贾来往，遂告断绝。因而绥省大商如大盛魁等店，皆相继倒闭，以致绥远经济，一落千丈。盖今日绥远经济之不景气，此实为一有力原因。

3. 金融纪要——绥省金融界尚称稳定。各市镇所通用之货币，多为绥远平市票及山西省银行之钞票，亦间有中央银行及本地钱庄所发行者。惟近年常受他省金融界之牵制，亦不免发生挤兑及其他不幸事件。然其所掀动者，尚不十分尖锐化。故云绥省金融之现势，尚属不甚恶。

4. 水利交通——绥省完全大陆气候，素以寒旱著称，阴山以北更盛。其全年雨量亦不过十七英吋，故其水利常赖人工开作之沟渠。计河套安、五、临三县，地长七百余里，广百六十余里，全为渠道纵横（计有干渠四十五，支渠九百余），灌田而耕，以维民生。惜往岁地方比年不宁，未得遍地尽量开发耳。至于萨、托两县兴修之民生渠（详情已见前述），如将来能改造尽善，则绥省水利，不难借以普遍。

关于绥省交通，向以地阔人稀，甚不发达。水运仅有由宁夏至包头利用黄河之航运。陆路已成铁路仅有平绥线，其未成之包宁线尚在计划中。至于汽车路已成者，西有包兰路（包头至兰州），东有张库路、平滂路（平地泉至滂江）、丰兴路（丰镇至兴和）、兴柴路（兴和至柴沟堡）等。此外由绥远到新疆，包头至外蒙，除用驼运外，近年亦可间通汽车。

5. 矿业——绥省天然富藏，亦颇丰富。惜交通不发达，未能尽量开发耳。关于矿业方面足资纪述者为（甲）自然碱，（乙）煤矿。兹分别述其概情于次：

（甲）自然碱

（子）察罕淖，又名西碱湖

（1）所在地　鄂旗正东一百八十里。

（2）矿区面积　湖东西长九里，南北十八里。

（3）交通　西距甘肃磴口约二四〇里，东距包头六四〇里，榆林四八〇里。

（4）矿床状况　湖底积碱厚一二尺。

（5）矿质种类　结晶体平均一·五尺，重量一百斤。

（6）每年产量　约四千三百二十万担。

（丑）巴彦淖，亦名东碱湖

　（1）所在地　　鄂旗正东二八〇里。

　（2）矿床状况　　厚尺许。

　（3）矿区面积　　与西湖埒。

　（4）每年产量　　三万担。

　（5）交通　　距澄〔蹬〕口县三百二十里，陕西榆林二百
　　　　四十里许。

（寅）杭盖碱湖

　（1）所在地　　杭境〔锦〕旗北。

　（2）矿区面积　　东西五里左右。

　（3）每年产量　　年产约二万余担。

　（4）交通　　距黄河十里，距包头三百六十里，距五原县
　　　　一百二十里。

（乙）煤矿

（子）杨圪塄煤田

　（1）所在地　　萨县北。

　（2）矿区面积　　绵亘四十余里。

　（3）设备　　土法开采。

　（4）交通　　山脉甚多，交通不便。

　（5）矿质　　烟煤，一部可炼。

　（6）每年产量　　各约二千余担。

　（7）销坊〔场〕　　萨拉齐、公积板。

　（8）组织　　有模南公司。

　（9）矿床状况　　东西两部为二叠纪煤系，中部为侏罗纪
　　　　煤系，储量一千二百万余吨。

（丑）察素齐站西北二十里之万家沟煤田

　（1）矿质种类　　无烟煤。

　　　（2）运销地点　绥远内地。

　　　（3）每年产量　按民二十年销量为五，〇〇〇至六，〇
　　　　〇〇吨，故其产量亦当与此数字相差不远。

　　（寅）萨拉齐阴山脉大青山东部煤田

　　　（1）矿床状况　储量数万万吨。

　　　（2）矿质种类　无烟煤。

　　　（3）运销地点　绥远至包头。

　　　（4）经营程度　未大采。

　　　（5）交通　距绥包路约二十里至四十里，故交通尚称
　　　　不恶。

　　（卯）萨拉齐阴山脉大青山西部煤田

　　　（1）交通　距绥包路约三十里。

　　　（2）矿质　烟煤，似宜焦。

　　　（3）矿床状况　储量数万万吨。

　　　（4）销坊〔场〕　包头至绥远。

　　以上为就绥省矿业较具规模者，加以叙述。其他如鄂托克之
盐、碱，固阳之铜、铅，郡王旗之无烟炭，青河之铁等，亦皆为
绥省比较重要之矿产。

　　6. 绥省经济中心之包头——归绥为绥省政治中心，而经济中
心，则在包头。包头由一土堡围成，堡建于数年前，盖以防匪。
惟自王靖国师部驻扎该处后，对匪痛剿，现已大靖。城内有塞北
关一处，该关为塞北著名之税收所，但近年收入较往年大逊（现
仅收十五万左右）。其款解至省城，再解往太原绥靖公署。

　　且包头不仅为绥省富庶之区，又当平绥路之终点，举凡河套一
带之谷物，甘、青、宁三省之皮毛，莫不集中于此。市中载运羊
毛之骡车、骆驿频〔颇〕盛，而毛织厂亦甚发达。其他如手工织
造之地毡，作种种花样（花草及动物形状），莫不毕肖精致，惜资

本稍小，现产品尚属有限，不能大量输出耳。

（四）开发绥省论

吾人综观上述绥省政治、绥省经济之概况，一般的乃陷于不景气状态中。如工业、商业之不发达，水利、交通之不便利，农业经营之落伍，社会生活之简陋等，多在国内一般水准以下，非地无余利，民无余力所致，正因开发不力，利未尽用之故。吾人试看下表，则知绥省已垦土地与未垦者比较，已垦者尚不足百分之二十，甚堪注意：

绥远全面积一百四十余万方里
- 平原（占百分之四十，约合三百零二万四千顷）
  - 已垦地二二三七三〇顷
  - 未垦地一百七十余万顷
  - 各蒙旗应存地为一百十万顷
- 山岭——占百分之三十五，计四十九万方里
- 沙漠（不可垦地）——占百分之二十五

由是以观，可知绥省可垦之地仍多，开发绥省之重要与刻不容缓，可想见矣。兹将绥省过去开垦略况，与今后开发绥省之必要与可能，分别析述于次：

1. 开垦之史的进展　绥省原系内蒙一部，在蒙古未开放以前，人民均以放牧为生。至清乾隆间，始有汉人前往河套从事农垦。道、咸以还，清廷对蒙政策变更，奖励移民，并开河套之八大渠，以立西北农垦之基础。自平绥路告成，包宁汽车道衔接，燕、鲁垦民往者接踵，绥省垦务因之渐兴。清末光绪二十八年，晋抚张之洞[1]提倡开垦，在丰、凉两县设立押荒局，是为绥省垦务之发轫。嗣经岑春萱〔煊〕条议扩充蒙边，钦派贻谷为垦务大臣

----

[1]　有误，光绪二十八年张之洞并非晋抚。——整理者注

督办蒙旗垦务，分全省为东垦、西垦、土默特牧场地及各台驿站地数部。于东路分设清丈局及东路垦务公司，张家口设督办垦务公司。西路于归化设垦务总局，包头设西盟垦务局及西路垦务公司，清丈乌监〔盟〕六旗。又设查地局，丈放土默特旗地亩。

　　光绪三十四年，垦务大臣贻谷以误杀丹丕尔案被查办，于是各丈放机关与垦务公司，均告停顿。直至宣统三年，未得进行。民国成立，有志垦务，于绥省督统署设督办垦务公所，总司其事。当即恢复牧场局，又设清理归、武、和、萨、托、清六县地亩局，乌托〔拉〕特三公旗地亩局，以丈放地亩。民国四年，改督办垦务公所为督办办事处，并设绥远垦务总局，又以归、武、和、萨、托、清六县地亩局面积太广，难以兼顾，遂分为归、武、和三县地亩局与萨、托、清三县地亩局，复于五原增设西盟垦务局，下设河套水利局及勘放图克木地亩局，勘放东山沟地亩局，勘放茂明安旗报垦通兴功地亩局等。民国九年，以经费困难，撤销图克木地亩局，归并牧场局，又撤销牧场局，归并萨、托、清三县地亩局与武、归、和三县地亩局。旋又将武、归、和、萨、托、清地亩局合并为一，增设勘放官庄子地亩行局，以丈放官庄子地亩。十年撤销官庄子局，又增设勘放西公旗报垦五大村地亩行局，勘放乌拉特三公旗地亩局。十一年设勘放沙拉穆楞台膳台地亩局。十二年增设勘放高要亥地亩局，勘放西公旗报垦乌兰报申地亩行局，勘放广觉寺地亩局。撤销六县地亩局，五大村地亩局，并三公旗地亩局。但于各地设分局丈放地亩，迨地亩丈放在半数以上，因经费困难，即归并邻近地亩局办理。此四期中，计共丈放十九万七千九百一十六顷八十六亩七分。未丈放地亩，尚有二万五千八百二十顷七十六亩三分。现在绥远垦务总局之下，设七分局，并于总局内设垦务设计委员会，聘请专家拟划绥省垦务。此绥省办理垦务经过之梗概也。

吾人总察上述，可知绥省垦务发展，虽有相当之历史，然因种种事故，并未充分收效。如当贻谷为垦务大臣督办蒙旗垦务时，蒙人不知开垦之利，始服终抗，同时乌盟六旗联名抗垦，经多次波折，始告平息，然垦务受影响已不少矣。又为民国九、十、十一年间，常因经费困难撤并垦务机关。同时中央政府亦始终抱一不急进之态度，以为边陲荒地，鞭长莫及。故绥省垦务，迄今并未有若何著大之发展也。

2. 开发绥省之必要——绥省为我国西北政策之张本，同时为国内之屏障。故绥省繁荣与否，关系我国政治前途与经济发展者至大且巨。兹就开发绥省在我国政治上、经济上之作用，分别申述于后：

（甲）开发绥省在政治上之作用

（1）暴日虽占我东北四省大好河山，其野心犹为未足，无时不欲乘机向我西北进展，以圆其大陆政策之美梦。同时英、俄等国，亦在我西藏、新疆等地，种下一些政治上、经济上势力，均有更进一步取而有之之势。故吾人准是以观，则我西北现已陷入危急存亡之状态中。绥省为我国"近西北"，北控外蒙，南襟晋、陕，西与宁、甘、青、新等省相接，东由平绥路直达平、津，砺山带河，形势险阻。吾人于此认为绥省若存，西北虽失，犹有挽救之余地，绥省若亡，西北虽存，亦随时有丧失之危险。故早日积极开发绥省，使绥省政治、经济，列于完善之域，不特可以为国家屏障与开发西北之张本，亦且关系西北存亡之大经。

（2）开发绥省，可使东南及其他处过剩人才，集中其地，一面为之妥筹生计，使之富而好礼，一面联络相互感情，训练团体精神，使其文化、思想、风习等与国内打成一片，以保持我国行政之独立与土地之完整。

（乙）开发绥省在经济上之作用

（1）根据绥远垦务计划调查，开垦绥省，在一般经济上能收获下表之效用：

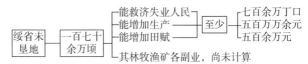

（2）对于实业上，一方面可以推销国内制品，同时可将西北原料供给滨海各地制造之用，其利于我国工商业之发展者，实非浅鲜。且我国农村破产，工商业凋敝，普遍呈现失业之现象，如能实行移民开边政策，则可减少失业之人数与社会之危机。同时西北人才可为东南或他处所需要者，亦不妨实行内移政策，此点不特可以收经济上①。

3. 开发绥省之可能——绥省地广人稀，已略见前述（每方里不足二人）（已垦地与未垦地相较，已垦地仅占百分之二十左右）。故开发绥省在土地方面，当然不成问题，可以充分利用。再就社会环境与天然气候而论，亦适足以增加开发绥省之可能性。

（甲）社会环境上所给与之可能

夫开垦土地，经营农业，并非短时间内即可奏效，非经三五年，或十年八年之努力，不能建筑相当之基础。故若社会不安定，兵匪常扰，一夕数惊，则一般人民之生命财产，均陷于无保障之领域，更何能使之开发未垦之土地乎。西北过去兵匪连天，旱荒频仍，社会甚形不安定状态，近年以当局严为防剿，改良政治，地方已称安定（略见前述）。且从前人民不知开发之利，往往对于政府开垦事业之设施，抱一种怀疑或反抗态度，以致垦务事业进行上，常发生重大之障碍，近年来民识渐开，此种现象，亦大减少。故现今绥省社会环境，已使资本家可以放心投资，开垦者可以安心其事。

---

① 原文如此，有缺漏。——整理者注

（乙）自然环境所给与之可能

农业经营，与天然阳光、气候，有莫大之关系。如栽培作物之种类与性质，以及生产的丰歉、品质的优劣，皆常受天然气候之现代需用的，工业原料之作物如甜菜、黄豆、亚麻等，皆可广为种植，与辽宁黄豆相媲美。绥省虽为大陆气候，但不十分酷寒，据新农试验场报告，绥省十九年度四月至十月气候平均最高为华氏九十度强，故在此期内播种作物，甚为适宜。至于冬日气候，在十九年十二月平均温度为华氏十五度，即最低时，亦仅为零下十度，一般作物如苴〔苜〕蓿牧草长年生长的，亦不致于冻死。故绥省杂草畅茂，随处皆为天然的牧场。现绥省牧业，虽不谙科学方法，然牧养事业，亦殊有可观。所以在绥无论农牧，皆可大开方便之门。另外绥省农业最大限制，当推雨量之不足，十九年总共雨量只一百八十七公厘。然近三年来风调雨顺，气候颇有转向的趋势。且其地虽多属高原，然水面极浅，深不过数尺，凿井灌田，并非难事。若再能整理后套水利，改良民生等渠，励行选用耐旱种子，栽植森林植物，则雨量灌溉，更无不足之虞。

（丙）资本劳力之无困难

开垦事业，有三大要素，曰土地，曰劳力，曰资本。绥省地广人稀，已略述于前。至于劳力方面，更无问题。近年国内经济呈普遍不景气现象，工商业凋敝，农村破产，以致劳力过剩，失业者日见加多。若政府能奖励移民，助其垦荒，则一方面可减少社会失业之人数，他方面可收开垦荒地之效益，可谓一举两得矣。再资本问题，亦不难解决。我国近年来，现金多由乡村集中都市。政府宜设法使集中都市之现金，不致继续外流，而使之复润于金融枯竭异常之农村，并利用其一部分，以作开垦边荒之用。吾人试观上海一市各银行所存现金数目（截至二十三年十一月二十六日止），已殊可惊。其他如各大公司、各大商店、各家庭……所存之现金，尚不计及。兹将上海各银行所存现金列表于后：

银　行	银　两	现　洋	厂　条	大　条
中央	三，七〇〇	七八，六二〇	一七，一四七	五，八四〇
中国	六，三三〇	六五，四四〇	七，五五八	二，一一〇
交通	一，三三〇	三九，四二〇	七，一九〇	——
通商	——	三，五〇〇	——	——
东方	——	二，八〇〇	——	——
四行库银	二，二三〇	一四，四二〇	四五五	——
汇丰	五，七三〇	四，一一〇	——	——
麦加利	八六〇	六〇〇	——	——
花旗	二，三〇〇	一一，六七〇	——	——
台湾	二，〇六〇	二，六一〇	六三〇	——
中法	——	四〇〇	——	——
三井	——	二，三〇〇	九二〇	——
正金	——	三，七〇〇	——	——
三菱	——	一，〇〇〇	一一〇	——
荷兰	——	八二〇	一九五	——
华比	——	一，九〇〇	九五〇	——
有利	——	一，二二〇	九三	——
住友	——	六一〇	八〇	——
朝鲜	——	二，四七〇	二三〇	——
大英	——	二〇〇	三六〇	——
大通	——	二，一九〇	二九八	——
安达	——	一，三〇〇	一一	——
德华	——	八九〇	一〇〇	——
华义	——	三〇〇	——	——
运通	——	九四〇	——	——
钱库	——	四，八六〇	二七四	——
各庄	五，九三〇	二五，九六〇	二，五六七	——
统计	三〇，四六〇	二七九，六八〇	三八，二六八	七，九五〇

附注——银两、银元，以千元为单位。

吾人由上表中可以窥出上海现金，近数月来虽受美国收买白银政策之影响，源源大量外流（政府征收白银出口税后，依然外流），然现存现金，为数尚不算少，可知近年来现金由乡村集中都市之盛。若用政府力量或履行奖励投资政策，使资本家、金融家，投其资金开发绥省，并非难事。

总合本目所述，可知开发绥省之效力与资金两条件，均无若何之问题。惟视吾人有实行决心与否耳。

4. 开发绥省应注意之事项——绥省开发，本有相当之历史（已见前述），然至今尚未收若何显著之成效者，其主要之原因有三。（甲）过去政府对于西北开发常因人择事，因事择地，无真实开发边荒之决心与精神。（乙）经济缺乏，物力不足。（丙）其民知识浅陋，不谙开发之利，不但缺乏互助共管、共襄其事之精神，抑且联合反抗，常视开垦者为仇敌，以致垦务进行，亦往往受重大之障碍。吾人认为今后开发绥省首应注意下列数原则，然后方不致再有失败之虞矣：

第一，政府必须"为地择事"，"为事择人"。凡政事之成功，半因组织，半由人事。欲组织完善，必其范围恰切地方需要，顾虑周到，繁简适中也。欲人员称职，必其才能适合时务之特性，学得其用，用得其长也。绥省自有其特殊情形，其应用何种组织与何种人才，自须以其特殊情形为依据。故若能为地择事，为事择人，则百事举而地方兴焉。若政府为人而设官，为官面〔而〕举事，举其事者，对于当地情形并无相当之认识，同时视开垦事务为唼饭处所，于是不失于冗，便失于偏，不失于浮泛，便出〔失〕于倾轧，其开发之举，虽历时数十年而不能收显著之效者，亦固其宜。

第二，注重"生产建设"。吾人由上述中可知绥省经济近况，工业幼稚，商业凋敝，地广人稀。水利虽饶，而年久失修，效能日减，矿产虽丰，而蕴埋地下，未能开垦。复以连年灾乱，农村破产过甚，金融枯竭，生活困难。故今后绥省开发，首宜注意生产方面之建设，以裕民生。如交通之改良，农林之播种，牧畜之促进，水利之兴办，新绥商运之恢复，各种矿产之开采，俱为要图。

第三，注重"心理建设"。过去绥省开发之失败，原于人民心理不良者，实非浅鲜。故今后开发绥省，对于物质〔心理〕建设，亦不可忽。关于心理建设之大端，为下列二者：

（1）变故步自封之心理为通力合作之心理。西北人民不审开发之利，对于政府垦荒行为，往往视为仇举，不能通力合作，抑且起而反抗。同时国内人一般心理，以为西北者，西北人之西北，西北之事，西北之人自然能了之，无用外省人士之越俎而代庖。殊不知吾国人才原属有限，西北教育落后，人才更少。集合各处之才力以开发之，尚恐难举其事，况可存此封建之心理而不能通力合作乎。故今后补救之道，一方面使汉人之为地方官吏或开垦者，根本改革压迫土民恶习，而变为劝导保抚之态度（并唤起全国人士均有开发西北之义务）；一方面提高当地民众之知识，使知开发之利，并彻悟共和则共存，相争则相亡之原则。

（2）变贪懒苟安之心理为发愤自强之心理。绥省地处边陲，交通不便，鲜与外人接触，未尝受过刺激。故其民多苟且偷安，不肯发愤有为，宛如醋饮积薪之上，歌舞漏舟之中，受耻辱而不自觉，处危境而认为安然。外国易于乘机领有我边省之政治权与经济权，质是之故。故今后宜启发边民自强愤勇之心理与爱国之精神。

（五）尾声

　　吾人观察绥省政治、经济之现况与绥省在我国所处之地位，故认为绥省确有继续开发之必要，而开发之条件，又为环境所许可。故特草成斯文，略呈今后开发所应注意之事项，俾免再踏过去之覆辙，借供政府与热心边疆事业人士之参考。

《新亚细亚》（月刊）
上海新亚细亚月刊社
1935 年 9 卷 1 期
（李红权　整理）

蒙古人之特质

吴小言　撰

筹边固圉的呼声，甚嚣尘上，东北四省已失之东榆，今日最严重的问题，莫过于蒙古，盖蒙古受日、俄二大帝国主义者的包围也。

关于蒙古的地理环境及其政治、经济现况，各报纸、各杂志逐日在讨论着，这很足以表示全国人士的筹边热。但静的研究，固属重要，而动的探讨，也不可忽略。蒙古的自然环境应该知道，蒙古人的精神与特性，更不能不知。过去的蒙、汉两族，时常变乱，固由于地域不同的关系，但因民族性的各不了解，也占重大的因素，蒙人畛域之见甚深，汉人又好以小智自喜，愚弄他族，以是，构成了民族上的憎恶心理。民族间各无推诚相见的诚心，自难责同舟共济的实效，纵无外人的诱惑，亦可出于脱离叛变之一途。往事得失，固无论矣，今而后欲求民族上的提携，非先求了解西北各民族性不为功。

个人虽非蒙人，但与蒙人往还甚久，今乘此蒙古风云严重之际，愿将我所认识的蒙古人种种，介绍于国人，以为关心蒙古问题者的参考。查蒙古与我土壤相接，人民杂处，历史上的渊源已久，汉人对蒙人的观念，始终是轻视与憎恶的态度。往者，汉人对蒙人，每以臊达子及游牧的野蛮人作简称，在蒙古经商之汉人，则以蒙达子钱为目的，满清时代服官蒙古者，曰吃达子油。文人学士，则以蒙人乃"黄衣佛号气息奄奄之蒙古部落"。两族感情隔阂如此，团结又恶能谈到。孙中山先生说，"对于国内弱小民族，当扶植之，使之能自决自治。"吾人对未来蒙古问题的解决，亦绝不能抱舍蒙人而收蒙疆之幻想。清初所以能收服全蒙、征服新疆者，以有喀尔喀四部之为前驱。往迹未远，可作借镜。所以扶植蒙族，即为收复蒙疆之准备，破除隔阂，又是扶助蒙族的入手。

蒙古喀尔喀族人的天赋，依吾管见，绝非低能如非洲、澳洲之土著，又绝非无文化如吉尔吉思之部落，他们与善事模仿的满人既不同，和险鸷阴狠的俄人更相异，我们从他们先天的遗传上看来，正自有其直朴伟大的精神在。至其民族性的变化，乃为地理环境与满清统治政策所造成。

吾人轻视蒙人的原因，实缘于经济学上生产阶段的误解。经济学所分渔猎时代、牧畜时代、农耕时代、工商时代的阶段，乃自纵的方面而言。由此遂生出社会学上的误解，以为生产技术的不同，就是民智高低的标准。若从横的方面讲来，因地制宜，各有其生活环境的应付方法。人类大都受环境支配，很难谈到战胜环境，所以人种的优劣，不能以生活种类为绝对的断定。农工阶级不见得皆优，而畜牧民族又岂个个尽劣。

近年吾国谈边政者，咸谓经营国防，宜派兵屯田蒙古，化土人之游牧，易以汉人之耕种，这实是最不切要之论。蒙古为大陆气候，干燥少雨，沙漠绵亘〔亘〕，土质硗确，飓风狂暴，连旬累月，往往今日水流，明日沙丘，今日草色，明日石田，所以数千年游牧无常。逐水草而居，实因其地理环境使然，非民族智慧不及而不解农耕之术也。所以今后之谈筹蒙边者，应以植树造林、改良牲畜，为蒙地适宜之生产，否则舍本逐末，终鲜济于事。

从来游牧民族，大率体魄强健，勇武有为。蒙古族上承成吉斯汗的余威，雄踞于大漠南北。满清始起，引蒙人以为臂助，及其入主中国后，惮蒙人犷悍之心更深，遂假借迷信主义以相煽惑，减其孳生，锢其知识，从此蒙人入于浑噩无进步的生活。清代更与蒙族封爵置盟，列为世仆，施以严厉的束缚，制为层累的阶级，伺以宗女，镇以重臣，监以喇嘛，凡一切文字、习俗、生计、婚姻、交际，与夫入关的道路，垦种的田地，在在不令其自由。非惟禁绝异族交通，即同一蒙族，亦分别区域，限制往还。数百年来，人口的减少，生活的艰困，风气的蔽塞，都是满清毒棘〔辣〕手段之所赐，这不能归咎于蒙人的天性愚顽。

德国海得耳堡哥大学教授柯劳斯（Krause）著《蒙古史》，对于中世蒙族领袖，有这样的批评：

> 蒙人对何种文化，皆非所长，凶悍野暴，令人恐怖，俨如洪水猛兽，所过无余，大军远征往返万里，立谋定策，犹能使今之军事专家失色，其子孙皆出类拔萃，饶〔骁〕勇善战。

当年的蒙人，既未熟读兵书、研究形要，而方略战术，极尽巧妙之观。其军械军制，与夫天文舆地的技术人材，无不完备。成吉斯汗率六十万人西征，休兵于雅尔达实河八阅月，战无不克，攻无不取，西人惊为上帝之鞭。其运筹帷幄之策划，虽多出于辽、宋谋士之手，然知人善任的精神，则不能不折服蒙人脑筋的敏锐。

蒙人所缺欠的是学术，这因为社会无累积文化的关系。然其遗传性的颖慧，如注意的集中，记忆的深刻，思索的领悟，平均在汉人之上。余尝与喇嘛接谈，彼等述藏经及豫言，滔滔不绝，这不得不谓为好学。独惜其迷信经典太深，无机研究科学。满清时代，蒙人将相并出，近来热、察、绥等省区，能熟读《三民主义》的，更不乏人，我们不能因为蒙人衣服的不合时宜，而径谓蒙人不堪教训。

边地各省居民，不谅蒙人直朴的美风，恒以机诈愚弄之，久之，则此以诈往，彼亦以诈来。漠南各部的蒙族，狡猾甚于汉人，设非头脑敏锐，固将永受欺凌，这又足为蒙人头脑敏锐的反证。吾人果欲携手蒙人，常〔当〕先自去轻视心作起。

体质勇敢，是蒙人唯一的特性，历史上惊人的远征，虽有其他因素，然使民族夙极怯弱，断难有此武功。查喀尔喀族人，身材不高，而体质特强，骠悍猛鸷，粗朴好杀，膂力极大，平均在汉人之上。清廷常养力士，以为摔慑蒙人之用。自外表看来，蒙古僧俗，衣履褴褛，行步蹒跚，似甚迟钝，一旦身披铠甲，则敏捷如鹰隼，惟以幼年即熟习马上生活，不惯步行，以故长途跋涉，为彼辈〔辈〕所短，非能如汉人日行百余里。然其骑术著名，男女老幼，都能纵马疾驰。塞北寒风凛冽，侵肌肤如刺，沙石飞舞，凉热俱酷，设非体质坚强，当早受天然的淘汰。是蒙人之耐寒忍苦，勇悍善战性，又颇值得我们佩服。

蒙人生活于较寒地带，按心理上、气质上与地理的关系，热带人多血质，温带人多神经质与黏液质，寒带人多胆液质与黏液质，蒙古人就是富于胆液质的民族。民二征蒙之役，王怀庆部下杂有内蒙兵役，作战勇敢，炮火当前，嬉笑不改常态。友人自蒙归，谈及蒙古村落中，有蒙人姊弟作戏玩，弟以枪弹洞其姊腿部，血流如注，其姊泰然不惊，仅以布缠腿而已。蒙王、喇嘛以及商贾侍从，强半寡于言笑，面目森冷，较汉人的茶余酒后高谈雄辩的情形迥异。据史册所载，铁木真初兴，屡败屡战；忽必烈于危急震撼之秋，无举措异常之态；造成欧洲恐怖的帖木儿，乃是凶残猛悍而兼聪明的哲人。其刚健沉毅的精神，非我汉人所能比。

蒙古的民族，乃由杂凑而成，虽嗜好战斗的游戏，心中绝无利己排外的成见。元太祖征服乃蛮、畏吾儿后，即有九等不同言语的人，聚集在帖卜腾格处，其族最初的杂凑也，如此。成吉斯汗既统一全亚洲与东欧，混合一切民族而受其支配。后数世间，蒙古大汗所都的和林，万国衣冠，同会于此，各国使臣与各教僧正，项背相望。据欧洲法国教士维廉所记（维廉奉法王路易第九之命，使于和林），一日，儒、释、道、回回、基督教五教，抗论于蒙哥大帝之前，各辩是非，大汗以五教比作五指，不可缺一的宽容态度来解释。不但宗教这样，就是各国的工匠，也多居和林之肆。所以和林一地，是各族的杂居场。回徒多精于历算与技巧，天台工厂多任回人以要职。世祖即位，用人尤不分畛域，英、俄舌人杂出于军旅之间，辽、宋仕宦每参机枢之任。尔后北还大漠，帖木儿混一中亚，使被征服的各族人，都编入兵役，用铁拳锻炼各种异族的队伍，使成为一种伟大战斗机器，蒙古人的环刀和默罕木德的《回经》同时用之，往迹未远，构成世界史上的奇观。

《辍耕录》所载蒙古七十二种色目，三十一种之名目，就可见当时种族的混合。但中西文化的钩〔沟〕通，也起始于元代。现在的蒙古人，虽为迷信所囿，然对于宗教上毫无排外的妒性。往者天主耶稣的侵入，一听其自然，这实是蒙人自知自己的短，想采他人之长的原故。所以他那"兼收并蓄"的精神，实在值得我们佩服。

从个人方面说来，蒙人天然的富于社会性质，温顺而服从。昔波斯人赞蒙古人为"凶猛如狮，狡狯如狐，远嘱〔瞩〕如鹰，静穆如猫，忠实如狗，驯服如羊，不洁如猪"。根据这种话，可知蒙人个个都很纪律化，所以懒而无知，实是未受教育之过。他们习于懒惰，而富有含容的忍耐性，自其常识论，与非洲、印度的蛮人迥异。严冬能服劳于旷野，又豫知风雨气候的变化和井泉的寻觅，感觉锐敏，非他族所及。他们因为环境、气候的关系，养成这种特性，所以他们顽迷、偏执、深刻、刚愎，又有坚忍不移、耐久贽实的特质和强韧的精力，较之早熟的狭小的褊躁的日本人，正为最好的反比。

蒙人最初的宗教为多神与拜物，其遗迹仍存于拜星月与祭鄂博，后来信仰回教和喇嘛教。元代的时候，红教东输，尊为国教，平民僧徒恒以入藏学经为荣。万里长途，不辞险阻。近来苏俄南侵，号称打倒迷信，青年蒙人以虔诚的精神，一变而信仰马克司主义。这种错误的观念，固人所皆知，但不学无术的蒙人，能自知自己的短拙，而思采他人所长，这种求知的精神，绝非其他野蛮民族所能比拟。

蒙人既无固有之文化，又富求知的精神，因此，演成精神外注的现象。精神外注，则个性消失，全为无意识的支配，一似被人催眠，自己冥然罔觉，故吾人常呼蒙人为"直眼瞎子"。任何蒙人，一入广众之中，多凝目注视他人的举动。所以他们的精神状态，多为感觉的或神经的，而缺乏内省作用，往往一人唱出，众即雷同而附和之。与汉族固执历史礼教的不同，也少有兼顾求学和思省的方法。缺乏理性判断的人，多富于激烈的感情，没有鉴别能力的人，常陷于极端的轻信，蒙人学术简陋，每陷于轻举妄动的原因，即在于此。

蒙古民族无史册文化可言，宗教经典，非流俗所能尽解。表现蒙古人的精神的，一是传说，二是歌曲。蒙人传说，只有神话与英雄两种，他们的脑中所盘旋的，和我族小儿的心理相似。凡绝无仅有的事，他们便信口雌黄，胡说乱道。《元秘史》上所记载的，就是一个好榜样。他们只知崇拜英雄，推理的能力更薄弱。如现在蒙乡居民，犹以为袁世凯并未死去，乃遁入新疆天山修行。他如山、川、风、云、日、月、星、辰，都各有神话的传说，这更足表现其民族尚在迷信时代。

歌曲为蒙人所共嗜，茶余酒后，往往手舞足蹈，口中念念有词，或作怪声叫啸，驰马于大野，兴至也，歌声叠发。围炉在幕中，兴至则歌舞并作。他们的歌，多是赞美古人伟大功勋的话，有时英雄气短，则作儿女柔情之曲，群歌的时候，有男女多人和音齐唱，其声呜呜，其调悲壮酸楚，令人听了有凄凉之感。在旅行沙漠长途中，恒相互唱和，以慰羁愁，征人听了，更增思乡之感。古人说："一声羌笛出杨柳，芦笳响地向榆林。"蒙人歌唱的嗜好，由来盖甚久远。歌词中有名的，像"大汗天威"、"二郎神"、"活佛打鬼"等，汉人听来虽不能尽解，然亦可领略其大概。

　　"今夜不知何处宿，平沙万里绝人烟。"在蒙古地域，赏心乐事的庭园和良辰美景的气象绝少。浩浩乎平沙无垠，复不见人，正是他们的象征，以如此的外围，当不能产生优美的文学。因其智识、学问很低，所以看到日、月、星、辰，就叹宇宙的广大。每年经过春、夏、秋、冬，只觉得其变化的奇特，因此草木的荣枯，物类的生死，都是他们触景而起的诗情画意。当这些难解问题的发生，他们那跋涉沙漠长征万里的精神，亦因之而消失，惟有恐怖的、忧疑的、踟蹰的、徘徊的苦闷罢了。

　　传说和歌曲的流露，是蒙人苦闷的象征，喇嘛宗教的传播，速于置邮传命，与其说其给蒙人的安慰，不如说是蒙人苦闷象征的反映。所以蒙人带有浓厚的忧郁色彩和悲哀的情调，不亦恍然可知吗。吾尝谓蒙人在其生活之下，凝视他们的前途，百无所见，惟有暗黑。他们的一线灵光，又为宗教吸引而去，无怪蒙人之怅怅然如瞀之无相者。然其愉快之术，既甚浅陋，而哀情郁结，一腔热血消磨于冰天雪地，以民族的悲哀性，恐将变成悲哀的民族，果如此，则蒙人固悲，汉人亦何幸。吾人常抱"圣人普善救人"的意旨，助长其知识，解放其苦闷，改善其生活，天下固无弃物与弃人，何况有伟大民族性的蒙人哪。

　　以上所述，吾意在拨正汉人对于蒙族的不了解，并不是故为蒙族辩护和宣传。再者蒙、汉两族的不接近，是因环境造成，至于姿质的优劣，除后天的文化习俗为天然与政治所约束制限者外，未易判其高下智愚。假令涤除旧染，共向新潮，不但非"河渠之不若汉", 且恐衡以生存竞争适者生存的公律, 将汉不若渠矣。吾汉族之种种病态, 在蒙人固尤有也, 吾人固不应自命高贵而轻蔑弱小黄色兄弟之蒙族同胞也。

鄙意以为明了蒙人的性质, 不但可除轻侮之念, 并可发生同情的共感, 谋实际的合作。世界上的民族, 除环境之影响外, 种族遗传在基本性质上的分别实为至少。吴伟士（Woodworth）认人种差异, 仅在知觉锐敏与反动速度两事, 白种与红种人比, 差异较大, 白、黄两色, 优劣已不能判。至于蒙族与汉族材能上的区别, 尤属难分优劣。至其异点, 仅在习俗文化之间, 而不在心智遗传之间, 然其风习文化一经改造, 不数十年即呈突变之观。先例宛在, 不必复相征引。再者个人之与社会, 有"相互的交义的"关系, 在社会环境势力之优越期间, 则社会以成型而铸造个人, 在个人精神力量之优越期间, 则个人以理想而改造社会。蒙古民族的宗教近型已不如前之有力, 吾人若能从教育入手, 导以汉化, 启以科学, 接以挚情, 以吾之理想而改造其社会, 一反掌之劳耳。

余以为将来收服蒙疆, 不能专恃汉军, 第一步谋近边蒙人的汉化, 怀柔外蒙的逃亡; 第二步划分西北的国防, 编制蒙古骑兵于汉将统制之下; 第三步以蒙土养蒙人, 以蒙人守蒙土, 以教化为正着, 以战守为旁着, 三年吾围可保, 十年生聚建设而全蒙可以收复。然而作始之工, 非汉、蒙合作不可, 非民族了解则亦无从着手。吾之谆谆说明蒙人特性, 正欲谋提携之初步而已。

人类生于天地, 本无绝对的自性, 一切文化风习, 殆皆自然与社会环境的反应。蒙人虽有其短, 亦不能尽无一长, 所以社会学家与政治学家, 欲求治国的常经, 绝不能因噎而废食, 在乎截短取长, 整肃纪纲, 因材而施教, 因地而制宜。吾愿吾同胞认识蒙族的精神与特性, 更愿蒙族同胞, 视蒙、汉为一体, 不存畛域之见, 共同提携, 以进大同之路。今事已急矣, 外蒙已受俄人怂恿而独立，日本更占我满洲、东蒙，窥我西蒙。我蒙古处此两者之间，将来不失于日，即陷于赤，瞻念前途，不寒而栗。如不奋起图存，灭亡可立而待。救济蒙疆之办法，非先求认识蒙人不为功，愿国人注意。

《新亚细亚》（月刊）

上海新亚细亚月刊社

1935 年 9 卷 4 期

（李红菊　整理）

苏维埃布里雅特蒙古

吴勃冈　撰

一

　　苏维埃联邦政府，本来是根据列宁的民众政策，而标榜苏维埃治下边疆异民族的政治的解放和经济的解放的。在进入第二次五年计划的时候，苏联经济建设的方针，已由俄罗斯本国，移而集中于西伯利亚。因了乌拉尔·库资巴斯综合企业，昂哥拉·贝加尔综合企业，以及北部西伯利亚大铁路的建设计划等，把西伯利亚大陆，由密林荒野的原始境，改造而为巨大工业到处林立的，近代文化的一大产业地带。在这时代中，西伯利亚民族共和国的发展，即成为苏联政府重要的政策。由此意味看来，布里雅特蒙古共和国，乃苏联开拓西伯利亚南部国境上有力的民族共和国，无论在经济上或政治上，均成为苏联政府的慎重对策的对象。

二

　　布里雅特蒙古共和国，在苏联的行政区域上，是包含于所谓东部西伯利亚区域之中，以贝加尔湖为中心，而偏处于这带以南的地方。她的南部境界，成为苏联本身的国境，而和外蒙直接相对。

国土的面积为三十八万五千平方公里，约略和日本本国相伯仲，地势有国土三〇%为平原，余下七〇%则为峨峨的山脉和高原。

奔驰于这一带的河川体系，系以贝加尔湖为中心，有色楞格、巴尔额丁及其他诸水系的流入。由贝加尔湖的西南部方面，则有大昂哥拉河的流出。这些水系，不但能使地方经济的中心得以联络，而且可以辅助西伯利亚本线，把西部西伯利亚、乌拉尔、库资巴斯的铁、煤炭、军需品、谷类，输送于远东地方，而将木材、鱼类、煤油以及日本、苏俄贸易的输入品，移入于乌拉尔、库资巴斯等经济地带，发挥极大的运输机能，其中尤以由外蒙北流，贯通苏俄和外蒙的国境，而流入于贝加尔的色楞格大河，蜿蜒奔流，距离流末，及于八〇〇公里，有成为苏联和蒙古的联络大动脉之观。

在以西伯利亚工业化为中心眼目的五年计划中，能发挥最大机能的，还是大昂哥拉河，因为河长及于二千八百公里。这河系西伯利亚国土之母——叶尼塞河的上流，因为共和国的流末地方，有险峻的山岳地带，所以能够显示莫大的水压动力。在苏联国中，把水力称为白炭，认为比黑炭还有更大的工业价值。在五年计划中，全国共建设数十个水力发电所。所以大昂哥拉河，有巨大惊人的伟力。

布里雅特蒙古，更有需要利用动力的天然资源，在贝加尔湖一带，除却莫大的铁矿脉不算外，还有无限的有色金矿、化学原矿，以及其他诸种资源。铁矿的埋藏量达一万万吨，银、锡、苍铅、锰、铝、苏打、水铅、岩盐、硅藻土等，都可以保证无限的工业原料，金矿脉也为西伯利亚全土之冠。这些资源，均在接近昂哥拉水系的地方，所以要用该河川来开发，极为方便。

在第二次五年计划中，苏联计划经济的根本方针，一面经营乌拉尔·库资巴斯综合企业，一面在这地方建设庞大的大昂哥拉·

贝加尔综合企业，决定以这两个经济地带为中心，而计划使西伯利亚全土工业化。由一九三三年起，即着手实施，于是布里雅特这个地方，即由从来的原始境，急速的改造为重工业、军需工业的中心地了。

三

布里雅特的国民经济，为构成大东部西伯利亚区经济之一环。在帝政时代，这些地方不过是停滞于原始的农村经济的地步。布里雅特地方虽含有莫大的天然资源，可是并没有实行过有组织的调查和开发。帝政治下的资本主义政策所采的方针，系注重本国工业的发达，以实现俄罗斯资本主义的繁荣。至于边疆地方，不过拿她当原料供给地，便成为农业地方，而供本国工业物产的重要销售地，以收获巨大的利润而已。为达到这个目的起见，就须竭力阻止原始弱小异民族的文化的、经济的发展，并加以苛敛诛求。

布里雅特地方，系山岳地带，本不适于农业，只靠适于高原地带的牧畜，以供帝政政府的悉索。那里既无工业的普罗阶级，所有的土地和家畜，均为一部分的富农阶级所独占，因此布里雅特的农民大众，无不呻吟于地主和帝政政府两重压迫之下。革命后的苏联，为使布里雅特蒙古国民的经济的解放，不得不以此地方的大规模工业化，和农村轻〔经〕济的社会的改造及其集团化，为前提条件，一面谋农业和畜产的集团化及机械化，以那些丰富的原料作基础，去建设轻工业，一面施行地下埋藏资源的彻底的调查，为第二次五年计划中转化为一大重工业国的准备工作。

依照最新的统计，一九三二年度农业和牧畜的集团化，已达农家总数的六五％，耕地和牧场开拓的机械牵引站，已组织出三十处。播种面积，也由一九二八年度的二十七万六千赫克达，增加三〇％，扩大至三十五万九千赫克达。家畜头数，也由三〇四〈万〉头，增加二五％，为三八〇万头。农产物为稞麦、小麦、燕麦。牧畜则为牛羊、马、绵羊。以这些为原料的轻工业勃兴，遂能丰富布里雅特大众的消费物资，提高物质生活的水准，增强五年计划中西伯利亚经济建设的劳动资力，一九二八——三二年度间，在布里雅特的工业投资，每年平均为二百五十万卢布。

第二次五年计划，处在由"农业国转为工业国"的标语之下，对于布里雅特的国民经济，用了决定的态度，渐渐的把她改造为一重大工业国，苏联政府所决定的计划经济的根本方针，为苏联的宝库西伯利亚的富源开发。拥有盖乎苏联全土的最大水力资源，和无尽藏的地下埋藏资源的布里雅特蒙古共和国，及环绕这一带的大东部西伯利亚地方，和乌拉尔、库资巴斯一样，不仅是西伯利亚经济的中心，而且是可以掌握今后苏联经济发展的关键的重要地带。

自一九三三年度，已经利用到一六〇〇万马力的昂哥拉水系的动力，在贝加尔湖的西方，建设世界的昂哥拉发电所。这是六所巨大发电所的综合体，完成的时侯，电力生产量可达六四〇万万基罗瓦特，比之有名的堵涅普尔发电所的二五万万基罗瓦特，多出二十五倍的威力，在现今第一期的建设事业，为用暴风雨一般的速度，在离伊尔库次克八公里的地点，建设昂哥拉贝加尔发电所，出电力五十二万基罗瓦特，又在其下流建设巴尔哈特斯基发电所，出电力八十万基罗瓦特，一到第三次五年计划末年度的时侯，全部竣工，则苏联西伯利亚的南部生命线，便可以完全电化了。

因了这些惊异的工业动力，多数的重工业综合企业，遂陆续出现，并着手于开发莫大的铁矿、锰、铝、锡以及化学原矿等。旧有的贝特罗夫斯克制铁工厂，业已开端，在第一次五年计划中，大大的改造，已到了可产出年额一万八千吨的铣铁，四万三千吨的展铁。在第二次五年计划期内，预定可以达到这个产额的二倍。此外在萨尔瓦斯基、阿尔马克及其他资源埋藏地，逐渐建设制铁工场、铝工场、卑金属工厂、化学工厂。捷礼姆霍甫的煤田（五八〇万万吨）和坎斯克煤坑，也设有大火力发电所，以作昂哥拉发电所的补助动力。因了昂哥拉·贝加尔综合事业的全面的出现，布里雅特蒙古共和国和东部西伯利亚区，即将发展成为近代的重工业的一大坩埚了。

四

布里雅特蒙古的总人口，据一九三一年所统计，为五十七万二千人，一平方公里，不过是一·五五人的比率而已。比较西伯利亚全土人口率的〇·五人，则属于浓密的方面。其中尤以中部地方为最，一平方公里，可到五人。其中纯粹国〔的〕劳动资力（十六岁至四十九岁的男女）占有六一％，计为三十四万九千人。这个共和国虽然叫做布里雅特共和国，可是她的住民，并非全是布里雅特人，其中还有赤卫军、工业劳动者，及其他多数的俄罗斯人。

首都在西伯利亚铁路本线的上乌丁斯克，人口三万，为工业中心地，兼西伯利亚赤军的一个根据地。其次为靠近外蒙国境的特罗邑，人口一万，为苏联"赤化"外蒙工作的门户，占重要的地位，有强力的赤军屯所、第三国际支局等机关。此外人口一万以上的工业都市，还有贝特罗夫斯克、梅斯罗洼和色连银斯卡等处。

上乌丁斯克是一个对照的城市，现在有两种居民，即"旧的"和"新的"，也有两个城市，是"旧城"和"新城"。在任一情形之下，旧的已在渐渐的倾圮，新的日见急速的长成。

旧的居民，视父母辈的布里雅特人，是典型的蒙古人，恰如人们从很多游记的描写中在蒙古所期待见到的蒙古人，他们是污秽的，他们的习惯是不卫生的，在心理上，他们是宿命论者，所以很懒惰而且极自私。他们仍旧参拜喇嘛佛教的寺庙，他们大多数仍穿着传统的蒙古服装，圆锥形的绒帽子，带着皮毛的边缘及由尖顶下垂带颜色的穗子。长的外衣，在肩际用铜纽扣扣在长二三吋的纽洞里，以及趾端翘起的高装的靴子。他们有一种长处，就是很细心照料他们的体小、黄色、满洲种的马。这些人是以往布里雅特人被践踏而日渐消灭倾圮的种族的时代之残留。他们自己现在方日见消灭与倾圮，而从这倾圮中新的居民方在兴起。

新的青年居民，和旧的迥乎两样。我们几乎认不出他们是他们的父祖的儿女。他们活泼得多，他们不闲坐着，他们说话作事，急忙的而敏捷地。他们不信仰宿命论了，他们的美丽的眼睛中是有目的的。他们在他们的身体，他们的习惯以及他们的服装上，都是清洁的。一种最激发人的景象是一些布里雅特的姑娘，他们穿着短裤、背心及运动鞋，在上乌丁斯克的"文化与休息公园"中参加百米赛跑。

革命前拥有势力的活沸，有征乡村人长子为喇嘛的事情。现在布里雅特地方，仍有奉行的，但是老一代的人死去不久以后，这些事情就会消灭的，一个青年布里雅特人，当他在上乌丁斯克之新的铁路修补工厂或肉食组合作工，或当他被派送到七千粁以外的莫斯科去学工程，他怎么还会相信佛呢。

五

上乌丁斯克旧城，位于山谷的底处，沿着流入贝加尔湖的赛棱格河的西岸。城内大多数是古旧木建的房子，不卫生，窗子小，庭院臭，杂乱的聚在一起。庭院的门洞上，有弧形的门拱，上边刻有离奇的大圆形花纹。在黄昏之昏暗中，这些门洞及围聚门洞左近的老蒙古人，衣饰与建筑物相映璜，确是别有风光。

河的两岸，均有宽的河滩，系在岸上的是一些奇怪的狭窄的船只，船首和船尾都由水面翘起。再往远处的湖水中，是一只往来自贝加尔湖各港口的汽轮。

从旧房舍的中部出来，向山上的枞树林走去，就渐渐走入"新城"，在半山之间是一些宽大的，新的，坚固的两层的木屋。一部分是办公处，一部分是住房。在这些房子之西，过去一座委齐的教堂，从山坡的沙地耸起"布里雅特蒙古苏维埃"之堂皇富丽的现代建筑，完全用三合土建成并装置着玻璃。内部是连绵的走廊，宽阔的楼梯，透风而舒适的食堂，数百洁净的房间。

再往上，靠近位于山后的飞行场，是树林的边缘，这里才是真正"新城"的本身。这里是成排的新的一层的房舍。它们都是用木料很坚固的盖成的，有高大的房间及宽敞的窗户。洁净的微风在夏天从中国刮到这里，并且有山掩护，可以使冬天从北冰洋扫荡来的狂风不致刮到这里。环绕起这些房舍是在枞树下的一片一片的草地与沙地，有大块的木头横躺竖卧在各地，并且在这一片一片的地上，在阳光与清新的空气中，小孩子们玩着，快乐的而且健康地。

这些木造房舍，虽胜下边河畔之房舍多多，这些新房舍虽宽大而坚固，而它们也只是临时的。"三和土造"几为苏联之口号，在布里雅特地方也不灭于此。并且他们打算于时间许可时——大概当下次五年计划期内，拟以三和土之建筑替换这些木屋。

在上乌丁斯克，这身躯短小的黄色的男女们，方忙于各种的活动。据说他们的工作成效，俄人犹有所不及。在四围的乡间，也有同样的活动，此迁徙之游牧人，已定居于集体农场，并已以科学方法垦殖此腴沃的土地。他们的牛，都已有了坚固的牛棚，他们更有了曳引机和钢犁。

六

布里雅特共和国有与在雅库次克、海参崴及伊尔库次克所见一样的红军。但是我们可以注重到在布里雅特之红军兵士大部分为青年布里雅特人，当地的警察也是如此。上乌丁〔拉〕斯克之重要官署内，国家银行及新闻机关，多有俄人从中指导，并将他们中的最优秀者，派送到各大学。他们学成以后，可以得到重要的位置。书籍和报章是用布里雅特文印的，现在已有二十余报（工场壁报在外），然而还感供不应求。

现在布里雅特地方的赤军，屯驻于伊尔库次克、堵鲁伊克、扫斯克、上乌丁斯克、贯特罗夫斯克和东方的赤塔、图姆诺，计五万人，合入远东重要地点的驻屯军，据说有二三十万的兵力。上列诸城市，都筑有大兵营、大军垒，而布里雅特的军需工业，预定要在和这些军事的重要地点互相关联之下，建设于最合理的地点。这样一来，布里雅特的军需工业地带，既成为乌拉尔·库资巴斯大工业地的前卫，又可作供给南部西伯利亚、外蒙、远东赤军的兵器弹药的根据地。

《新亚细亚》（月刊）

上海新亚细亚月刊社

1935 年 10 卷 5 期

（朱宪　整理）

苏俄控制下之唐努乌梁海

——唐努都温共和国之现状

余汉华　撰

一、唐努乌梁海之自然形势

我国自鼎革以还，迄今已二十五年，其间政变频数，悉人力、财力从事内争，犹虞不给，至于边省要地之统制，遂有鞭长莫及之叹。最近英国之经营西藏，苏俄之侵略新疆，既伏我国西陲无穷之祸患；至于外蒙古之独立，"满洲国"之出现，更与我国运命上一个致命之打击。尤可怪者，在外蒙古版图内、西北边塞之唐努乌梁海，刻与外蒙古脱离，另组织唐努都温共和国（Tannu-Tuva Republic）一事，国人尚少闻知。兹就各种外籍所载唐努都温共和国之现状，加以整理，详述如次，冀唤起国人之注意焉。

A 乌梁海之境域

唐努乌梁海，位于中亚细亚之北部，在北纬五十度至五十三度，东经八十九度至一百度之间。东邻土谢图汗及布利亚蒙古共和国（Mongols Buryat Republic），南接三音诺颜、扎萨克图汗及科布多，西连俄属中亚细亚，北界俄属米奴森斯克（Minusinsk），面积共十七万平方公里，较诸欧洲之瑞士、比利时、葡萄牙三国领土之总和尚广云。

　　然论乌梁海之形势，在我国西北端边境，确占一重要之位置。盖控制乌梁海，则西可以侵新疆，南可以入内蒙、宁夏、甘肃诸省。至于外蒙受其钳制，更勿论矣。前库伦都护使陈毅论乌梁海之形势有云："海地（指乌梁海）丰腴，实为蒙疆之冠，且形势横亘乌、科北面，实为西北要塞。俄人视为天府，负隅抵抗，不肯少让。不但海民受苦，华商失业，其处心积虑，实欲凭借唐努，居高临下，为异日进窥乌、科之计。蒙疆固属危险，而我甘、新一带，亦将受其影响"云。陈毅此论，殊属确当。国人于此，足知乌梁海为塞北要区，亟应深切注意以图恢复焉。

B 乌梁海之山脉

　　唐努乌梁海环绕于丛峦叠障之间，据叶尼塞河（Yenisei R.）上游之盆地。盖阿尔泰山脉伸入乌梁海境者，分为南北两支。北支即称为萨彦岭山脉。该山脉起于阿尔泰山脉之察布产山，北走为沙宾达巴哈岭，复东折而北为托罗斯岭，又东南转至库苏古尔泊之北为穆逊山之萨尔雅克峰。该峰高一万一千四百呎，为此脉之最高处，四时积雪，寒冷异常。更东循国界以至恰克图，是为博古图达般山。南支即称为唐努鄂拉山脉，起于阿尔泰山脉之察布产山口，向东南走为伊都克温都尔山。在乌布沙泊之北、贝克穆河之南为科布多与乌梁海之界山。再东至额尔齐特山，为扎萨克图汗与乌梁海之界山。更东走接杭爱山脉之北，入三音诺颜，复东北走土、车两汗，为肯特山脉，入西伯利亚境，与外兴安岭相衔接。此等山脉，包围乌梁海之四面，故交通极称不便，而社会风气，亦因之闭塞焉。

C 乌梁海之河流

乌梁海之河流，其著称者有二，一为乌鲁克木河，一为库苏古尔泊。乌鲁克木河，系叶尼塞河之上游，倾注乌梁海之西部，自库苏古〈尔〉泊西岸向西北流，右汇贝克木河，左汇阿拉什河，合流后再北折入西伯利亚境，出叶尼塞湾，注入北冰洋。该河漫流乌梁海全境，为境内惟一之巨流，且为乌梁海与西伯利亚唯一之交通路线矣。

库苏古尔泊，在乌梁海东部，一名菊海，湖位山腰，长一百六十里，阔六十里，为外蒙古第一大湖泊。叶尼塞河即乌鲁克木河，乃发源于此。

此外，在乌梁海之东南部，尚有德勒格河，东部则有鄂格河、乌里河等流域，俱为色楞格河之上游，流域甚短。此等河流入土谢图汗境，遂汇合而为色鄂〔楞〕格河，再北折入西伯利亚境而注于贝加尔湖焉。

D 乌梁海之市镇及交通状况

乌梁海原属漠北荒寒之区，故都市及交通，均不甚发达。兹仅述其概略。查乌梁海之重要市镇有五，即乌素呼图、肯木毕其尔、加达库伦、可拉斯耐及哈特呼尔是也。

乌素呼图，在乌素河之上游，分上下两镇，夹河对峙，今已沦入俄境。汽船可由叶尼塞河上溯，西伯利亚之铁路，亦达其西北三百里之米奴森斯克，交通较称便利矣。

肯木毕其尔市，位于贝克木河与乌鲁克木河汇流之处。旧有俄国官吏、兵营驻扎，电报局亦设于此。俄人移殖此地者约数千家，或经营商业，或从事垦牧，俨如土著，不啻俄人经营乌梁海之大本营焉。俄人通此之路道，一自米奴森斯克经乌素呼图南下，修有驿道，直抵肯木毕其尔；一自伊尔库次克绕库苏古尔泊至此，交通尚便。至内地通此地之路途，则须由三音诺颜之乌鲁雅苏台经金吉里克及萨木克拉北上始可到达也。

加达库伦，濒加达克河，自科布多之抗达盖图逾岭抵此，交通颇便。此地为肯木次克旗总管所驻，当该旗投诚时，我尝拟作统治乌梁海之根据地。惟清廷庸懦，疏忽治理，且禁令汉商及乌梁海人，不得擅自出入，遂致全部商务为俄人所垄断焉。

可拉斯耐，旧名别落插尔斯克，在乌鲁克木河之南岸，刻为唐努都温共和国首都，俄人尝以汽船上溯至此。其西尚有俄商住宅二，一在佳河入口之东，一在额勒格斯河入口附近。

哈特呼尔，位于库苏古〈尔〉泊溢为鄂格河之处。自伊尔库次克抵此，南行至乌里雅苏台〔乌里雅苏台〕，西行达肯木毕其尔。若能发展航线及铁路，将来足为乌梁海东部商业之重镇焉。

以上为乌梁海五大市镇及交通之状况。此外，尚欲一〔一〕言者，即近年俄人对于乌梁海之交通，颇积极经营，除自布利亚蒙古共和国首都上乌金斯克，经库伦至可拉斯耐，以航空传递邮件、公文外，并拟以可拉斯耐（乌梁海首都）为中心，建筑数百俄里之汽车路，与科布多之乌兰固穆相联络。此计划而能实现，则不特俄货运入乌梁海者，时间及运费均可减少，而科布多之毛、布、原料，亦将为俄人尽量捆载而去。其经济与政治之侵略，当更较猛烈焉。

二、唐努乌梁海之种族及其经济生活

A 种族与人口

乌梁海之面积约达十七万平方公里。其人口，莫斯科出版之

《百科大辞典》所载，一九二七年，约七万二千人，其中乌梁海土人约五万八千人，俄人一万二千人，汉人占极少数。但俄人得达如此之繁昌者，盖由帝俄时代以迄今日积极殖民之结果耳。中国之疆土，中国政府毫不讲求移民经营，悉让外族之宰割，言念及此，可为痛心。兹再据一九二六年之统计，将土着〔著〕各种族及人口，表示如次：

种族别	人口数额	喇嘛僧侣数
巴扬罕	一三，六二七人	一七二人
乌兰罕	一六，五五九人	七八〇人
伊黑额木斯基	一〇，六〇〇人	二六六人
卡额木斯基	八，五三〇人	三八七人
特辛高尔斯基	四，九四五人	二二人
陶迹奴尔斯基	二，〇一五人	一六人
共　计	五六，二七六人	一，八四一人

B 乌梁海人之经济生活

乌梁海人之经济生活形态，大体可分为游牧、狩猎、农业及掘矿各种，盖大部分仍不脱原始生活之样式也。兹先就游牧而言，乌梁海人〈贫〉富之比较，大率以家畜多寡为比例，盖乌梁海人，处于乱山连绵、森林蔽天、水草丰盛之区，既不解现代经济生活事情，而先民遗习，复可沿袭，故从事游牧，乃为其主要而普遍之经济生活。境内优良游牧区域，以开姆斯克及开姆去克斯克为最，人民百分之七十以上群集其地。至其所养之家畜，大率为绵羊、山羊、牡鹿、马、有角大家畜等。据一九二九年之调查，牲畜总数，约达二十万头云。兹再将一九二六年乌梁海各族所有家畜，表示如次：

族别	人民所有数	僧侣所有数	总数	僧侣与人民所有百分比
	头	头	头	
巴扬罕	三一，二四九	一，三六八	三二，六一七	·〇四
乌兰罕	三八，五九五	三，九四三	四二，五三八	·〇一
伊黑额木斯基	二九，四九三	一，五一一	三一，〇〇四	·〇五
卡额木斯基	二〇，七三二	一，八六一	二二，五九三	·〇八
特辛高尔斯基	一五，一七八	二，三七二	一七，五五〇	·一〇
陶迹奴尔斯基	三，五三八	一五四	三，六八三	·〇四
共　计	一三八，七八五	一一，二〇〇	一四九，九八五	·〇八

其次，再叙乌梁海人之狩猎生活。乌梁海之南北边界，为唐努鄂拉山脉及萨彦岭山脉所环绕，高峰插云，林木茂密，珍禽猛兽，遂繁殖其间。故居于该等山区之土民，既不解耕种，复少从事游牧，于是竞操利器入深山，捕猎野兽，以为日用衣食之资。如处于萨彦岭山中之陶迹奴尔斯基人，群集于大森林中，架茅棚居处，终日四出狩猎，以弋取野兽为职业。但该地土人所捕取之野兽，大率以狐、貂、灰鼠、獭及鹿等为多，每年输出毛皮之总值，约达一百万卢布以上。

其次，再谈乌梁海人之农业生活。乌梁海人，大率不适于农业生活，故在乌梁海从事农业者，实以俄人为主。试从耕地面积比率而观，俄人所占耕地面积，达一万五千"华克塔尔"，而乌梁海人之耕地面积，仅为五千"华克塔尔"，故俄人与乌梁海人所占耕地面积，实为三与一之比，则乌梁海之农业为俄人所垄断，不言自明。但乌梁海农业最兴盛之区域，大概为巴扬罕及乌兰罕等种族所蟠据之地方。其农业作物，普通为大麦、小麦及燕麦三种。

最后，再一瞥乌梁海人之掘矿生活。阿尔泰山山脉，自西向东分展于乌梁海南北两边，于是峻岭穷谷，森林茂草，散布四境，因之矿物之埋藏量，亦至为丰富。历年既久，所埋藏之矿物，因雨水之浸蚀，多有暴露于地面。该地土人，除从事牧畜、游猎外，间亦有从事掘矿者。如金矿一类，土人多用土法掘采，携赴市场，以换取衣食之资。煤炭之采掘量极少，仅足充炉火之需。惟石棉一类，掘采量较大，而为输出品之一。至乌梁海所蕴藏之矿产，如金、银、煤、铜、铁、铅、石棉、石油及岩盐等矿物，埋藏极为丰富，惜以土人知识未开，且乏大宗资本，遂一任其封闭于荒烟野蔓之间耳。所可注意者，即俄人对于该地矿产经营，尚称积极，如金矿一项，在帝俄时代，俄人经营采掘者，已达二十四处之多云。

C 乌梁海对内地及俄之贸易状况

乌梁海之国内外贸易，原来为汉商所支配，但自唐努都温共和国成立后，对外贸易，遂为政府所独占，汉商之势力，乃致倾覆，殊可惋惜。乌梁海对外贸易，以苏俄居首位，约占百分之八十，而内地（包括蒙古在内）则仅占百分之二十而已。兹将唐努都温政府税务管理局所公布对中国内地及俄贸易之统计，表示如次：

一九二三——二六年输入中国内地俄货物价值表

货物别	自苏俄输入额 卢布　哥比	自中国内地输入额 卢布　哥比
丝、茶	一七七，一七六、五八	五六，三八二、八六
烟草	二，一六〇、〇〇	二〇，八四五、三〇
粗洋布	四〇，一九五、〇七	三〇，一九五、五〇
工业制造品	三三六，六七二、二〇	六五，三九四、〇〇
杂货	七四四，六七二、九三	九一，五〇〇、二〇
共计	一，三〇〇，八七六、七八	二六四，三一七、九六

一九一五——二六年对内地及俄输出货物价值表

货物别	对苏俄输出额 卢布　哥比	对中国输出额 卢布　哥比
绒毛	三六，九七一、九七	四四，三〇二、七七
牲口	四六，二二六、六〇	三八，一〇八、二〇
皮革	二九，五六五、二六	一六，八〇七、〇〇
马鬃	一，一三五、三五	——
谷物	一三，四八七、一五	五，四二六、〇〇
农产品	三四，一七三、八〇	八五九、〇〇
鹿角	一三、八〇	三三，二七六、三五
麝香	二三〇、六〇	——
杂货	五，四九八、一〇	——
矿产物	一六四，七七九、三二	——
共计	三三二，〇八一、九五	一三八，七七九、三二

　　就上列乌梁海对内地及俄输出入货物两表而观，可知输入者为粗制之工业品，输出者大率以毛皮、牲口为主。于此足窥该地物资文明之程度，尚去初民生活不远。惟可注目者，即乌梁海对俄输出贸易上，矿产一项，竟占贸易额之半，亦足见俄人对于该地矿产积极经营之一斑矣。嗣后，乌梁海对苏俄贸易进展甚速，在一九二七年增至一百十三万四〈千〉卢布，一九二八年增至二百七十万卢布，一九二九年竟达三百四十万卢布，其增涨之速，实堪惊人。至乌梁海对内地贸易之增加额甚微，在一九二九年亦不过五十万卢布而已。

三、我国统治乌梁海一瞥

A 清代统治乌梁海一瞥

　　乌梁海在元明时代，即已归附中国，惟远居漠北，地小力弱，致役于蒙古。迨明统失驭，清廷称兵入关，窃主中华，凭借威力，远征北徼，外蒙各部，先后臣服，而乌梁海一部，遂亦相率入我版图。初，康熙五十四年，清廷以乌梁海孤悬漠北，游猎飘忽，尝为边患，乃遣外蒙公爵博贝者，招抚其众。嗣准噶尔部称兵叛变，而乌梁海部族即与之勾结，共出兵犯边。清廷至是始遣兵征伐乌梁海，以减杀准噶尔部之势。雍正统治期间，亦屡出兵征伐。至乾隆十九年准部叛乱完全戡定，而乌梁海各部，遂亦相继归顺。自是以后，乌梁海乃正式入我版图。

乾隆既平定乌梁海，乃划分该地为若干行政区，设置佐领，委员统治。其地共划分为三部：一、唐努乌梁海，凡四十六佐领；二、阿尔泰乌梁海，凡七旗；三、阿尔泰诺尔乌梁海，凡二旗是也。至分派管辖该等佐领之机关，有如下述：

一、定边左副将军所辖乌梁海，凡二十五佐领

该辖区佐镇〔领〕所在地方，即在德勒格尔河东岸者凡二佐领，在库苏古尔泊东北者凡二佐领，在贝克穆河折西流处者凡四佐领，在穆尔河、阿拉尔河者凡三佐领，在噶哈尔河源者凡四佐领，在阿尔泰河及阿穆哈河两岸者凡十佐领，共计凡二十五佐领。

二、扎萨克图汗部所辖乌梁海，凡五佐领

该辖区佐领所在地方，即在库苏古尔泊者凡一佐领，在德勒格尔河西者凡一佐领，在贝克穆河南、董克穆河东北者凡一佐领，在谟什克河西者凡一佐领，在扎库尔河源者凡一佐领，共计凡五佐领。

三、三音诺颜部所辖乌梁海，凡十三佐领

该辖区之十三佐领，均依鄂尔噶汗山，而在贝克穆河之西。

四、哲布尊丹巴呼图克图喇嘛所辖乌梁海，凡三佐领

该辖区之三佐领，均在陶托泊北、华克穆河东。

五、阿尔泰乌梁海所辖七旗

该七旗系在阿尔泰山，为额尔齐斯河与贝克穆河之分线地方。

此外，尚有阿尔泰诺尔乌梁海二旗，在同治三年九月七日与俄国勘订西北界约时，划归俄国，并将定边左副将军所辖跨阿尔泰河及阿穆哈河两岸十佐领地，亦同时划归俄有，我国最西北之边境，又缺一角矣。清末，复将乌里雅苏台将军所辖乌梁海二十五佐领，改编为六旗，即唐努乌梁海四旗，达尔哈达沙军乌梁海一旗，库苏古尔泊尔乌梁海一旗是也。但入民国以后，乌梁海之行政区域，亦有变更，容下节详述之。

清廷虽征服乌梁海，划分行政区域，然而对乌梁海之经营，殊不积极努力，只墨守以夷俗治夷之古法，一任其自然之发展。故清廷治乌梁海之政绩可考者，仅有下列诸端：一、每年使乌梁海贡貂皮五百七十四张，并赐给如数绸缎，以示优异；二、乌里雅苏台将军，每届三年亲往查卡伦一次，关于沿途供给，均由该地方各总管担任，事毕即归；三、乌梁海南部沿边各卡伦，严禁内地商人逾越，即禁止内地商人不得前往乌梁海各地贸易，俾乌梁海人与内地人无直接交易之机会，而民族间之间隔日益增大，遂使俄人得独占经营乌梁海之机会焉。就上述三端而观，清廷治乌梁海之疏懈与失策，殊足一叹，今日汉人在乌梁海势力之失坠，其根原〔源〕即在于此。

B 清廷与俄国勘界述要

唐努乌梁海既正式入我版图，然乌梁海北部与俄属西伯利亚，壤土相接，边鄙居民，时生纠纷，而统治权亦生问题，由是中俄两国勘定国界之议以起。但经历次商榷结果，乃决定沿萨彦岭山脉自然伸展之形势，从山之最高处中分，山阴属俄国，山阳属中国，而中俄两国之国界，即于此勘定。兹再略述历次勘订界约情形如次。

雍正五年即俄女帝卡他里那即位后二年，中俄两国，会议勘定恰克图迤西乌梁海等地与俄属西伯利亚之国界，几经商议，遂前后缔订《中俄布连斯奇条约》及《中俄恰克图条约》，而中俄国界，于以确定。兹将是年七月十三日《中俄布连斯奇条约》第三节抄如次：

> 恰克图、鄂尔怀图山之间，应即作为两国疆界。由第一鄂博起，往右段一面，应经鄂尔怀图山、特们库朱浑、毕齐克图胡什吉、卑勒苏图山、库克齐老图、黄果尔鄂博、永霍尔山、博斯江、贡赞山、胡塔海图山、蒯果、布尔胡图岭、额古德恩昭梁、多什图岭、克色纳克图岭、固尔毕岭、努克图岭、额尔寄克塔尔噶克台干、托罗斯岭、柯纳满达、霍必音岭、柯木柯木查克博木、沙毕纳依岭（即沙滨达巴哈）等处。按以上各山岭，均须择其最高之处，适中平分，以为疆界。其间如横有山河，两国应适中平分，各得一半，山之阳为中国，山之阴为俄罗斯云云。

观此节所述，在乌梁海一段，系以萨彦岭山脉为中俄天然界限矣。又是年九月七日《中俄恰克图条约》上，所载勘定之中俄国界，系从恰克图迤西北起，直至萨彦岭，再沿该山脉行抵沙滨达巴哈止，沿途共立界标二十四，以垂永久。查《恰克图条约》的内容，曾包括《布连斯奇条约》所有之旨趣，而为中俄两国永久决定之界约。俄国并声明乌梁海自划定国界以后，永归中国，并以萨彦岭为两国之境界。迨同治八年七月二十八日中俄又商订《乌里雅苏台条约》，由乌、科交界赛榴格穆岭之柏郭苏克坝起，迤东北行，亦至沙滨达巴哈止，凡立界牌八处，至关于在乌梁海一段，亦重申《恰克图条约》所定界标为有效。兹将该约第一条抄如下：

> 议定俄国交界以苏〔乌〕里雅苏台西北为界，自萨留格穆斯克山岭之柏郭苏克山东北，顺萨留格穆斯克山岭至塔奴额

拉山岭西末处，再顺萨阳斯克山岭往北往东，直至沙滨达巴哈界牌，俱经两国分界大臣，定立为界。柏郭苏克界牌，经俄国分界大臣会同科布多分界大臣，于柏郭苏克山岭西设立为界，即名柏郭苏克。中国界牌于乌里雅苏台、科布多中间之柏郭苏克山设立为界，乌里雅苏台界牌由科布多界牌往北，经俄国分界大臣会同乌里雅苏台分界大臣，往东至塔斯客哩山岭设立第二界牌，即名塔斯客哩。自塔斯客哩往东北，至珠卢淖尔，由珠卢淖尔东南至哈尔喀山岭，设为第三界牌，即名哈尔喀。自哈尔喀山岭顺珠卢淖尔北岸，至喀奴拉南察布产，设第四界牌，即名察布产。从此顺塔奴喀拉山岭西南逾莫多图、扎拉都伦、乌尔图、查罕扎克喀图四河，再他苏尔亥山从沙克鲁河往东北，至库色尔山，设为第五界牌，即名库色尔。自库色尔山往西北，至塔奴额拉山末处，逾哈拉毕拉河，靠该山角迤西初哩查河口，设为第六界牌，即名初哩查。自初哩查河东北，顺萨扬山逾玛奴、胡穆奴、克霍额拉什三河，由哈拉淖尔至索尔山，设为第七界牌，即名索尔。自索尔山往东北，自沙滨达巴哈附近，设为第八界牌，即名沙滨达巴哈。此处原因雍正六年恰克图所定和约内，业经建立界牌，此次俄国毋庸再行建立云云。

通观上述各约所规定，关于中俄两国在乌梁海与俄属西伯利亚接壤处之国界，均经屡次勘定，以顺萨彦岭山脉至沙滨达巴哈止，自山岭最高处，适中平分，山南属中国，山北属俄国，双方均经承认，以后亦无更订，是则此等条约所定之中俄国界，自可永久发生效力焉。

E 民国成立后之乌梁海

唐努乌梁海自康熙时代，正式入中国版图，迨清末亦尚服我国之治理，其详已如前述。迨民国元年八月，北京政府公布《蒙古优待条例》，裁撤乌里雅苏台将军，设副都统以管理乌梁海六旗事务。迨外蒙古宣告独立，于是萨尔吉格旗乌梁海投于扎萨克图汗，库苏古尔淖尔乌梁海及达尔哈达沙毕乌梁海，则编入土谢图汗，惟唐努（Oina）、肯木次克（Kemckik）及陶吉（Toji）三旗，不服外蒙古节制，而别成一区域，俄人借口不属外蒙，遂占领之。我外部即与俄国交涉，不得要领。民国四年中、俄、蒙《恰克图协约》缔结后，陈都护使箓即根据该约，于外蒙古各地，设置佐理专员，嗣后并使乌里雅苏台佐理专员，兼管乌梁海事务。民国七八年间，库伦都护使陈毅，以乌梁海叛变靡常，遂派兵讨伐，不久事平，乃派严式超为乌梁海佐理专员，管理各旗事。民国九年，乌梁海人与白俄发生战斗，白俄不敌溃走，而赤俄又从乌素呼图侵入。是时乌梁海一部分激烈分子，遂与赤俄携手，于是乌梁海之政权，又落于赤俄之手中矣。至民国十三年（即一九二四年）乌梁海人不从事恢复其疆土，反凭借赤俄之势力，建立唐努都温共和国（Tannutuva republic）、采取苏维埃（Soviet）制度，组织独立政府，脱离我国之统治。自兹以后，我国极北屏藩之乌梁海，又暂告沦于异族之手焉。

四、苏俄控制下之唐努都温共和国

A 俄人对乌梁海之经营

俄人与乌梁海人互相往来，早在十六世纪以前，不过俄人积极向乌梁海侵略，却在十九世纪以后。清道光继位以来，国势日趋衰替，此时俄国商人，远越萨彦岭山脉，到乌梁海各地寻找金矿，并要求帝俄政府占领该地，俄帝未之许。光绪五年（一八七九年），俄国侵占伊犁时，在乌梁海居住之俄人，又运动政府，展拓国界，俄帝亦却其要求。迨俄帝亚历山大三世即位，对于乌梁海，怀抱无限之野心。在一八九二年及一八九九年曾两次派人入乌梁海查勘，足见其侵略热度之一斑。然而俄国积极具体的经营乌梁海，乃入二十世纪以后之事焉。

二十世纪初年，即一九〇〇年以后，俄国乘中国拳匪之乱，乃对乌梁海作具体的侵略活动。此时有居住米奴森斯克之俄国商人沙夫伊唐，将历年在乌梁海所调查之结果，报告政府，并上呈向乌梁海之殖民政策。帝俄政府，乃为之容动，于是开始决定侵略乌梁海之重要计划。一九〇七年俄国任命迦基洛夫大尉为乌泯斯基地方之国境监查官，极力奖励俄人之移殖，遂在乌梁海中部一带地方，构成俄人部落。当时土人屡试反抗，迄归无效。一九〇九年，帝俄政府借保护俄侨为名，派遣军队入乌梁海，企图侵占。此时俄国商人与实业家，实居临于土人之上，其气焰殊不可向迩。一九一一年辛亥革命成功，俄人乃乘机煽惑土人阿官得木齐背叛中国，至一九一四年俄国遂宣布帝俄在乌梁海有宗主权。一九一五年，中、俄、蒙《恰克图条约》缔订后，俄国始认中国在乌梁海有管辖之权。一九一六年中国遂派驻乌里雅苏台佐理专员，兼管乌梁海各旗事务。一九一七年俄国革命起，帝制颠覆，俄国一时陷于混乱，而乌梁海亦受其影响，致有白俄、赤俄之骚扰事情发生。一九一九年，中国遂派兵收复乌梁海，并派严式超为驻乌梁海佐理专员。然事平未久，至一九二〇年白俄再图卷土重来，华军知势不敌，乃退去。乌梁海土人，遂与赤俄相提携，共抗白俄。一九二四年，乌梁海各旗，遂在赤俄保护之下，宣布独立，苏俄政府，亦声明放弃帝俄时代在乌梁海之宗主权，并单独承认乌梁海（即唐努都温共和国）为独立国家。自是以后，苏俄与乌梁海之关系，遂更加密切。一九二五年，苏俄与乌梁海新政府间，缔订友好条约及经济协定。一九二六年苏、乌间又闻缔有密约，其大旨如次：

一、唐努乌梁海各旗内，苏俄得驻扎军队，但数额不得超过唐努乌梁海所有之兵额。

二、王侯尊称，永远保存，并得世袭其职。

三、乌梁海政府，须聘俄人为政治顾问，以整理内政。

四、乌梁海之外交事宜，均由俄人担任，并且乌梁海政府，不得自由与他国缔约。

观此，则乌梁海之外交、内政及军事各大权，均归诸俄人之掌握，是则实际上乌梁海乃不啻苏俄直属之属领焉。

B 唐努都温共和国之出现

乌梁海虽久在俄人侵略操纵之下，然而公然做其独立之运动，乃在一九一七年俄国革命以后，盖此时中国政府，对于乌梁海之注意，更趋淡忘故耳。一九一七年，俄国革命政府成立后，对于亚洲弱小民族，高唱民族自决，以买其欢心，俾便进展其"赤化"之工作，而乌梁海人遂亦大受其诱惑。至一九二一年，苏俄在乌梁海之政治侵略工作，达于成熟时期，遂怂恿乌梁海各旗，召集第一次国民大会，出席者除乌梁海各旗数百名代表外，并有西伯利亚革命委员会特别代表十八名，外蒙古共和国代表三名。该大会讨论结果，遂决定改革政制，采用临时宪法，宣告独立，并推选特辛哥〔高〕尔〈斯基〉族之梭多诺姆·巴里吉尔为首席委员，巴扬罕族之吉姆巴柏希及乌兰罕族之布扬·巴他洛等为委员，组织新政府，至一九二四年（民国十三年）唐努都温共和国，遂呱呱出现于世焉。

乌梁海最初新政府之负责者，大都为土着〔著〕之豪贵，对于社会主义之认识，十分薄弱，殊不惬于俄人。因之不久遂相率去位，而革命党员及工农等人，遂起而代之，乌梁海之"赤化"，乃更进一步焉。刻下乌梁海政权，大都操自国民革命党，因国民革命党之势力，实超越政府之上，政府一切措施，均依党之决议而行，恰如苏俄政府与共产党关系一样，殊有党之独裁化之概云。一九二六年九月二十四日乌梁海新政府正式公布宪法，该宪法大抵系仿照蒙古共和国宪法而制作者，兹摘录其重要数点如次：

　　一、大国民会议　该会议是由七十名人民代表组织之，为国家最高主权机关，每年开会一次，有修改宪法之权限。

　　二、小国民会议　该会议由大国民会议所选三十名代表者组织之，大国民会议闭会期间，该会议即代行使其职权，其地位恰如中央执行委员会对于联邦苏维埃大会一般，每年开会二次及四次。

　　三、国民政府　国民政府，系由小国民会议所选出委员数人组织之，为执行国务之机关。

C 唐努都温共和国之政情一斑

　　乌梁海既改组为唐努都温〔斯基〕共和国，则其政治设施，亦必有与前迥异之处。兹将其行政区域改革、财政预算及国民经济改造数项，略述如次：

　　一、行政区域改革　乌梁海宣告建立唐努都温共和国后，即划全国行政区域为六贺旬，每一贺旬又划分为若干索蒙，每一索蒙又分为若干巴克，每一巴克又分领若干阿尔班，故巴克与阿尔班，实为地方行政之基础单位。又地方行政机关，各各自治独立，并由当地年达十八岁以上之男女兵工中，选出委员若干人，以负行政上之责任，但喇嘛、疯狂及罪犯等人，则丧失此种选举权利。至委员任期，定为一年。兹将唐努都温共和国现在行政区域系表列于下：

贺　旬	索蒙数	巴克数	阿尔班数
巴扬罕	一二	四三	一五二
乌兰罕	一三	四八	一八〇
伊黑额木斯基	一〇	三五	一三六
卡额木斯础〔基〕	一〇	三二	一三〇
特辛高尔斯基	七	二三	一〇四
陶迹奴尔斯基	二	八	二八
共　计	五四	一八九	七三〇

观上表所列，则知唐努都温共和国，系由六贺旬，统辖五十四索蒙，一百八十九巴克，七百三十阿尔班而成，其行政区域之组织，较前稍为严密，尚有系统焉。

二、财政预算　乌梁海建国后，对于财政方面，亦稍加整理。兹据该财政部向第四次大国民会议所提出全国财政收支情况之报告，抄列如下：

甲　收入方面：

一　　直接税	卢布　哥比
1. 农业税	一一七，〇〇〇、〇〇
2. 所得税	六九，〇〇〇、〇〇
3. 土地税	五二，四六〇、〇〇
4. 特种税（如印花税等）	四〇，五六七、〇〇
5. 其他税收（如市场税等）	五，一二五、五〇
二　　间接税	
1. 物品税	三〇，〇〇〇、〇〇
2. 关税	一七，〇〇〇、〇〇
三　各官署及各实业机关补助金	六〇，五二四、二三
四　上年度决算盈余	九〇，一四〇、八一
总计	六三五，〇一七、五四

乙　支出方面：

一　国务会议常务委员会	四，一六〇、〇〇
二　国民政府常务委员会	八，〇二四、四〇
三　外交部	三七，六二九、二五
四　内政部	一六九，一四二、五七
五　司法部	九，六六四、二〇
六　财政部	二七五，二六三、四〇
七　其他支出	八四，五四七、二六
总　计	五八八，三四一、〇八
八　非常及意外之支出	四六，六七六、四六
共　计	六三五，〇一七、五四

上表所列，系一九二六——二七年度之预算，总计收入为六三五，〇七〔一〕七卢布五四哥比，支出为五八八，三四一卢布零八哥比，收支合计为一，二二三，三五八卢布六二哥比云。

三、国民经济之改造　唐努都温共和国建立后，最可注意之一事，即为努力于国民经济之改造。盖乌梁海人，大半系从事游牧，而业农者极少，且纯用土法饲育家畜及耕作，缺乏科学上之技术，故其所有生产品，亦仅足供个人之消费，而不能舒润萎缩之社会经济。唐努都温政府有鉴于此，乃从事于国民经济各部门之改造，即致力于农、工、牧畜等业之改制与发展是也。兹将国民经济各部门改造情状，简述如次：

（Ⅰ）农业共营化　农业在乌梁海本不甚发达，故从事农业者，仅占人口四分之一。且袭用古法从事播种灌溉，是以农业生产品，殊不敷社会之需求。唐努都温政府乃计划于集团经营之形态下，去发展农业生产力及扩张耕作面积，其结果颇收相当之效益。兹将一九三〇年至一九三一年农业集团经营数额增加状况，分列如下：

	一九三〇年十月一日	一九三一年四月十日	一九三一年五月十五日
农业集团经营数	二〇	四五	一五七
参加农民之数额	二五三	五五三	一，八七四
集团经营之比率	一·七%	三·八%	一〇·三%

照上表农业集团经营增加之趋势而观，则集团经营化之增加率，在一九三五年当增至百分之百云。

唐努都温政府，不仅对于农业施行集团经营，即对于牲畜业，亦推行共营化。如设立三百二十一个狩猎联合公司，并组织三大国营实业，即组织拥有四千"华克塔尔"之农场，拥有千百十头羊之饲羊场，拥有七百四十四头鹿之饲鹿场，均在政府经营之下，选择良种及行异种交配，以冀改良种子，增加生产量及品质焉。

农业及牧畜业共营化之结果，于是农产品及羊毛、皮革等品物，遂急速增加，除消费外，其输出额亦次第增大焉。

（Ⅱ）工业状况　乌梁海之工业，最不发达，惟金矿采掘一项，尚称积极。据一九三一年之调查，从事采掘金矿之工人，约七百七十人，其中百分之六十为乌梁海人，百分之四十为俄人。至于家庭工业，如制皮革、面粉等工业，发达亦甚微弱。刻下唐努都温政府，树立创设国民工业计划，先拟设立下列各工厂：

一、制皮工厂　每年限生产皮革一万枚以上。

二、皮革工厂　每年生产羊皮二万五千枚，制造长皮靴一万履云。

三、肥皂工厂　每年限生产石碱八万千九百瓱以上。

四、面粉工厂　每日限生产二万四千五百七十瓱以上。

（Ⅲ）商业与运输　乌梁海之商业，在一九二四年以前，完全为汉商所支配，然自唐努都温共和国成立后，内地商品，全为中央联合贸易社所垄断，从前汉商及俄商之个人势力，均经推翻。此种中央联合贸易社垄断国内商业之形式，即如苏俄之商业国家统制一般焉。

　　至于乌梁海之交通，以高山阻隔，极称不便，因之阻碍国民经济之发达亦大。唐努都温政府有鉴于此，刻正积极开辟道路，驶行汽车以便交通，并组织轮船公司，定期航行于叶尼塞河流域之可拉斯耐与米奴辛斯克之间，于乌、俄之交通运输，更加一层之便利焉。

　　以上各项，仅就国民经济改造部门之荦荦大者而言。此外，唐努都温政府，对于国民文化，亦积极从事建设。从前乌梁海之读书人，大抵为部落酋长、地主、喇嘛僧等之特权，一般民众，俱缺乏读书之机会，多沉沦于文盲之渊海。唐努都温政府刻正于苏俄协助之下，设立小学校、政治学校等等，努力从事文化教育之推广，并以拉丁文化之新国语代替蒙古文字，以期教育之普及，是则苏俄在乌梁海之文化侵略，亦大可注意也。

　　简括言之，乌梁海刻下虽已成为苏俄之囊中物，然而原始之阶级制度，大部依然存在，即喇嘛僧等在社会上之地位，尚有保持其昔日之尊严者。且此等僧侣，对于苏维埃制度，仍少同情。我国此时，如能积极注意乌梁海，以图恢复，尚不十分困难。若一任其自然发展而置诸不顾，则将来苏俄在乌梁海之势力，一旦浸透，欲图恢复，恐良机已失，难为力矣。瞻望漠北之唐努鄂拉高峰，吾不禁为之深长太息焉。

《新亚细亚》（月刊）

上海新亚细亚月刊社

1935 年 10 卷 6 期

（朱宪　整理）

视察包头的河北新村

作者不详

包头建设

　　包头为绥省水陆交通之中心，商贾云集，其繁荣情况，实不亚于省城。关于道路之建设，在过去因城北、西倚山，地势高陡，每至雨季，则高处积潦，贯注城内，水势汹涌，穿经城市而入河，故街道被水冲刷，颇多破坏，商民所受困苦尤甚。现经省府派员测量，在城北地方建筑拦水坝，修建东西水道，并组织工程委员会，估计工料费，共需洋三万余元，业于去岁十一月二十一日兴工，将来雨水则由城外入河，不再经过城内，此项工程，本年雨季前可以完成，如此将来道路方易保护。又城中道路之已完成者，计有车站至新南门灰渣石子马路，长四百二十丈，新南门至前街富三元巷石子马路，长三百二十一丈，其余冲要地点，涂师爷巷、平康里、中市街、金龙王庙街、西阁外街、升恒店巷、彭贵人巷各处，亦均修成土马路。地方当局复鉴于南海子、二里半等村为黄河航运停泊之所，与城内之交通，向感不便，特修筑两汽车路，现已完成。自南门起至火车站东为一线，横越铁轨，则分为二：一向南行，绕飞机场之东，达南二里半黄河渡口，计长五里许；一向东南行，达南海子黄河渡口，计长十一里。记者于参观南海子河北村后，即乘七十师师部汽车至二里半，因当地沙土过厚，虽汽车路已修筑完成，路基土质松软，行车仍多困难，据称，须俟大雨后，重行碾压，方可便利行车。路旁已栽植树木，不久当可成荫。抵二里半后，水中停有木船多只，货物则堆积岸旁，多系由宁夏运包或由包运往宁夏者，往来包、宁间民船约一千数百只，载运货物，尚称便利。举凡宁夏所需用之煤油、糖茶、布匹、洋货等多由此路运出，而运至包头者，则多系皮毛、药材、烟草等物，转销内地。因黄河淤塞，河口时有变迁，如能用新式方法加以疏浚，当可减少航船之困难。太原经济建设委员会，前为改良黄河交通，便利商民运输，曾计划包、宁间往来行使汽船，去岁试航，汽船曾受损坏，近在修理中，故记者未得一见。闻近已再度试验中，由机船拖船一只，可载重三四万斤，一旦试验成功，开行于包、宁间，商民当益便利。此外民众体育场、公园等均在着手建筑中，计民众体育场设于西关外，地址八亩，公园则建于西门内，亦地广八亩，围墙工程完竣，内部设备亦将于暑期前完成。救济机关则有妇女救济院，系民国二十二年六月所设立，现院内容有妇女八人，已出院者三人。该院为住院妇女聘有教师，授以浅近文字及缝纫等技术。恤老院内现住有老人三名，均系贫苦无依者，衣食费用，均由公家供给。平民工厂于二十三年一月成立，现住厂平民六十余名，授以织地毯、缝纫等技术，俾离工厂后，能在社会上得谋生之道。在包头救济事业中，以此工厂成绩较佳，其出品之精良，更能得一般人之赞许。

新村概况

村民农具多系旧式，有牛马八十余匹，约三户合用二头，并有皮工厂，制作牛马绳套等物，现值春忙，并未开工。纺毛工厂已开始工作，村中妇女均在厂工作，内分弹毛、纺线两部，因出品较细，当地毛织厂均欢迎购用，颇有供不应求之势。每人每日可得工资二三角不等，作各住户日用之补助。厂屋壁上〈有〉"人能勤劳，有饭吃，不可不知"、"地尽其利"等标语，此外有粉房、油房等合作生产事业、牧畜合作事业尚待逐渐成立。消费合作社由包头贩运红白糖、土布、挂面、火柴、煤油、肥皂、信封、信纸等日常用品，以供全村之需要。村民自治事项，以村民大会为最高机关，有选任、罢免村长、副、闾、邻长及创制、复决村公约之权。在自治未完成之前，村民大会之职权，由移民协会负责代行。村公所为村政执行机关，设村长、副各一人，村长由副村长之协助，负责执行全村事务。此外并设闾长四人、邻长二十人，受村长之指导，办理各闾、邻事务。现村长、副及闾长统由移民协会干事长及各股主任干事分别兼任，俟自治完成时，再交付村民。邻长则由村民推选担任，将来并计划应事实之需要，成立（一）经济协社，保管本村财政及移民贷款之收支，并应村民之需要，渐次成立各种合作社，以谋农村经济之发展；（二）保安协社，负责本村治安，保卫禾稼、森林及公共建筑，并指导全村自卫训练等事项；（三）公益协社，专司倡办本村公益事项，并力谋互助精神之发展；（四）教育协社，凡关于教育、讲演、礼俗、风化等均属之。此外更设（1）监察委员会，为本村监察机关，专司纠察村政事项，其委员由村民大会选举之；（2）调解委员会，专司平息村民争讼，借以培养和睦仁让之风，其委员由村民大会选择之；（3）自治会，俟村建设完成后成立，设会长一人，由村民大会选举之，专司人民自治事项，如戒烟、戒赌及其他不良习惯之改善，敦品进德之提倡等。现村中自卫能力，已备购快枪十数枝，足以防范匪患，村中娱乐则以国术为基础。记者并参观村内炮楼，仅草椽一间，因绥远地方平靖，现则改为段氏夫妇住室，布置简单朴实，而段氏处之，则精神兴奋，工作紧张，段夫人并于每日照料指导女工，和善可亲，甚受一般村民所爱戴。

记者在段氏住室内稍坐，谈及村内建设事，段氏希望甚低。盖以过去一般西北移垦事业之失败，多由于理想过高，而与地方实际状况不符，一旦事业失败，影响于后来者甚大，故现时抱定由小处着手、徐谋事业开展之主旨，其主要工作，在于村民移来后之安民工作。本年生产量如能敷用，当可不致再成问题。继段氏提出一新村饭食问题与记者讨论，现在河北村每日饭食，仍由公共厨房备制，制成后，按时由各户领取自食。绥西一带主要食粮为糜米，公共备餐，既可减省时间，且可减少消费柴火等物。饭食分配，按年岁给予全份、四分之一、四分〈之〉二、四分〈之〉三等四种，管理殊觉繁难。且病人、小儿之饭食，均须另锅起火，对于病人、小儿身体营养，方不致发生影响，且将来生活稍裕，食物方面当另谋改良方法。管理事项，当更繁琐。据段氏表示，彼有一理想，将来在消费合作社内成立一乡村餐馆式之组织，售卖食品，由村公所监督，不准售卖过于奢侈之食品，如某户病人、小儿需要较丰营养品之食品，即可向合作社购买，既易购买，且可稽考，此事正在计划中。

该村为应农业环境之需要，设立农事试验场，专研究实验本村内农林、牧畜之指导与改良。绥西缺米，白米多由平、津或宁夏运来，近则由场内实验水稻、旱稻之种植，已获相当结果，并培植树苗，努力于造林运动。更有可报告者，该村本掘有水井二口，供给食用之需要，最近更由段氏在新村附近购得泉水一处，价洋八百元，水虽不甚旺盛，经整理后，希望可灌溉菜园三顷。绥西民众食用菜蔬，因来源过少而价昂，颇感困难，将来泉井经整理后，新村菜蔬当可不致成为问题也。

《兴华报》（周刊）

上海兴华报社

1935 年 32 卷 20 期

（朱宪　整理）

现在内蒙的概观

培　新　撰

外蒙在前清宣统元年宣布独立，当俄国革命发生时，俄军进占库伦，蒙人感受压迫，遂于民国八年重复归政中央。撤消自治以后，仅及一年，又宣布第二次的独立。自是以后，外蒙在事实上已不是我国的领土，沙漠旷野，再不为我国的天然藩篱了。东部内蒙现在又为日人所据有，进而做了侵略的策源地。因之现在保有的西部内蒙，便立于极重要的地位，在我是西北的国防第一线，在苏联和日本，西部内蒙又是两强国竞争的交点。它的地位是如此的重要，我们对于其内部的情形不能不注意了。内蒙的居民本来不只是蒙民，汉民族至少有一大半，汉民族的各方面，与内地的居民无显著的差异，其所不同者，不过是文化程度的差异罢了。最值的〔得〕我们注意的是那些蒙民的现状、蒙民的生活方式、思想信仰与其在各方面所表现的技术和能力。

一　一般的经济状况

在生产事业方面，蒙民除过缝作自用的衣服外，原来就没有手工业。至于新兴工业，他们听也少有听说过，间或看到了火车、汽车一类的近代物质文明的产物，他们也只是觉的〔得〕那些东西有点神秘就是了。一般人民所赖以维持生活的生产事业，只有农业和牧畜两项，交换也是极不发达的。他们现在的情况还与古代的游牧民族相差不远，还是过着畜牧生活，只有靠近开垦地或居于开垦地上的少数蒙民才少知农事。正号的农民实在极少，所以勉强说来，农业也才是正在萌芽的时期。但是就这点极幼稚的生产事业，在进行的途中也要受到意外的打击与阻碍，不能顺利的踏上进步的途径。以前的用不着多说，以民国以来的情形讲，政治没有上了轨道，社会无时不在动乱的状态之中，军阀先后的侵占割据，贪官污吏相继施政，民财竟被攫刮一空。更加以天灾匪患，因此人民常在流离不定的逃亡中，少有时间安于职业。生产事业本属稀微，并且基础尚未巩固，其所蒙受动乱的影响，比起内地实有过而无不及。

1. 牧畜业的衰落

蒙古人的文化没有和别的民族的文化等率进展，到现在一直维持着由古代承袭下来的畜牧生活，但是汉民族的生活早已改变，牧畜业早经放弃而经营农业，农业在汉民族的社会里，于是变成生产事业的中心。农民人口的增加，土地的需求也随着增大，因之内地的土地被农民占据了不说，蒙古人牧畜所用的草地也渐渐变成了耕作的农田。这种趋势使牧场一天一天减小，游牧的蒙古人便不得不过起定居的生活来了。由游牧进于定居，这点进化倒没有什么新奇，牧场面积逐年减少这件事实，确实是给了蒙古人民一个重大的不便与打击。其他动物当然和人类一样，也在不停的繁殖，要维持生命，必须要有广大的旷野，现在荒地既然减少，其繁殖的范围也随着缩小，换句话说，也就是荒地减少妨碍了畜类的繁殖，更进而减少其繁殖的能力。这样的一种天然趋势，使牧畜业不但不能进步，并且只有逐渐的衰落。最可惜的是蒙民所在的沙漠之地，没有人去作实际调查，不能拿以往的记录和最近的记录比较，不能拿数字作我们叙述的验证。不过牧畜业的衰落是很明显的事实，人人都知道的，即便没有数字可以拿来证明，也绝不会减消其正确性。

牧畜业的衰落，不仅是这一个单纯的原因，其他原因也正在促成此事业之没落，并且在别的方面，也呈现着牧畜事业的不景气。第一，蒙古人的知识落后，不知道怎么讲求良种，不知道什么是卫生，饲养又多不适当。所以近年以来蒙古产的马身材不会高大，品质也比不上早年那样优良，关于牛羊，只要和外国种比较一下便可以觉得落后程度是如何的可怕！质的方面不会有进步，在量的方面，一样也要跟着衰落。第二是天灾，我们已经说过牧畜是一天一天的缩小，在这狭小的畜牧区域里，既不知保护，又不讲求卫生，疾病怎么会避免或减少呢？每当发生瘟疫，传染总是非常迅速的，很短的时期，即可遍布各地，医学不发达，不知救治之方，只有任其蔓延，任其自由发展，每每有成千的大群，经过一次瘟疫之后，剩余的有多至数十或是百余的。旱灾如民国十七年和十八年的时候，数年连灾荒旱，草木不生，每年春间多有死亡过半者。这样大批的死亡，牲畜的数量怎么能不减少呢？关于因瘟疫和旱灾死伤的数目，据说华洋义赈会曾经费了许多时日，作过调查，但未见有任何记录发表，我们自然不能知其究竟。第三点是人为的灾祸，长城以外的地方，向来称作草地，是所谓"鞭长莫及"的地方。自民国二三年到现在，这些草地就作了贼匪的被〔避〕难所，甚至成了贼匪的巢穴。大批的良马，一方面供给他们骑射之用，另一方面还供给他们给官军送礼，牛肉、羊肉不论几时也是可口的食物，大量的牛羊于是在匪人的白刃之下牺牲，每天整百整百的宰杀还不够，一定还要派人赶往各方的市镇去采购，供给过量的屠杀，此外军阀们也不断的去草地追马（不给代价，私自赶去），如西北军西开和孙殿英之攻打宁夏。牲畜是有限的，其繁殖速率也是有限度的，以有限的数量，怎么能供给无限的需求呢？牧畜业怎么能保得平衡呢？

再就牲畜身上的出产说，乳用牛每天可产奶四磅至五磅不等，外国种却可以产十六七磅之多，羊毛的产量也很小，蒙古羊每只平均出不到一磅（与美国羊可以产五六磅左右，两两相较，差别自明），这些能不说是蒙古人牧畜业落后的象征吗！

2. 幼稚的农业

惯于牧畜的蒙古人原先本不营农业，自清代以后，感染了汉民族的风化，近河北、山西一代地方渐次学会了耕稼等事。但是他们并不重视农业，仍然是以牧畜为主，而以农为副业。有些地方他们自己并不去耕田，只是从蒙旗领得一大块土地，租给由内地移去的移民，自己便做了剥削农民的地主，整天优哉游哉过着浪漫的生活。内地移殖去的人民，普通以三种不同的方法获得了土地的耕植权：（1）做佃户；（2）伴种；（3）租地。这里的佃户和古代希腊的一样，他们始终是自由的，哪一年自己有了资本，不愿做佃户时，便可以和主人脱离关系去做自耕农。做佃户的人们，自己差不多都是赤贫的，由蒙古主人供给耕牛、农具和土地、肥料等必需条件，有时还供给他们住宅；佃户自春初开始工作至秋收之后这一段时间内的食粮，完全由主人供给，但是这种供给是不收利的出借性质，他们叫做"支佃"，秋收之后，仍然还要原数偿还的。至于佃户一年所收获的作物，是由主人与佃户两方面平均分配，主人取其半，剩余下来的即为佃户的私有了。这半数的收获就是佃户一年的所得。伴种与做佃户又不同了。在这种形式之下，地主只供给田地和比田地较大的牧场，其余一切，皆由耕田的农户自行处理。待秋天收获时，主人要和农户分相当的股份，最普通的是二八股份——即主人取十分之二，农户得十分之八——

此外还有三七股份的，最苛刻的甚至也有四六股份的（在河套地带通行）。租地很简便，农户每年出一定的租金，便算了事，除此以外，与地主再没有什么必然的关系。

这里有两件事我们不能忘怀，第一是蒙古人不愿舍掉牧畜，要牧畜便需要广大的牧场，所以牧畜和农业在土地的需求上常是彼此冲突的。前边我们说过农业的发展阻碍了牧畜业的昌盛，在这里我们也很容易想到牧畜者也常在设法制止农事的前进。两种不相容的事业不断的冲突着，彼此妨碍着，结果自然使的〔得〕两败俱伤，哪个也不会有很大的进步。第二点不能忘怀的是交通不便和人口的稀少。内蒙一带的人口数目和内地比起来，实在是太少了。靠近城市的地方还不十分显著，离开城市稍远一点的地方，有的人口稀少的程度真是让我们梦想不到，由察哈尔、绥远到外蒙、新疆或宁夏，十日的旅程里见不到一个村落是极平常的事。交通非常不方便，运输器还是那些极笨重的老式车辆，骆驼比较起来好些，但是为数有限，亦不足供应驱驶。本地人口稀少，对食粮的需求有限，交通阻塞，使产粮不易运往他方。这两件事又直接的影响到了农业，竟使剩余的农产品成了废物。在这种境况中，一般人民自然不需要农事的发展，也不希望农业的发展，因之他们老是保持着原始的本来面目。

3. 萌芽期的商业

提到了交换，多数还是采用着以物易物的型式，蒙民以牛羊等家畜交换汉民的谷物，内地的商人也多以丝绸及珠玉之类易做皮毛等物。钱币也很流行，但是只限于现金，关于钞票，在蒙民看来，认为只是一块好看的彩色纸，绝不肯相信它也是可以通用的交换媒介。人口本来稀少，在他们之间又显然的存在着老死不相往来的古风，所以交易无论如何不会盛行，所有的交换也只限于那些生活必需品及少许装饰物罢了。内地去的商人们最有趣，他们差不多都是久走远方、善于经商的老手，见了那些不懂交易的蒙古人，妙计随着生出来了。他们一定先要宴请顾客，待嘉肴美酒将客人管醉的时候，先来大捧他一阵，给他带上五尺高的一顶高帽，然后再说自己的货物这件多么取贵，那件多么好看、多么值钱，老实的蒙古人正在酒醉心迷、口不自由的时节，以为商人对他的确是诚恳的，自然听信商人的话，乐意的去上当了。一次一次受欺，但是他们自己却不能感觉到，结果他们不论在城里、在乡间，总是出着高价买便宜货，商人却没有不是大发财源，满载而归故乡。

汉化了的蒙古人自然不是这样傻了，他们和汉人除过血统的不同，没有什么分别，商人也绝不敢随便欺骗他们，也不能欺骗他们。

二　政治组织

宋明之间，蒙古人统一了中国，作了中国的主人，八十余年间对汉民族常以奴属相待，原来以马上得天下，只知崇拜武力，对于中国的文化始终不肯吸收，等到朱元璋把他们克服之后，他们又只得再去过原始的牧人生活。清代给他们设了盟与旗的制度，传至今日，其政治组织等皆与春秋时代的封建制度相类似，并且因为一切都落后，政治方面发生的事务非常稀少，政治组织也就非常简单了。以内蒙来讲，共分六盟五十二旗。旗是行政上的单位，也是军事上的单位。每一旗有一旗长（俗名称作王爷，蒙语称札萨克），旗长是世袭的，是一旗内惟一的握有实权者，集军事、行政、司法诸大权于一身，为所统辖区域内至尊极贵之人。他的地位，在各方面显示着正和春秋时代的候〔侯〕国之王相仿佛。他的尊贵不是借外力取得，正是因为他在一个部落里比较是能干的，资产也比较别人雄厚，所以在最初的时候，便形成了本部落里的酋长，一直继续着传统的势力。

不设旗长的蒙旗，由中央任命官吏管辖的也有，但是少数。盟是综合数旗较高级的政治组织，但不能干涉旗的内政，它的惟一任务是在对外行施职权，遇有特别重大的事件时，方会同各旗长共同处理。盟设有盟长、副盟长，由旗长选任。他站在监督旗长的地位，旗长若有不正当行为时，负告发于中央政府的责任。每年必检阅各旗的军队，作战时以盟长为主帅，须亲自统率盟内各旗的军队到前方会敌。

于旗、盟的固定组织之外，又有会盟制度，就是将同盟的各旗集合于指定的地方，受中央特派员的检阅。每三年实行一次。

最近白灵庙所组织的自治政府，乃是集合内蒙各盟各旗组织而成的，内蒙各部皆在其统辖治理之下，为内蒙现有的最高权力机关。

蒙古军备很单薄，行征兵制，男子除过喇嘛僧以外，十八至六十岁为服役时期。现役军人，每旗普通只有三百，预备兵普通有六百，兵器、马归军人自备。一旦有事时，可以随时召集后备军人服役，与常备军联合攻守。无事时，后备军人退还民间，散处乡里，又成为普通人民。

三　蒙人的实际生活

蒙古王公和普通人民比起来，当然是蒙人中的贵族。他们的尊贵没有什么值的〔得〕我们赞扬的地方，我们要说的是仕官阶级与平民中间也有着很大的区别，现在就让我们将他们不同的生活分别的作一种简短的叙述罢。

1. 贵族的生活

蒙人向来习于武事，善于骑射，欢喜征战。近以与汉民族杂居，感染了汉化，一般贵族更竭力去仿效汉民的奢侈逸乐，企求着华贵的生活，日渐走向堕落道路，舍去其原有之美风，确有不得再兴之势。

尊贵的旗长（札索〔萨〕克）住在一旗的王府，即一旗的政治中心。一切高下级官吏，轮流在府内服务，侍奉旗王。王府周围常有百余蒙兵卫守，士兵皆持着新式步枪，但绝少操练，也谈不到军纪的严整。旗王实际上不甘于寂寞，一年常居于附近城市之中。太太也自有一房、二房、三房……，外出则乘坐摩登的新式汽车，归则嬉戏玩乐。旗王本身所受教育极为有限，而其对于子女之教育，亦少有注意。子女的婚配也限于仕宦的小圈之内，绝不肯与平民或汉族通婚。至于应兴应革的事业，仕宦阶级一概不闻不问，各方面都表示着他们只会不自觉的惰落，而不知随时代的演变去进取。

旗王实在是一个封建的诸侯，他是一个握有广大的土地权的地主，他将土地交给仕官，由仕官分配给一些中间的土地领有者的小地主，一般内地移去的汉民，使〔便〕是由这些小地主手里租用耕地。旗王在他的这些小民身上不只取得地租，并且还要他们供应食粮及军马的粮秣及一切日需品。至于牧畜者，须给纳牧场的租金及四季食用的牛羊。因为有人民替贵族养兵，有人民替贵族耕地、纳粮、纳金，有人民替贵族造幸福，贵族自然形成坐享淫乐、企求奢侈的堕落阶级。

2. 平民的生活

从事农业的蒙人，差不多是受汉化较深者。他们与汉人杂居在同一村落，操作全仿效汉人延用的旧法。多数已不会说蒙语，在衣官〔冠〕服饰方面，也与汉人没有什么分别，外方人初见，绝不能办〔辨〕其为蒙人。惟在礼俗方面，一半采用着汉人的习俗，一半仍系其先人遗传下来的特殊风化。他们现在只能代表一小部分的蒙民，而不能代表全体或一般的。足以表现一般的蒙民生活的代表，还是那些以牧畜为业的蒙民。因为农业与牧畜彼此只能妨害而不能互助的原故，所以以——①为业的蒙民与从事农业的蒙、汉人民绝不能在一起杂居。在那些牧畜的地带，每逢相隔三里五里或十里二十里才有一个村落，住户也极稀少，每个村落最多不过十户八户，以三五户者最普通。最值得我们注意的，是每一户的人口又是出乎意外的稀少，上至祖父下至孙儿合起来也不过四五口。他们的生活是非常简单的，讲不到豪侈和浮华，一日三餐，离不开土产的肉类和奶汁，一年三百六十五日，生活总是一样的单纯，一样的单调。

　男子很少作什么工作。早上十点才起床，用罢早饭，不是往邻人家里和别人谈天作乐，便是在自己家里看守门户。女子却是相反的，早间东方初亮，即行起床，开始她的挤奶的工作，忙过几个钟头，奶汁挤完了以后，她便放下奶桶，预备生火烹调一家人早上的餐饭，待家庭内务整饰之后，她便须伴着大群的家畜往野外渡过整天的生活。但是她的工作犹不止此，她必须替一家人准备燃料，所以她一边牧羊，一边还得卖着苦力收集野柴和畜粪。晚间归家，她也不能立刻休息，除了熬茶煮饭，还免不了去到井边挑来明天所需用的水。因此她是一家的主妇，同时也是惟一的苦工。

---

　① 原文如此。应为"牧畜"。——整理者注

　　乡间向来亦少有军队驻扎，但是窃盗等事亦很少见，所以能养成此等习惯，与蒙民整个的风俗和民性有很密切的关系，他们都是非常信实的，厚道的，决不肯说虚话，也不会骗人欺人，自己老实，对别人也不生怀疑。拿一个最普通的例来说明，这事便更容易明白了。无论哪一个人走蒙古地方，倘使会说几句普通应酬的蒙语，到处都以上宾款待。就是不通语也没有什么妨碍，他们大部分都是精通汉话的，只要言语和蔼点，他们便会认你不是坏人，将同样的以宾客相待。倘使你以为既得住宿，又蒙殷勤的招待，自己也应当有一种回报，那么你将会见笑于大多数的主人。即使而遇到收受的，也是个人爱小便宜，那是特殊的例外，绝不是惯例。

　　他们与汉人绝不相同的特殊风俗自然不少，不过最显然的而且最有影响的，是本家族通婚和对于性问题的过分放肆。通常多半与别的家族通婚，但是在他们喜欢的时候，自己家里的女儿可以不嫁给别人，以公鸡或某种阳性之物做为假想的对象，改变了服饰（最要紧的在改变头部的装饰），举行过相当的仪式，那位少女便不再作少女，而是她娘家的媳妇了，从那时起她变成了她的兄弟的妻子了。她们对于结婚的年龄毫不讲究，有时候夫妇的年龄是极相殊悬的，丈夫有的才五六岁，而其妻却是二十上下的少妇。说到这里，一定有人怀疑年龄相去这样远怎么会成婚呢？其实他们采用的方法倒是很开通，所有的在我们认为是困难之点，在他们原来就不会发生，他们不讲什么贞操，当其丈夫尚在童年时，就是妻子和另外的任何男子发生了关系，生下子女，家庭里也同样认为合法的。未曾出嫁的女子随便和男子发生了特种关系，在他们看来也是很平常而不算可耻的事体。

　　少女在野外牧羊，每当春情发动的时节，往往唱着缠绵的情歌。尤其遇到她所爱慕的少年男性时，她总是由〔用〕了格外动听的歌曲去挑动他的心弦，一歌一答，两人渐渐行近，终至少年投在女郎怀里，歌声也合在一起。从此他们便是野外双栖的一双小鸳鸯。

倘使少女不爱那位郎君，而少年却爱上了女郎，少年只要勇武过人，少使几分强迫，她同样可以自愿的作为长期友伴。

偶有旅客借宿，主人并不给他另外预备客间，少女少妇也许不得不和他同宿一室，忽遇相投，发生特殊交情也没有什么不可。

不论哪个妇女，生殖能力总是很低，本家族通婚和性的过分放肆，恐怕是他们人口减少的一个原因。健康的摧毁，病因也恐怕脱离不了此点。

我们还应该附带的谈到一点关于喇嘛僧的事件。自清代起，限制蒙人家有二男其一必为僧人，一直到现在，他们仍然沿用着往例，男子幼时即被送往喇嘛庙学习诵读经典，充当僧徒。年长之后，可以掌管庙事，不得求偶结为妻室。自幼至长，无衣食不足之忧，自有信奉佛爷的人们供养。因之诵经拜佛之余，不免到民间暂时为歹作非。不过现在喇嘛僧绝没有像元代那样的势力了。

四　一般人民的思想

纪元前二十几世纪，近东和欧洲一带地方文化初生，一般古初人民只能看见事物的变化和现象不断的发生。为什么事物有变化，现象会发生，在他们是绝对不能了解的，于是便认为是神明使然。在他们心目中的神是至上的权威者，神是万能的。现在蒙民的思想正和纪元前二十几世纪古初人民的思想没有什么分别，认为一切事物都受着神的支配，一个人所以能生存乃是神的意志使然，并不是人的本身有生存的能力。人的生死都是操在神的手中，就是政治上的变动也并不是人为的，而是神的力量。巫祝在蒙古甚流行，使一般人更深信神灵主使着人的祸福，所以溥仪在东北明目张胆为人爪牙时，他们却〔才〕喜不自胜，以为真龙天子经过乱世之后，终于出现了。

《清华周刊》

清华大学清华周刊社

1935 年 43 卷 4 期

（朱宪　整理）

蒙古的沙漠生活

克拉图　撰

蒙古，一提起蒙古，便使人想起一片无垠的沙漠，沙漠是凄凉的，于是在一般国人的脑海中，蒙古便是一块凄凉无用的地方。其实，蒙古亦并不全部都被沙漠所遮〔披〕蔽，有一部分地方却是草木茂盛，像江南那里美丽的野景，即使那大戈壁沙漠里，有几处也有树木、河水，是牧畜的天然区域。因为国人不知开拓，以致蒙古仍旧是荒凉的地带。我们虽没有注意到蒙古，而日、俄两国却悄悄地在青睐她了。

蒙古自昔称为塞外，总面积有二十三万方里，全部都在寒带的圈内，冬季的天气是冷得使你不会相信的，大抵在零以下四十余度，而这里的土人，是很惯习了这种寒天的，在纷纷的大雪之下，土人和骆驼都可以随路睡觉，雪花披满了他们底身体，但他们没觉得什么，这种耐苦的精神，实在使我们感得惭愧。冬天的季节极长，在一年中占有八个月之多，其余春季为一月，秋季亦为一月，夏季则为二月，夏季的炎热大概在百度以上，天气变迁之速，实在令人惊讶。

无论哪一个季节，都括〔刮〕着沙漠风，这沙漠风和其他带风地的不同，它挟着飞沙，猛烈地吹来，有时会把蒙古包都吹倒了。当括〔刮〕沙漠风的时候，满天都是黄沙，不但永远看不到蔚蓝的天角，就是相隔一丈的人畜也看不见，人好像在伦敦的迷雾中般的渺茫。

至于政治组织，自从清初制定盟旗制度以后，大体上迄未改变。蒙古的旗等于中国本部的县，为行政上的单位，由若干旗集合而成盟，旗有旗长，盟有盟长，本来都是世袭的，近来旗长亦渐由选举方法产生了。盟长大抵为札萨克人。外蒙古分蔡称汗、图谢图汗、僧诺银汗、恰塞图汗、喜盆乃等等，内蒙古则亦由盟构成，即哲里木、卓索图、照乌达（以上三盟现已叛归伪满）、锡林郭勒、伊克昭、乌兰察布诸盟。全蒙古的人口，没有正确的统计，据说约有五百万人，不过这五百万并非完全是土著，其中俄人、日人、汉人也很多。

除了政治势力能支配蒙古外，其喇嘛教的支配力量也不少。蒙人对于宗教信仰的浓厚，实在出人意料。有人说畜牧民族是宗教信仰最为顽固的民族，这倒不无理由的，普通每家总有一个儿子做喇嘛僧，喇嘛僧终日无所事事，老是手里拿着佛珠，口诵咒文，他们并不戒色，对于处女，有初夜的权利，而蒙古人因为笃信宗教，也很乐于将自己底女儿，送给喇嘛僧去破瓜，这种情形，在原始民族里，是司空见惯的事。在蒙古，并不那样普遍，但亦可见其喇嘛的势力了。

宗教确是精神上约束人们的枷锁，蒙人本性是好战的，不论男女，都会骑马射箭，但自从清代利用喇嘛教侵入去以后，在精神的枷锁下，变成为温和的人民了。这不能不算是宗教的功用。

蒙古的产业以牧畜、狩猎为主，你在广泛的沙地上，可以看见成群的马、牛，而骆驼亦为该地的特产。那里女子，并不像现代都市里的女子那么守在家里，他们也能生产，男子牧畜牛、马、骆驼，女子牧养山羊，但奇怪得很，在生产上，男女均同等，而在婚姻关系上，则绝然相反，蒙古盛行一夫多妻制，富人常以多妻为荣誉，只有贫人才是只取一个妻子，在他们看来，这是多么丢脸的事。

除了畜牧、狩猎外，在内蒙古的靠近长城一带，盛行农业，其生产状态和中国中部的完全相同，想来是由这里传播过去的。住宅亦与汉人无异。不过蒙古大部分的住所为蒙古包。所谓蒙古包是怎样的呢？普通比亭了间还要小，先用竹竿构成一个轮廓，外边以帆布包起来，包成像泥墩的形状。这种帆布和此地的不同，粗糙而很厚，不容易漏水。蒙古包的建造很容易，同时拆卸也便利，所以不时可以搬家，以游牧为生的蒙人，是不能不逐水草而居的。蒙古包虽这样小，但一家老小，都住在这里边，没有被褥，睡觉时便用兽皮盖在身上。那里没有旅馆，去经商而旅行的汉人，便住在他们的蒙古包里，男女杂处，并不会有暧昧的事情的，他们有个很好的方法来试验旅客有无不道德的行为，就是翌晨起身后，蒙人马上给这旅客喝一大杯冷水，要是喝了，那安然无事，否则要怀疑到昨晚对于他们底妻女有非礼的行为，马上会处死你。因为我们知道，若发生性关系后，立即吃以冷的东西便会生病的。由此可知，这沙漠民族是怎样的注意贞操。

注重贞操为父权社会的一大特征，蒙古人的婚姻也完全用买卖的方式来举行的，与中国内地的旧式婚姻有许多相同的地方。结婚纳采，常以牲口为聘礼，因为牲口为游牧民族的唯一财产。

至于文化，正和中世纪的欧洲一样，大半为宗教者所控制。但近年来，却渐渐地改变过来了。蒙政府每年总提出二三百万元作为教育经费，全境有小学百余所，另有库伦中学、国民大学等等。通常授俄、蒙二文，而中国的语言，却不能通行，蒙古不是中国的地方么？这种情形，能不能使我们感到伤感呢？

蒙古，这括〔刮〕着沙漠风的地带，也何尝不是可以开发的，它是我们中国的地方，我们总得以〔从〕敌人的手里夺回来，好好地开发一下呢。

《内外杂志》

上海内外杂志社

1936 年 1 期

（朱宪　整理）

国防的前线——绥东

郑由瑞　撰

在着〔这〕中日邦交正在调整的当儿，华北的局势却日趋紧张，察北匪军的进犯绥远，已逐渐具体化，集中在百灵庙的匪军，有二万余人，某方的飞机也不时的飞到平地泉一带侦察轰炸。局势的开展已昭示着吾们西北的危机随着时日而严重了。日来匪部与各口土匪取得联络，由某方接济军火，一路拟利用骑兵绕出归绥后方，目的在毕克齐、萨拉齐，切断平绥路，隔绝甘、青、宁与绥省的联络；一路以步兵为主体，进犯集宁，牵掣我方兵力；另一路则以兴和为目的，拟抄出丰镇，切断晋、绥联络。现伪满军第三军区司令官王静林，已由承德飞抵商都，设立总指挥部主持一切，商都、陶林间前哨战已开始，大战已迫在眉睫了。

对方的图谋华北野心，早已昭然，绥东的被侵犯，不过是进窥西北的开端。因之，绥东战事实为目前最严重的问题，吾人应以全力来对付这国防前线的绥东战争，以维护全民族的生机。现绥主席傅作义已抱誓死保全领土的决心，沿绥边二百余里，由兴和讫武川的防线，已配备重兵，对进犯的匪军深信必能与以迎头的痛击，时局既这样的危急，我们固当以有效的方法，来挽这既倒之狂澜，然而，对这国防前线的绥东，不能不先有深切的认识啊！

绥远全境共有乌、伊两盟十三旗，加之绥东四旗、土默特一旗，合有十八旗，民国二十三年，蒙古曾要求自治，那时中央为了环境的恶劣,依民族自决的原则,准许给他范围内的自治。自蒙古自治运动获准,蒙政会成立后,于是绥远省政府和百灵庙间,便不时的发生冲突,从税务问题的争执,继以西公旗的纠纷,再继以百灵庙保安队的哗变,每次的纠纷,都给予敌人以相当的机会。民国二十四年九月,西公旗二度纠纷发生时,某方的飞机,便不断的在天空作祟。

蒙古自治以来,所以变乱相乘,无非因蒙人意识的薄弱,易受人的诱惑与利用。中央方面为要革除积弊,为感着蒙古自治区域过于广泛,难以统驭,于是对于蒙政会,便认为非另行改组,缩小其权力范围,绝不足以收实效。所以今春下令实行分区自治,成立绥、察两境蒙政会。先是中央原以分区自治,察蒙会可以取消其全蒙能力,省却许多麻烦,但因此察蒙会对中央便表不满,而隔膜日深。受了伪方的诱惑后,情况日趋恶劣。溯中国北方的边患,无时或息,国势强盛时,固可相安无事,国势一弱,则屡受侵略,即如周之猃狁,汉之匈奴,唐以后之突厥,五代、宋之契丹,无时〈不〉思侵扰北疆、南下牧马,迄至明初虽极端注意边防,无如后来国势不振,终见掳于异族。清初虽曾侵〔征〕服喀尔喀,后来也只仗羁縻之策以维残局。民国以还,对于边疆虽亦颇加注意,终以内乱频仍无法固防。在历史上北方问题尚如是严重,今更有强敌为之背景,其情形自不言而喻。

绥远北连大漠,南包河套,扼西北之门户,北可达蒙古而通苏俄,南可以通秦、晋,西可联甘、宁,形势极为险要。现青、甘各省,某方的势力尚未深入,一旦绥远失守,西北各省,唇亡齿寒,那时便可居高临下,向南进窥,切断内地与外蒙的连络,使与苏俄隔绝,同时青、甘各地情形复杂,一但变起,内部极易分解。东北沦亡,察、绥危殆,前车可鉴,所以今日绥远实成国防的第一防线,吾人应全力注视。

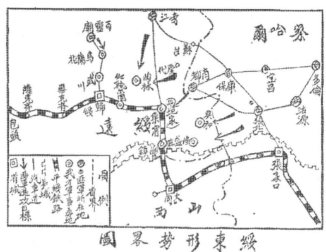

绥东形势界图

中日外交现正开始调整，其前程的进展如何？难以预测，彼方所持"华北特殊化"与"共同防共"两问题，我方虽极端反对，而且他亦将两问题搁开暂不讨论，但如果绥远失守，晋、陕危殆，纵使华北特殊化不加以承认，亦无补于事，所以我们要调整中日邦交亦必先从保持绥远领土的完整着手。

总之，绥远的地位既这样的重要，其在历史上、地理上、军事上，既为必争之地，现在我们为要保全中华民族的生存，为要保全西北领土的完整，对于绥远，绝对不容忽视的。

廿五，十一，十五。

《前进》（半月刊）

成都四川大学前进社

1936 年 2 期

（朱宪 整理）

外蒙古的轮廓画

复 之 撰

一 地理上环境

外蒙古在内蒙之北，满洲之西，新疆之东北，北与苏联相邻，为海拔平均千米的大高原，人口约有六百万，为我国人口最稀之部落，面积有四百八十八万余方里。旧分车臣汗、土谢图汗、赛因诺颜〈汗〉、扎萨克图汗四部，凡四盟八十六旗。民国二十年，蒙古政府把外蒙地方分划为十二部，三百二十四区，以便统治；分划之十二部为东部地方、肯特地方、中部地方、农业地方、科苏哥尔地方、阿尔坑外地方、乌布尔坑拜地方、多尔比特地方、科布多地方、南戈壁地方、东戈壁地方及阿尔泰杂布兴地方。

外蒙气候干燥，灌溉甚感不便，土壤内含有多量盐分，故野草繁茂，尤以叨林以北为最。再北到唐努乌粱〔梁〕海，特产更为富饶。库伦附近的农业，亦称发达。外蒙人民，还是过着游牧生活，家畜就是他们的唯一财产，在一九三三年调查，骆驼、牛、马、绵羊及山羊的总数，有一九，五三○，○○○头，平均每人有二·五六九头。羊肉和羊乳是他们常常吃的东西，就是酒类也以羊乳为原料，而鞋、外套、天幕等都是以羊毛、羊皮做成的。

金、银、铜、石炭的埋藏量亦甚富，据说石炭的埋藏量有三万万布多，主要产地，一在库伦东南方，一在桑贝子附近，一在科布多山的东南。色楞格河许多支流沿岸，蕴藏的金量，足与黑龙江相比，即以库伦金矿而论，在清末六年间，共淘出金沙六十万两。除以上各矿外，产盐亦甚多，在科布多一处，就有十二个盐池。

二　政治的透视

中国辛亥革命时，蒙古趁机独立，脱离满清统治，拥护活佛。民国四年，外蒙人民赞成五族共和，于恰克图中俄会议时，蒙人自动愿意承认我国的宗主权，在我国指导下实行地方自治。不久，以自治成绩不良，中国政府从西北筹边使徐树铮之意见，取消蒙古自治。但以国内军阀混战，无暇兼顾边政。民国十年，俄国白党巴伦翁格尔将军，乘虚进占库伦，迫退我国驻军，拥戴活佛，组织政府。当时许多蒙古青年，在苏联庇护下，聚集买卖城，派人公往蒙古各村落，作打倒白党及反对世袭的蒙古王公、贵族之秘密活动。旋在恰克图创立蒙古国民革命党，组织临时政府，以活佛为元首；得苏联援助，击败翁格尔的白军于买卖城，收复库伦，统一外蒙。

民国十三年，活佛死了，外蒙乃自称为共和国，实行委员制。制定蒙古国民共和国宪法，改首都库伦为赤色勇士都，政治的最高实权，属于大国民会议，闭会期中由中央执行委员会行使，大国民会议议员，是照比例的选举法而选出的。

外蒙宪法的内容，差不多和苏联一样，规定一切权利，属于劳动人民。废止封建的教正，宣言宗教为各个人间的私事，断然废止王侯、贵族的称号及特权，土地、矿富〔产〕、森林、湖川及其他一切的资源，都归为国有，同时废弃一九二一年以前的外债。

外蒙教育是不发达的，启蒙运动的速度，很为迟慢。一九三一年废止了旧阿拉伯型文字，采用了拉丁文字。我们从国家预算中，也可看到他们对教育事业的特别注目。至于外蒙军备怎样呢？外蒙亦〔赤〕军的主要部队，是由骑兵改编而成，政治教育与苏联同样。在一九三四年调查：外蒙有步兵一万八千人，大炮四十二门，高射炮七门，轻机关抢〔枪〕二百四十架，重机关枪一百三十架，飞行机十二架，坦克车十八辆。

三　经济的状况

　　王公、贵族的称号及特权，在外蒙虽以明令废止，但其经济基础，还没有完全排除。一九二九年九月起有利用贵族和喇嘛的家畜与土地，并发布创立集体农场的训令。到了一九三〇年又拟定蒙古社会主义建设五年（一九三一——三五）计划。一九三一年全部禁止个人商业，把外国贸易归为政府的独占，但因为旧的商业关系，虽已废除，而新的制度，还没建立，国内商品的流动，不能不暂告停顿，结果在西部诸地，引起以旧贵族和喇嘛为中心的叛乱。后来遂承认在国内可以有个人的商业，在运输上也承认个人的权利，已经没收了的寺院财产，仍归为寺院所有，这种渐进政策之改变，可说是和苏联的新经济政策同一途径。

　　外蒙的工业，多属国营，是以轻工业为主，制革、金属制品、炼瓦、制造等业虽为中心，但其资金则甚少，据一九三一年调查：

工　场	资　金
拿拉瓦炭坑	八三，九九〇元
特村〔制材〕工场	一四九，九三五元
炼瓦工场	二五〇，〇九五元
铸造机械场	四一四，一四〇元

工　场	资　金
制革工场	八九二，三五〇元
酒类工场	一，五八六，五七〇元
共　计	三，三七七，〇八〇元

外蒙的贸易，差不多为苏联所独占，在苏联的外国贸易中，外蒙仅次于英、德。一九三四年一月至十月两国贸易额：从苏联到外蒙四〇〇·二〇（千留），从外蒙到苏联一二〇·八六（千留）。

现在握外蒙金融与经济组织中心的团体，有蒙古国民中央消费组合同盟，苏蒙贸易有限公司及蒙古工商银行。外蒙的全经济，可说是依存的苏联，也可说是苏联经济之一环。

四　尾语

蒙古人在十三世纪初叶，成吉斯汗席卷欧亚大陆的时候，是如何勇猛，如何果敢！自从西藏的喇嘛教流入以后，民族性便渐渐的退化了。近代的外蒙，虽自称独立，但我们要从政治上和经济上去考察，外蒙的一切活动，都受着苏联的支配，这是不能掩饰的事实。

近来满蒙边境，常常发生纠纷事件，这种纠纷发生的原动力，不在满蒙两方的自身，而是由第三者来操纵，这是谁都不能否认的。苏联在远东的戒备，当然要积极，苏、蒙的关系，也就越法〔发〕密切起来。一九三五年十二月十一日，外蒙共和国总理盖顿，陆军大臣台米德，内阁书记官长乌基端希尔，及外务部局长那萨姆拉等抵莫斯科，与苏联党政领袖斯太林、莫落〔洛〕托夫等会议，以研讨日满军侵略行动的对策。据说在这次会议中还产生了什么秘密协定，我认为这到值不得大惊小怪，苏联为自己的利害，帮助外蒙，还不是当然的吗？盖顿在苏联发表的谈话中有："余等不愿屈服，但愿保障余等之边境及独立，余等可以预言在蒙古共和国受日满军攻击之际，必将引起其他各国更大之反响。"在盖顿心目中所谓"其他各国"，当然是指着苏联而言，我们从这个声明中，也可明白苏、蒙关系的密切了。

　　最后我们要知道，外蒙地方，决不是一般人所想像的那样一片荒漠，外蒙人民，也决不是一般人所想像的那样愚昧无智。外蒙是中国领土的一部分，但他的政治和经济，都依附于苏联，他的一切活动，都以苏联马首是瞻。自"九一八"后，外蒙在东亚的地位，也就为举世所注目了。

《社会问题》（月刊）

北平燕京大学社会问题研究会

1936 年新 2 期

（朱宪　整理）

西北印象记

慕 韩 撰

此次去西北旅行，因为走马看花，未作详细的考察。现在仅就见闻所及关于民生、宗教、政治、教育和农业各方面，来略谈一下。

西北因为土地荒芜，交通不便，所以农民生活极为困苦。生活程度虽低，而谋生却极艰难。我们此去正值黄河解冻，冰块相堵，泛滥成灾，到包头的时候，即见一群灾民在车站上跪求站长要求搭车。他们是由临河县——后套之一县——逃来的，系为自河南移来的"开垦军"，水冲家毁，只好求站长准他无票坐车回到北京，然后再转往河南。无票坐车，事实上不能许可。这些老弱妇孺大概须受两月的徒步跋涉，饱受饥苦了吧！政府对"开发西北"、"移民西北"，喊得何等利害，而移民的结果又如此，不知西北将如何开发！

此间人民——乡村民众——大都信仰天主教或基督教。说来会令人奇怪，为什么荒僻地方的人，还这样"时髦"呢？原因很简单，就是因为外国人——传道师——的开发西北，比中国人的开发西北——口号——利害的原故。尤其现在西北很多的"教堂村"的建筑，街道都很可观，并且有的还有近代发明的无线电。由此可见外国人的势力——文化侵略——已是深入内地了！在这一点上，使我们不禁惭愧而担心！

　　关于政治方面，所谓察、绥两省，都不是完整的土地，而是半壁山河了！察哈尔现存的土地，只占原省面积的八分之一（即是张垣以南十县），其余的土地（即由张垣之大境山以北）已经完全属日"伪"军李守信的范围。而绥远省，连绥蒙会势力在内，只占全省面积的三分之一（绥包沿线），而其余的土地，便是属日本道地的傀儡德王的势力范围。内蒙情形如此，张北情形又如此，该为现代中国青年一再觉醒吧！察哈尔因为环境特殊，所以只驻陆军第二十九军第三十八师的一大部。绥远省则因为"防共"的缘故，所以尚有第五十九军的大部。因为当地民生困苦，百姓幼稚，所以常把丘八老爷看成了不得的东西，县镇上的兵，也极逞其威风，在民众看来还是祖宗呢！军队离开大众，确是可忧，塞上军队应当努力避免这种现象。

　　谈到教育方面，察哈尔全省共有中等学校——师范在内——七处，约二千余人，小学仅张垣有二十余处，不到千人。绥远省共有中等学校五校——师范在内——约千余人，小学较多，察、绥两省之学生还不如北平一市之多，国难步艰的今日，到处都是敌人的足迹，到处人民都有"改国藉〔籍〕"之虑，如果人民再没有知识，如何能谈到有民族意识、民族自觉呢？西北教育情形如此，我们愿促负责教育者注意，应该立刻推行非常时期民众教育！

　　绥远省面积五六〇，〇〇〇方里，地势以平原地占百分之四十，沙漠占百分之二十五，山地占百分之三十五。所以全省可以说地广人稀——每方里平均二人。关于人民的职业，除归绥、包头、丰镇等处多商人外，其余各县都以农民估〔占〕多数。因为该省的地主多雇工耕种或招佃分种，所以可以吸收大多数的农民，多是晋、冀、陕、甘各省的单身男子，结果全省的男女人口比例相差甚巨。谈到绥远省的土质，最令人想为荒瘠不毛之地，其实不然，因为该省大部分都属黄河水之冲积层，河流迁缓所在，又能淤积为黏土，所以土质极松而肥沃。由阴山流下之溪川，大多汇入于黄河，由这些溪川冲积而来的砾石及粗砂，往往成一厚层。所以许多表土较薄的地方，虽然表面粗劣，但一经深耕之后，表土与黏壤之心土混合，而能耕种。尤其绥鄂尔多斯平原及乌拉山与阴山北之新垦地，都含有极丰富的有机物，所以肥沃。这种自然肥料之来源，是因为蒙古人向来不事耕种，只在水草丰盛之区放牧牲畜，于是就有大量之腐草及畜粪贮积。像这种地方，一旦政府努力开发，无须施肥，就可以丰牧〔收〕多年。至于五原——河套一带——一带的土质，因为纯为黄河运积土，有水则软如鸡粪，无水则硬似山石，所以，只有这一带的地方，人民最苦。

关于气候方面，因为绥远省地势较内地高，所以气候干燥，雨量甚微，一年之间只有五月至九月间的百余日，温度越过摄氏十五度以上，所以农作物每年只有一熟。更因为该省的各地的气候不同，所以各地每年的播种、收成期也不同。如归绥清明节前后种麦，小暑后熟；谷雨前后种高粮〔粱〕、谷子，白露后熟；芒种前后种糜子。如武川县，清明节至芒种期间，都为播种时期。如丰镇清明前后种麦，立秋后熟；谷雨前后种谷、黍、高粮〔粱〕，白露前后熟；小满前后种豆，立夏前后种马苓〔铃〕薯。

最后谈到农产物，也因为各气候、土质的不同，而有差异。总之，绥远省和察哈尔的农产物有大麦、高粮〔粱〕，多产于山前各县，荞麦、莜麦等多产于山后各县。此外胡麻、菜子（多用榨〔榨〕油）、马铃薯等，为各县之普通产物。药材如甘草、党参等，亦为该省出口的大宗。

总之，如论开发，西北农业应是先决的问题。而就以上所述，绥远省各地的土质、气候等，可以说不是我们所想像的那样荒瘠。不过荒地开垦，土地收买也是一大问题。因为阴山前后多为蒙人土地（尤其山后），汉人如求开发，还需购买。不然，虽有肥土富源，还是不能耕种。

西北民生虽疾苦，但如就内地各处如四川、河南、湖南、湖北、冀南各省农民来比，还可算幸福。土地虽有限，但人口也不稠，较比起内地人稠多灾的地方来，还易解决，所最殆危者还在教育和政治上面。西北民众受外国传道师之服从、屈服之宣灌，而教育又如此落伍，民众如此幼稚，这是很大的内在的危机，而在政治上则敌人日进一日的进攻，我们日退一日的退让，这种外来的侵略，已足可是使西北民众陷于帝国主义铁蹄之下了！

总之，如真求开发西北，第一步还应保全西北，西北而不可保全，则无论开发得如何好，也不过是白费心血罢了！

一九三六，四，十七

《真理评论》（半月刊）

北平真理评论社

1936 年 7 期

（宋飞　整理）

西北见闻

南海子的筏子与"西人"

南海子在包头车站东南方，离车站约有五里，离包头城约七八里，是一个小码头。凡是由五原、临河以及宁夏来的筏子以及船只，都要在这里停泊，一切来往货物的装卸，也都在这里。所以这里可以说是包头的大沽，因此，南海子有"小汉口"的称呼。

黄河走到这里，就往南拐一个小湾，水力把这地方潆成一个天然的港口。一条带子似的黄河，到这里忽然变粗了许多，好像一条吞了一只老鼠的蛇，肚子是凸凸地，远远望去，一片汪洋，真像一个海湾，又因这个港湾位于包头的东南，所以"南海子"便成了她的乳名了。

因为平绥路到了包头便中止了，所以，凡是东来的货物要再往西去，只有三条道：第一，是换用骆驼运走；第二，是换用新绥汽车公司的汽车运走；第三，便是由黄河换装筏子或小船运走。这三条道，只有第三条道比较方便而经济一点，因为由陆地用骆驼装运，既费事又费时间，而运价也贵，又不保险（土匪多）。至于汽车呢，又因新绥汽车公司的车只能由绥远装运，他们走的道是绕到固阳（山后）去了，不经过包头的，但第一运价太高，第二车次无定，第三车辆不多，所以这个办法更不通的。惟有水路运输，只要开河，是没有一点阻碍的，而且运价也便宜，只是日期不免迟缓一点而已，不过要是遇到顺风而又是下水船的话，比骆驼还快得多呢。

因为有这种种关系，所以南海子底商业地位，便一天比一天提高了。去岁当局试验轻便小汽船，及冬际冰船（冰撬〔橇〕之一种），如果结果良好，那么，"小汉口"的别号真的要成为实际上的名称了！

闲话打住，如今单说南海子的筏子和"西人"吧。

谈到筏子，便联想到故乡鸭绿江上的筏子了。这筏子跟那筏子是差不多的。因为绥、包一带，树木太稀少，所有一切盖房以及各项日用木器之制造，都是要靠西路（即宁夏）的供给，所以西路的商人，每年都把木材编成筏子，放在水中，顺流而下，运至包头，再分运到各地。筏子的好处有二：第一，省去船费；第二，又可以装载土货（如：毛、皮革、烟土、碱、水烟……）。每年春秋二季，黄河上的筏子穿梭般地往东流，上边满载着西路的土货，到了南海子，便停泊下，把货物卸完，就把筏子拆除售出。商人们把货卖掉，把筏子也卖掉，再买些东路货（由口里去的洋货及日用品，如：布匹、茶、钟表、纸张……等等）回去。他们来时是乘自己的筏子，回去就是雇船或骆驼装运这些东西回去。这一来一往之中，他们就获了大利了。

筏子的做法，并不怎么神奇，只是用许多粗大的木材横一层、竖一层地编起来，用铁链锁牢（有的粗大的木材，一层也可以的），只要它底浮力禁得住所载的货物就行。不过驾驶的人可得有经验，既知道水性，又得熟悉这条航路的水道情形，更得手急眼快，精神好，胆子大，也不是容易的事呢！

筏子上面货物的装置，都是采用包围式，就是把货物用生牛皮包扎坚实，加以缝补，使一点水也不致露〔漏〕进去。然后把这些牛皮包装在四周，中间留着住人的地方，整像一个炮垒的样子，其用意是在防备中途遇有岸上的土匪向他们射击时，可以免去许多危险的。

人民住在筏子上，时间是很长的，所以在那上面除了住宿之外，还要解决吃的问题的。

每逢春秋两季，筏子一到，南海子便平空地热闹起来，河沿上填满了装卸货物的工人，由包头南门到南海子的道路上，挤满了来来往往装满了货物的大车。白天，黑夜，总是充满着拥挤与喧嚷，而同时，本地梆子（本地的野台子戏）也整天整夜地演奏着……一切都表现着活跃与繁荣。

其次再谈一谈"西人"。

"西人"并不是西洋人，而是指的甘肃人，尤其是宁夏人，绥、包一带的人，总是叫他们为"西人"，这大概是因为他们是由西边来的吧？记得民国十一二年的时候，马福祥在绥远当都统，本地人们都叫他部下的军队为"西军"，大概也是这个意思了。

西人由夏运了木材和土货来，到这里一卖掉，马上便腰缠累累，而面团团了。他们都是生长在偏僻而交通又不方便的西北，所有一切我国固有的道德，还都保存在他们底脑子里，所以，他们大多数是性情梗直、守信不愚的。因此，便专有些本地的混混们，插着圈子来想他们的钱，如赌博、嫖娼……每年毁在这上面的西人，虽不多，却也总有几个人呢！

人头及其他

"枭首示众"这玩艺，在内地是不多了；然而在西北，还依就是司空见惯的！据说西北的匪氛太盛了，不这样实不足以儆惕的

——这话是不是对的，我们没有那么高明的判断力，不敢加以可否，这问题只好留给关心社会问题的专家们去研究吧！

实在的，西北的匪氛可真够瞧的，前者如卢占魁，近者如赵半吊子、杨猴小子、小田有子，哪一个不都是领着过几千个绿林豪杰，横行于前山后山之间、河套河西之内？想当初卢占魁先生，在全盛时代，曾经啸聚过万人左右，坐着黄顶大轿，进逼过包头城，真乃一时之好汉也！至今民间歌谣以及秧歌之类，不少此君为祸之描述，其经过也就可想而见了！

然而枭首盛行的结果如何呢？有人说："假如不枭首示众，也许现在的西北早就全部匪化了！"这话当然有理。阿弥陀佛，善哉善哉！

枭首示众的人道问题，以及引起匪氛炽盛的社会问题，这里不是谈话所在，我们且不要管它，这个年头儿，应该是讲讲风月，说说女子的时候，我们无妨附和附和风雅，休息休息脑子，以养天年，而免"致干未便"也。因此，我们且抛开枭首的正面问题，而来从旁面谈一回枭首的艺术问题及其他等等；诸位上"耳"，且慢慢地听在下一一道来。

据说枭首是要讲斥劲和部位的，您如果不懂这一套秘诀，拿起刀来乱砍，必定要失败的，其实失败也没有什么了不得的关系，一刀砍不下来，可以再来二刀，以至三刀、四刀、七刀、八刀，都可以的，反正砍下来才算完，听说现在的法律改"良"了，没有"一"刀之罪的规定了，多砍几刀是无关紧要的；不过，砍得不干脆，不俐落，是要有被四周的站脚助威的来宾们所嘲笑的危险而已。

人头砍下以后，接着就是如何"悬"起来。您别以为这是不值一提的，其实这也是件煞费研究的事儿呢！因为：自从国体改变民主以来，第一个特征，就是大家都去掉了辫子，请您想一想，没有辫子的秃脑袋，如何"挂高竿"？然而，西北有的是能人，他们用细绳或铁丝之类，穿在耳朵上，然后再挂起来，也有的竟穿在一边的腮上，歪着挂起来，更是好看而官〔冠〕冕得多了！在前四五年，像绥远旧城的门洞里，常看见高高地悬着一个木笼子，和一般装百灵的鸟笼差不多，但不是圆形，而是方形的，笼栅也不是细竹，而是小宽木条的，人头装在里面，端端正正，不大不小，正合适，如果新砍下来的，还一滴一滴地往地下落着鲜红的血，如果日久了，而天气又是伏天，就不免有点气味，这气味，是什么味，咱可没闻过，恕不能奉告。这种布置，现在不用了，也许是因为：第一，用木笼既不经济，又费事；第二，有密排的木栅阻着人们的视线，使过往的观众们不能看见庐山全面，未免不合"示众"原旨。

又据人说：活着的人头砍下来，不如已死而又冻着的人头砍下来整齐而富有诗意；因为，死了而又冻着的人，脖子的筋肉是凝固着的，一刀砍下来，齐齐整整，有棱有角，并且，最好还是要由后脑骨下斜着往下砍，像西洋法币上的人头似的，挂起来，特别好看！

现在再谈一点量的问题：（一）民国之某年某月某日，在平地泉（集宁），曾经挂满车站东边通一马路及二马路的两个桥栏的两边；（二）民国某年某月某日，在镫口车站后面，曾砍了四十多个；（三）民国某年某月某日，陶思浩车站大车路上，曾有一个大车，车箱里装载人头十多个，车箱两头用死人尸身来堵截着；（四）……（五）……

但枭首不过是"主刑"，主刑之外还有"附刑"。"附刑"是由私人方面加进去的，但都是于行了主刑之后而施行的。其方式约有下列几种：（一）枭了首之后，再开了膛，剖取心肝胆……等等；（二）或割取其生殖器官；（三）或于枭首之后，趁其血未涌出时，于其刀口处堵热馒头一个，或更换轮堵数个。至于这"附刑"的起因，不外因：该被刑者生时击伤官兵太多，官兵恨之刺骨，遂于行刑之后，更加以此种支解其尸体之举动，以泄其愤而已。他们割取五脏，或以之祭奠阵亡官兵之灵，或竟取其心肝，烹而食之，据说：食过人肝、人心，可以壮胆气！但也有因友朋之需要，而被请求买妥，割取生殖器，以及胆囊，或堵取血馒头，以医不治之病的，如：血馒头可治噎嗝，生殖器可治干血痨……这些东西是否"物"到病除，恕在下既未亲自服用过这种珍贵的神药，又不是医药专家，自然无从证明。不过，因此传说而被支解的怨鬼可是实在不少，倒是事实！

此外，在社会方面由"悬首示众"而引的反应现象，也是一件值得注意的重大事件，我们无妨连带的表扬一番。

（一）有人在挂着的人头口里，放进燃着的纸烟，并且，这枝纸烟燃尽了之后，准保还有第二枝，第三枝……

（二）常见人头底下围看的人们，不说儆惕的话，而是在品评着砍的手术如何如何，或是模样如何如何，以及许多滑稽性的幽默口调……

（三）……

（四）……

如是，说句正经话：第一，"司空见惯"了，不但不能儆惕来者，且更能造成社会群众以残忍的心理的；第二，不但是"枭首示众"，就是任何死刑，都不是消灭不良分子的正当方法；第三，斩头为人道所不齿，野蛮人行之，以其知识简陋，生性残暴，情有可原，文明人行之，毋乃自侪于野蛮之丛乎；第四，任何治罪，不离国法，土匪虽杀人越货，其罪弥天，但他也是国民之一，不应离开法律范围之外，施以奇刑，以破坏整个的国家法典。而归根一句话：人们所以甘冒不韪，挺而走险，拿生命作孤注，纠众为匪，并非他生下来就带着匪性，或有□怪瘾，他们之所以如此，自有其当然之社会背景。我们希望西北的贤明当局：一方面废除砍头及其他支解尸体等残暴的行为，而代以枪毙，一方面则设法努力社会建设，以消灭制造匪氛的社会环境，而减少匪徒的出生。不然，纵使日砍千百头，不但无补实际，窃恐匪势终不能消灭呢！老子说："民不畏死，奈何以死惧之？"请三复斯言。

《实报半月刊》

1936 年 14、21 期

（张敬钰　整理）

中国人应当知道的关于绥远的常识

——转载自十一月二十日上海《立报》

王皎我　撰

在绥远匪伪进攻声中，我以为我们每个人对于绥远，至少要有下列各项的认识：

（一）绥远民国三年划为特别区；民国十七年九月始改特别区为行省，设省政府于归绥，辖丰镇、兴和、集宁、凉城、陶林、归绥、包头、武川、萨拉齐、托克托、清水河、临河、和林格尔、固阳、东胜、五原等十六县，安北同沃野两地设治局。其余两盟（乌兰察布盟计六旗；伊克昭盟计七旗）及一总管（归化土默特旗总管），仍归蒙旗治理（现属绥蒙政会）。

（二）"绥远的边境与五省交界，东以平绥铁路与察哈尔接连，南凭长城与山西、陕西邻近，西包河套与宁夏并界，北临□海与外蒙古连接。"阴山山脉横卧绥北、绥东一带，以大青山为最高，黄河包有全省西南半壁，后套一带颇饶水利。（参连〔看〕第七版《黄河后套》一文）

（三）绥远全省区面积计三〇四，〇五八平方公里（根据廿五年《申报年鉴》统计），并多未开垦。

（四）绥远全省人口总数计一八〇五，七九九丁口。（根据内政部统计）

（五）绥远的人口除蒙族、回族外，均为汉人，许多系从陕西、山西、河北、山东迁去的。

（六）绥远的气候，一年中平均最高为摄氏表二五·五三度，最低为〇二·七一度（依王恩著的观测），变化甚大。河套一带变化尤据〔剧〕，一日之间，早晚相差二十度，故土谣有"早穿棉衣午穿纱，抱着火炉吃西瓜"等语。雨量亦甚稀少。

（七）绥远的物产，动物以牛、马、羊、骡最多，皮革、毛绒亦为大宗输出品。植物以粮食、药材出产最多。矿产以煤、铁、食盐、曹达出产最多。手工业品以绒毛、皮革制造品同绒毯、毛布最著名。

（八）绥远交通，（甲）铁路有平绥路。丰镇至归绥段，由丰镇起经新安庄、红沙坝、苏集、平地泉（即集宁）、三岔口、八苏木、十八台、马盖图、卓资山、福生庄、三道营、旗下营、陶卜齐、白塔、归绥等十六站，计长四百三十九里。归绥至包头段，由归绥经台各本、毕克齐、察素齐、陶思浩、麦旦台、板神气、公积板、磴口、包头等站，长三百余华里。（乙）公路已完成的，（1）绥白路，自归绥起经武川、召河至白灵庙（一作百灵庙，为蒙军集中地），全长一八六公里，中以蜈蚣坝为最险要。此线同绥新（疆）线衔接。（2）包乌路，自包头起，经麻池镇、公庙店（一作公庙子）、五原县、临河县至乌拉河，由此出省境，入宁夏，全长三六四公里。（3）陶卓线，由陶林至平绥路卓资山站，全长五二公里。其余不当重要，同未完成的，从略。（丙）电政，有线电报、无线电报、长途电话均有，不过不甚发达。无线电台设在归绥。包头、萨拉齐、五原等县均设有线电报局。（丁）邮政，约有六十余局所。（戊）航空，归绥、包头均有飞机场，欧亚□航线可飞至包头。（己）水运仅有黄河，在水大时，有船只来往于包头、宁夏间。

（九）归绥，民国三年，我国自行开放为商埠。包头，民国十一年，我国自行开放为商埠。

（十）宗教，在绥远除佛教、喇嘛教、道教、回回教、基督教外，天主教势力最大。在后套一带地方的居民，对于天主教神父，非常的推崇、信仰、服从。因为神父们常借给他们金钱，供给他们牛、马，替他们见官，替他们医病，替他们拒匪，所以就造出来后套的教民问题来。至于外国人常川在绥的，以法国神父最多。（参看第七版《黄河后套》一文）

（十一）俗语常说"天下黄河，惟富一套"。黄河自中卫而下，沿着贺兰山麓向东北流，为大青山所阻，于是折而东流，既又折而南流；凡黄河三曲所包围的地方，都叫做河套。在绥远境五原、临河、安北等县的黄河二支流中间的原野叫作后套。这些地带，土地肥沃，最宜开垦。现下绥区屯垦督办负责办理那一带的垦务。（想知详情，可参考《禹贡》半月印〔刊〕六卷五期"后套水利调查专号"）

（十二）绥北乌兰察布盟境内的百灵庙、滂江现在已成了蒙伪匪部的根据地。某国势力在包头、归绥、百灵庙、滂江一带，暗地里很活跃。

总之从上面所写的可得以下的结论：

（一）自外蒙与内地隔绝后，绥远的地位越发重要了。

（二）阴山一带，归绥境屏障，万一不保，影响陕、宁、晋、甘等省甚大。

（三）绥远地广人稀，防守不易，故有志健儿应实行到国防前线上去，以卫国土。

（四）某国人正苦于羊毛、皮革不够用，得到了绥远，便尽可如愿以偿。

（五）绥远出产丰富，地域重要，自无怪某国亟欲使其成为将来的蒙古大元国的一部了。

《西北向导》（旬刊）

西安西北向导社

1936 年 25 期

（李红权　整理）

兴和县在绥远省之重要

黄启中　撰

自伪匪称兵进犯绥省，赖我守土将士之奋勇，夺回匪伪积年经营之根据地百灵庙，战事得告一段落。然此亦只暂告一段落而已，盖匪伪在绥省之势力虽已瓦解，而某方之雄心未死，则其促匪伪败卒卷土重来，或竟率其残暴之众，直接参加进犯亦意中事也。据近日敌方军事之布置趋势和绥东之地理观察，则毗连察省，邻接张北、商都之〔及〕兴和，当为匪伪进犯之第一目标，必将为战争之中心区域，守之足以扼匪敌西行南下之要冲，万一不守，则绥、察、晋、冀，联络相依之势解矣！而陕、甘、宁数省，亦将感唇亡齿寒之惧，是则兴和地位之重要与得失，当视为华北存亡之关键，乌可不重加注意也？兹就个人昔年游历所得，并征之典籍与各种调查统计所载，概略述之，以供国人之参考焉。

兴和在汉为沮洳县，北魏为柔玄镇，辽属西京道，金属西京道之抚州，元为威宁县，清光绪廿九年置兴和厅，民国元年改为县，三年划归察哈尔省，十八年一月复归绥远，现为二等县，位该省之极东，距归绥城五百三十五里，东邻察哈尔省之张北县，西连集宁、丰镇两县，南以长城临察哈尔怀安县及山西省之阳高县，北至察哈尔省商都县，境内山地多平地少，地势北部高南部低，全县面积一万一千二百方里，南北长约二百八十里，东西宽平均约四十余里。

一、名胜：有苏木山，在城南，数仞石壁，形势雄伟，登其巅，则万壑千山，别饶风趣。

二、民族：有汉、满、蒙、回四种民族杂居其间，人民以汉族为最多，蒙族次之，满、回又次之。汉人朴实耐劳，蒙民强悍好骑射，满民依赖成性，素称懒惰，回民则颇多骄奢、虚伪之习。民众信仰方面，除回人崇信回教，蒙人信仰喇嘛教外，汉人则多信天主［主］教，基督教、佛教次之，道教更次之。境内旗地，北境为察哈尔西四旗正黄旗地，有正黄旗总管府及蒙人杂处其间。

三、行政区域与人口：全县共分为五区，辖一百二十三乡，共有村庄九百七十九，户数为一万六千九百三十七户，人数为九万二千六百八十一人（绥省府村治调查表）。农村组织，亦称稳固，村之大者百余家，小者十余家、三五家不等。

四、山脉：全县山脉，西有小坝子山、鹿耳坟山、喇嘛孔督山。西北有头脑包山、小卓子山、脑包虎山。东有大青山、塔步山。东南有猴儿山、哈拉儿山。北有大黑沟山、大脑包山、乌兰大坝山。南有南山、黄石牙山。境内诸山，以中境东偏之大青山及南邻晋、察两省之南山为最大，此次战线，即沿大青山之山脉。黄石牙山之峰，乃为最高，境内山脉，尽系阴山枝脉。

五、沟谷：境内因山岭重叠，故沟谷栉比，其最深邃者首推三角沟，绵延约四十余里，次则为哈拉沟、打街沟、十里沟，其他如四道沟、五道、六道沟、北井沟，及边城下之南三道沟，并大青山下之窑子沟，北区之羊盘沟、醋铺沟、东沟，第二区之大北沟、营盘沟、五道沟、三道沟、前后井沟、新平沟、大五道沟、二号沟、十号沟、白马牙石沟、前后蚨沟、水泉沟、狮子沟、羊长沟、大西沟等等不胜枚举，要皆随山脉之起伏而成谷，非深谷也。

六、河流：河流方面，以二道河为最大，乃苏计河、豪沁河、鸳鸯河、营子河四水合流而成之总称，自西流南，汇归于河北省之永定河。

七、物产：全县物产丰富，尤以畜产为大宗财源。

（1）畜产：家畜以牛、羊、鸡为最多，马、骡、驴、驼、猪等次之，野兽有狐、狼、黄羊，皮毛以牛羊皮、黄羊皮及羊毛为对外大宗贸易。

（2）农产：全县土壤，一、二、四、五各区，多系砂质，不宜农产，惟三区为粘土，宜种农作业〔物〕，全境水地少旱地多。农产物品，以小麦、莜麦、谷子为大宗，糜、黍、胡麻、豆类次之，麻又次之。

（3）药材：南山沟附近，年产大黄九千余斤，黄芪二万斤，甘草一万斤，黄芩一百六十斤，均运销冀、晋各省（绥省建设厅廿年调查）。

（4）矿产：第五区之白脑包产煤，每年约产煤五百七十九吨，惟惜多系烟煤兼质地不良耳。大小青山山脉一带，储藏水晶甚多，迄今尚无人开采。天皮山及大青山一带，多产云母，据专家调查，其储量约有数十万万斤，但未能以近代法开采，故每年产量不多。

八、文化：该县交通不便，文化落伍，工商业亦不发达，绥省府正拟修绥兴公路（归绥至兴和）。县内邮政局、电话局、电报局各一所。

教育方面，则全县有初级小学三，初级女校及高级女校各一，高级小学二。学龄儿童男有二千九百零八人，女有一千三百一十二人，总数为四千四百二十人。入学儿童男生一千二百三十五人，女生一百四十四人，若就百分法分较，则入学儿童，仅占学龄儿童数之百分之三十三。至于经费，全年总额六千五百四十九元，其来源一由田赋附加，二由学田租，三由其他各种税捐。社会教育方面，仅设社会教育所、阅报所、图书馆各一所。

九、治安：治安方面，除公安局外，有保卫团丁共一千零四十七名，枪械一千一百一十九枝，子弹二万三千九百廿二粒，骑马有一百零五匹，每月需经费七百八十六元，较内地保卫团战斗力强，但待遇甚差也。

统观以上所述，吾人对兴和县之认识，亦可得其梗概矣。近阅报载该县一区窑子沟、打尖沟、哈喇沟、榆洼、双脑包、三号沟、富三乡、十六号村、大小哈喇村，二区之庆余乡、张冕印村、都家缸房、二四文村，四区之榆树洼等二十余村，约占全县三分之一区域，尽为匪伪占据，焚杀掳掠，暗无天日，迄今人民流散，无所归宿，绥省府现正设法救济中云。兴和为绥东门户，实目下国防上之要区，得失关键，系乎华北存亡。若将来不幸被匪占据，南可直下察、晋，又可长驱西上，绥省不复为我有也；而匪伪猖獗，某国亦随之实行大陆政策，预备世界二次大战，隔断我国与苏俄，大包围式的某国可以北抗苏联，控制吾国，以求达到独霸东亚之目的，当此之际，所期国人踊跃输将，以资军实，前线将士，抗敌英豪，鼓其不屈不挠之勇气，沉毅果敢之精神，歼彼丑类，还我河山。

《是非公论》（旬刊）

是非公论旬刊社

1936 年 26 期

（李曼曼　整理）

包头通讯

及 时 撰

一 地理位置

包头为平绥铁路的终点，同时又为河套一带黄河水运的终点，所以成了西北内地商业的中心和水陆交通的焦点。不过，在平绥铁路未达到包头以前的时候，河套一带的黄河水运却以河口镇为终点。所以在早先，包头并不如今日这样重要，不过是一个和蒙古、新疆交易的一个小市场罢了。等到铁路修到了包头，包头这才脱离了萨拉齐厅，于民十二成立设治局，民十五改为一等县，民二十一成立市政筹备处，于是才成了这样一个有四·三四方公里的城市。

二 "红筒子"自西而来

每年于春秋二季，皆有皮筏子自甘肃和宁夏一带顺河而来，每一个皮筏子，大的可载一百二三十个"红筒子"，小的也可载七八十个。所谓"红筒子"乃是由一张牛皮缝成的，内里装的都是毛货，因为这些皮毛货都怕热，所以夏季水势虽大，却因水皮过热而不敢下来，只有春秋二季为最合适。所以每当春秋二季皮筏子载满了红筒子下来时，浩浩荡荡，十分可观！因此，车站南边河岸上的南海子一带便繁盛了起来。

皮筏子到这里，把红筒子卖出以后，便要折〔拆〕毁了，因为要回甘肃和宁夏去，不能逆流而行，所以折〔拆〕毁以后，把木架卖出去，只剩下牛皮，便用骆驼载回去。这样的交易虽是苦，然而惯了却也不显什么。

三 "毛猴子"作祟

包头是西北内地皮毛货的中心，尤其从各地来的毛货到这儿必须经过一番"掺沙"的手续，才由铁路向平津一带运输。内地的人们必定以为从西北来的毛货是纯粹的，殊不知这儿有一种人专做"掺沙"的工作。他们是先将毛货用糖水洗过，然后再洒上极细的沙子，经过多次的揉搓以后，沙子就都掺入了毛货的里边去，结果可以掺入七八分的沙量，但是因为毛货和沙子的色泽很相近似，所以也就看不出来了。本地人因为这些专做"掺沙"工作的人们整天在毛货里生活着，所以特别称他们为"毛猴子"。

四 蒙古行

包头的商行中有一种最重要的叫做蒙古行，这种商行仅在包头设一个虚有的门面，实际上它的交易完全是在远地的蒙古人群中去做，因为蒙地人民很少能和外边直接交易的，所以做这种交易去的商队所带的货物，"上自绸缎，下至葱蒜"，各种物品都要俱备，才能供给蒙人的需要。不过带回来的东西都很简单，不过是皮毛、牲畜等物罢了，因为蒙人到现在还没货币，所以仍旧是以物易物，实行原始社会的交易。但是，做这种生意的商人必须都能说蒙古话，并且要懂得蒙人的风俗习惯，不然就不能去串着蒙古包，同蒙人中的男女老幼去周旋，所以蒙古行的商人差不多都好像是专门的人材，不是一般人所能做得到的。

可惜，现在的蒙古行也慢慢萧条下来了，其中最大的原因就是因为近年来外蒙古已经不能通行，其范围只限于内蒙古各地的蒙人住地，最北不能过内外蒙古交界的东达公地方，所以此路的范围小了。同时在西路方面，也因政局的关系，只能到达哈密和吐鲁番一带的地方，这是现在包头商业渐形衰败的主要原因。

五　"野天鹅"按时光顾

包头为欧亚航空公司之一站，所以在车站附近有一飞机场，乃系定期飞行的，但日方之"野天鹅"却也按时光顾，差不多每周至少要去二次。因为日方这些"野天鹅"自来还没曾下过蛋，所以人民还没受过什么惊慌。不过，这些"野天鹅"所载了去的日方人士，到那里是不做些正经事情的。他们住在包头饭店（包头最阔的饭店）里，净是想着法儿刺探当地的军情，和西北一带的政情。那儿有他们的无线电台，是凡当地军政当局所能收到的消息，他们都能收到，让当地的当局们都不能把他们怎样。当他们的"野天鹅"每次飞回平、津一带去的时候，都满载了鸦片而去，因为这儿是出产鸦片很多的地方，也是最便宜的地方。

六　"建设专款"的来源

鸦片在全国都是明令禁种的，但是这儿的人们却"偏要种"，因此当局就"不得已"，而对于种烟的人民，特别加一种"惩罚"，就是重重的征收他们两种的税。一种叫做"烟亩罚款"，现在已经

改称为"建设专款"了。就是种了烟的农田，一年内每亩至少要
缴纳三四十元以上的"罚款"。另一种就是在出售时要贴很多的印
花，虽是经过当局这样"严励〔厉〕的罚款"，可是因为种了一亩
烟，每年至少可有一百三四十元以上的收入，所以种烟的人依然
是很多的，因此，每年的"建设专款"都可以有很大量的收入。
不但包头一带为然，整个绥远省都是如此。譬如绥远的省教育经
费，就几乎完全出于这项款子上。倘如没有这些天性好"犯法"
的人们种烟，说不定全省的建设事项和教育经费就没有着落，这
也可以说是不幸中之幸也！

《宇宙风》（半月刊）

上海宇宙风社

1936 年 30 期

（李红菊　整理）

蒙古民族的概述

维 纳 撰

蒙古有外蒙古、内蒙古之别，迄至今日，日本则将蒙古与满洲合并称为满蒙，内外蒙古以旗为地理的、政治的单位，并无设边定界而显示其区别者也。苏联"赤化"势力，席卷蒙古边土以来，十有余年，以政治之利便，则冠以内外蒙古之区别。所谓蒙古及其范围，西北邻苏联，南连甘肃、新疆之一部而接西藏，东与东三省、热河密接，而占广大之领土，其总面积约一，三六八，〇〇〇方哩，此为大概之估计，但以戈壁沙漠为中心，位于西北之部分，称为外蒙古，以南之地域称为内蒙古。严密言之，所谓内蒙古乃包含东三省之一部，热河全部，察哈尔、绥远、宁夏及山西、甘肃之一部的总称。

蒙古民族在历史上最活动时期在唐代，以前亦有蒙兀民族之名，故其历史，可谓甚古。蒙古民族活跃，始于十二世纪，［郎］铁木真出现以后。铁木真为不儿罕山附近一酋长出身，统一内外蒙古建立所谓"成吉斯汗"之位，征服西夏及金，更转锋经略中央亚细亚、波斯、俄罗斯，为东洋民族经略欧洲空前之大事绩。但此远征之结果，跋千军万里之劳，故对于征服之地域，许多政治之设施，多方无暇加以何等之考虑。然成吉斯汗为有光荣之元朝始祖，其与试行远征服之亚历山大及道末尔兰，各异其趣。亚历山大与道末尔兰，在前中建设广大之国家①，而且在其自己手中完成。［为］成吉斯汗之国家大业完成，为十三世纪末叶之元世祖，即至此时，及〔乃〕定都于燕京，改国号为元，讨阀〔伐〕宋朝，统一中国全土，其间经过五代，时间为一百三十年。故成吉斯汗之性格，非伟大建国之人，乃一凭悍好战无比者也。另一方面，国家社会之建设，又缺乏最紧密的组织能力，对于其他高度之文化，亦不肯接受，而其祖先的原始生活，即蒙古人之特有性格，又不肯废除，此皆为最后元朝崩溃之原因。

元灭为一三〈六〉八年事，建国以来，传十一代，共九十八年。有一时期，曾与汉民族高度文化接触，但失败后，仍退处塞外故地，恬然安度其原始的游牧生活，因此，即知蒙人对文化及文化生活，不具何等特殊之兴趣。在彼等霸业时代，彼等之社会生活，并无何等向上，亦不受汉民族生活之影响，因此，元朝存在之意义，仅以武力支配领土，支配民众，而于国家之经营，并无丝毫建树。清朝在统治中国，眈〔耽〕溺于汉民族之文化，灭亡之后，同时亦失去其故有之土地，盖以汉民族之文化，亦非长进之文化也。

蒙古完全归服于中国统治者，在明末清初，其历史并不甚长。内蒙古到清朝建国初期之半，始以武力平服，外蒙古系感噶尔丹讨伐之思〔恩〕义，而自己归顺者。清朝统治蒙古，与统治被征服之其他民族，大不相同，即根据其广大之领域与其特殊之情势，而一再改变其统治蒙古之方针。清朝统一蒙古之第一步，对从来之旗制，偏重于军事，以为民族实质生活之基础，为游牧生活之支障。然蒙古民族之性格如火，一逢反击，即被扑灭，如用怀柔

---

① 原文如此。——整理者注

政策，终必软化。乾隆时经营承德及多伦，为怀柔政策之时代，一方对于酉〔酋〕长等，给以王公、台吉等爵禄，同时将政治、军事实权，完全让出，另一方面，作边樯〔墙〕以坚固满蒙之境界，复兴筑喇嘛庙，使喇嘛庙浸润于私生活之里面。由此观之，清朝对蒙古统治，颇煞费苦心也。

蒙古民族为何急剧没落，其最大原因为喇嘛教之浸润及康熙以后汉民族之积极移动，乃至移动者施行之经济压迫。

清朝光绪年间，为对抗俄国南下政策，放弃传统的蒙古封锁政策，采取积极的蒙古殖民政策，将汉人之移住土地开拓，由政府自己督办，由是王公、台吉等之土地解放，日益扩大，而无农业技术、经验之蒙人，遂由经济压力而日益没落也。从吾等学研之立场，严正探究蒙古没落之真因，则在其特异性上，更有重大之原因在。谨守古道，继承祖先之生活，本为人类一美点，但如不取他人文化之长，徒死守自己之文化，亦非取发进展之道。蒙古民族对于时代潮流，殆为盲目的，似无何等之关心。在欧洲已夸称资本主义完成之绚烂时期，在东洋亦已渐渐会合东西两文化，进达国家重大转换时期，而蒙古人仍继承其祖先之伟业，逐牧草而赴没落之途。横溢于欧洲新时代之势力，蒙古门户开放，彼等断不致拱手，但清朝崩溃，中国群雄各霸一方，昔代噶尔丹时代之情谊，已不复见，支配历史之因果数数，不断地在中国与蒙古之头上，交互返复。

由蒙古民族之社会言，文化程度极低，可谓为游牧民族之原始的，其实蒙古民族之社会，决非如此单纯。今日之蒙古住民，分蒙古民族与移民族，在数量上蒙古族约六成，移民族约四成，蒙古民族，无论在生产与生活乃至文化上，全为时代之落伍者，其中大部分皆散居而为孜孜之游牧生活，集居于中心都市地带而为文化生活之中心者，几至于无，形成蒙古都市形式或代表蒙古社会实力之实业公司等，殆为移民所包办，此等移民族久居于高度文化中，其经济组织，多方有飞跃的初期资本主义的色彩，无民族社会与经济社会之悬隔，对于所谓"蒙古社会"与以无限之复杂性。

在蒙古民族衰退之许多原因中，有一事不可看落者，为民族之贫困，即生产力之缺乏。从此民族贫困之道程言，彼等耻于牧畜以外之劳务，而且又无向上生产之发展手段，故不能不发展私经济生活，甚至还有后退。严格言之，蒙古民族之经济组织，仍滞留于草原游牧半放浪时代。清朝统治蒙古以后，在便宜上以盟旗为政治的、军事的单位，于各盟旗中，设长以司政，政治完全隔离民众，因此，民众便发生不信任，而执政者，亦无使民众信任之必要，盖以昔日之蒙古，土地广大，牧草繁荣，民众皆和平也。

蒙古民族无私有土地，土地为民族之总有，如将彼等强冠以私有财产之名，则只有彼等之蒙古包，及其家畜牧，此等家畜，在实际生活上，为必要而不可缺之具，彼等之生产交易，苦无若何改善，仅固其原有生活而享乐也。蒙古之社会，似仍为原始共产体系，对于土地无所有观念，因此，对土地之经济智识完全缺乏。苟有使彼等文化增高，生产手段向上，对土地给与私有观念，搅乱其传统的和平社会，不啻将彼等之私生活，根本破坏，故彼等对于指导其文化向上之外人，断然拒绝。然而此种形势，断难支持长久。代表欧洲新支配者为赤色势力，此等势力已侵入外蒙古，而内蒙古因政治不良，人民辗转于榨取之下，此种经济之最大痛苦，不仅为蒙古民族，即移民族亦有共同之反感，蒙古民族与移民族现已放弃对立之立场，立于共同战线之上，拥护其故土与生活开始向新的时代迈进，然则彼等之历史前程将如何乎，此间殊难判断。所可言者，环绕蒙古有两个不同之国家体系，一个以日本为主之资本主义国家之发达，一个以苏联为主之共产主义国家之指导。蒙古今后之发达，不走向资本主义，便走向共产主义。若以建设新国家，谋民族之幸福，自以向近代资本主义国家组织为有利，但由其传统与固习之关系，维持其现在之原始共产主义生活，或走向苏维埃的合同生产组织，亦未可知。

《时论》（旬刊）

南京时论社

1936 年 31 期

（李红权　整理）

外蒙古的现状

作者不详

自"九一八"事变以后，蒙伪边境纠纷迄无宁日，非日军挑衅即伪军掠劫，而报纸亦不断登载蒙伪冲突的消息。因此，一向为国人所膜视的外蒙古，乃渐渐引起一般人注意。尤其是到了最近，因《苏蒙议定书》的签订，更惹起国人的关心，而成为注意远东时局者的新话题了。不过，外蒙古自从一九二四年组织人民共和国以后，采取锁国政策，除与苏联保持密切联系之外，对于其它国家均不相往来。究竟内幕如何，外间殊难完全明了。兹综合各方材料，将所谓"外蒙人民共和国"作一个概括的鸟瞰，谅必为关心远东问题者所乐闻也。

外蒙古位于蒙古高原之西北部，邻接俄属西伯利亚，总面积达四百八十八万六千四百三十二方里，人口共六十八万人。因气候高燥，灌溉不便，土壤内含有少量盐分，宜于牧畜之野草繁茂异常，故居民多以牧畜为业。日常食料大半以羊肉及羊乳为主，蔽寒的靴、外套、天幕等，亦均以羊皮、羊毛制成。农业则不甚发达，至矿产方面，金、银、铜、铁等虽蕴藏甚富，但大都未经开采。

所谓蒙古人民共和国是在苏联援助之下建设起来的。先是蒙古急进青年受俄国革命之强烈刺激，秘密赴俄，组织蒙古革命国民党，于一九二一年二月十二日在买卖城召第一次大会，宣告正式成立。同年三月十三日又组织临时政府，在苏联红军援助之下攻入库伦，当时因不欲与喇嘛发生冲突，故仍拥哲布等〔尊〕丹巴活佛为元首，实权则操诸于革命党之手。至一九二四年活佛死，始正式组织外蒙人民共和国，改首都库伦称为乌兰伯特尔荷特（意为赤色的勇士之都），宣布反对喇嘛，摧毁封建王公制度，一切政治、经济、军事的组织，均以苏联为模型。虽十年来派别纷争迄无宁日，但经济、文化经积极建设之后，确已有相当成绩，与前此在王公、喇嘛统治下之昏迷蒙昧状态相比，实有隔世之感。

外蒙人民共和国的宪法，是由一九二四年十一月举行的全国代表会议制定的，其基调完全与苏联宪法一致，共五十条，规定一切权利均属于劳动人民，废除封建政教王侯贵族之称号及特权，并一九二一年以前之一切外债，宣布宗教信仰为个人私事，土地、矿产、森林、湖川及其他一切资源均归国有。全国分十二个行政区域，用比例选举法，由各区推选代表，构成全国代表大会——即大库拉尔——为国家最高的权力机关。大会闭幕后，由中央执行委员会——即小库拉尔——执行职权。外蒙古中央政府的组织如下：总理一人，副总理二人，军务总司令及外交、内政、军事、畜牧、农业、卫生、司法、工商、交通、邮电、财务各部，正、副部长各一人。此外尚有军事会议、经济会议、国务检察院等。目前大库拉尔的主席为阿穆尔，国务总理为阿穆尔兼。握外蒙古政治大权的国名党，实际就是共产党，已于一九三五年正式加入第三国际。

自一九二四年以后，外蒙古的经济建设，是一味仿效苏联的。但因国情不同，争论纷纭。直到一九三〇年以后，才有相当成就。据一九三五年调查，在十六万五千的农牧户中，已有九万二千户的贫农与中农已实行集体耕作制。又据一九三四年的调查，全外蒙的家畜，已由八百万头增至二千二百五十万头了。在工业方面。

据一九三一年的调查，如矿业、电厂、皮革等大工业，其总值已达二百八十七万七千元。依照计划到一九三七年止，可增至一千二百万元。至对外贸易方面，以苏联为主要，占苏联对外贸易之第三位（仅在英、法之下）。其输出品主要为畜产及狩猎品，据统计一九三四年一月——十月两国之贸易情形如下：入口四〇，〇二〇（千卢布），出口一五，〇八六（千卢布）。一九三四年末两国又缔订通商条约，此后两国间之通商关系，将更为紧密，自不待言。

外蒙政府对于提高文化工作，亦极为注意。文化事业之经费年有增加，如一九二八年之预算，不过二，八二〇（千卢布），但到一九三一年便增加至七，四九八（千卢布）了。一九三〇年九月，由青年同盟实行扫除文盲运动，三一年又废止复杂之旧阿拉比亚型文化，采用拉丁文字，故现在首都文盲已完全绝迹。至其他各地，因社会教育的发达，也正日趋减少，据统计现在全国计有流动电影馆二十一所，小学校五十一所，中学校六所，大学校一所。

外蒙古之军事实力，亦甚充实。其分布情形，系以保持库伦、罗甫斯克、莫斯科三地之联络为目的。其总兵力共有十余万人，大部均驻在库伦、贝尔湖及哈尔哈河一带。凡飞机、大炮、装甲自动车等优秀设备，均应有尽有。全国男子年在十八岁以上，四十五岁以下，均有当兵之义务，军器均自苏联运来，极为精锐。军队中之重要官长及顾问均系俄人，军队组织之种类，分为国境联队、骑兵机关铳队、炮兵航空队、工兵等。并仿效苏联办法，设置政治部，以实施士兵之政治训练。此外在外蒙境内尚驻有多数之苏联红军。

关于外蒙古之各方面情形，已于上面作概括的鸟瞰，此所谓赤色的人民共和国，在苏联援助之下，其前途将如何，虽非在本文讨论范围之内，但随日苏战争危机之紧迫，其将成为猛烈肉搏之场所则可断言。

（转自上海《中报》）

《教育短波》（旬刊）

济南教育短波社

1936 年 60 期

（朱宪　整理）

准旗农村素描

作者不详

准葛尔旗面积广大，地土肥沃，近靠黄河，产粮之地，蒙人占十分之八，汉人占十分之二。风俗习惯，均按蒙民习俗，设东西两协理（皆蒙族之台基人），东协理即奇文英，西协理即奇凤鸣。东协理占西部，西协理占准旗东部，各据一方，意见不合，令旗政教军……等权，全操于两协理之手。兹将其农村情形，略写于后。

农民的经济状况　准旗没有特殊的农村副业，只有种植瓜果蔬菜，饲养家畜，可是农产品价格低落，甚至连成本都捞不回来。农民的食料，除开节期吃着"扁食"（亦名水馂〔饺〕）外，平时只吃稀粥和稠粥，都要渗〔掺〕些山药，农妇常常省食供养子女，大半面黄肌瘦。

教育和娱乐　全旗只有一个小学校，名曰"同仁小学"，也是有名无实，在西协理故乡设立（万和堂村）。上年有位目不识〈丁〉的蒙人，系奇凤鸣家族奇有光，充当校长。校简陋，课本毫无，学生七八人，读四七言杂字，也有读蒙文者，因之人民知识缺乏，民众不尚读书，高小毕业者，万中选一。

农民的娱乐，除了看社戏而外，只有谭天、唱歌、玩弦素，这是蒙人的特长。尤其是唱歌和玩弦素，玩的更有趣，乐调特别好听。大姑娘和新媳妇，都可以唱"情歌"，姑娘们更爱唱情歌，如遇音调清脆、歌声婉啭者，人皆认为有本领，本人亦觉得十分荣耀。社戏差不多每年开演两次或三次不等。除了这几种娱乐外，还有一种叫作"跳鬼"，也是蒙人的唯一娱乐，这种事情，是每年正月间举行一次的。

水利 说到水利，真令人捧饭，全旗只有一道"准葛尔渠"，长约十四五里，宽约二丈五六，利用黄水灌溉，遇水潦天年，洪水暴〔爆〕发，靠渠之地，尽成泽国；遇天高不雨时，田苗枯旱时，又不敢开渠，因黄河之水，易放难收，成了天旱雨潦不能浇地之渠，因此人皆称为"干渠"。

《绥远农村周刊》
归绥绥远农村周刊社
1936 年 91 期
（陈静 整理）

第三国际控制下之所谓"外蒙共和国"

作者不详

共和国的成立

平讯，外蒙的独立运动，起自前清的末期，一九一一年十一月，开始在帝俄的支持下，乘中国的革命军无暇外顾之际，宣言独立。

东方政策，为帝俄的传统政策，她为着遂行这个政策，早已在蒙古做了一些带有政治意义的事情，嗾使外蒙独立，不过为继续保持其与外蒙的密接关系，进一步加紧其努力而已。

帝俄利用蒙人与中国政府的隔阂次第扶植外蒙的势力，遂其进出外蒙的野心。外蒙独立的翌年，即一九一二年十一月，俄国很敏速的与外蒙新政权之间，结成修好条约，把外蒙的保护权实际握在自己的掌中。

中国政府本不承认外蒙的独立宣言，对于蒙俄条约，提出抗议，并立向帝俄政府交涉，到了一九一三年，两国间才成立谅解，以中俄两国的名义发表共同宣言，重要的约言如：

> 俄国承认中国在外蒙古的宗主权，中国政府承认外蒙古的自治权。

又中国宣言不向外蒙古派遣军队，而且不行殖民政策，一方俄国际领事馆的保护兵以外，亦不在外蒙驻屯军队，不干涉外蒙的政治。

从此外蒙古政权，一似取消独立，再置于中国政府主权之下，但此仅为其自治权以内的自愿的行动，自此以后，一九一五年并实行中、蒙、俄三国间的协定，当此，不过为前记协定的扩充而已。

但自一九一七年俄国革命勃发以后，给与中国恢复其对于外蒙的完全宗主权一个机会，中国政府遂于一九一九年十一月先取消前所付与外蒙的自治权，更于一九二零年十二月，明令徐树铮为西北筹边使，外蒙归其管辖。

一方一九二一年秋，因被赤色革命军追逐到西伯利亚的俄国白系军队约二千，由恩琴将军率领，逃入外蒙首都库伦，乘势驱逐驻扎库伦的徐树铮军队，拥喇嘛教的活佛为君主，嗾使其组织新的外蒙古政府。

当时的中国，正从事于内争，不暇他顾，外蒙古遂再度脱离中国的统治势力。

自此以后，外蒙古的亲俄派，在苏维埃联邦政府援助之下，频频策划外蒙的独立，并于一九二一年二月，在蒙、俄国境的买卖城，召集第一次外蒙国民党大会，是年三月，组织成立外蒙古人民临时政府，临时政府与赤军协力进军库伦，击破恩琴将军统率的白系军，这是一九二一年七月的事情。

临时政府，知道活佛在外蒙是拥有绝大的势力的，故仍奉戴活佛为君主，采取君主制的政体，但是实权全操于国民革命党的手中，自不待说，其首领堡德，自任总理兼外交部长。

一方在一九二一年结成的外蒙青年同盟一派，因皆曾经受过苏联新教育的急进主义者，所以对于新政府所采取的君主制，以及对于喇嘛僧及王族的妥协的态度，甚抱不满，最后于一九二四年活佛死的当时，与国民革命党一部的温和派抗争，愈激裂化，终由青年同盟派和国民革命党的过激派制胜，是年六月，宣言成立了蒙古国民共和国。

到今日为止，外蒙共和国完全在苏联的影响下面活动着，因而在外蒙政府、军队、国民党、青年同盟员之中有很多的苏维埃联邦分子，活跃其间，外蒙的政策、设施等，皆受苏俄的指示，亦可说是依存于第三国际的指挥监督下面。

人民生活状况

内蒙人民的生活状况，大部已为本部各省所同化，但在外蒙，今日还保持着蒙古特有的民族性，仍然不改其固有的文化、生活、风俗和语言。

外蒙共和国的人口，倘依一般所推定的六十八万人来说，在其广大的面积比较之下，其人口的密度，至为稀簿〔薄〕，一平方公里，不过零·七人，但据一九二六年当时的调查，外蒙人口，比一九一八年，约增加十四万人，则从现在计算，外蒙当已拥有七十五万的人口，虽有人认为外蒙国民正当衰微之时，但从其人口出生与死亡的比例上说，每年多少有增加的倾向，当系事实。

外蒙的国民，大致可分为牧畜生活的游牧民，与喇嘛僧、旧王族三大别。

住民的大部分是喀尔喀人，除了西部一带以外，亘于全地域都有喀尔喀人的分布，其他有额鲁特人、阿烈特人、查玩庆人、明谷特人、荷顿人、乌梁海人、布利亚人等等。

喀尔喀人以外的民族，皆居少数，所居地域，亦局限于一部。次于喀尔喀人的是额鲁特人，大半居于西部蒙古的科布多河的流域，约六万人，布利亚人约三万左右，住于北部，阿烈特人亦住在科布多区，约三千，查玩庆人住蒙古阿尔泰山脉，约五千，明谷特人与荷顿人，则散在科布多区内。

此外，中国人[①]约十六万人，苏联人、西藏人、英人、德人等合计亦约有一万人之数。

主要产业现状

外蒙古的住民，率以牧畜谋生，大部分仅靠牧畜，继续其自给自足的生活，可以说是完全原始的生活，其他的产业，根本就看不见。

蒙古人的平常食料，为牛、马、山羊等家畜的乳，及以动物的乳为原料的种种食物，此外如茶、羊肉等亦有，谷类及麦粉，几乎没有尝过，野菜一般也不食，农业纯在未发达的状态，因为农业不发达，所以，蒙古人经营农业的亦极少，除布利亚人外，几乎没有，这个绝非过言，在外蒙从事农业的，仅中国移住的人民。

认为最发达的产业的牧畜，当仍在自然放牧的阶段，极其原始的方法，蒙古的家畜，限于牛、马、骆驼、羊、山羊五种，豚或鸡等亦不见饲育，其中最主要的还是羊。

而且，因为大陆气候的激变，家畜的损害，常常不免，加以不建牧舍，不刈牧草而预为贮藏，致因不时的灾害，带来家畜的恶疾，流行各地，认为唯一财产的骆驼或羊，常常死亡。

因而，自从成立共和国以来，政府训练许多兽医，派遣各地，对于国民，则奖励其建筑牧舍，贮藏牧草。

家畜是蒙古人的唯一的财产，因而亦是国家的重要的资源，因

---

① 这里的"中国人"是指汉族人。——整理者注

着家畜的多寡，即用以判断其贫富，在现在，购买物品的场合，代替货币的多用羊。

现在试举家畜的数目（一九二六年调查）：

羊	一二，七二六，〇〇〇头
山羊	二，五二九，〇〇〇头
牛	一，九五七，〇〇〇头
马	一，五九〇，〇〇〇头
骆驼	四一，九〇〇〇头

如综合半〔牛〕、马、羊、山羊，骆驼等数目，为年别的统计的话：

一九一八年	一，二七〇万头
一九二五年	一，六四五万头
一九二七年	二，〇〇〇万头

观上有逐年增加的倾向，这个不是实数的增加，住民对于政府的调查的隐匿，或者调查的不正确，都是不免的事情。

其次，从家畜中采取的材料，即兽毛、皮、肠等的统计如次：

羊毛	一〇，六〇〇吨
骆驼毛	一，〇六〇枚
山羊毛	二三〇枚
马皮	三，八〇〇枚
羊皮	一，八〇〇，〇〇〇枚
牛皮	一，五七二，〇〇〇枚
肠	三〇〇，〇〇〇个

其他各种产业

依据所述，农业在蒙古极为少见，即有，而其耕作播种等，亦完全是十分原始的方法，农业最盛的地方，为北部的西伯利亚国境附近，库伦市附近，鄂尔浑河、哈拉河、色楞格河等等的流域，及科布多一带，生产限于大麦、小麦、稷麦、豆类等等，耕作地合计四万三千公顷，其中，中国本部人民的耕作地，占三万九千公顷。

因此，苏维埃政府十分奖励该地的农业生产，在科布多有国营农场，而且，各地组合集团农场的经营，最近亦渐渐出现。

林业在其西北部的山岳地带，亦相当的茂盛，政府现禁止滥加采伐，实行森林保护政策。

外蒙的河川，鱼类甚为丰富，此因蒙古人奉喇嘛教，戒食鱼类、禽鸟之故，这些食物主要的究供在留外人的食用，或全供输出之用，因无统计，无从知道。

矿产有金、银、白金、石灰、铅、石绵、岩盐、铁、铜等，但因调查不充分，目前似当不能积极采掘，其在山岳地带，金的产出，多系砂金。

贸易进展情形

外蒙古的贸易，在独立以前，皆操于中国本部居民与俄人的手中，独立后，大部收归国营的商业组合机关管理，一小部分则蒙古银行、苏联国营机关的苏蒙贸易股份公司、英国商会、中国商人等等仍在活动。

重要的输出品为家畜、兽肉、毛皮、皮革、兽毛、肠、麝香、脂肪等。

输入品有麦粉、谷类、砂糖、茶、烟草、米、酒、药品、石油、金属制品、绵布、杂货等。

以上输出入价值的统计（单位一千卢布）：

	一九二四年	一九二七年
输出	一九，三七六	二五，二七三
输入	一八，一九六	二四，六〇八
合计	三七，五七二	四九，八六七

又，苏联与外蒙共和国间的贸易，更为跃进，列表如次（单位千卢布）：

	一九二五—二六	一九二七—二八年
苏联向外蒙输出	三，六七〇	七，五四六
苏联由外蒙输入	三，七三五	二，〇八九
合计	七，四四五	一九，六三五

更就工商业方面加以观察，外蒙的工业，以〈毛〉及皮革工业为第一，其他工业，虽亦已次第设立工场，但规模还甚小，姑从省略。

风土交通近状

一提起蒙古，即使人联想到广大的沙漠，诚然，有名的戈壁沙漠，即横在蒙古境内；其实，外蒙古除与东部内蒙接触的地带杂有沙漠地方以外，其他西北的山岳地带，东北的鲁伦河、鄂嫩河的流域，仍属富庶的区域。

外蒙的西北山岳地带，有许多的大山脉，平行东西，这些山脉之麓，寻常覆以森林，无数的河山〔流〕杂流其间，大小湖沼，灌溉各地，在平原，则一片良质牧草，繁植其间，对于蒙古人，足称天惠的游牧地，如杭爱山脉的杭爱一语，即富于森林、牧草、河沼，足以满足游牧民的理想乡之谓。

外蒙及西伯利亚一带的大河流，其源，皆出于这些的山岳地带，灌溉于西伯利亚各地。

杂流山岳地带的湖沼，第一是库苏古泊，库苏古泊为蒙古最大的湖沼，拔海五千尺，断崖绝壁，团绕四面的淡水湖，水深五百公尺，蒙古人把这个湖称为海，湖上并能航行小汽船。

其次即乌布萨泊、哈拉海、艾里克泊等，这些湖水，大部分属咸水性，中含一种良质的自然淀盐。

气候纯系大陆的，冬季严寒，夏季酷暑，一年之中，温度每有急剧的变化。

在外蒙□没有一条铁道，国内外的交通，皆遵循老路径，即古来骆驼队商往来的干线，与极少人通行的小路。

以库伦市为中心的主要干线通路，列举如次：

一、从张家口到库伦，距离约一千六十公里，此道可通汽车。

二、从库伦到北方国境的买卖城，亦有汽车道，货物、旅客往来频繁，两地距离有三百七十公里。

三、从库伦经乌里雅苏台到科布多，更从科布多可通西部苏维埃联邦的考诗亚艾齐村，其距离，库伦与乌里雅苏台间，凡一千六十公里，乌里雅苏台与科布多间四百五十公里，科布多至考诗亚艾齐间，距离三百七十公里。

四、从库伦至克鲁伦，隔七百二十公里，从这迤逦至满洲里，可走汽车道。

五、从乌里雅苏台经赛尔乌苏达张家口，距离一千七百公里。

以上各地，当做交通工具的，多半是马、驼骆、中国马车等，但汽车的使用，亦渐次增加了。

这些道路之外，河川上的交通，在色楞格河及其支流鄂尔浑河之间，有国营的色楞格汽船公司航行其中。

在买卖城与库伦之间，有无线电的设备，可通电话。

航空路是从苏联手中建筑成功的，从伊尔库次克至买卖城、库伦间，有定期的飞行。

电信在大体上，各主要都市都有。

主要都市一瞥

蒙古的都市，是以喇嘛庙为中心的，亦可说是宗教都市，实际能称得上都市的，只有库伦一地，此地原来是全蒙喇嘛教的法王的活佛在此建立了大喇嘛庙以后才发荣的，其他的都市，皆不脱部落的形态，施行市制的，还只有库伦地方。

乌兰巴图南（库伦）为外蒙独立以后改称的市名，在独立以前称为库伦，库伦在蒙古语即宫殿、寺、庙底意思，活佛在此地建立大寺院，是在一六四六年的当时，该地人口，正确的数目没有统计，一般臆测约有七万人。

乌里雅苏台这名称，亦是威严的意思，在独立以前，为中国办事大臣驻在之地，曾经成为政治的中心，今日驻有苏联领事，寝〔浸〕假已变成经济的中心了，人口约六千人。

科布多为两〔西〕部的中心地，独立以前，中国的副办事大臣驻在此地，现亦有苏联的领事馆，人口三千左右。

买卖城跨苏联和蒙古的国境，在外蒙境内居住的，大部是中国商人和蒙古人，住在俄国境的皆苏联人，比〔此〕地为俄、蒙贸易中心地。

以上是关于所谓蒙古共和国的现状一个比较充实的调查，当此对我邻邦虎视眈眈的时候，边疆问题，当特别引起国人的注意，姑述一个名为我们领土，实则，仅仅保持空洞的宗主权的外蒙古，以便人们把此已往的事实与目前新的创痕，作一比照。

《蒙藏旬刊》

中央宣传委员会蒙藏旬刊社

1936 年 111、112 期合刊

（朱宪　整理）

绥东五县四旗之鸟瞰

作者不详

【绥远快讯】自察北问题发生以来，国人无不注视绥东，但绥东地理情形、蒙汉关系，比较复杂，一般人多不详悉。按所谓绥东者，通常系指丰镇、集宁、陶林、凉城、兴和等五县而言，此五县原仅丰、兴、陶、凉四县，民元本隶属绥远特别区，二年划归察哈尔，九年冬于丰、陶、兴三县之间，设集宁设治局，十一年正式改县，十八年一月绥远正式改省，绥东五县，复由察省划出，重隶绥远。但迄至今日，与绥东各县地理错综之察哈尔右翼四旗，一切行政，仍归察省管辖，且此四旗蒙民与绥东五县汉民，自昔通婚甚多，情感极为融洽，而一切风俗习惯，大都汉化。尔者察北风云，渐趋紧急，察哈尔右翼四旗各总管，均皆深明太〔大〕义，一致表示拥护中央，保全领土完整。月来该四旗总管及代表纷纷来绥，晋谒傅作义主席，报告各该旗旗务近况，并请示维护地方治安之机宜。升正黄旗总管达密凌苏龙，于一月五日派该旗参议胡风山由旗来绥，晋谒傅作义主席，表示绝不同意任何非法组织与分离运动，同时达总管因伪军占据商都，为免受威胁起见，特派其长子将其眷属，送至集宁寄居，省府当电令驻集第二百十八旅旅长曾延毅，及集宁县长于纯斋等妥予保护。旋厢〔镶〕蓝旗总管孟克鄂齐尔，偕诸〔该〕旗参领孟志忠于月之十日亦由旗来绥，谒傅报告请示，并表示坚决拥护国家统一之意志。

十四日厢〔镶〕红旗总管巴拉恭札布，因卧病未愈，亦派该旗第三公中佐领恩克巴雅尔来绥谒傅，代表请示。又正红旗代理总管鄂斯克济勒格尔亦于十八日来绥，鄂氏亦将眷属移至集宁县城居住（按正红旗总管兼蒙政会教育处长富龄阿于本月八日在旗病逝，鄂氏以该旗正参领资格暂行代理总管职务）。现时除正黄旗代表胡凤山于十四日离绥返旗，谒达总管覆命外，其余厢〔镶〕黄旗孟总管、正红旗鄂代总管、厢〔镶〕红旗恩代表均聚集绥垣，该四旗总管为应事实之需要起见，拟在绥设立察哈尔右翼四旗驻绥办事处，该处组织办法，业已商定，并呈请绥省府备案，刻正积极筹备，不久即可成立。按该处内部组织，与驻张办公处大致相同，将来由四旗轮流派人常川驻绥，办理绥省府与各旗有关系之事件。至于绥东各县之防务，据闻亦甚稳固，兹将绥东五县之面积、户口确数，以及蒙民之户口、土地所占五县总数之比较，探志于次，以供内地人士关心绥东地方之参鉴。按绥东丰镇、集宁、陶林、兴和、凉城五县总计面积共十四万五千八百方里，户口十二万零三百零二户，六十五万零九百七十九人，蒙民共一千四百二十户，六千六百三十人，地亩共四千零三十五顷七十八亩，蒙民约占五县总人口九十八分之一，蒙民土地约占五县总土地一百九十五分之一。计（一）丰镇县，面积三万零六百方里，户口计四万四千三百五十七户，二十五万三千三百三十五人，蒙民户口计二百七十三户，六百三十六人，地亩计四百一十五顷六十三亩；（二）集宁县，面积二万七千二百方里，户口计一万一千一百一十四人，蒙民户口计二百九十户，二千三百人，地亩计四百五十二顷；（三）陶林县，面积四万零八百方里，户口计九千零六十六户，四万二千二百三十九人，蒙民户口计五百四十三户，二千四百四十八人，地亩计一千八百二十六顷八十五亩；（四）兴和县，面积一万一千二百方里，户口〈计〉一万六千九百三十七户，九万二千六百八十一人，蒙民户口计一百二十六户，四百三十六人，地亩计五百六十八顷三十亩；（五）凉城县，面积三万六千方里，户口计三万八千五百一十户，一十九万二千六百一十人，蒙民户口计一百八十户，八百一十人，地亩计九百七十二顷。（一月十九日）

《蒙藏旬刊》

中央宣传委员会蒙藏旬刊社

1936 年 111、112 期合刊

（朱宪 整理）

"九一八"后的蒙古问题

义　培　撰

一　蒙古问题的严重性

自暴日以武力劫持我东三省，并制造伪满洲国后，蒙古问题，就日臻于新的严重的境地！以满、蒙关系的密切，蒙古问题，原不能离满洲而独为列论。满洲的争夺，实可说是蒙古争夺的序幕。自日人占领满洲后，识者固早知其必取内蒙的热河。因热河重山险阻，屏蔽冀、察，控制辽西，自我国国防言，热河为我华北和整个蒙古的门户；自伪满洲国方面言，不得热河，则无以固其防守。所以热河的争夺战，实为不可避免的事。然而我国当局，对于国防上这样重要的地方，事前竟不知严为布防，于廿二年春间，此世称天险的热河，遂以失陷闻！热河既失，华北震惊，察、绥垂危。果然，两三年来，察、绥告急，时有所闻！蒙古问题的严重，实为从来所未有！本文即在介绍蒙古最近的政治情势，以促起国人的注意。

二　蒙古的一般情形

欲知蒙古最近政治情势，须先明了蒙古的一般情形。

甲　蒙古的分划

蒙古为一大高原，在长城以北，新疆以东，辽宁、黑龙江两省以西，俄属西伯利亚以南。蒙古地域广大，因戈壁大沙漠横亘在中央，分为内外二部：即漠北为外蒙古，漠南为内蒙古。内蒙因民国以来，汉人前去农垦的日多，汉、蒙杂居范围，日益扩大起来；政府乃依照行省的制度，把他改做热河、察哈尔和绥速〔远〕三行省；又将西套蒙古一部分划归新的宁夏省管辖。这样实际上内蒙古的名称，已不复存在。

乙　蒙古的面积和人口

蒙古地广人稀，其面积和人口，向乏可信的统计。据最近美人阿笨勒泰尔（Owem lattimore）在《蒙古问题的重要性》一文里说："外蒙古的面积，约百万平方哩。人口约蒙古人百万，约中国人百万至一百五十万。此外在内蒙古的蒙古人约百万，热河省的蒙古〈人〉约五十万。合计蒙古人总数为三百五十万到四百万，这数字表示在极广大的土地上只住着极少数的人民。"据吴龢先生说，外蒙古面积一百六十七万平方，人口约二百六十万，其人口密度，每平方哩不过一二人；即除一望千里、寸草不生的大沙漠而计算之，其密度至多也不过每平方哩十三人。再看《申报年鉴》最近的统计：

省名	面积（单位平方哩）	人口
外蒙古	六二二，七四七	六，一六〇，一〇六
热河	六七，一六六	六，五九三，四四〇
察哈尔	九九，九二八	一，九九七，二三四
绥远	一一七，三九六	二，一二三，九一五

依此计算，外蒙古的人口密度，每平方哩约十人；内蒙古每

平方哩约三十七人；内外蒙古合计的人口密度，为每平方哩约十九人；人口密度最高的热河，每平方哩约为九十八人。以此与内部十八省的人口密度相比较，相差很大。这样上面所述的关于蒙古的面积和人口的统计，虽有不甚确实的地方，然其土地广大、人口稀少的情形，也可想而知了。

丙　蒙古的农垦和牧场

国人对于这样广大的蒙古地理，多不明了，所以常有蒙地多荒凉的误会。实则蒙古荒凉，止限于中贯的沙漠一带，除沙漠而外，都是可耕可牧的地。像内蒙各省，阴山所在，黄可〔河〕所流，四望平旷，都是绿色草场，地学家称做塞外草原。清代康、乾以后，汉人出塞移殖，络绎于道，起初半耕半牧，行居莫定；后在大河南北，筑室开垦，渐有富庶景象。自平绥铁路告成后，移民更便，草莱日辟。据近年统计，内蒙耕地约居十分之五，农牧之地，约居十分之三，牧畜之地，约居十分之二。足见塞外农业，已逐渐〔足〕的进步。绥远一省，尤宜提倡农垦。因其地土质为冲积层，最宜农耕，又当河套；河套有八大干渠和无数支渠，引渠灌田，很是便利，这样渠列的地方，农民咸集，溪渠纵横，村落相望，所以从来就有"黄河百害，惟富一套"之谚。后以当地垦务局员舞币〔弊〕，将耕地改为租，后复有军阀杨某，承办官渠，蹂躏农民，渐致各渠尽行淤塞，农民不堪重租频催，多弃地他逃，于是沃壤变为荒芜。年来国人高唱开发西北，移民实边，而乃已垦的地，复成荒芜之区，说来实在痛心！

外蒙的沙漠以北，草地渐盛，很有开发的希望。像色楞〔楞〕格河、克鲁伦河等流域，土壤都很肥沃。唐努乌梁海和科布多一带，更可从事农业。

蒙古，是一最适宜的天然牧场。专以牧畜为业的，多为蒙古人。可惜蒙人牧畜，但知墨守旧法，一任自然，不知改进。冬季无避寒之所，家畜每不免于冻死，所用饲料，仅靠旷野的牧草，至若干秣，则毫无设备，每年增加的牲畜，为数很少。然如能提倡新法牲畜，则蒙古未尝不可为世界产畜最多的地方。所以孙中山先生曾说："阿根廷既可代美国而以肉类供给世界，如蒙古地方能得铁路便利，又能以科学的方法，改良畜牧，将来必可取阿根廷的地位而代之。"

丁　蒙古的出产

蒙古人为游牧民族，牲畜为其唯一财产，所以蒙古出产最多的当然为牲畜和畜产。据俄人的统计，内外蒙古共有牲畜一千五百余万头，分述于下（以千头为单位）：

马	一，八五〇
骆驼	三七〇
牛（附犁〔牦〕牛）	一，七二五
绵、山牛〔羊〕	一一，五〇〇
共计	一五，四四五

内外蒙古的畜产总额，据俄人所统计的，分列于左：

（1）牛羊肉

	每年屠宰头数	每头重量	共计磅数	共计担数
牛肉	一六二，五〇〇	二八八	四六，八〇〇，〇〇〇	三二五，〇〇〇
羊肉	一，五〇〇，〇〇〇	四五	七〇，二〇〇，〇〇〇	五三〇，〇〇〇
牛羊肉合计八八二，〇〇〇担				
其中	本地食量			二八〇，〇〇〇担
	出口量			六〇〇，〇〇〇担

（2）毛

羊毛	共计	二，五〇〇，八〇〇头
	每年每头剪毛二磅	
	每年共有	二三，〇〇〇，〇〇〇磅（二八〇，〇〇〇担）
	除蒙人自用	六〇，〇〇〇担外
	出口额尚有	一二〇，〇〇〇担
骆驼毛	共计	三六五，八二四头
	每年每头剪毛六磅	
	每年共有	二，二〇〇，〇〇〇磅（一六，五〇〇担）
	除蒙人自用	三，〇〇〇担外
	出口额尚有	一三，五〇〇担
马尾毛	每年共有	一，八〇〇，〇〇〇磅（一四，三〇〇担）
	除蒙人自用	三，〇〇〇担外
	出口额尚有	二，三〇〇担

（3）皮

绵羊皮 山羊皮	每年产额	一，七〇〇，〇〇〇张
	本地消费	一，二〇〇，〇〇〇张
	出口	五〇〇，〇〇〇张
羔皮	每年产额	一，五〇〇，〇〇〇张
	内地消费	八，〇〇〇，〇〇〇张
	出口	七，〇〇〇，〇〇〇张
羊皮共计		三，二〇〇，〇〇〇张
牛皮每年产额		四五五，〇〇〇张
自用和输出约各居半数		
马皮每年产额		四二〇，〇〇〇张
自用和输出约各居半数		
骆驼皮没有输出的		

（4）乳

每年产额（单位百万桶）		每年产额（单位百万桶）	
牛乳	三一	绵羊乳	一九
犁〔牦〕牛乳	一八	山羊乳	一三
牝马乳	三四	骆驼乳	六
共计		一一一（每桶等于二七〇磅）	

其次，蒙古的农产，豆、麦、高粱、油菜，都很丰富。其所生产的胡麻，用途很广。按胡麻和内地的芝麻为同类，但粒大而油多（每百斤可得油三四十斤），油性容易干，可作油漆、墨胶等物，而为外国工业上所必需，故其价值在油类中为最高。蒙人又多盐湖，出盐很多，盐质也很好，常运销东三省和华北各省。此外外蒙古产金子也多。

戊　蒙古的贸易

蒙古和内地各省通商，历史很久。汉人在蒙古设商店营商业的尤多。蒙古的出口货，以牲畜、毛皮为大宗。进口货以砖茶、布匹、面粉、烟草为大宗。兹将俄人统计内外蒙古主要进出口货分述于下：

（1）出口量

牛羊肉	六〇〇，〇〇〇担	羔皮	七〇〇，〇〇〇张
羊毛	一二〇，〇〇〇担	牛皮	八四，〇〇〇张
骆驼毛	一三，〇〇〇担	马皮	七〇，〇〇〇张
马尾毛	一一，〇〇〇担	乳类	一，三二三（百万磅）
羊皮	五〇〇，〇〇〇张	毛皮	一二（百万元）

（2）进口量

砖茶	二四〇，〇〇〇箱	布匹	一三，六〇〇，〇〇〇码
面粉	六一二，〇〇〇，〇〇〇磅	绸缎	七二五，〇〇〇码
小米和麦	五四七，二〇〇，〇〇〇磅	呢绒	三四五，〇〇〇码
烟草	二，五九二，〇〇〇磅	杂货	三〇〇，〇〇〇元
糖	四六〇，〇〇〇磅	家具	一，二〇〇，〇〇〇元
酒	二，一七七，〇〇〇磅	院寺用具	七五〇，〇〇〇元

由上述（丁）的统计看来，蒙古的牛、羊肉乳，以及羊、驼毛和兽皮等产额之多，在世界市场上已大有位置。由（戊）的统计看来，蒙古所输出的多为原料品，输入的则多为工业品。

己　蒙古的交通

蒙古交通，极不发达；除平绥铁路、张库长途汽车路外（库伦到恰克图现也有汽车通行），余则运输均靠牛、马、骆驼。所以虽有丰富的牲畜和畜产，也不能尽量输出。中央社旅行记者在《赴绥印象记》里，有这样的话：“绥远出产丰饶……时见平绥线上，沿途均有粮食堆积如山；尤以平地泉一带，更有大量的集中；然而……由于交通梗塞，有东西运不出去；故在这方面闹饥荒，在别方面又在闹谷贱伤农的恐慌。”这样要开发蒙古，首先需要大量资金来开发交通。

三　内蒙和日人的满蒙政策

照上面所说，蒙古实为一个出产原料很多的地方，一个可以销售大量商品的市场，也是一个尚未开发、可以殖民、可以投资的地方。这就够使帝国主义者的垂涎了。这里我们首先遇到的，便是日人二十年来积极进行着的满蒙政策。日人为便于侵略起见，既分东三省为南满和北满，又分蒙古为东蒙古和西蒙古。他们所谓的满蒙，即是指满洲和东蒙而言。我们知道，满洲和西伯利亚的界限是明白；但是他们所指的满洲和蒙古的境界，却非常混沌！东蒙古的境界，更是暧昧不清！这无非只为便于侵略者，得寸进寸的侵略而已！

日帝国主义者，实则为实现其帝国主义的侵略，名则借口人口的过剩和食粮的恐慌，以满蒙为其生命线，鼓动其国民来侵略满蒙。自其占领满洲后，即欲倡立满蒙王国，卒因蒙人反对，没有实现。然而我们应指出的，是现在的伪满洲国，实包含着很多蒙古人民。据内蒙各盟旗驻京代表白瑞等谈："内蒙共有五十七旗，人口总数约五百余万。自九一八沈变后，东北沦亡，于是在辽、吉、黑各旗，即入日人势力之下。至二十年热河失陷，卓、昭两盟，又在敌骑之下。今则仅存察哈尔、绥远两省境内之锡、乌、依三盟，和察哈尔特别部暨土默特独立旗而已！"据此，内蒙盟旗，已失半数，考内蒙名〔各〕省，原是汉、蒙杂居。大抵设县治的区域，为汉人的区域。盟旗的地方，大都是黄沙白草，穹庐簇簇，还能保持纯粹的蒙古游牧民族的风致。世人尝称这种地方，叫"蒙古岛"。蒙人民族意识很强，现在伪国下的蒙古人，不过暂时屈服在日人暴力之下，他们实在很容易联络我们军队，而起反日战争。且在满洲，无论从人口说，从经济说，其中最重要的分子，又都是汉人！日本币原外相曾说，日人并吞满洲，无异吞下一个炸弹。实则他们并吞东蒙，也是这样！

四　外蒙和俄国

甲　外蒙和帝俄

外蒙因有大沙漠的阻隔，和我国关系，向来不甚亲密。但与亚比〔伯〕利亚则联成一片，住在西伯利亚的一种布里雅特的人，又同和蒙人信奉喇嘛教，这就给予俄人侵略外蒙以种种便利。帝俄在一八九九年和英国缔结英俄协定，规定长江流域为英人势力范围，长江以北即满洲与蒙古为俄人的势力范围。至日俄战争，俄人败于日人之后，又有日俄密约，约定内蒙、南满为日人势力范围，外蒙、北满为俄人势力范围。此后，俄人即积极侵略外蒙，煽动外蒙独立；而中国对于外蒙的传统政策，向来有轻视藩属的观念，历任驻蒙大吏，又是用人不当，滥施威权，引起蒙人反感。于是当我国辛亥革命时期，外蒙即在帝俄卵翼之下第一次宣告脱离中国而独立。至一九一九年俄国发生〈国〉内革命的时期，外蒙又一度为中国所征服。但又因我国国内军阀连年战争不已，所以在旧俄白党侵入外蒙时，外蒙又有第二次的独立。

乙　苏维埃的外蒙共和国

当白党占领外蒙时，左倾派的蒙古人，每遁至西伯利亚。苏联政府，即帮助这些蒙古的亡命客，组织蒙古国民党，驱逐白俄，组织蒙古国民政府，掌握外蒙的政权。这是外蒙的政府成立初年的情形。"蒙古国民党最初是由贵族和喇嘛来主持的。……但因这般人思想很旧，不能把党的进行向前去，容易发生反动；于是不久一般逃往俄国的很左的青年集合拢来，组成干部。这就是后来握有外蒙政治上实权的蒙古青年团。""蒙古青年团的组织和苏联共产党青年党、青年团相同。青年团不受蒙古国民党的指挥，而反立于蒙古政府和蒙古国民党之后，处于监视和指导的地位，以防止蒙古政府和国民党为旧思想所拘束而有反俄之倾向。"青年团员，最初以下级吏员的子弟占多数，后来由平民出身的青年，渐次加多。据一九二四年的调查，团员里由游牧出身的占百分之九十。外蒙政权现在即握在青年团员手里。青年团员里很多苏联留学生。此等青年蒙古人的理想，一切均以苏联为榜样。他们发见旧时代的蒙古人，贵族和喇嘛等的反对现政府，于是极力反对宗教，攻击贵族政治，将既成的宗教、贵族的政治特权、大寺院的特权等完全推翻了。下面摘录几条外蒙共和国的宪法，以看他们施政的一般：

第二条　蒙古共和国的目的，在于根本铲除封建的神权制度，巩固民主共和政体的基础。

第三条　蒙古共和国内的土地、矿产、山林、湖川及其类似的一切天然财产，均为共和之所有，严禁此等物产的私有权。

第四条　蒙古共和政府，对于一九二一年革命以前与外国缔结的国际条约及义务条约，并被强制的外倾关系，均认为妨害主权，一律宣告废弃。

第十一条　蒙古共和国，不问民族、宗教和姓〔性〕的区别，凡住在蒙古境内的人民，均承认其有平等权利。

第十二条　旧日之王公贵族等之阶级称号，一律宣告取消，同时又废除活佛等的所有权。

只要看这几条宪法，也就可知外蒙的政治和苏俄的苏维埃，几乎完全没有两样。所以在名义上，外蒙还是属于我国的版图；但实际上无异是一个苏联的联邦。

五　蒙古的将来

甲　日本的政策

日人所倡议的满蒙王国，虽未实现；但是他们应用煽惑朝鲜独立、煽动满洲独立的故技，来煽动蒙人脱离中国而独立的传统政策，并没有放弃。他们以为建立了满洲皇帝执政的满洲国，这对蒙古王公们不能不说是一种大的刺激。然而一般的蒙人不会这样容易上当吧？他们明白，现在的伪满洲国，不过是朝鲜第二吧〔罢〕了。即使他们对于朝鲜的情形，不十分清楚；然而他们确曾看见许多的朝鲜人，受不过日人的压迫，一批一批的逃到满洲来，逃到蒙古来。他们直觉的感到鲜人受到日人压迫的痛苦，也曾会感到自身前途的命运吧！所以暂时屈服在伪满洲国下面的几百万蒙古人，将永是日人和平的威胁吧！

乙　日、俄的缓冲地带

现在的伪满洲国，是日、俄的缓冲地带，日人极力想把苏联的势力，从北满驱出；〈同〉时他又把帝国主义的魔手伸到蒙古各地，将日、俄的缓冲地带延长开去。日、俄势力的消长，影响于蒙古的前途关系很大！

丙　蒙古的统一问题

蒙古人在自身之间，分裂为外蒙和内蒙；一方面是左倾的急进的青年们执政，一方面是帝政派、王公、活佛等保守主义者当权。但是在蒙古人之间，都有强列〔烈〕的民族意识和同胞情感。民族和语言，在他们看来，实为神怪〔圣〕的东西。他们不管在怎样困难的情境之下，总是强固的保持着蒙古民族是应该统一起来的观念。在他们之间，所争持的，只是怎样达到统一的方法而已！

外蒙的政治、经济、文化，都与日俱进，而有新国家的气象。外蒙青年团，不仅在外蒙有很强固的势力，即在内蒙也有相当的影响。一般蒙古人现在处于帝国主义的宰割之下，像王公、贵族以及活佛、高僧等，不能以贤明的保守主义来渡过这个难关；那末有力的蒙古青年运动，势必至于更快的蔓延开来。

丁　我国的政策

我国过去对于蒙古的政策，不能不说是错误。像清代对于蒙古，一味以消极的征服为政策：

一、在蒙境广设寺院，奖励喇嘛教，使蒙人习梵经，戒杀生，而英武之风，消磨殆尽。

二、利用王公贵族，予以特权，以统制蒙民，蒙古平民对于王公，自称奴才；奴才宜世服役于王公。所以蒙古平民，对于清代，向无好感。

三、隔绝汉、蒙接触，不准汉、蒙通婚，不准蒙人习汉文；至今蒙人文化落后，以及汉、蒙两民族隔阂很深，都是这种愚民政策的遗毒。

民国以来，虽说吾〔五〕族共和；然国内军阀横行，对于蒙古，仍不〔说〕脱以藩属的眼光来看待。蒙民对于民国，不但没有受到好处，而且时受当时军阀迫厉〔压〕！及至近年，政府鉴于过去对于蒙古的失策，知用武力压迫，固非其道；就是专和蒙古王公们接洽，用羁縻政策，也还无济于事，现在政府设立蒙藏委员会于首都，政府对蒙设施，以详细考察蒙古的情形，并和蒙民结成亲密的关系为急务，以开发蒙古交通、实业和移民殖边为政策。这种政策的转变，实是可喜的现象。蒙古受近代"民族自决"的影响很大，他们常思脱离别国而谈独立。孙中山先生说："我们对于弱小民族，要扶持他。我们要先决定一种政策，济弱扶倾，才是我们的民族的天职。"周佛海先生也说："从民族主义的观点，蒙古……要求独立，我们也是要承认的，同时，受人援助的民族，也不应因此牺牲了自己民族的自决。"可见蒙人的要求，和我政府的政策，实是相同的。可惜我国历年来，内忧外患，纷至沓来，无力将此"扶助弱小民族"的政策，一一见诸实行！蒙人郭道甫常说："蒙古与祖国（即中国）之历史、地理种种关系最深，亦最密切；故时时盼望祖国早有巩固的政府。"而月下国际风云紧张，日、"伪"积极侵蒙；汉族且与蒙古等民族，同蔽于帝国主义者瓜分的危机，我中华各民族，应共同奋起，以民族自卫战争，求民族的出路，实为各民族共同的急务！

《蒙藏旬刊》

中央宣传委员会蒙藏旬刊社

1936 年 117—118 期

（李红权　整理）

绥远杂写

逸 明 撰

绥远的匪患，最近突然的紧张起来，匪伪军倾力进攻，大有一举占领绥远全省的气概，幸赖我前方将士的奋力作战，使匪伪乌合之众，一再败北。然而绥远的事件，表面上虽然是好像中国的内战，自家人打自家人，但幕后有人策动，乃为不可掩饰的。万一绥远而入于匪伪之手，全省的局面，立刻可造成东北四省的第二。因此，举国的人士，对于绥远便特别的重视起来，后方的援绥运动也日见扩大。的确，绥远无论在国防上、在商业上，地位极占重要，我们是不能再让其沦亡于野心国家之手的。

自东北四省沦亡之后，绥远已成国防第一线，所以所处地位愈见重要。全省的面积约三○四，○五八平方公里，内中有甚多土地，直到现在还未开垦。东〔西〕和察哈尔相接，南与山西、陕西相连；西有河套和甘肃的宁夏并界，北与外蒙接连。民国十七年改特别区为行省，省政府设在归绥，全省划分归绥、包头、丰镇、萨拉齐、武川、五原、兴和、集宁、托克托、东胜、凉城、清水河、陶林、和林格尔、固阳、临河等十六县。据民国二十一年绥远省调查全省人口，汉、蒙合计为二，二七五，○七二人，其中乌、伊两盟蒙人计二一八，七五○人，汉人一五六，五○○人。除蒙人而外，汉人都由河北、河南、山东、陕西、山西等省移去，最早的也有一二百年之久了。

交通方面，主要的铁路是平绥路，自北平经过察哈尔的万全、山西的大同，而达绥远的归绥，终点是包头，所以也叫平包铁路，全长七百五十公里。将来的计划，想从包头经宁夏，延长到甘肃的皋兰。如果完成之后，就可南下和陇海路相接。东和北宁路，东南更可和平汉路、津浦路联运，环成一大圈形，以联络内地各省。可知这条铁路，不但在国防上有策应的便利，就是在文化上和商业上也有促使发展之望。公路方面，近年以来，也在积极的推进之中，除了干线和邻近的各省互相交通之外，就是本省之内，也有支线四十多条，其中多半已是通车了。所以绥远全省的交通，也正一天便利一天呢！

绥远的人口不多，土地广大，所以直到现在，还有一种地广人稀的概况。以物产说来，动物方面，牛、马、羊、驴、骡为大宗，而农产品呢，大麦、小麦、燕麦、荞麦、高粱、小米、大豆、蚕豆等都有出产的。宜于造林的土地，全省有一三六，八二六，一〇〇市亩，内中已经种植林木的有一二，六四八，六九六市亩，以林木的种类说来，榆树和柳树为最多。以矿产而论，绥安〔远〕境内如固阳、武川、白云山等都有蕴藏，每年的采掘量是九〇，〇〇〇吨，其他如铁矿、自然碱矿，绥远也有蕴藏，食盐的产量以曹达为最多。为了在绥远，畜牧为居民主要的产业，所以每年的输出品以羊毛和皮革为大宗，就是手工业也以绒毛、皮革制作品为最多，绒毯、毛布等也是最著盛名。如果能够用科学的方法去开发绥远，那么将来所出的原料品，正可供给本国工厂的无穷应用，即此可知绥安〔远〕的引起野心国家垂涎，就在地位的重要和物产的丰富呢！

《礼拜六》

上海礼拜六报馆

1936 年 669 期

（朱宪　整理）

外蒙古的转变及其现状

王普光　撰

自从一九三五年一月××帝国主义进攻外蒙发生哈尔喀庙事件以后，蒙古民族在日本一贯侵略政策之下已达到了最危急的阶段。今年三月十二日苏蒙互助协定正式成立后，不但可以增强蒙古民族独立和自由的精神，而且还可以保障远东和平的一部门；这对于抱有绝大野心的侵略者在全世界大众的面前暴露了它的丑态，同时蒙古民族抗敌的英雄壮举和决心在全世界大众的面前愈现得坚强。因此外蒙的民族便踏上了国际的舞台。

外蒙北境与苏联接壤，东、西、南三面以我们黑龙江、察哈尔、绥远、宁夏、新疆为界。其面积约有四，八八六，四三二方里，大于日本三倍有余。西北地形高山险峻，南部多沙漠，气候干燥。色勒格、鄂尔漳、匹盆、克木四大河流分布全境，库苏古泊、乌布沙泊、奇尔基兹泊、贝尔池诸湖分散其间。山岳地带，森林繁茂，河流两岸土地肥沃，湖泊沿岸青草密生，形成了一大天然的牧场。

外蒙的人口，根据一九三〇年调查的结果，总数八十四万，最近依据《蒙古人民共和国年鉴》（克拉克著，一九三五年三月出版[版]）的记载，外蒙的人口已经超过了百万。其中蒙古人占全人口总数百分之九十二，中国人①占百分之五，苏联人占百分之三。

---

① 指汉族人。——整理者注

在一九二一年外蒙大革命未成功以前，是一个典型的自然经济，而造成了封建礼〔社〕会的基础。在这个社会制度里，形成了统治阶级和被统治阶级两大阵营，前者不是〔事〕生产而专门剥削大众的阶级，有王公贵族、喇嘛、活佛（占全人口2％）、僧侣（24％）；后者是被剥削阶级平民和奴隶，占全人口百分之七十四以上。自帝国主义势力侵入外蒙后，与封建势力合流为一，对于平民大众更进一步双管齐下，尽力搾〔榨〕取，尽量剥削。这样阶级对立尖锐化的结果，造成蒙古民族反帝反封底革命高潮的客观条件。

蒙古民族和我国在历史上发生过紧密的联系。清康熙年间，蒙族因遭准噶尔族侵袭，清朝出兵援助，击败准族，划分内外蒙古。此后外蒙以中国为宗主国，纳贡清朝，保持着一种封建的隶属关系。

一九一一年中国辛亥革命，推翻满清成立共和。旧俄帝政乘机伸张，嗾使外蒙贵族王公脱离中国，并以活佛哲布尊丹巴为君主，遂于一九一一年十一月宣告外蒙"自治"成立。

一九一一年十一月俄国帝国主义在外蒙所扮演的自治独立政权，和我们的邻邦在东四省、冀东、冀察所玩弄伪自治伪政权的丑剧不分伯仲。当时中华民国共和初次告成，无力他顾，事实上外蒙和中国的关系连那所谓隶属拜朝纳贡的关系都失掉了。

一九一七年俄国十月革命成功，反革命的地主资产阶级底自卫军溃窜蒙境一带，白军领袖谢米诺夫占领赤塔，企图在广漠无涯的内外蒙古底疆域内建立"大蒙古国"，遂于赤塔举行"建国"会议，准备作为远征苏维埃的根据地，以完成"复国"美梦。在谢将军统率下的白军，其结果被英勇族〔的〕铁一般的红军击破溃散了，这个企图不能不宣告失败。

一九一九年十一月北京政府（段祺瑞）派遣亲日将军徐树铮，

以保护"外蒙防止赤化"为借口进兵外蒙占领库伦，并强迫外蒙取消"自治"服从中国。徐树铮底军队，残暴无理，任意掠劫，无恶不作，于是引起了蒙古人民的愤恨，使他们燃烧起了革命的火焰。一九二〇年外蒙人民反抗中国军伐专横底秘密结社在库伦开始活动了，尤其是在苏联十月革命胜利影响之下，在远东各弱小被压迫民族反帝革命运动高潮中，外蒙人民创立了国民革命党，他们的口号是：驱逐中国军队和俄国白军出境，争取蒙古民族独立解放，保障人民权利，建立民主政府，提高蒙古人民底经济、文化水准向上。此外组织游击队开发民族战争，领导各地民众参加暴动。当时中国内乱，北京政府崩溃，徐树铮将军就在这种革命危机和段祺瑞倒台的形势中单身从库伦逃跑了。

俄国国内革命军、反革命军的决战达到最后阶段，在乌格尔疯将军（疯将军为乌格尔之绰名，亦称"疯狂的男爵"）率领下的白军终被红军击败，狼奔猪〔豕〕突不堪言状。但是他们并未灰心，他们宣誓誓死消灭苏维埃。诸部队从西伯利亚逃往外蒙，估〔占〕领库伦，又与外蒙封建王公、喇嘛结合，成立"蒙古政府"。对于民众加紧剥削，扩充军备，训练壮丁意图作为进攻苏联的先锋队。乌将军统率下的匪兵实不亚于徐军阀在外蒙统治时的横征苛敛。蒙古国民革命党，是蒙古人民最前进、最觉悟、最积极的唯一的革命集团，因此它便担负起武装民众、驱逐反动害民的军队底重责。但是蒙古在帝国主义和封建势力根深蒂固统治之下，单凭蒙古一个民族的力量是不能完成的。于是它找到了互相援助的友军（红军），订立了共同作战的协定。

不久乌格尔率众远征，近逼苏境，于托洛义考夫斯基附近，与红军、蒙古军相遇开战，经过数次激烈战事，白军大受打击，终于被同盟军击破，乌格尔被掳，就地正法。其后各地军民蜂拥而起，自动开展游击战争，节节胜利，肃清了一切反动军事势力

（徐树铮军队包括在内），这是外蒙革命的第一次大胜利。

一九二一年三月十一日成立临时政府，设首都于库伦，仍以活佛哲布尊丹巴为元首，国民革命党领袖鲍鲁任总理兼外交大臣。临时政府的政纲是：（1）废除奴隶制度；（2）剥夺封建王公的租税征收权；（3）剥取王公的裁判权；（4）依照国家法律实行自由平等；（5）反封建反教权。革命成功后的第一年秋季，反革命的喇嘛僧侣鼓动暴动，一九二一年九月白俄（地主资产阶级）和中国商人（商业资本家）唆使僧侣喇嘛阴谋陷计推翻临时政府，总理鲍鲁和政府要人十五名被捕枪杀，这算是外蒙革命史上最痛心的一页。

在国民革命党和革命青年同盟正确领导之下，创立正式军队和游击队，组织民众发挥广大群众的广大力量，镇压反革命的暴动，扑灭反革命分子。一九二四年五月二十日活佛哲布尊丹巴逝世，废除君主政体，改为共和。六月三日外蒙正式宣告独立，公布宪法，定名为蒙古人民共和国，并以库伦为首都，改名荷兰巴多尔，蒙语音译，为"赤色英雄之都"之意。

外蒙是一个天然富饶的牧场，它的经济是建筑在牧畜事业的基础上面。人民共和政府成立以来，极力肃清封建势力，发展生产力，以走向非资本主义前途。尤其是在苏联社会主义建设胜利影响之下，不但给蒙古人民指示出了蒙古勤劳大众应走的光明大道，而且直接地或是间据〔接〕地帮助蒙古政府发展国民经济，迅速地完成了第一次五年计划（一九三一年到一九三五年）。

由于五年计划的实施，饲育方法的改良，家畜增加的数目超过了封建天〔王〕公时代的百分之百五十以上，巩固了蒙古人民共和国的经济基础。

若〔关〕于第一次五年计划家畜增加的数目列表如下：

年　度	骆　驼	马	牛	羊	山　羊	合　计
一九三一年	四六一,二五〇	一,五〇〇,〇〇〇	一,六五〇,〇〇〇	一二,五〇〇,〇〇〇	二,一四〇,〇〇〇	一八,二五一,〇〇〇
一九三二年	四七四,七五〇	一,五三〇,〇〇〇	一,七二〇,〇〇〇	一三,四八二,〇〇〇	二,二四〇,〇〇〇	一九,四四七,〇〇〇
一九三三年	四九五,九〇〇	一,五七五,〇〇〇	一,八〇〇,〇〇〇	一四,七四二,〇〇〇	二,四〇〇,〇〇〇	二一,〇三一,〇〇〇
一九三四年	五一六,二五〇	一,六三八,〇〇〇	一,八九〇,〇〇〇	一六,二一六,〇〇〇	二,六〇〇,〇〇〇	二二,八六〇,〇〇〇
一九三五年	五四〇,〇〇〇	一,七二〇,〇〇〇	二,〇〇〇,〇〇〇	一八,〇〇〇,〇〇〇	二,八〇〇,〇〇〇	二五,〇六〇,〇〇〇
三五年对于三〇年的%	一二〇・〇%	一一四・七%	一二五%	一五〇・〇%	一四〇・〇%	一四二・七%

大家都知道：外蒙是一个牧畜国，绝对不能发展农业，其实这是错误的。根据苏联科学专门家调查的结果，证明外蒙若经科学的灌溉方法，实有转化为丰饶的农产地的可能。新政府成立以来，极力扩张耕种面积，增加农业出产品。第一，奖励人民开垦荒地。第二，对于耕种者免除租税。第三，仿效苏联利用新式机器，创立集体农场。第一次五年计划成功后，农业耕种面积增加的数目：一九三一年四一,四〇〇公顷，三二年五九,〇〇〇公顷，三三年七三,〇〇〇公顷，三四年八八,〇〇〇公顷，到一九三五年便增加到了十万（一〇〇,〇〇〇）公顷。

在游牧的自然经济基础上要发展工业确实不是一件易举的事情，然而外蒙革命政府成立后，积极执行革命政党建国的方略，创设国家工业以奠定将来建设社会主义的基石。至于最近年工业发展的情形尚不能找到新的材料，依据旧日的资料，在第一次五年计划的第一年头里，各工厂分布地点及资本额列表于左：

工厂	所在地	资本额（单位千元）
制革工厂	阿尔坦布拉克	一，二六八
木材工厂	伊拉	不详
炼瓦工厂	荷兰巴多尔（首都）	九二六
机械工厂	同上	一，三七二
发电所	同上	五三六
酿酒工厂	同上	三，一〇六

外蒙教育文化程度跟随着国内经济突飞猛进而提高了，但是在未革命前，全外蒙几乎找不出一个学校来，文盲在百分之九十六以上。革命成功后，实行义务强迫教育，一九三一年政府颁布文学〔字〕改革命令，实行蒙语拉丁化，加紧扑灭文盲运动。根据一般的估计，外蒙自实行蒙队〔语〕拉丁化的结果，全国不识字、未受过教育的人民只剩有百分之四十。然而我们中国国内的文盲，最低限度还在百分之八十以上，从这一点上看，可以证明外蒙人民的文化水埠〔准〕已经提高了。

外蒙军事的设备，已能采用新式武器，把握最新的技术。尤其是自从一九三一年九月十八××帝国主义在我国领土内自由行动以后，全民族的危机达到了一个生死关头。敌人对于我们的进攻未曾放松一步，政府〈对〉我们人民的生命、财产、土地未能加以任何的保障，原来所谓"卖国求荣"乃是统治阶级传统的教条。然而外蒙人民看破了侵略者的野心，认清了××政府一贯的出卖政策，蒙古人民政府是为蒙古人民真正谋利益的政府，绝不像其他殖民地半殖民地国家底政府是代表帝国主义利益的汉奸政府；蒙古的人民不愿亡国灭种不愿作为侵略者的奴隶，他们愿保持蒙古民族在世界上光荣的历史，他们决以自己民众的力量给予强盗侵略者一个迎头痛击。他们在"准备抵抗××帝国主义侵略"口号之下，动员全国民从事扩张军备。

在去年（一九三五年）七月庆祝蒙古人民共和国成立十周年纪念的大会上，苏联代表加拉罕的演说，有这一句话："蒙古人民共和国胜利的第三个因素是蒙古红军组织的成功，这不单是可以保卫蒙古的国境，无疑的，还可以证明这是文化发达有力的表现，蒙古红军确确实实把握着最新的军事技术。"

关于外蒙红军的现状，根据日本军部情报处的调查，正规军三军团（包括有骑兵和国境特别警备队），各军团内配有炮兵，特别国民军五千名，飞机二百架，高射炮七尊，轻重机关枪约五百架，战车廿四辆，其余大炮不明，其他机械化部队、化学部门正在增设中。总而言之，我们不管这个数目正确不正确，只要把蒙古人民英勇地击退侵略者军队的事实拿来一看就会全然明白了。

外蒙人民真实得到了自由和解放，固然是由于民众铁般的团结和血的斗争的结果，但我们决不应忽视领导民族解放的说〔政〕党——蒙古国民革命党和革命青年同盟——底产生和发展。

蒙古人民大众在封建集团长期搾〔榨〕压的下面，在帝国主义明目张胆的浩劫中遇〔过〕着非人类的牛马奴隶生活，他们需要独立和解放，他们需要自由平等新生活。国民革命党和革命青年同盟适应着这个客观的要求而产生了。一九二一年三月国民革命党在恰克图正式成立，在第一次党大会的议厅里，党员人数仅仅不过百六十人，一九二二年实然增至一千五百人，二三年增加到二千五百人，二五年增至六千三百人，二九年增到一万二千人，一九三〇年党员的数目达到了三万余名。党的内部构成分子，百分之十二是无产者，百分之七是小职员，其余全是贫农、牧民及中产蒙民大众。该党的政纲是："蒙古殖民地的民族解放运动，首先以获得国家完全真正独立、以勤劳大众专说〔政〕为目的，今后国民经济及文化发展的道路是国家资本主义（这是技术落后的国家达到社会主义社会最后的一个过渡时期，苏联也曾经过过这个阶段——作者），争取非资本主义前途的发展。"

革命青年同盟最初成立仅不过三十余人，一九三一年实然增加到二万二千人，盟员的年龄均在十八岁〈以上〉廿五岁以下，构成的分子多为贫民子弟。并且常常提拔优秀分子，国家派往苏联留学，训练干部人材。年岁如到二十五岁时，得以正式加入国民革命党。

一九二四年外蒙正式树立人民革命政权以后，同年四月廿六日第一次全国代表大会制定宪法，全文共有十章五十条，兹将重要项目介绍于下：

第一条 蒙古为独立的人民共和国，一切权利均属于勤劳民众。

第二条 全蒙代表大会为蒙古人民共和国最高会议机关，大会闭幕后一切行政主权均属中央执行委员会及干部会。

第三条 蒙古人民共和国的基本任务在肃清封建制及神权制的残余，巩固民主主义基础的共和制。

第四条 为使国家确保共和政体、实现真正的民权起见，一切土地、地下资源、森林、河流归为国有。

第五条 否认封建诸候〔侯〕所订立的一切国际条约及借款，废除王公贵族、喇嘛僧侣的一切尊称和特权，采用国民皆兵制，禁止喇嘛参政，实施义务教育，言论、集会、结社自由，不分男女、种族、信仰一律平等。

蒙古人民共和国政府结构表：

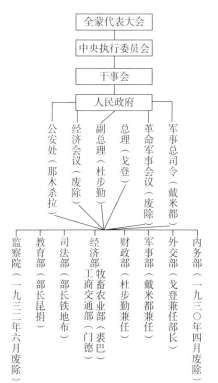

一九三二年七月，国民革命党召集紧急中央执行委员会议，检讨过去的工作，规定当前的任务：（1）强化反帝反封建布尔乔亚民主主义底独立自存的新兴共和国；（2）发展生产力；（3）肃清封建残余；（4）利用私人资本发展国民经济；（5）巩固国防；（6）创立非资本主义发展前途的经济基础。

大会闭幕后，蒙古经济政策大为转换。在牧畜方面减低税率，建筑厩舍，以利牧业。在商业方面，设立国营商店，成立消费合作社，禁止投机分子活动，并许可私商经营。在工业方面，尽量利用私人资本发展工业，并且奖励手工业，此外集团化的政策和新劳协〔动〕法的实施，造成了发展蒙古国民经济的前提。

外蒙革命的成功，经济建设的胜利，昭示给我们在帝国主义血腥统治下的全世界被压迫民族应走的光明大道，外蒙人民共和国的建立，是全世界殖民地半殖民地底民众求自由解放的模范，是落后的民族建设新社会制度的好榜样。伟大的中国哟！赶快地择选我们应走的道路吧！

《世界动向》（月刊）

上海世界动向社

1936 年 1 卷 1 期

（朱宪　整理）

外蒙共和国的现状

[日] 中岛美洲夫　著　　严兆桢　译

一　序

内蒙向为中国"殖民地化"，在今日移民方面，拥有很大势力，原来蒙古人丧失了固有民族性，成为小的范围，然在外蒙，至今尚维持其祖先成吉思汗以来之民族性，保有独特的生活风俗习惯与语言，以建设独立国。外蒙才是研究蒙古民族的好材料，且自"满洲国"独立以来，与其接境，它与日本的"国境"问题以外，犹存有几多问题，我们研究外蒙，为今日之急务，兹试述外蒙概观如次。

外蒙古人，以自国呼为"蒙古人民共和国"，惧与内蒙混同，通常称为外蒙共和国，于是外蒙共和国，设置所谓外蒙政府。

二　沿革

外蒙民族，反抗中国政府，最初提倡独立运动，远自清末。外蒙民族乘清末之乱，恃帝政俄罗斯之援助，一九一一年十一月宣言独立。自早年即注目于外蒙古政治的意义，努力保持不断的外蒙密接关系的俄国，在外蒙独立宣言之前后，其一切进出大为策动，翌年一九一二年十一月最初缔结〈与〉外蒙新政权［与］修好条约，掌握其保护权告成功了。然中国政府不承认外蒙的独立，对于《俄蒙条约》，提出抗议，与俄国交涉结果，遂于一九一三年成立谅解，中俄两国发表共同宣言，"俄国在外蒙的中国宗主权下，中国有外蒙自治权"，各自承认，至一九一五年再确认前述的共同宣言，缔结中、俄、蒙三国协定。

然中国不愿外蒙的独立，惟不能抑压民族运动的潮流，又恐惧背后的苏俄，不得已而承认。一九一七年俄国革命的勃发，不放过好机会，努力恢复外蒙的主权，一九一九年一月，首先取消承认的自治权，一九二〇年十二月徐树铮遣派为西北筹边使，以统治外蒙。

然不久因为赤军经西伯利亚追二千白军，一九二一年秋，乌甘尔将军适由外蒙的首府"库伦"逃来，驱逐西北筹边使徐树铮及其军队，以喇嘛教的德王的活佛①为君主，组织新政府，当时中国因为内争而无暇顾及外蒙，于是外蒙再度独立告成。

从此属于亲俄派即外蒙一部有志者，获得苏联的援助，计划外蒙的独立，一九二一年二月在俄蒙国境卖买〔买卖〕城举行第一次外蒙国革命党大会，同年三月外蒙人民组织临时政府，并与革命军、赤军协力，攻击库伦之白军，遂于一九二一年七月击破白军。入库伦城的革命军，与王族妥协，拥戴活佛为君主，在君主制下，树立新政府，此时外蒙政教合一，活佛得有绝大的崇拜和热烈的信仰，所以革命军不能忽然废去活佛，以活佛为君主，借以收拾人心。惟新政府对于活佛的权力大加限制，仅为名义之君主，且减削从前在政治上有权力的喇嘛僧的势力，苏联于一九二一年十一月与正式的新政府，缔结修好条约。

---

① 原文如此。——整理者注

　　然主要的留学于苏联邦组织的（一九二一年）外蒙青年同盟，反抗一部王族与妥协的政府，于是新政府遂于一九二二年十二月瓦解了。一九二四年五月外蒙政治上引起一大问题，即活佛死去，因此，有主张后继者依然存续君主制的王族等，与及时主张改用共和制的急进派发生斗争，其结果，急进派获得胜利。一九二四年六月废活佛，成立了蒙古国民共和国，苏联对于军事上、财政上、产业开发上，不绝的给予以种种的援助。哥密特尔把外蒙国民革命党，置于其指导监督下，现在完全形成苏联的保护国，中国政府设有镇抚使，想统辖外蒙，最初不易施行政策，不无停顿，外蒙政府为解决独立问题，因苏联的折冲，以对于中国，一九二三年想维持其独立与亲善为要求，中国政府不与回答，直至今日国交陷于断绝状态。其后外蒙除苏联以外采取锁国政策，"满洲国"成立后，虽发生国境及其他问题，不愿为条约关系的设定。

三　地形、气候

　　若谈起蒙古，即想到沙漠，想起戈壁的大沙漠。沙漠仅接触于东南的内蒙古，西北一带，有山岳地方，东北的海尔雷及阿纳因两河流区，亦无沙漠。其处覆以森林或牧草，无数的河川及大小的湖沼点缀着，对蒙古人实为天惠之牧场，即外蒙可能〔以〕分开沙漠地与山岳地。

　　沙漠地　戈壁是蒙古语，原意是沙漠及旷原的意味，蒙古呼以普通的名词，中国以此称为翰〔瀚〕海。所谓沙漠，不仅是沙原，乃是砂利〔粒〕与碎石之处为多，各处有咸味的湖沼散在，不能为饮料，有极少的涌出清水泉，人马通行的道路，有井，蒙古的地图，以井呼为都克，且为沙漠道路的目标。戈壁沙漠〈是〉平均出海面约千米的高原，最高处超过千五百米，特殊的在沙漠的北部地表上有约百米的丘陵起伏。

山岳地　外蒙的西北，许多的山脉，略成平行，东西延迤，蒙古的阿尔泰山脉与苏联的阿尔泰山脉连续，纵走于外蒙东南，末端伏于沙漠中。苏维埃共和国的国境，唐努鄂拉山脉东西连互〔亘〕，在东会合萨彦山脉，其中抗〔杭〕爱山脉，蜿蜒如蛇。其外，在东方内蒙境内，现出一部分兴安山脉，在东北西伯利亚境内有耶布洛纳山脉的余势。在西北山岳平均高度，千四百米，高山戴万古的白雪，最高峰达四千五百七十五米，在外蒙可发见主要都邑之高度，首对〔都〕乌兰拜托儿①高出海面千三百米，齐布瓦托夫千六百五十米，齐尔加来因高出千四〈百〉米。

外蒙及西伯利亚大河川，其源发于山岳，不必说，如河壁、乌尼萨衣、伊尔哥秀等大河，即成吉思汗的故地"鄂嫩"起初亦由古〔克〕鲁伦、鄂尔坤、色楞格等的外蒙诸河流，皆由山岳地积雪流下。

更就山岳地所占在的湖沼，有库苏古尔湖，高出海面千六百十米，水深五百三十米，周围断崖不绝的淡水湖，蒙古人通常以湖呼为海，在湖上自帝政俄罗斯时代，已有旧式小汽船活动。其次为乌普萨湖、奇尔吉灌淖尔湖、喀拉乌苏湖等甚多，多为咸湖，其中产有良质自然淀盐。

而山岳地河川溪谷，多覆以甘美的牧草，山麓一面森林繁茂，游牧民放牧于夏期牧草成熟于溪谷之际，冬期森林中家畜潜入，以避风雪，蒙古以这山脉，赞美为抗〔杭〕爱。富于森林、牧草、河湖，使得游牧民满足，此所谓山岳地的意味。

气候　完全是大陆性，冬季严寒，夏季酷暑，非常猛烈。一日之中，昼夜恰如冬夏之差，气温表示如此的变化，在西北的山岳

① 后文又作乌堡托儿、来拜托尔。本篇地名前后不一之处很多，请读者留意。——整理者注

地当七八月之时，气温急变，时有降雪，西及西北之风，一般颇强烈，冬季吹风时且吹雪，旅行颇感困苦。山岳地降雨且雷鸣，进于东南，则雨稀少，沙漠地完全不降雨，冬季降雪亦少，空气非常干燥，山岳地发现降雨之际，立即干了，列表如次：

	年平均	七月平均	一月平均	最高温度	最低温度
乌堡托儿（库伦）	（－）二·九	（＋）一七·六	（＋）〔（－）〕二七·八	（＋）三四	（－）四二·二
齐布润托夫	（－）〇·二	（＋）一九·二	（－）二四·二	（＋）三三·一	（－）四七·三
齐尔加来托夫	（－）一·九	（＋）一七·〇	（－）二二·一	（＋）三五	（－）三八·八

四　产业

外蒙民族，自古以来，逐水草而居，继续于移住游牧生活，衣食住需要的资料，大部分自足自给，今仍为物物交换原始时代的状态，未能看见产业如何，在一个幼稚的游牧生活上，需要国民经济，对于个人以家畜为全部财产。蒙古人制羊肉、牛、马、山羊等动物的乳，为饮食物主要的材料，喜欢饮用茶，其他的谷类及麦粉，供食颇少，野菜几乎没有，所以农业不发达，羊为货币的代用品，是最重要的家畜。

畜牧　外蒙的一大资源的家畜（牛、马、羊、山羊、骆驼），兹举其头数如左：

一九一八年	一，二七〇万头
一九二四年	一，三七八万头
一九二五年	一，六四五万头
一九二六年	一，九二二万头
一九二七年	二，〇〇〇万头

家畜逐年增加，根据主要的国势调查完备，以前有许多隐匿的家畜减少了，可说得有如此的结果。

家畜的种类别数（一九二六年调查）

羊	一二，七二六千头
山羊	二，五二九千头
牛（犁〔牦〕牛共）	一，九五七千头
马	一，五九〇千头
骆驼	四一九千头

由家畜取得的兽毛、皮革、肠，大部分在国内消费，一部分运向外国，为外蒙输出之特产物，此等物品，即一年的产额如下：

羊毛	一〇，六〇〇吨
骆驼毛	一，〇六〇吨
山羊的柔毛	二三〇吨
马皮	二八，〇〇〇枚
羊皮	一，八〇〇，〇〇〇枚
犊，仔马，其他的皮	一，五七二，〇〇〇枚
各种兽毛	三〇〇吨
马尾毛	三，二〇〇枝
犀〔牦〕牛尾毛	三七，〇〇〇枝
肠	三〇〇，〇〇〇个

外蒙人的家畜，限于牛（包含犁〔牦〕牛）、马、骆驼、羊、山羊五种，豚与鸡完全不饲养。其畜牧的特征，完全是自然的，不建立牧舍，以防大陆温度的变化，也没有贮畜牧草，以防灾害之事，且没有兽医，数百数十群的家畜，常有遇着恶疫流行而死，于是抬喇嘛僧，依赖其去除恶魔之祈祷，总之以灾害归之于神意。然自成立了共和国，训练兽医，各地遣派，以模范的畜牧事业，设立国立牧场，奖励对于冬季，建设牧舍及准备储畜牧草，又因

优良家畜的输入，尽力改良家畜，今日外蒙活动的兽医，苏俄人为多。

农业　外蒙的农业，非常微小，其原因，谷物与野菜，不是常食，即耕地的西北山麓，气候寒烈，地味瘠瘦，咸湖颇多，凡此种种，亦可举出缺点。最近为蒙古人经营农业，多少增加了，以前经营农业的人，为中国移住民，农耕方法，完全是原始的，使用农具，亦极幼稚。农业施行的地方，为北部西伯利亚国境，乃首府库伦附近，鄂尔坤河、哈拉河、色楞河诸流域，以及涸布托地方，播种谷物，限于大麦、小麦、裸麦、豆类等，收获颇少，耕地面积合计为四万三千黑哥旦。

	黑哥旦
中国人〔汉人〕	三九，九二〇
苏俄人	一，三〇八
外蒙政府国营	二，〇二七
来么寺院	七八五
蒙古人	四九七

一黑哥〈旦〉，当日本约一町二十五步。

外蒙政府，聘中国及苏俄人为农业指导，对于蒙古人奖励农业，在齐儿加来因设有农场，又模仿苏俄之马克斯运动，在各地方开始经营集团农场，蒙古人从事农业，约五六千人。

狩猎业　在西北的山岳附近，野禽及野兽，栖息颇丰富，捕获鸟兽的毛皮、羽毛，在外蒙输出贸易上，为次于家畜及畜产物的重要品目。捕获物中，占第一位的是旦儿拜加，旦儿拜加为蒙古特有之小动物，大如兔，中国人呼为旱獭，其毛皮，可供防寒之用，其他如栗鼠、貂、狼、黑貂、山猫、河那哥麻等的皮毛，输出亦盛。

蒙古人在根据信仰上，以前严禁捕获鱼类、禽鸟，因为不供人吃，所以鱼类和鸟类，在河湖蓄殖颇多，共和政府设鉴札制度，许可渔业，捕获的鱼类，供居住外人食品，仅 一部分输出。

矿业有很丰富矿产的样子，但未充分的调查，所以不明了。林业及狩猎及矿产，多产于西北部，矿物的种类，可能知道有金、银、白金、石炭、铅、石绵、岩盐、铁、铜、石墨、河齐公尼、水银、赭土等。外蒙的石炭矿，在来因拜托尔希东方的那来依夫，自一八一五年采掘，一九二七年石炭产额，达八千五百二十吨。

外蒙为砂金有名的产地，帝政俄罗斯俄人设立墨因各洛尔公司，在外蒙得有采金事业利权，自一九〇二年至一九一九年期间，采取十吨之金，价格为一千五百万金卢布，外蒙独立后，公司被外蒙政府没收，一九二五至一九二六年间，采金为政府事业，后竟不可思议的中止了。

咸湖多产盐，一年产量，在五千吨上下。

工业　从前工业无名，在现在亦无从看出。蒙古人从事畜牧，多数喇嘛僧专心于佛事，不顾世事，日用品之制作及修理，为中国人独占，若是没有中国人，蒙古人的生活即有障碍，外蒙政府排斥中国人，惟有工人受优待。

外蒙工业最有希望的为皮革工业，至一九二四年，仅有一皮革工场，而外蒙政府为自国所产出的毛皮、兽毛的加工精制，振兴工厂，大为注力。在今日，罗纱工厂、茶食工场、制粉厂、石碱工厂、炼瓦工厂等为开始的事业，其外有马具、羊毛外套、蜡烛制造所，外蒙政府以外蒙工业化为目标，年年给以多额的经费，努力于新工业之组织建设。

贸易　外蒙政府，模仿苏联，压迫个人商业，奖励国营商业之发达，因此在独立前，拥有大资本，几乎独占国内商业的中国人受大打击。最近苏联国营贸易机关，受外蒙政府的保护而活动，苏联邦的制品，发现于外蒙市场，来拜托尔市，外蒙政府开始经营百货店。

贸易独立后，国营机关设立孟齐各阿夫（蒙古中央各阿背来夫之略称），一切经过这机关施行，上记之外，有苏联贸易股份公司、中国商人、英国商会等，输出关于畜牧的有家畜、兽肉、皮毛、兽毛、肠、麝香、脂肪、牛油、甘草等，输入为工艺制造品，有麦粉、谷类、砂糖、茶、烟草、米、酒、药品、石油、火柴、金属制品、罗纱、绵布及粗布、杂货等。

年份	输出	输入	计（单位千卢布）
一九二四年	一九，三七六	一八，一九六	三七，五七三
一九二五年	一九，七六五	一九，六四九	三九，四一二
一九二六年	二四，八三八	二二，一一五	四六，九五三
一九二七年	二五，二五三	二四，六〇八	四九，八六七

苏联向外蒙的贸易，有逐年增加的倾向。

年度	向外蒙输出	由外蒙输入	合计（单位千卢布）
一九二五——二六年	三，六七〇		七，四〇五
一九二六——二七年	四，六三三	七，五五三	一二，一八六
一九二七——二八年	七，六四六	一二，〇八九	一九，六三五

五　交通

外蒙尚无铁道，蒙古的旅行，到现在仍用骆驼、马，中国马车，古来踏于自然而成的道路，次以来拜托尔市为中心，可能举出队商往来干线道路列左：

一、中国自张家口至来拜托尔市，距离约千六十籽，有汽车定期输送。

二、苏联邦国境，自阿尔旦布哥市至来拜托尔市，距离三百六十九籽，有汽车定期输送。

三、自来拜托尔市经齐布涠来托（此间千六十粁）至齐尔加来托（此间四百四十五粁），更至西方苏联的确西加村（此间三百七十粁）。

四、自来拜托尔市向东至散背衣斯七百二十粁，更过满洲里驿，有汽车输送。

五、自齐布涠来托经散而斯，至张家口，千七百粁。

近年修筑上述干线道路，企图汽车运行之便，所称为定期输送，有时因气候及车辆的关系，亦形成不规则了。在外蒙尚无铁道预定计划线，实现可能的事，是在来因对——阿尔旦布来哥——来拜托尔之间，由此更延长至张家口，这是预定的，其他来拜托尔——齐尔加来托——齐布涠来托的预定线。

一九二六年以来，经苏俄之手，开［始］辟了来因对——阿尔旦布来哥——来托拜尔的定期航空路。

在干线道路车站，有站递之利，共和采用后，创始邮政制度，主要都市设邮政局，设电话信架，来拜托尔建设无线电台。

六　人口、都邑

外蒙政府，在一九一八年施行第一次国势调查，其后继续几次施行，惟不免有粗漏的倾向。

一九一八年	五四二，四四九人
一九二五年	六五〇，六九二
一九二六年	六八二，五二五
一九三〇年	约七六〇，〇〇〇

人口逐年加增，产生与死亡的比例，产生二一四对死亡一三四，为如此的表示。一九二六年调查国民社会构成的比例，勤劳民众为85%，喇嘛僧13%，人口密度，每一平方粁〇·七。

外蒙人种中，喀尔喀人，除去外蒙的西部，布满全地域，占总人口绝对多数，约六十万人。其他少数的民族，在西北方为杜尔伯特人分布，约六万人；北方布里雅特人约三万人；西方额鲁特人约三千人；蒙古阿尔泰山脉中札哈心人约五千人；其他明噶特人，约二千人，于阗人，约千五百人散居着。此外中国移民约十六万人，西藏人、苏俄人、英人、德人等共七八千人。

都邑　外蒙的都市以及部落，以喇嘛寺院为中心而发达，多数的喇嘛僧，参诣〔谒〕者及喇嘛教，以贩卖用品及日用品，中国商人集合而发生一部落，于是寺的格式若大，其部落亦大，与我们口中所说的都会，全异其趣。

首府　来拜托尔市。活佛即哲布尊丹呼图克图的建立（一六四六年）以喇嘛庙为中心而发达，是外蒙唯一的都市，来拜托尔市（乌兰巴图尔）独立后，改正名称，成赤色英雄主义，独立的元勋，纪念已故的斯拜托尔氏，因为首都名。独立前普通称为库伦，欧美人呼为乌尔加，乌尔加即蒙古语的阿尔托乌（天幕、宫殿之义）或乌尔够（天幕、宫殿、奥殿之义），似由此转讹，蒙古人乌尔加的名称，完全不懂，夫雷因蒙古语是围棚、幕宫、大寺院的意味，且崇拜活佛，有伯哥托夫雷因（神圣的夫雷因）之用语。

市　（一）喇嘛区，即故活佛之宫殿、喇嘛僧坊、喇嘛散厅。（二）在中国商店街上区分，共和政府成立后，喇嘛区内的建筑，充于宫公衙，建造了新的学校、官厅、兵舍房等洋式建筑，中国商店街喇嘛区，即自新官厅街距离东方二里余，呼为卖买城〔买卖城〕或东营子。寺院附近不许开店铺，最近旧喇嘛区附近，发见了商店，然对于个人商店，受政府的压迫和苏联商业之侵入，对中国商人给以很大的大打击，呈衰退之象。

共和政府成立后，有人口集中的现象，形成屋舍不足，物价暴腾的状态，精确的数目，不能知道，大约有七万人，其中喇嘛僧约一万三千人，中国人约一万三四千人。旧喇嘛区内，有高五十三尺的唐金铸造的大佛（弥勒佛）与日本奈良的大佛，都是世界大佛的双壁〔璧〕。市西有托来河，收尔波河由北贯流市中，与托来河汇合，周圆围以小丘陵，更以北之圣汗山标准高度约千米，崇拜为神圣之山，是禁猎禁伐之区，所以在郁仓原始林中，外蒙特产的禽兽，栖止于此，这圣汗山以南早已不见森林。

齐布涸来，乌里雅苏台改称。所谓齐布涸来，舍〔含〕有威严之意，附近杨柳繁茂，呼为杨柳多，至独立前止，中国总督驻此，是管辖外蒙一国地，中国军队驻此，现在外蒙守备队亦驻此。有蒙古银行支店、孟齐各阿夫支部、苏联领事馆、苏联经济机关，是该地一带之经济中心，人口约六千。

齐尔加来，是科布多改称。独立前中国派副领事管辖，现有外蒙政府军队、蒙古银行支店、孟齐各河〔阿〕夫支部、苏联领事馆，人口约三千以上。

阿尔旦布哥是恰克图之新名，跨苏、蒙国境，中国人从前称为买卖城，俄人以蒙古语恰克图，讹为下克旦，新名称阿〈尔〉旦布哥为金泉之意。昔为俄、蒙贸易中心，去年苏联政府以恰克图合并于邻接的托洛依市，所以恰克图市名消灭。

七　政治、财政

外蒙共和国，模仿苏联，于全蒙代表大会，设以主权。所谓大会议长，在独裁之下，为政府的组织，人选一切，为苏联式，政府委员十三名，等于所谓大臣，由人民革命党及革命青年同盟的党员中选出，等于苏联的够培乌，内防局直属于政府，以监视反革命。

行政区划因地之广狭分五级，（一）州及地方；（二）郡；（三）村；（四）大学；（五）小学，皆设有代表会议，以执行自治。享有选举权，仅限于勤劳人民与军队，且行政区划外，另专以各地经济的条件为基础，分十三经济区。

共和政府成立后，聘苏俄人为行政整理，努力于财政的整理，新财源的调查，废去地方独立性，确立中央集权制，施行富源的调查及经济上的统计调查，努力锐意刷新。共和政府在宪法上，实施土地国有，为人民者一律有纳租的义务，而税率当然根据土地的条件及地价，其他在关税上，对于日常必需品之输入，课以低税率，奢侈品课以高税。又所得税，对贫者轻而对富者重，实行社会主义的政策。

国家预算表示如下：

年度	岁入	岁出
一九二六年	一〇，四〇〇，〇〇〇元	一〇，三〇二，〇〇〇元
一九二七年	九，〇四七，五六八芝夫利克	八，七一五，六〇一芝夫利克
一九二八年	九，二〇〇，〇〇〇芝夫利克	九，一三四，二七七芝夫利克

一九二四年在首府来拜托尔，外蒙政府与苏联政府为合同事业，创设资金一百万芝夫利克的蒙古商工银行，自一九二六年发行纸币，现在外蒙已是由物物交换的原始经济，移向货币经济的过渡期了。

革命政府，且举全力，努力国民教育，扑灭文盲，于全国枢要之地九十处，开设小学校。更于首府来托拜尔市建设男女同学之中学校，且开人民大学，分政治科、法律科、师范科，首府又有商业学校、工业徒弟学校、国民党养成所。外国语采用俄语、德语、中国语，教科书多译苏联出版之教科书，各学校揭示洛尔科斯及列宁肖像，努力鼓吹共产思想，选拔优秀学生留学俄、德，且以施行外蒙地理的调查为目的，组织学术委员会。

军队，在全国征兵制度下，由满十八岁以上四十岁以下的男子编成，在苏联邦军人指导下教练，如蒙古的广漠的沙漠地，不用徒步，皆是骑兵。在首府有幼年学校及士官学校，最近努力于航空队之发达。

《边疆半月刊》

南京边疆半月刊社

1936 年 1 卷 2 期

（程静　整理）

察北六县最近概况

作者不详

日人为完成对俄防御线，伸其魔手于察、绥两省。首先令李守信部进占张北等六县，以遮断张、库交通，更拟逐渐伸展势力于绥西，俾一旦有事，阻遏俄军东下。彼倭近两月来，以张北等六县为中心，大肆活动：一面使卓世海长察监公署，以把握各旗王公；一面包围德王，劝组蒙古国，自为皇帝。此种举动之主要目的，乃欲以东蒙制西蒙，以内蒙制外蒙，于不废〔费〕一兵的原则下，使察、绥脱离中国版图。前曾一再计划，令蒙古军南犯张垣，西侵绥远。但尼冠舟、吴鹤龄等，对蒙军当局，晓以大义，力陈其不可，所以未能及早实现。然尼竟遭暗杀，可知敌人之凶焰如何矣。德王在蒙古王公中，为一比较有作为者，日人早已对彼用工夫，拟笼络供其傀儡。自张北等六县失陷后，有大批日籍官员，驻德王府，策划一切，并派往各旗监视。德王纵具野心，鉴于各旗王公心理极端反对，故态度棱模，虽日人包围严紧，武力压迫，而仍不敢有何举动。自两蒙政委会明令组织后，西蒙王公，对日人阴谋，表示坚不接受，更向东蒙力加劝告，竭诚拥护中央，内蒙人民国家思想，遂益形浓厚。云继先率蒙古教导队七百名，离百灵庙移驻槎槎，即为蒙人倾心内向之铁证。日人鼓动蒙人暴变，其计划可谓失败。今后即再有丧失□□□□□□□，必不为蒙人附逆之结果也。张北等六县近况如何，以下分别叙述。

一　军事方面

现察东并无正式日军驻防，仅有蒙古第一军李守信部两旅六团，内步兵一团、炮兵一团、重炮两门、迫击炮十六门，人数两千四百名，蒙古第二军包自成部便衣骑兵六百余名，在各处驻扎状况如后：

沽源驻第一军步兵一营

康保驻第一军骑兵一连

商都驻第一军骑兵一团

五台子驻第一军骑兵两营

保昌驻第一军学兵连一连

尚义（新设县）驻第一军骑兵一连

崇礼（新设县）驻第二军骑兵百人

德化（即化德）驻第□军骑兵三百人

其余皆驻张北。张北□□外，设有飞机场，占地二十六顷。日关东军特设队二队亦驻该处，有坦克车四辆、载重汽车二十四辆、装甲车四辆。蒙古军枪械不甚齐全，有水连珠、三八式套筒等，其中以水连珠为最多。该两军指挥者，名义上为李守信、包自成，而实际则为多伦特务机关长田中久。彼以顾问官头衔，受关东军部命令，因应一切戎机。顷以蒙古兵力单弱，强选六县及察盟民间壮丁，施以军事训练，有准备扩军之企图。

二　政治方面

各县县长多已更换，县政统由土豪担任，而其权操于日籍顾问官手，其情形与东北伪组织无殊。兹将各县县长及顾问官列下：

沽源县长　　祁寿山　顾问官生岛

康保县长　　白一鸣　顾问官九尾

商都县长　　　　　　顾问官得杉

保昌县长　　　　　　顾问官力本

德化县长　　　　　　顾问官笋朗

张北县长　　朱敏痴　顾问官鄂州

所有各县县长，均于非常情形下，吸取人民膏血，捐税比以前增加数倍，用政治力量压迫人民，使不得反抗。

三　经济方面

张北等六县沦陷后，经济极为□□□□业日就萎靡。据传日方拟出资七十万，以经营六县。此种大批款项，皆由伪满中央银行以所发行之钞币供给。该行纸币，刻已在各县流通甚多，并悉拟在张垣设立支行，有于四月初即可成立之讯。

四　交通方面

交通主干以铁路为首要，公路次之，日方均已早有计划。由赤峰至多伦之铁路，定八月完成。由承德至多伦之公路，已可通行汽车。张多铁路线，业经开工，六县公路线于已经修治之大道上，重新敷设沙石路。至于电报、电话，则张北设有管理局，监督各县电政，并设有短波无线电台，通报情形如下：

时间　　夜十时——十二时

波长　　一百五十公尺

天线方向　　在南向

《边讯》（月刊）

上海中国边讯社

1936 年 1 卷 2 期

（李红菊　整理）

外蒙古的现状及其与苏联之关系

希　宋　撰

外蒙自从一九一一年乘中国内部发生革命无暇北顾的机会，乃自行宣告独立，初称蒙古帝国，由喀尔喀各汗、王公、喇嘛等，共推活佛哲布尊丹巴呼图克图（下简称活佛）为君主，改号“共载〔戴〕元年”，那时政府的组织如左表：

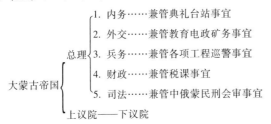

蒙古帝国官府的组织就分内务、外交、兵务、财政、司法这五个衙门，五衙门各置大臣一员，副大臣除内务设三员外，余均二员。总理一人，由五大臣公推一人兼充，以总管官府各事宜，五衙门外又另有上下议院，上议员〔院〕是由五衙门正副大臣及在库伦当差的王公等组织之，以总理为议长，其权限以讨论各项则例、条规、章程之规定，及岁入岁出数目之核定，并各衙门咨交应办各案，及各盟、旗应办事件等。其所有交议事件，先由下议院核议，拟定办法，呈候上议院复核。两院意见相同，即便分别施行，若遇有不同之处，或由上院加以修正，或驳交下院覆议。至上院议员意见不一致时，则取决于议长，故议院实权实操之于议长一人手里。

及一九一五年，经中、俄、蒙三方在恰克图会议的结果（该会议原为我国政府要求外蒙撤销独立，改除国号、帝号而开，政府所派全权代表为陈篆、毕桂芳二人，力与蒙、俄代表争持宗主权与自治权之解释，蒙古代表借俄国之后援，顽抗不允撤销。尔时因政府正忙于对付日本侵占山东问题，蒙古问题也即马马虎虎允其自治，掩耳盗铃似的草草了事），改称自治区域，改组政府，活佛乃设自治政府以统治之。当时所订宗主权与自治权大纲的几节重〈要〉条文如下：

（一）宗主权

A. 库伦活佛以及其他呼图克图喇嘛、王公等封号，仍由大总统册封。

B. 关于中蒙历史上旧制，不背此次条约者，均照旧办理。

C. 外蒙活佛、王公等对于中央政府，及对于驻外蒙地方官吏之公文程式，均分别等级，查照内地各机关体制。

D. 蒙古盟长、副将军、札萨克等，由大总统任命之。

（二）自治权

A. 外蒙自治事宜，外人不得参与。

B. 中国虽允不干预外蒙内政，但所办事宜，应随时呈报长官。

C. 所有订立国际条约之权，完全归于中央政府，交涉事宜应归中央政府所派官吏办理，外蒙自治各衙门，不得直接授受。

D. 外蒙如有内乱，中央政府得派兵保护，外蒙自备兵队，中央政府遇必要时，得随时调遣。外蒙平时军事计划，及聘用外国人员佐理军务，须预先报告中央政府核准。

四年之后，即一九一九年，前北京政府特任徐树铮为西北筹边使，以卤莽灭裂之术，将外蒙自治权完全取销，取销自治之后，他又没有什么收抚办法，加以那时俄乱正酣，白俄、赤俄相继侵入，既犯库伦，并将中国所有驻屯兵队而亦驱逐之，遂陷外蒙于俄人铁蹄之下，惨受横暴的蹂躏。茫茫千里的漠北领土，竟作苏联政争之工具，我反无插足余地。国内的军阀呢，大大小小忙于私斗，混战得黑漆一团，政不出都门一步的北京政府，更觉无能为力，所以只好听天由命，任便人家去怎样宰割罢了。

　　俄白党首领谢米诺夫得此机会，遂得操纵外蒙主权，利用活佛组织什么"蒙古全体中央政府"，真所谓"挟天子以令诸侯"！此时，蒙古一般革命的青年志士，痛亡国之无日，于是起而组织外蒙国民党（即蒙古国民革命党改组），一九二一年春，在恰克图成立"蒙古国民临时政府"，夏即克复库伦，去除苏联白党余孽，乃于六月初六日（蒙历）组织正式蒙古国民政府，仍拥活佛为君主，借以收拾各级蒙人归附之信仰，盖蒙人迷信最深，倘不推重活佛，使之为名义上的首长，不足以诱服一般蒙古人，所以此种政策原系过渡时代一时的权宜办法，并无根本计划，故把他的权力限制得很严，事实亦不过徒拥虚名而已。兹将外蒙现政府的组织概要，列表如左：

外蒙民国国民政府
- 国务院
  - 蒙古全军参谋部……附设内防处
  - 陆军
  - 财政……附设税务司
  - 内务……附设教育司、警察司
  - 司法
  - 外交
  - 蒙古国民党中央委员会
  - 蒙古青年党中央委员会
  - 国民合作公司中央委员会
  - 学术馆
  - 审查司
- 临时国会即立法机关

一　政府组织之说明

A.国务院　外蒙国民政府设内务、陆军、财政、司法、外交五部组织，国务院置国务总理一人，以统率之。各部设总长一人，主事员一人，秘书、书记人员各若干人，其各部内若有分司、科者，则设主事员以专理之，国务会议是由各部总长及其主事或秘书及各机关的代表等组成，举凡关于全国对内、对外一切临时发生的重大问题，都由该会议议决施行，为外蒙掌握国家主权的三大机关之一。

B.临时国会　该会系由喀尔喀四部即车臣汗、土谢图汗、三音诺颜、扎萨克图汗四部及西北隅的科布多、达里干阿、沙毕等处派选来的代表组织而成，讨议外蒙一切立法的问题，为外蒙国民政府的最高立法机关，亦为掌握国家主权的三大机关之一。

C.国民党中央委员会　该会直接隶属于国务院之管辖，为现在掌握外蒙国家主权的三大机关之一，外蒙国民党初本是一些逃入苏联左倾革命青年分子所组织，鼓吹蒙古革命运动，成立国民革命党，其后改称蒙古国民党，该党的规律有四：1.蒙古国民党须使党员绝对服从党规，厉行严肃规律。2.极端的中央集权主义，党之中坚对于党员有绝对权。3.各机关、各地方到处张贴党纲以图结合党员。4.对于将入党者以一定期间作党员候补者受考试，其试验期限，则由出身的阶级而不同，即平民四个月，贵族与喇嘛八个月以上，年来党员统计的人数如左：

一九二一年结党时	二十三——一五〇人（与〔年〕底）
一九二二年	一，五〇〇人
一九二三年	二，五六〇人
一九二四年	四，〇〇〇人
一九二五年	六，二〇〇人

一九二五年，该党曾厉行清党一次，除去贵族与资产阶级的党员，结果只剩三，二〇〇人。至于党员所属自身阶级出身的比例，平民占百分之八·八，喇嘛占百分之一·八，贵族亦占百分之一·四[1]，是以该党在外蒙的势力甚大，中央委员会即为其最高的总机关，凡是关于对内对外一切政治上的方针，以及关于临时发生的各项重大问题，均由该会先行讨论而后指导之。甚至国务会议已经议定了的问题，他亦可以有权否认，且每届国务总理与各部总长的人选，亦差不多全由该会提出。所以，事实上国内大权全由国民党一手包办，实行以党治国的政治。一九二八年十一月，国民党与青年革命党两派大起冲突，召集临时国民大会，投票的结果，国民党仍获大胜，青年党乃勾结各军苏联顾问与军官，煽惑军队叛乱，国民党首领丹巴图尔基，因迫于环境宣告辞职，青年党领袖铿顿遂任中央执行委员会会长之职，政治大权于是又为青年党所夺，嗣后该党又复设计暗杀丹巴于买卖城，两党倾轧益烈，现在一切机关，悉归该党支配，并绝对禁止非青年党加入，气焰之盛，四处压迫敌党。试看一九二〇年苏联政府对于外蒙活动所定之方策，"以留学俄国之蒙古左倾青年为中心，组织蒙古国民革命党（即国民党）及青年革命团（即青年党），而以此两团体为中坚机关"云云，则今蒙古两党暗斗之内幕，亦不无蛛丝马迹可寻了。

---

[1]　原文如此。——整理者注

D. 参谋部　蒙古国民政府直接隶属的有一个统治全军机密、操持国内大权的机关——蒙古全军参谋部。该部设元帅一人，参谋一人以统率之。凡是军事上所有的一切计划以及如何训练、调遣等等的实权，统由该部操纵，政府为防止内乱起见，又在该部管辖之下，特设内防处，内防处的总机关设在库伦，凡出入外蒙边界及居住其境内者，在未领护照以前，必须要先报知该处，出具证人，取得执照后，才能够到相当的机关去领护照，以便旅居，此外出入关卡的时候，亦必先由内防处所派的人员搜查过后，始得放行，其有行迹可疑、图谋不轨者，一经查获，即依军事机密手续处理之，盖可见其防备得如何严密了。

E. 学术馆　此外，还有一个很重要的直接隶属于国务院的文化机关——学术馆。该馆的职务，一方面搜集各种蒙古的古书古物，以为建设国家图书馆之筹备处，一方面则编辑各种蒙文的图书而印行之，以为将来设立国家印书馆之预备。故凡关于蒙古一切新旧文化的事业，全由该馆主持，为发扬外蒙文化学术的唯一机关。

二　外蒙的一般概况

政府重要机关的组织，既说如上，试更就其一般的现状分述于后：

A. 政府的施政方针

国民政府当一九二一年正式宣告成立的时候，曾宣示下列这五条建国纲领：

1. 政府以根绝封建制度为目的，制定新法律而励行之，不问阶级之差别，全国国民皆有负兵役义务及服从一切法庭之判决。

2. 全国国民各阶级设均一的纳税义务制度。

3．速开小国民会议以为大国民会议开会前的临时立法机关。

4．废止奴隶制度。

5．以活佛为君主立宪政府，在其下力图扩张民权，活佛无不认可之权，政府与国民议员共同制定法律报告于活佛，以国民名义发布之，其他宣战、讲和及预算制定权等，均属于政府及大小国民会议。

一九二一年十月二十七日，即召开第一次小国民会议，议员共计二十五人，决议案之重要者如下：

1．承认国民政府方针。

2．废除一切旧法律。

3．托苏联政府居间调定中蒙关系。

至一九二四年五月二十日政府发布下列四条政令：a．活佛印玺归政府保存；b．定六月六日为蒙古共和国成立纪念日；c．宣布外蒙民主共和制度，但不设大总统，国家元首由大国民议会会同议会所选出之国民政府行使之；d．废活佛年号，另定蒙古共和国成立的年号。同年十一月，第一次的大国民会议亦正式开幕，选国民党首领几德丹巴为议长，并改库伦为乌兰巴德河池。作者按：乌兰系蒙语赤色之义，巴德是革命战争时候一位极显武的蒙古将校之名，河池即蒙语都会之意。亦有译称赤色户人城者（见美国著名女记者 Anna Louiez Strong 著《横断戈壁沙漠记》）。又通过下列这十四条政府的施政方针：

1．土地、森林、水及其他地产，皆为劳动国民之共产，撤废个人的所有权。

2．一九二一年革命前所缔结的国际条约及借款一概无效。

3．外国跋扈时代而生对外国人之债务，致国民经济有不能忍之负担，其未还的个人债务，亦一概无效。

4．政府将采统一经济政策，对外贸易悉为国营。

5. 保护劳动国民权，为防止内外之反动势力兴起，编制蒙古革命军，授劳动者以军事教育。

6. 宗教与国家分离，即认宗教系为国民各人的私事，所以确保劳动者之良心的自由（意即信仰自由）。

7. 政府设立言论机关，委之于劳动者之手，以保劳动者意思表示之自由。

8. 政府供给劳动者以集会场，保证一切集会的自由。

9. 与各种组合组织以必要的物质上及其他的援助，保证劳动者组合之自由。

10. 政府为谋普及劳动民众，增进劳动者的智识起见，广设免费教育。

11. 取消旧王族及贵族称号并一切特权等。

12. 政府不问民族、宗教、男女之差别，一概承认全国国民的平等权。

13. 鉴于全世界劳动阶级之进行，根本覆灭资本主义而谋社会主义之建设。

14. 对外政策，尊重全世界之被压迫民族及革命劳动阶级的利益，希与其根本目的适合。惟依周围情势，亦可与其他的资本主义国家结友谊的关系，但对于欲侵害蒙古共和国独立者则决然抵抗之。

如此皇皇大文，煞是一篇蒙古民族惊世觉悟的宣言，我们以被压迫的弱小民族之地位言，对之实表十二分的同情。几百年来文化落后，人民智识幼稚的外蒙古，也居然有这么自求解放之觉悟的一天，的确值得我们庆幸的一场事。但是也因为蒙人教育智识程度太低的缘故吧，自己这种赤诚的、纯洁的争民族自由平等而奋斗的解放运动，却为口是而心非的苏联所利诱而不知自拔，我们对之又觉得有说不尽的无限哀怜了。

B. 外蒙的人口与财富　　　外蒙的人口，据一九二八年调查，略如左表：

蒙古人	五七九，〇〇〇人
华人	七〇，〇〇〇人
俄人	九，〇〇〇人

总人口为六七六，〇三六人，及至一九二九年五月，因受青年党强力压迫的结果，华人在蒙势力，一落千丈，本有七八万的华人，竟仅余四千人。而俄人则增至十万之谱，可知苏联年来势力膨胀之速度。至他人口分布的状态如下：城市地方的人口仅占全人口百分之二十一，且系俄人与华人占其多数，蒙古人自己在城市内住家的则很少，只占全人口的百分之九或十，其余的百分之九十仍系游牧人民，整天地东奔西走，辛辛苦苦的过他们涉水草而居的帐幕生活。

外蒙人民的财产，素以家畜为要素，盖家畜原为外蒙唯一的产业，现在政府方面为奖励人民的牧畜业起见，特设种种办法以保护之，所以家畜卫生管理局实在可算是现政府各部之中的最关重要的机关了，兹将全国家畜的现数与一九二〇年比较如左：

	一九二〇年	一九二八年
马	一，二〇〇，〇〇〇匹	一，三三九，八二九匹
牛	一，二〇〇，〇〇〇头	一，五一二，四一四头
羊	八，〇〇〇，〇〇〇头	一〇，六四九，一九七头
骆驼	三〇〇，〇〇〇头	二七四，九八一头
总计	一〇，七〇〇，〇〇〇	一三，七七六，四二一

从此，我们可以知道，年来外蒙家畜的繁殖之速，政府每年从这家畜里所得的牲畜捐亦为收入之大宗。惟上述数目仅系就一般平民所有的调查之结果，此外喇嘛阶级所有更多，因为他们都想避免国税，所以密而不报，因此我们对于外蒙现在所有牲畜的

确数，也无从知道了。不过就大概而论，稍富的人家每家可有马二十匹，牛七十头，羊二百只，山羊三十只，骆驼十只之数。其无骆驼者有马百五十头、羊三百头。中户人家没有骆驼，有马十至六十头，牛四十头，羊不过百只，贫户人家马二、牛三、羊十、山羊十五头之数，但是蒙古人，既不知收蓄干草，又不知怎么防疫，故常有百分之二十光景的损失。（注：以上统计录自《大公报》、《中央日报》、《新晨报》等。）

至于经济情形，政府每年财政的收入，以税务为大宗，设税务总司于库伦，其余在乌里雅苏台、科布多、恰克图等二十几处地方，则分设税务司以征收之。库伦地方每天平均可收白银三万余两。其他各处则每月平均可收一万余两。税制系采价税法，近来且宣布保护贸易条例，对于外国输入的货物，一律课以重税。以前外蒙政府的财政常是入不敷出，自从一九二四年起才有所谓"预算"之设。一九二五年改行新货币制度，以巨额的资本——五百万卢布创设蒙古商业银行，发行新货币，新货币的单位为"兰"（译音），每一兰合俄币一·五卢布。从这新货币发行后，以我素在金融界很流行而占优胜地位的中国之白银、银元及东省货币等遂一落千丈，渐失一般人民的信用。加以俄币侵入，金融界于是更没有我们的位置了。

现在政府为谋发展国民经济起见，设立国民合作商业公司，资本一百万。凡是关于库伦、恰克图间的那带公有农业，统由该公司承办经营。公司的重要分子及其人员等，都是国民党与青年党的人物，实权则操之于政府，近又创设中央消费合作社，在该合作社之下，现已分设皮革、蜡烛、制药等种种工厂，以及国立屠宰场、印刷厂、电灯公司等。全国印刷事业有印刷机关两处，一为政府的印刷所，一为俄蒙印字馆。印行一切书报，如国民党之机关报《蒙文周刊》刊载政府一切设施的方针，及其他政治上、社会上国内国外各种重要的消息。势力之大，可以左右舆论，为外蒙社会上唯一有力的言论机关之代表。

C.　社会文化与教育　外蒙的教育情形，自一九二一年政府成立以来，即极力提倡，创办各级小学、中学于各盟、旗，设速成国民大学于库伦。一九二六年，其教育次长曾至西伯利亚伊尔库次克大学演讲，论到外蒙教育现状，他说："外蒙已有大学一，专门学校数处，中学七，党部二，军校二，西式小学百余所，皆用蒙文教授云。"可知政府对于国民教育之热心。各学校所需一切科学仪器等用品，如地球仪、望远镜、显微镜及物理、化学试验品等，则自莫斯科运购。一九二六年，《工权报》亦云："蒙人聘请俄人教授社会学、算学，月薪二百元，愿充者须至伊尔库次克教育局考验。"则蒙人对于现代科学亦很侧重研究。现并用蒙文从事翻译各种科学书籍。天文台、博物院、图书馆、阅报处等亦皆次第设立。且实施贫民教育，衣食等费均由官给。纸、笔、墨等物，因价钱便宜，故仍用华物。一九二七年，又开办有艺徒学校，并组织国家戏院，青年党员则组织新戏团，用蒙文、蒙语编成各种新戏，在各处公众场中随时表演，意在描写现社会之黑幕，指导国民如何改良维新之方针，以补学校教育之不足，唤醒民众的觉悟。如成吉斯汗之睡醒，卖国贼之报应等，均有深意在也。政府方面，每遇各种纪念日，常举行国民讲演大会，演述世界大势，以开通民智。这样提倡的结果，故近来民气澎涨，较前大为增进。从前贵族、王公、奴隶等等阶级观念的陋习，现已四民平等，以民权为重，无阶级之别，全民政治主权，皆由平民主持。蒙人群众，经国民党与青年党历年高声疾呼，努力倡导之故，他们对于国家大事渐知注意，革命运动也很热心地去参加。

D.　交通机关之发达　外蒙与中国内地的交通，以库伦至张家口为唯一孔道，该路计长二千四百余里，现有汽车可通往来，快则三四天，迟则六七日可到。以前，外蒙货物均取道于此，然后由京绥、京津两铁路运往天津海口，以便装轮出洋。年来外蒙迭次政争，极力压迫华商，故一切货运皆转道西伯利亚，直达苏联而去。外蒙通西伯利亚铁道，自库伦起计程一千一百余里，其中自库伦至恰克图那一段（七百余里），时有汽车通行。由恰克图至布里雅特共和国新都上乌金斯克，只四百余里，为入西伯利亚要道。夏秋二季，色楞格河可通轮船。今苏联已定计修筑入蒙铁路。试看他们下面这段调查的报告，就可明白："西伯利亚多山，入蒙境北边即平坦易行，要路有二：1. 为同喀路，自伊尔库次克东至苦尔图克车站，经同喀至蒙边喀萨吉尔，以达乌拉萨堆，最为有利。因乌拉萨堆乃蒙古旧都，沿途皆为牲畜聚集之处。但山路崎岖，河流又多，工程浩大。2. 即为上乌金斯克至恰克图之路云。"

今因工程师方面，各执其是，争持甚力，故迄今未开工兴筑。迨至最近，闻已积极进行，拟定明年可有成功之希望。则苏联侵蒙的密谋，又更进一步了。且彼近将恰克图划作驻兵区域，兴筑营房。叶尼塞河亦有航船可直达唐努乌梁海，现将接修汽车路以至乌里雅苏台。鄂北河与额尔齐斯河轮船，本亦可直达科布多与阿尔泰两处，现在亦已极力扩充汽车道，深入外蒙。人家这样在那里一日千里的发展，亟图扩充势力，我们何曾听过政府有过半点儿的抗议。眼巴巴的看苏联统把领土主权占得去，待他拿完了，我们还谈什么边防？空口讲白话，天天坐在家里空谈一阵移民实边的大计划，我且问到底实到哪里去呢？其次我们再从航空的情形说几句，外蒙的航空，自一九二六年七月始，自伊尔库次克开始飞行邮政，并在库伦递送包裹。现在库伦飞行场有俄人包立索夫为教师，训练蒙人飞行，并拟在科布多及敖汉两处增设分站。此种侵害航空主权的土匪行为，我国领馆也曾提过几次抗议。但是表面上的那套闪烁文章，又有什么效果呢。

在此，我们也顺便说几句苏联对于新疆方面侵略的计划。查新疆省的塔城、伊犁、喀什噶尔等处，或接近西伯利亚，或接近中亚细亚，苏联本有铁路沟通。不过自塔城以至喀什噶尔，南北相距尚有八千余里之遥，苏联嫌其不能打通一气，莫斯科中央政府定计，由斜密拍力金斯克接修一条铁道至塔什干，使西伯利亚线与中央亚细亚线南北贯通，业已动工一大半。再有四年工夫，即可落成（按即土西铁道，现已完成）。现在苏联在新疆全省设有五个领事，迪化是总领事，阿尔泰、塔城、伊犁、喀什噶尔四处则分设领事驻之。其阿尔泰、塔城、伊犁三领事经营天山北路，喀什噶尔领事则经营天山南路，由迪化总领事总其成。苏联的目的想在塔什干地方组织一个回教大同盟国，设立回教政府，将我新疆的喀什噶尔缠头回也归入其内。再勾结西南阿富汗以赤化印度，打倒英人在亚细亚的全势力。此项计画，业已积极着手进行，那新疆岂止是中、俄两国的难问题，盖亦掀动全世界的大问题了。留心国际外交的同志们，我们对于这等问题，应该赶紧细细研究一番才好呢。

E. 外蒙对外贸易概况及其虐待华商之现状　　外蒙对外贸易，年来亦大有长进，惟对华关系则甚为不利。自青年党掌政以来，政府极力奖励对俄贸易，限制对华经商。华人之在外蒙经营商业者，迭受政府压迫，华商入境，必须先在库伦托人由内防处领照，照费大洋二十元，然后再寄至乌滂关卡存留。从出口到乌卡，尚有五道卡关，查卡皆有蒙兵二十名之数驻守，对于入境华人则百般检验查问。直至乌卡，又须将全身衣服脱下，细细检验。验毕再到内防分处查找留存的护照。找着以后，又再去领取往库伦路照，照费洋三元。若存留之照未能找得者，不管有无路费，冬寒夏暖，一概驱逐出境（一九二八年十一月十八日《大公报》张家口通信）。我们看了这段通信的事实之报告，不禁毛骨悚然。外蒙虐待华人，简直不以人道相待，既痛且恨。即居住其内者，种种苛捐杂税，重重剥夺，亦不胜其苦。兹就调查所得，列表于后：

华商所受苛捐杂税表

1. 地基捐（按尺寸计算，每丈捐洋若干）

2. 房屋捐（每房一间捐若干）

3. 门户捐

4. 营业捐（分头等、二等以至十等）

5. 消防队捐

6. 泥水捐（每千元捐洋十五元，另外再捐执事一人洋若干，帮办一人洋若干）

7. 人头捐（每人一年捐洋三元零五分）

8. 转运货物捐（每年捐洋一百六十元）

9. 运货脚价捐（每年每千元捐十五元）

10. 农商部注册捐（每年每家字号捐洋十元）

剥削手段，真是无微不至，迫得你非走不可。加以苏联从中挑拨，华商在蒙几千万的投资，遂被一网打尽，生路断绝，损失之大，莫过于此。

蒙人一方面对华重重压迫，所有以前南运取道于张家口的货物，尽由往北西伯利亚大路抢出，现在蒙、俄贸易日见进步，兹列输出、输入的统计表如次：

年度	输入	输出
一九二三年	一，五〇五	一，九七〇
一九二四年	二，七六九	三，八五三
一九二五年	二，六七〇	三，七三五
一九二六年	（这年因苏联国内生产力、购买力减少，故蒙、俄贸易亦大减，仅占总贸易额四千七百六十万卢布中之七百四十万卢布。）	
一九二七年	七，五四六	一二，〇八九
一九二八年		

（单位：千卢布）

蒙、俄贸易之盛，于此可见一班〔斑〕。而其所以致此之由，则因苏联在蒙一手操纵金融，垄断贸易所至。如一九二四年，苏联财政人民委员部贷与蒙政府资本一千四百七十万元，开设银行。一九二五年，即画一币制，发行一千五百万纸币，采用金兑换制。一九二六年十二月九日周年纪念，俄代表与蒙政府协致祝辞，称成绩最佳。又苏联资助资本，使蒙古设立国家贸易局，该局所有一切业务，完全受苏联商务委员会的指挥。而其惟一的宗旨，就是以驱逐华商为第一任务，则我华商之受排挤，亦莫怪其然了。

三　苏联最近侵略外蒙之种种

外蒙政府的组织与一般的概况，既略如上述。现在我再把他与苏联最近的关系，分述一下。查苏联地方政府在亚细亚方面，即以诺威尼西比斯克为最大，位于莫斯科之东，为西伯利亚的总政府。该政府现于外蒙古之北设一布蒙共和国，以上乌金斯克为首都。布蒙共和国以布里雅特人组织而成。布里雅特原系是前清时候割与俄国的一种土著蒙族，故以布蒙称之。该族人杂居于贝加尔湖畔，智识低能，毫无政治组织的能力，苏联遂利用之，建设此自治共和国。他的本意原不是在为布里雅特人怎样提高人民政治知识，他是想利用布里雅特人的文字（哈尔喀斯文），可以与我外蒙共通，借此当为媒介品，步步煽惑利诱，慢慢儿将外蒙的蒙古人宣传同化之后，一并归入其内，借以侵夺外蒙库伦一切之政柄。所以布蒙政府之成立，实与外蒙以隐忧，确为苏联侵略外蒙的一个最关重要的政治之关键了。他用这样同样的方法，在我西北方面还有二个政府，一个是我上面已经说过的回教大同盟，政府设在塔什干，联络新疆、甘肃的各回族并入在内。另外还有一个就是哈萨政府，政府设在斜密拍拉金斯克，将我新疆的塔城、阿尔泰的哈萨族归入其内。既用宣传的力量，复施之以同化政策。现西伯利亚伊尔库次克大学，特为外蒙留学生专开蒙文班，以补习俄文，而后再分发到各校去教习。《工权报》云："得此始可排斥华人在蒙之势力。"则其别有用心，显然溢于言表了。口口声声高倡扶助弱小民族的社会主义国家，却原来极尽压迫之能事，用金钱的魔力，诱买蒙古教育权。如此做去，实在太不高明吧。这种侵略的策略，与那强暴无理的帝国主义者灭我朝鲜、印度，又有什么两样呢？兹将苏联最近关于研究蒙古事的机关剖析如左：

苏联研究蒙事机关新解剖

- 蒙事政治机关
  - 东方协会蒙事部
  - 莫斯科蒙务讨论会（一九二五）
  - 布蒙共和国政府蒙古政分会
  - 西伯利亚蒙务讨论会（一九二六）
- 蒙事学业机关
  - 伊尔库次克大学蒙务科
  - 西伯利亚舆地学会蒙事股
  - 伊尔库次克天文台蒙古会
  - 伊尔库次克学务局考验入蒙教习
- 蒙事商务机关
  - 西伯利亚商务局东蒙科库伦设分局
  - 西伯利亚贸易总局设分局于外蒙
  - 西伯利亚皮毛公社设分社于外蒙
  - 远东商务局设分局于库伦（一九二四）
- 蒙事航务机关
  - 伊尔库次克库伦航空局
  - 库伦及乌拉撒堆设苏联航政局（一九二四）
- 蒙事调查机关
  - 西伯利亚政分会蒙务调查会（一九二六）
  - 喀萨勾尔湖调查委员会（一九二五）
  - 拉湃提夫河调查委员会（一九二六）
  - 密泪山农务调查会（一九二四）
  - 佛兰瑟觉夫卫生调查会（一九二六）
  - 币制调查委员会（一九二六）
  - 道路调查委员会（一九二六）
  - 萨瑶持——乌梁海附近人种名——调查委员会（一九二六）
  - 伊尔库次克卫生局蒙古调查队

苏联对于蒙事之研究，如此其努力。反顾国内，不特没有特殊机关设来研究，即国人心目中真真能够了解西北边务，存心注意研究者，又有几何人？作者以为今日之急务，不是空空洞洞的说几句"移民实边"、"驻兵屯垦"就可解决。我们要知道西北这问题，蒙古与新疆的民族，根本与内地不同，宗教异、语言文字异、风俗习惯亦异，原有凿柄〔枘〕不相容之苦。倘盲目的操之过急，激起民族感情之冲动，则几百万的蒙古人民与缠头回，随时都有引起反抗之可能。区区几万军队，又哪能与当地人民可以长久拼命。所以一方面希望政府当局，广集人材，专门研究边事及蒙、回各种语言文字，使之顺熟舆情，前往办事，可免阻碍，不致再踏徐树铮之流的覆辙。再一方面则多多的组织些考察队与调查委员会，试将西北一带的地理形势、民生疾苦、语言风俗以及其他种种的社会现状，统统加以详细的考察，精密的研究，调查得清清楚楚。然后对症下药，打定我们启发西北的根本方针。否则，头疼医头，脚痛医脚，老是因袭古代那种传统的羁縻政策，二十世纪的世界，人家的脑筋，怕不是再会那么简单吧。

四　结论

总之，蒙古、新疆的问题，远处西北边陲，交通这么不方便，民情习俗又与内地相异。在中、俄边境两国接壤的地方，我们有蒙古，苏联亦有蒙古（如上述布蒙共和国）。我们有哈萨族，他亦有哈萨族。我们有锡伯索伦（满洲人），他亦有锡伯索伦。我们有缠头回，他亦有缠头回。因为这些本都是游牧民族，本来居住无常，所以两下更闹得来分不清楚。或则从我国境奔了过去，或则怕苏联的赋敛繁重，又纷纷逃了过来。年来苏联经年累月的在那苦苦经营，不是派队调查，以探虚实，就〈是〉用民族自决的这等时髦口号，极力宣传。故此时我们自己若无根本的基础计划，西北万难即时着手整理。所望国内有志边疆之士，赶紧努力，急起直追。否则，自己放弃权利，听凭外人任意宰割，岂特西北将不为我有，即内地亦恐深受其累矣。一九二八年，安娜史娟（Arna Lonise Srong）在她《横断戈壁沙漠游记》里说："她到库伦的时候，天空飞机嗡嗡作响，无线电台高耸云表，此苏联文化侵入蒙边之第一标记也。"不知国人闻之，其亦作何感想耶！

《西陲宣化使公署月刊》

南京西陲宣化使公署

1936 年 1 卷 2、3 期

（冀萌萌　整理）

最近外蒙古的政治与经济组织

希　宋　撰

一　沿革概略

　　外蒙（哈尔哈四部）古为北狄地，唐虞时为山戎所据，夏为獯鬻地，周为猃狁地，战国之时东胡、匈奴甚强，屡寇秦、燕、赵等国之北边，秦始皇统一天下，悉收河南之地，并筑万里长城以阻之。秦汉时匈奴强盛，大漠南北，皆为其所有，后汉仍为北匈奴地，至后魏再变而为蠕蠕，三变而为突厥，四变而为回纥，五变而为蒙古。突厥在隋唐为最盛，其地南至沙漠，北至贝加尔湖。迨李靖灭突厥，回纥、薛延陀继其后，并称强国，历五代至宋，回纥始衰。辽兴，蒙古亦起于漠北，至太宗建都和林，世祖复迁都于大兴，后遂统一中国，建立大元帝国。元衰，其后裔分据大漠南北，子孙繁育，此即为今内外蒙古各部、盟、旗之祖。清初哈尔哈各汗遣使入朝，定岁贡，圣祖亲巡边外，大会于多伦诺尔，编审旗分，安辑其众。初编三部五十五旗，后改四部七十四旗，至乾隆又增至八十三旗，此外并附辉特一旗，额鲁特二旗，统称外扎萨克，即外蒙古。清末辛亥革命军起，俄人乘机煽惑引诱，外蒙竟擅自脱离中国独立，号称自治外蒙古。欧战中帝俄内部发生革命，国内糜烂，无力东顾，于是一度取消自治独立。及一九二一年改建为外蒙人民共和国，其疆域即包括哈尔哈四部与科布多之地。

二　地理的区域

外蒙南界察哈尔、绥远、宁夏及甘肃四省，西南界新疆，东界热河、辽宁、黑龙江三省，西北界苏俄阿依拉特自治州，北界布里雅特蒙古自治共和国，及东西伯利亚区与西西伯利亚区。南起北纬四十一度二十九分，北达北纬五十三度五十分，西起东经八十五度三十五分，东达东经一百十九度十七分。东西宽约三，四一七公里，南北长约二，〇五〇公里，全部面积计四，七七九，四七一方里，盖当我国总面积七分之一强。其沿边界线，约有四，一〇〇公里与苏联接境，四，四六七公里与内地各省相邻。兹将外蒙各盟、部、旗之面积及其地位关系，列表如次：

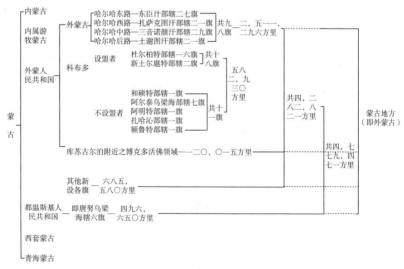

三　人口的分布

外蒙之人口调查统计，或依税关之统计，或依物资需要之数量，或依各国调查考察团等之报告，素无一定数目，其估计自一四〇万，七〇万，以至四〇万，相差亦甚巨。惟自一九二四年以来，外蒙政府于内务部特设置"统计委员会"，专事调查每年关于民间人口及家畜等之增减，兹将外蒙近年人口增减情形与各部分布现状，列表如左：

1. 外蒙人口自然增加率

一九二四年	五四六，〇〇八人	（增加率）
一九二五年	六五一，七〇七人	一九·二%
一九二六年	六八三，九六一人	四·九五%
一九二七年	六九八，七四三人	二·一%
一九二八年	七一〇，五四八人	一·六八%
一九二九年	七二八，五〇〇人	二·五%
一九三〇年	七六〇，〇〇〇人	四·三%

2. 外蒙人口性别表

年　别	男　性	对总人口之百分比	女　性	对总人口之百分比
一九二四年	二七七，八六三	五〇·八九%	二六六，一四五	四九·一一%
一九二五年	三七一，九九四	五〇·七八%	二七九，七一三	四六·二二%
一九二六年	三四五，〇四八	五〇·四五%	三三八，九〇三	四九·五五%
一九二七年	三五二，九八二	五〇·五二%	三四五，七六一	四九·四八%
一九二八年	三六〇，六四一	五〇·七六%	三四九，九〇一	四九·二四%

3. 外蒙喇嘛教士统计表

年　别	喇嘛僧数	对总人口之百分比	对男人口之百分比
一九一七年	一一六，五七七	二一·四八%	四一·九五%
一九二四年	一一二，六七二	二〇·六三%	四四·五五%
一九二五年	八六，六七一	一三·三九%	二三·二九%
一九二六年	九一，二六九	一三·三四%	二六·四五%
一九二七年	九二，三一〇	一三·二一%	二六·一五%
一九二八年	九四，八五七	一三·三五%	二六·三〇%
一九三〇年	一一〇，〇〇〇	一五·〇九%	——
一九三一年	九三，〇〇〇	——	——
一九三二年	八二，〇〇〇	——	——

4. 外蒙受教育及生产者之人数统计表

（A）外蒙受教育者人数之统计

	受教育人数	对本年度总人口之百分比
一九二六年	三〇，五七三	四·四七%
一九二七年	二九，〇一五	四·一五%
一九二八年	三四，一四八	四·八〇%

（B）外蒙生产人数之统计

	男　子	女　子	合　计	对本年度总人口之百分比
一九二六年	一四九，五五三	一三四，八五七	二八四，四一〇	四一·〇八%
一九二七年	一五四，七九七	一三八，〇七四	二九二，八七一	四一·九〇%
一九二八年	一五七，六〇六	一三九，五六〇	二九七，一六六	四一·八二%

5. 外蒙各部人口分布状况（一九三〇）

部　别	人　口	面积（方公里）	每一平方公里之人口密度
1. 东部	七五，八〇〇	二〇二，九〇〇	〇·三六
2. 甘泰伊部	三六，八〇〇	七五，三〇〇	〇·四七
3. 中央部	一一五，八〇〇	一四九，三〇〇	〇·七七
4. 农业部	四一，九〇〇	六九，一〇〇	〇·六〇

续表

部　别	人　口	面积（方公里）	每一平方公里之人口密度
5. 库苏古尔部	六二，七〇〇	一〇七，二〇〇	〇·五八
6. 前潘加伊部	八〇，六〇〇	一〇七，七〇〇	〇·七四
7. 后潘加伊部	八三，二〇〇	五七，四〇〇	一·四四
8. 柴甫宾部	五五，五〇〇	九五，二〇〇	〇·五八
9. 土耳倍兹特部	四四，八〇〇	八四，一〇〇	〇·五三
10. 可甫特部	四三，一〇〇	七七，九〇〇	〇·五五
11. 阿尔塔伊部	三九，九〇〇	二〇七，一〇〇	〇·一九
12. 南戈壁部	三九，四〇〇	一五五，四〇〇	〇·二四
13. 东戈壁部	四〇，五〇〇	一六四，九〇〇	〇·二四
合　计	七六〇，〇〇〇	一，五五三，五〇〇	〇·四八

四　产业现状——畜牧业

　　蒙古多草原，其产业以畜牧为唯一之基本，他如农业、工业尚属次要。蒙古全人口殆有百分之九十一，皆操同一之业务——即畜牧，因此，蒙古社会之经济基础，亦纯以家畜等牲口，为唯一的经济的机能。而人民之衣、食、住、行，以及燃料之供给，莫不取给于牲畜身上，且可还纳赋税以代现金。惟考外蒙古牧畜业所以特盛之原因，约有四端：

　　1. 面积广大　一，五五三，五〇〇平方公里。

　　2. 人口稀少　七六〇，〇〇〇人（每一平方公里仅有〇·五人）。

　　3. 蒙古高原，气候干燥，雨量分布甚少，冬期积雪，故多草原地带。

　　4. 土壤中每含有多量之盐分，野草丛生，为牲畜极好之饲料。至牲畜种类，则以马、骆驼、牛、羊、山羊五种为主，其中以羊为最多，约占三二％，居第一位；山羊占二五％，居第二位；牛类占二四％，居第三位；骆驼占一五％，居第四位，马占四％最少。兹将外蒙历年各政府机关（财政部顾问事务所、学术委员会、农务省兽疫局）之牲畜调查统计，分别列表于后，以见一斑：

1. 外蒙家畜调查统计表

年　　别	家畜总数	对一九二四年度之增加率	对前一年度之百分比
一九二四年	一三，七七六，一九九	一〇〇	———
一九二五年	一六，四五〇，八九七	一一九	一九·四
一九二六年	一九，二二一，七二四	一三九	一六·八
一九二七年	二〇，一四一，八六五	一四六	四·七
一九二八年	二一，四三五，四二九	一五五	六·四
一九二九年	二一，九五〇，〇五一	一五九	二·四
一九三〇年	二四，五五二，七五〇	一七八	二·八
一九三一年	二五，二〇五，一三〇	一八二	二·七
一九三二年	二六，〇六六，九四〇	一八九	三·四

观上表，可知外蒙家畜数之增加，自一九二四至一九三二年之九年间，殆增加八九％之多。而自一九二七至一九三二年之平均增加率为五·二六％。然依各专门家统计材料观察，其正常之平均增加率，实在三·八％——四·四％之间。即羊与山羊等之小家畜为五——五·七％，马、牛、骆驼等之大家畜为二·六——三·一％。惟可注意者，此项增加率系就现存之家畜数而言，而家畜自体之天然繁殖力，实较此数为更大，据统计研究小家畜为三〇％，大家〈畜〉为一八％。小家畜之供食用、输出，或受自然威力之压迫而死亡者占二五％，大家畜占一五％。

2. 外蒙家畜所属阶级别

年　　别	平民及王公所属有家畜数（头）	僧侣及寺院所属家畜数（头）
一九二四年	一〇，〇六九，四五九	三，七〇六，六六〇
一九二五年	一三，八七一，六八四	二，五七九，二一三
一九二六年	一五，五八八，九五八	三，六三二，七六六

年　别	平民及王公所属有家畜数（头）	僧侣及寺院所属家畜数（头）
一九二七年	一六，四九一，五二一	三，六五〇，三四四
一九二八年	一七，八三七，三九四	三，五九八，〇三二
一九二九年	一八，六六三，九五一	三，二八六，一〇〇

　　依此表，可知外蒙在一九二四——一九二九年间家畜之增加率，平民及王公等所有额逐年增加，而属喇嘛寺院等所有者，反日见递减，此因一九二四——一九二九年乃为外蒙国民革命发展之第二阶段期间，在此时期内，对于封建的神政分子权力之限制，与攻击封建主义经济基础，甚为急烈，故一般僧侣阶级需〔处〕此社会情势之下，乃将自己所有家畜设法变卖，或向内蒙与新疆各地迁徙，以为应付政府一旦没收的自卫之手段。因是庶民阶级所有数遂益显增加。兹将蒙人一九二四年与一九三〇年每人平均所有家畜之比较，列表如次：

年　别	人口数	家畜数（头）	每人平均所有额
一九二四年	五四六，〇〇〇	一三，七七六，一一九	二五·二三头
一九三〇年	七六〇，〇〇〇	二四，五五二，七五〇	三二·三〇头

3. 外蒙各部家畜分布状况表

部　别	面积 （平方公里）	家畜数 （一九三二）	每一平方公里之 平均数额（头）
东部	二〇二，九〇〇	二，六一四，五五〇	一二·八
甘泰伊部	七五，三〇〇	二，三四六，四二〇	三一·一
中央部	一四九，三〇〇	二，五〇三，一七〇	一六·九
农业部	六九，一〇〇	一，一〇〇，五七〇	一五·九
库苏古尔部	一〇七，二〇〇	二，一四三，九二〇	二〇·〇
前潘加伊部	五七，四〇〇	三，四七五，六〇〇	六〇·五

续表

部　别	面积 （平方公里）	家畜数 （一九三二）	每一平方公里之 平均数额（头）
后潘加伊部	一〇七，七〇〇	二，五六五，一一〇	二三·八
柴甫宾部	九五，二〇〇	一，六〇八，〇一〇	一六·八
土尔〔耳〕倍兹特部	八四，一〇〇	二，〇八八，五二〇	二四·七
可甫特部	七七，九〇〇	二，二〇五，二四〇	二八·三
阿尔塔伊部	二〇七，一〇〇	一，〇八九，〇八〇	五·三
南戈壁部	一五五，四〇〇	一，〇三五，九八〇	六·六
东戈壁部	一六四，九〇〇	一，二八九，七七五	七·八

依上所述，外蒙新行政经济区划各部家畜分布之状态，以前潘加伊部居第一位，甘泰伊部、可甫特部、土尔〔耳〕倍兹特部等次之，而阿尔塔伊及东、南两戈壁等三部，以地多砂漠，气候干燥，植产生长不易，牧草甚少，故牲畜数亦为最少。惟自一九三一年起，外蒙自经一九三〇年大国民会议〔事〕决，实行第一次畜牧业发展之五年计划，并为全国经济计划之一重大部门，可谓蒙古畜牧史上之一大变革期，此五年计划之全家畜数，拟于一九三五年能达二千五百零六万头之多〔多〕。然依上列第一表中，兽疫局发表之统计，五年计划最后一年之数额，已在一九三一年最初一年中完全实现，并超过之，则最近三四年来，当更有进步矣。兹例原计划表于后，以供参证：

一九三一年度	一八，三五一，〇〇〇
一九三二年度	一九，四四七，〇〇〇
一九三三年度	二一，〇三一，〇〇〇
一九三四年度	二二，八六〇，〇〇〇
一九三五年度	二五，〇六〇，〇〇〇

抑外蒙牧畜业，尚有二大缺陷，足以妨碍将来与现在牧业之

发展者，即一为现存家畜之质和量的恶化问题，一为疫病寒气、霜雪冰雹等自然灾害之侵袭问题，前者主要原因为早期受胎，饲料不足，与野兽之危害，致使一般家畜发育不完，营养不良，而种性退化，量亦减少。后者除不可抗之天然灾害而外，如疫病等则可以人力挽救。吾人倘能广设兽疫管理局，提倡兽医教育，严密豫防计划，讲求防御方法（野兽袭击），储备干草，改良纯种，则牧业前途，大有厚望，是在人民智识程度之如何耳。

五　交通一般

外蒙交通以库伦为中心，道路四通八达，与各方相互联络，惟新式交通工具尚未建设完备，虽汽车与航空已有开行，而铁道迄今未有兴筑，故内地交通往还，仍赖骆驼与牛马车等使用。一九二五年外蒙政府曾与苏联技术委员会缔结建筑恰克图、库伦、漗江铁道条约，据该条约规定，外蒙将向苏联借款一亿元，以铁道所属一切财产为担保，铁道需用材料多由苏联购入。第一期土工费为二千万金卢布，第二期代材料购办及运转费二千万卢布，期限为二十年，第一期无利息，第二、三期则取六分五厘之利息。果尔，则苏联铁道政策，取道漗江南下，内蒙形势，必将感受极大威胁，谋国防者，幸勿等闲视之！现此路自布里雅特蒙古自治共和国之首都上乌金斯克，经恰克图至库伦线，业已完成，此后进行工程，其计划线盖有下列六线：

1. 自苏联米斯契可斯克……至乌梁海首都披美倍契尔间；
2. 自苏联皮斯克…………至科布多间；
3. 自披美倍契尔…………至乌里雅苏台间；
4. 自科布多…………至乌里雅苏台间；
5. 自赤塔………………至库伦间；

6. 自库伦⋯⋯⋯⋯至桑贝子间。

兹复将外蒙各著要城市间之交通距程，列表如次：

库伦⋯⋯⋯⋯张家口⋯⋯⋯⋯⋯⋯⋯⋯⋯一，二〇〇公里

库伦⋯⋯⋯⋯平地泉⋯⋯⋯⋯⋯⋯⋯⋯⋯一，二〇〇公里

库伦⋯⋯⋯⋯归化城⋯⋯⋯⋯⋯⋯⋯⋯⋯一，二〇〇公里

库伦⋯⋯⋯⋯五原⋯⋯⋯⋯⋯⋯⋯⋯⋯⋯一，二〇〇公里

库伦⋯⋯⋯⋯恰克图⋯⋯⋯⋯⋯⋯⋯⋯⋯三二〇公里

库伦⋯⋯⋯⋯满洲里⋯⋯⋯⋯⋯⋯⋯⋯⋯九〇〇公里

库伦⋯⋯⋯⋯海拉尔⋯⋯⋯⋯⋯⋯⋯⋯⋯一，〇〇〇公里

库伦⋯⋯⋯⋯乌里雅苏台⋯⋯⋯⋯⋯⋯⋯一，〇〇〇公里

库伦⋯⋯⋯⋯买卖城⋯⋯⋯⋯⋯⋯⋯⋯⋯二一〇英里

库伦⋯⋯⋯⋯桑贝子⋯⋯⋯⋯⋯⋯⋯⋯⋯四五〇英里

桑贝子⋯⋯⋯⋯海拉尔⋯⋯⋯⋯⋯⋯⋯⋯三〇〇英里

桑贝子⋯⋯⋯⋯波谢⋯⋯⋯⋯⋯⋯⋯⋯⋯二〇〇英里

加蒂尔⋯⋯⋯⋯库尔克⋯⋯⋯⋯⋯⋯⋯⋯二四〇英里

恰克图⋯⋯⋯⋯上乌金斯克⋯⋯⋯⋯⋯⋯二四〇英里

乌里雅苏台⋯⋯加蒂尔⋯⋯⋯⋯⋯⋯⋯⋯三四〇公里

乌里雅苏台⋯⋯伊尔库次克⋯⋯⋯⋯⋯⋯九〇〇公里

乌里雅苏台⋯⋯披美倍契尔（乌梁海首都）⋯⋯五〇〇公里

乌里雅苏台⋯⋯古城⋯⋯⋯⋯⋯⋯⋯⋯⋯八〇〇公里

乌里雅苏台⋯⋯科布多⋯⋯⋯⋯⋯⋯⋯⋯四〇〇公里

乌里雅苏台⋯⋯张家口⋯⋯⋯⋯⋯⋯⋯⋯一，〇六〇英里

披美倍契尔⋯⋯米奴钦斯克⋯⋯⋯⋯⋯⋯二五〇公里

科布多⋯⋯⋯⋯皮斯克⋯⋯⋯⋯⋯⋯⋯⋯五〇〇公里

科布多⋯⋯⋯⋯赛米拍拉金斯克⋯⋯⋯⋯一，〇〇〇公里

科布多⋯⋯⋯⋯古城⋯⋯⋯⋯⋯⋯⋯⋯⋯六五〇公里

科布多⋯⋯⋯⋯乌兰克穆⋯⋯⋯⋯⋯⋯⋯二〇〇公里

六　对外贸易的关系

蒙人生业既以畜牧、狩猎为主，故其物产亦以畜产及狩猎等品为输出之大宗，输入则以麦粉、茶叶、烟草、织物、药品、文具、金属制品及靴与杂货最多，外蒙贸易总额输出为一，五〇〇万元，输入为二，六〇〇万元，为一入超之国家，贸易对手国以苏联居第一，且四分之三均为苏联所独占，近年华商前往外蒙交易者，且几成绝迹，此种现象，自非宗主权国家关系所应有，而今鹊巢鸠占，苏联竟喧宾夺主，凡事操纵把持，言之诚令人痛心无已！今将近年贸易概况列表如左，借见外蒙对外贸易关系之一斑：

外蒙对外贸易国别统计表（单位百万元）

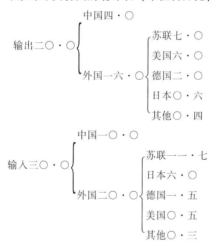

七　外蒙政府组织的变革

外蒙自一九一一年脱离中国宣布自治独立以来，初称蒙古帝国，以活佛哲布尊丹巴呼图克图为君主，改国号为共戴元年，那时政府组织如左表：

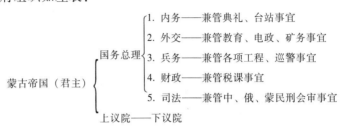

蒙古帝国（君主）
　国务总理
　　1. 内务——兼管典礼、台站事宜
　　2. 外交——兼管教育、电政、矿务事宜
　　3. 兵务——兼管各项工程、巡警事宜
　　4. 财政——兼管税课事宜
　　5. 司法——兼管中、俄、蒙民刑会审事宜
　上议院——下议院

及至一九二一年蒙古国民革命党改组成立，改称外蒙国民党，于同年六月六日（蒙历）正式组织蒙古国民政府，仍拥活佛为元首，借以收拾各级蒙民归附之信仰，但不过为徒拥虚名而已。此时政府组织大有变革，概要如次：

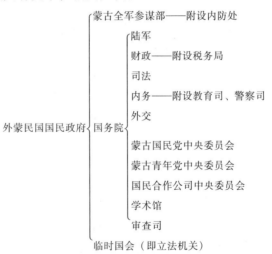

外蒙民国国民政府
　蒙古全军参谋部——附设内防处
　国务院
　　陆军
　　财政——附设税务局
　　司法
　　内务——附设教育司、警察司
　　外交
　　蒙古国民党中央委员会
　　蒙古青年党中央委员会
　　国民合作公司中央委员会
　　学术馆
　　审查司
　临时国会（即立法机关）

嗣后复经多次整理改革，废除蒙古旧有行政区域之盟旗制度，并将封建时代王公地方分管制之统治权，收回于中央，完全根据民主主义，施行共和制度。设立大小国民议会（即大普鲁尔旦与小普鲁尔旦），行使国家最高职权；划分新行政经济区划，改良地方政治经济基础；提倡公费普通教育，破除人民宗教迷信；仿效

苏维埃政治组织，聘清〔请〕俄人为政府各部顾问，年来在苏联操纵把持的指挥领导之下，外蒙气运为之一新，颇有今日蒙古已非昔日蒙古之慨。然蒙古居东亚日、俄竞逐之中心，自"九一八"以来，远在〔东〕风云险恶，民族生机，有若丝属，前途运命，为祸为福，端视蒙古同胞自身之如何努力，外力不足恃，朝鲜之灭亡，可为殷鉴，北望蒙边，惊风遍野，蒙古的同胞们，快快醒来吧！今将外蒙现政府组织统系，图示于下：

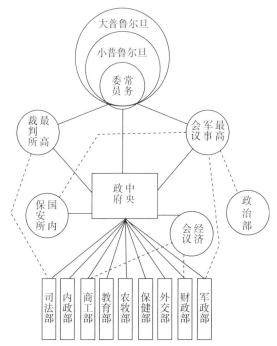

（注一）本篇所述蒙古地方，系仅指外蒙哈尔哈四部及科布多而言，其西北部唐努乌梁海现亦已自行建国独立，详情可参阅拙作《唐努乌梁海现况》与一九三四年九月号《外交月报》：《唐努乌梁海问题及其与中俄蒙三方之关系》二文，故不赘叙。

（注二）外蒙现行新行政经济区划，系一九三〇年第六次大国民会议议决通过，于一九三一年一月六日开始设定，纯依自然地理条件之特质，重行划分。

（注三）本文所引各项人口、产业统计数字，系根据日文《边疆支那》月刊创刊号《外蒙特辑》各论文而成，谨此声明。

（注四）外蒙政府组织详细说明，可参考拙著《外蒙古现状及其与苏联之关系》（《西陲宣化使署月刊》第一、二期）及张觉人君所译林畅夫《共产外蒙古的现势》二文（载《天山月刊》第一卷二期）。

《边疆半月刊》

南京边疆半月刊社

1936 年 1 卷 3 期

（李红权 整理）

外蒙古概观

[日] 鸟居龙藏　著　乔介林　译

外蒙古东接北满及内蒙古，南与内蒙古、甘肃为邻，北攘西比利亚之扎巴伊里库旗（Jaabagiliikuhchir）等地，西连新疆，为高原沙漠之土地，东西延长有五千里，南北约三千里，面积有四百八十八万余方里，人口约有百八十余万。

气候比较内蒙古寒冷。五月二十四日我在外蒙古车臣汗部之瓦伊拉大伊（Waagilahdahgi）地方试其温度，于午前八时为华氏十九度，正午是二十七度，午后八时是二十三度。

外蒙古最大的山脉，是阿尔太山（Altai）。河水有二枝，一流与大河会合，一流没于沙，不知其所向。前者属于额格（GauLourk）、克卢伦（Kelourlun）、多拉（Duela）等河。

现在的外蒙古，是苏维埃共和政治势力统治下之一个伪自治国，内部组织，同苏维埃一样。兹将外蒙古之社会组织情形，记述于下。

A. 过去的社会组织

外蒙古亦称喀尔喀蒙古，蒙古人所以如此称呼，意在与内蒙古对照。外蒙古大别有四部，中分八十六旗。四部之名为：一、车臣汗部，二、土谢图汗部，三、扎萨克图汗部。四、三音诺颜汗部。亦有把四部称为盟的，即是：一、喀鲁伦巴尔和屯盟，二、汗阿林盟，三、扎克必拉色钦毕都哩雅诺尔盟，四、齐齐尔里克盟。各部所辖之旗如左：

一、车臣汗部

格根车臣汗旗，左翼中旗，中右旗，右中旗，中末旗，中左旗，中后旗，左翼前旗，右翼中右旗，左翼后旗，左翼后末旗，右翼后旗，中末右旗，左翼中左旗，右翼前旗，右翼左旗，中末次旗，右翼右旗，中右后旗，右翼左旗，中左前旗，中前旗，右翼中前旗。

二、土谢图汗部

干齐赉巴图土谢图汗旗，右翼左旗，中右旗，左翼中旗，中右末旗，左翼左中旗，右翼右旗，左翼前旗，右翼右末旗，中左旗，左翼右末旗，左翼末旗，左翼中左旗，中次旗，右翼右末次旗，中左翼末旗，左翼左末旗。

三、扎萨克图汗部

额尔德尼弼什呼勒图扎萨克图汗旗兼管右翼左旗，中左翼左旗，左翼中旗，右翼后旗，左翼右旗，左翼前旗，左翼后末旗，右翼右末旗，中左翼右旗，右翼右旗，右翼后旗，中右翼末旗，左翼后末旗，中右翼左旗，右翼左旗，中右翼末次旗，中左翼末旗，辉特旗（附属）。

四、三音诺颜汗部

中左末旗，右翼右后旗，中右旗，中前旗，中左旗，中末旗，右翼中左旗，右翼末旗，右翼前旗，中后旗，左翼左旗，左翼中旗，左翼右旗，左翼左末旗，右翼中末旗，右末旗，右翼右旗，右翼后旗，中后末旗，中右末旗，额鲁特旗（附属）。

以上各部，车臣汗部位于最东部，札萨克图汗部位于最西部，土谢图汗部位于西部，三音诺颜汗部位于土谢图汗部与札萨克图汗部之间。外蒙古王旗制度，很少与内蒙古相同的。

B. 伟大的喇嘛教

蒙古人有他固有的文化，此由其生活上可以表现出来（他们纯为畜牧生活，以毛毡为住室。直至今日，尚保持他们祖先的文化与生活习惯），他们所崇拜的是喇嘛教。

外蒙古也同内蒙古一样，有很华美高大的喇嘛庙存在，喇嘛教的势力，比在内蒙古还大，大喇嘛为大家所共信仰的人物。他们不论在家，或者到外边，手里必拿着一串珠子，口里诵着："阿弥陀佛"，表示为佛教的信仰者。在外表上看他们都是很真实的信仰者。我在外蒙古旅行的时候，曾看见他们诵读蒙文观音经，也曾访问他们的贵族，谈过些有趣味的话。他们有句普通话，是："因为静坐读经，所以没工夫拜访人。"由这一点看来，他们对于佛教信仰，是很忠实一致的了。

C. 喇嘛人与黑人

外蒙古有喇嘛僧与普通人的分别，前者称喇嘛人，后者称黑人，黑人不剃头发，其所以称为黑人，正因其有黑发而命名。喇嘛僧比一般普通人有权力，他们在室内会官吏，亦有阶级位次。

一家中有男子数人，在小的时候，必有一人或二人去做喇嘛僧。一家有做喇嘛的，他家就得到宗教的幸福。喇嘛僧是不娶妻的，就在喇嘛庙前居住，于是有原始的娼家的蒙古包，供他们的所求。还有非正式与女子私奔者，他们从小的时候，就有脱离父母去做喇嘛的欲望。

蒙古寺院，非一般俗人设立者，是旗下王族所立的。内部一切的费用，是由地方王府拨发。王府内的人员很多，内部的费用亦很大。喇嘛庙内的喇嘛甚多，平均一庙内即有数百人。一百人的庙叫甲木尔太。

喇嘛庙于一年中有大法会与小法会的举行，为的是学习读经。还有用音乐与面具来跳舞的。蒙古人最尊敬且喜欢这种法会。这些美丽伟大的喇嘛庙，时时现出，是朔北之花。

蒙古人住居的屋子，叫蒙古包，不是集合在一块儿，是散漫在各地。都是过着畜牧生活，与这自然地理很有关系。王府的住所集合在蒙古的岱尔道地方，是喇嘛庙的所在。以庙为中心，四周围住许多的喇嘛，形成自然的寺街。

D. 牧畜是唯一的职业

外蒙人民是纯粹过着牧畜的生活，家畜的饲养极甚，如马、牛、羊、山羊、骆驼等，但是没有猪、鸡。家畜的牧场，在外蒙古是一件很重要的东西，牧场是以草地的良善与否决定，一个地方有了好的草和水，那就是很好的牧场，他们就住于附近，每日在此处做牧家畜的工作。何时把草与水食尽了，何时再迁移他地。

假若在一个地方，有牧草而没有水时，就掘一个小泉。泉水在蒙古语，叫豪得格。豪得格是村落的单位，以泉水叫地名的，在蒙古是如此，在日本亦有这种例子。

他们全都是过牧畜的生活，所以他们的文化，还够〈不〉上农业时代的文化。他们每日饲养家畜很忙，对于幼兽的照应也很周到，家畜如有病症、失踪等事，都很挂虑在心。在他们的生活上、经济上关系最大的要算家畜。

他们的食物，是从家畜得来的，皮、毛、角等等以至于乳汁是很要紧的，假如蒙古人失去了这个，他们的生活，立刻就发生恐慌，所以他们对于家畜，同别的开化民族对于商业、工业、农业等等的重视是一样的，他们的畜育的观念甚深。他们彼此见面的时候，第一先说："君的家畜有多少？""都健全吧？……"最后才说到个人的平安。从这个会话里，就可以见到他们对于爱家畜的观念，是如何的深切了。

E. 蒙古人的生活

男子有留辫〔辫〕发的风俗，女子在青春的时代，完全是披发的，一结婚之后，即结发了。结发的时候，在头上分发于两耳边，头上所余的残发，用薄板插入，这种薄板，有由金银做的，更有在结发上，用银、珊瑚之类的点缀。

男子的发辫〔辫〕是细长的，尾有些向上伸的样子。衣服的原料，是用羊皮制的（上有毛），所谓裘类是也。贫民皆用此制衣服，中等阶级与上等阶级在皮革上，加上绢帛做其表面。在外蒙古，所用绢帛甚多，是由中国输入者（夏不用皮革），腰系以带，或把小刀子和打火器挂在带子上，还有烟叶、烟袋也挂在上边。足穿的由皮制的长靴子。女子的衣服与男子大略相同，衣服的颜色，红、绿、紫等等都用，正妻的衣服，袖子长，耳上有装饬〔饰〕，腰上挂着小刀子。

男子不论夏冬戴着帽子，冬季是毛帽子，上头有刺绣，女子亦如同男子，头上戴着好看的帽子，以上的男女的衣服、帽子等，都是蒙古的古风俗，在成吉思汗时代，是否如此，尚不敢说。

家屋是用羊毛做成毛毡以毛毡制成蒙古包的，蒙古人即称毛毡房为郡军团。毛毡是他们自己制的，屋顶上的烟筒，开闭自由。

F.　一夫多妻主义

他们是行着一夫多妻制，下流阶级，是一夫一妻，中等阶级及上等阶级，是一夫多妻，贵族阶级的妻室更多。妻室之中，以正妻的权力最大，她的头发、服装是另一种风味，妾是不许如此装饬〔饰〕的。妾称呼妻，其名称叫娘，她的服装，如同处女一样，妾在家庭中所处的地位，恰如婢女一个样。

家内的一切事情，是由正妻来管理，男子比较的是闲散的。作夫的常从事马上的工作，客人们接见时，很难与他们会面，同妇人们谈话，到是平常的事情，在我的旅行中，目所见到的，都是如此。

富有阶级，夫饮乳酒，并弹胡琴，其妻唱着蒙古歌，在泰尔道的蒙古包内，四边俱静的时候，在任何地方都可以听着，这个大陆的蒙古的风味，一接触时，在精神上将发生如何的情绪！

G.　好战的民族

蒙古人从古代就是好战的民族，在成吉斯汗的时代，达于极点。即是他们把弓箭带在马上而徘徊于战场，或者随大军远征，他们认为这种事情，是不可不做的，至于家内外的一切事情，都是由他们的妻子照管，他们没有后顾之忧，对于这层，是安心的。这种风习，已经形成很久了，时至今日，尚如斯。

现今虽然还是和昔日从事战争一样，可是生活的方法为之一变，自从称臣于满清以后，他们就成了和平的人，其结果，蒙古的男子，成为一种闲散阶级。

男子中，或做役人，或做兵士等去学习骑射，但是趋于形式的义务。自从入于清朝的太平时代，他们却信仰喇嘛教，于是势力日衰，终至于男子成为有闲阶级。

他们之中，有王及王族，有役人，有僧侣，有平民，有奴隶。在王族中，以由清朝下嫁公主的王族的权力最大，他们是单一的阶级，老少顺序的排列，而老人的势力大。

王有生杀与夺之权，有收取税租之权，赋役之分配，以家畜之多寡决定。在规定上，喇嘛亦是由王府供给其所需，兵士亦依从于王府而服务，平民的唯一生计，就是牧畜。

以上阶级之化分，是以蒙古人的财产家畜决定，多者为富家，无者为贫民，蒙古人富的叫白家，贫者叫黑家，前者有新的毛毡，又白又美的蒙古包做的屋，后者乃破旧不堪而呈黑色的。

H. 外蒙古的中心地——库伦

外蒙古是以库伦为他们的生活场所，康熙、乾隆以后，满洲的官吏，在此地驻扎，还有许多的商人、农人在此居住，商人同蒙古人做交易时，甚为取巧。此地亦有俄国等的领事馆。

外蒙古的中心地为库伦，此处有大喇嘛庙，内居大喇嘛。亦有中国的衙门，商业是很繁荣的，其西有西库伦，于其地有集聚的市街，俄国人之入口，有由买卖城来的，有由恰克图来的。

I. 牛粪做燃料

在外蒙古各处，缺乏以树木做燃料，专用牛粪。牛粪经过数日，被太阳晒干了，甚为坚硬，最富于做燃料。他们于每日荷着柳条的篮子，去放牧地拾干燥的牛粪，拾集于自家的屋前，因此，在他们屋前，堆积着的牛粪如冢似的。

所用的器具，甚为坚固，大别有木器与金属二类。木器有木桶、木箱、箪笥、木碗、木皿等等，金属器有火围炉、锅、茶壶、匙、火箸、刀子等等，这些东西，都是从中国的商人手中买到的。中国的商人以装饬〔饰〕品、布类、丝绵皆卖于蒙古人，这些物品，对于他们是必要品，至于物品的形状，是随蒙古风俗而制作的，假如他们把这些东西买来的时候，自己就一意安心而使用，同时，由中国输入的这些物品，甚为坚固而不易破损。

车是蒙古人自己制的，车有大小之别，其大车使用于内蒙古的半农半牧的地方，或纯粹牧畜地，车上有铁钉同铁轮的细工作，轮之大有五尺许，用牛、马拉，或用骆驼拉，有荷车与乘车之别。后者恰同日本平安朝时的御车（这车是贵族乘用的）。前者是专运货物，如于迁移之际，用他拉蒙古包及一切用具。

在这些地方，他们最得意的，就是乘马。由这一家起，到那一家的往来，甚至旅行都是乘马，不是像日本人徒步的那样。于急用之际，乘一匹马，或将二匹马带在左右，或前后随数匹，以备在途中换乘。甚至于男子不如女子乘马乘的好。蒙古之里数，皆以乘马行程来计算（即由太阳出来时，至日没时止）。

外蒙古有于马上生于马上死的说法，就是蒙古人与马成为患难之兄弟。因为他们有马上的英勇，所以能把兴盛的元朝组织起来。

译者附注：

这篇东西，是鸟居龙藏所著，题为《内外蒙古之概观》，现在，我抄译一段外蒙古概观，至于内蒙古概观，留下期续译，因内容丰富，叙述条理，故摘译之，虽不能使读者满意，可是最底限度，希望能够引起读者关于研究蒙古的注意！

译者注

《长城季刊》

归绥绥远长城出版社

1936 年 1 卷 4 期

（李曼曼　整理）

察绥和内蒙

作者不详

绥省佃租办法

关于土地问题，绥省府已定有佃租标准办法，租上地不得超过收获量或价格百分之三十五，中地百分之三十，下地百分之二十五，地租不得预征，地主不得向佃户任意撤佃，并不得增加地租，田赋由地主负担。

绥远金融近况

本年中秋节绥远金融界有二大变动，为恢复谱拨及地方各银行联合兑现事，兹志其大略如下：

调济金融　绥远金融界在昔有一种谱拨银办法，以两为单位，实际并无现银，不过借此谱〈拨〉银周转而已，钱业恃此一种虚银，划兑拨付，从中取利不少，数年前绥市钱业之发达，与此不无关系。自废两改元实行后，绥远之谱拨因亦废止，钱业一方须有充足之现金，一方因无谱拨，不得自行规定市价，遂陷于停顿。近年来绥市商业之不景气，因〔固〕有种种背景，而银根吃紧，周转不灵，谱拨银之废止，亦为主要原因之一。本年中秋节，商界人士，更感拮据，各同业公会，遂联合在商会开会，共筹金融上之救济办法，结果决定恢复谱拨。此项新谱拨，以元为单位，由商会呈请省府核夺，傅主席以此事尚属可行，当于日昨批准，并规定办法，过去谱拨银市价涨落之权，操诸钱商，流弊甚大，此项新谱拨元实行后，只用于周转市价，须与现钞一律，不得随时涨落，有利无弊，规定颇为严密。

联合兑现　绥省流行之纸币，分本、外埠两种，本埠有绥远平市官钱局、丰业银行及山西省银行绥分行钞三种，外埠以中国、交通、保商银行钞票为最多。过去本埠钞票有折扣，外钞则信用极佳，然自绥远平市官钱局发行兑现钞后，尚可与外埠钞并驾齐驱，但以地域关系（本埠钞不能在外埠通行），汇兑方面，外埠钞仍占优势，一向如此，习为故常，不意本年中秋节前，竟因外埠钞向不能在绥兑现，本埠钞则随时可以兑现，故近来有人以外埠钞购本埠钞兑现后，盗运现洋出境，绥省本有禁止现银出口之令，但亦难禁绝，因能否兑现之关系，本、外埠钞之价格，遂不免有所轩轾，一向外埠钞高于本埠钞之定例，今竟打破，恰成相反之势，以外〈埠〉钞易本埠钞时，至少须贴水五元，汇兑上亦大受影响，金融界自感不安。因之商会出而维持，向省府请规定联合兑现办法，对于盗运现洋出境，协助政府，当有成效，刻已经省府批准，凡本埠钞以后不在各发行之行局直接兑现，由绥远平市官钱局、丰业银行、山西省银行绥分行，会同商会组织联合办公处，联合兑现，由财政厅派专员监视，从此以易钞渔利之钱滩〔摊〕小贩，无所施其计，金融自可安定。联合兑现实行以来，兑现者甚少，足见一般人并不需要兑现也。

绥省推行保甲

绥省府近办保甲清查户口，推行至固阳、安北境内之东公旗，该旗及蒙政会均电省府，请勿令县政府在蒙旗清查，十四日绥省府电蒙政会称，奉令办理编组保甲，清查户口，为清防"共匪"，警卫地方治安，规定凡在县治外而与县毗连及此外之盟、旗地区，概归各旗自办，各县编练则仅限于已垦地及已垦地内飞嵌地与深入县境之插花地亩，其所以必由县编查者，系兼寓维护蒙民之意，均经照会各盟长，转饬各旗查照，事属防"匪"措施，纯为兼顾蒙、汉治安，与蒙旗自治系统并无关系之处。

绥省通电乞赈

绥省赈会二十八日通电全国乞赈，略谓本年五、临、包、萨、托沿河五县河水漫溢，渠坝溃决，田禾庐舍，率付洪流，灾惨为历年所未有，前派员驰赴灾区详勘，据报各县灾情统计，五县被灾面积共一五一零零方里，灾民人数共六二四二零口，被灾村庄共六一七村，被淹田禾共三四三四顷九七亩，冲毁房屋一零九四间，其他财产损失共约二二一五零零元，虽筹款急赈，杯水车薪，未能普救灾民，刻边塞苦寒，霜雪早降，设不拯救，必冻馁交加，饿莩〔殍〕载道，望拨助巨款施赈。

包头水灾损失统计

包头水势，近日大落，被水各处，有渐现出陆地者，民政厅会同省赈会在包、萨各县办理急赈，绥气候严寒，灾民冬服急须设法，省赈会开始作大规模募捐运动，萨县水灾损失统计有十万元之巨，灾区面积合计一四零零方里，灾民七八零零余人，被灾田地六四五顷，损失粮一九三五零石。

察省煤矿将开采

宣化北郊烟甬山，盛产赤铁，铁苗甚佳，可提炼铁质七成，矿区由该山直达龙关县境，绵延二百余里，民国六七年间，业已发现，经当局开采，中途乏资辍办，实弃于地，良甚可惜。民国二十三年春间，曾运德铁苗一千吨化验，惟仍无开采消息。迩又有多人前往详勘，闻明年即将着手采掘云。

察南三县划界竣事

（涿鹿通信）本省宣（化）、怀（来）、琢〔涿〕（鹿）三县划界事，前经三县代表在下花园一度集议后，遂各分头遵照决议案准备一切交接事宜，近已就绪。本县已推定县府第一、二、三科科长，参议会议长，县城士绅王兴周等五人为交接人员，于十月一日携带各种册卷，齐赴下花园实行交接，并于事先通知宣（化）、怀（来）两县政府，委派人员届期前往办理云。

西公旗纠纷之起因

绥远通信，谓乌兰察布盟盟长兼蒙古地方自治政务委员会委员长云端旺楚克，下令将乌盟乌拉特西公旗扎萨克石拉布多尔济免职，石王通电乞援，蒙藏委员会派参事鄂奇光北上来绥调处以来，事态已趋缓和，包头驻军亦奉令赴西公旗调解，战祸当可避免。

石王被免职系一月以前事，其经过为云王先以盟长名义发动，然后经蒙政会执行，蒙政会一面通知绥省府，一面即呈请中央备案，免职令由蒙政会颁发，云王撤石王职，同时即保举西公旗协理台吉恩图巴彦尔（上一代扎萨克之嫡传）继任。云王之所以必欲去石王者，因本年西公旗事变发生，石王之反对党额宝斋曼头等控石王于盟长处，云王屡次派人赴包头传石王到案，石王恐至白灵庙发生意外，始终未往，云王以不能行使盟长职权，不免激怒；蒙政会之所以对石王下免职令，无非树立威信，在蒙政会本身以为该会为蒙古最高权力机关，革一扎萨克职，当有权衡，故对于中央亦只呈请备案而已，此为上月二十九日之事也。

按旧例各蒙旗扎萨克生子，即呈报中央，然后升为台吉，台吉即贵族，再升协理台吉，始有事权。扎萨克逝世，由其最近支继任，由盟长呈报中央，中央查支系确可继承，即颁明令，故王公成为世袭，蒙政会今既免石王职，各旗王公自皆感到世袭制已不能维持，故甚不安，目前乌审旗、鄂托克旗内部之多事，亦正以此也。

曼头为石王之反对党，为上次西公旗事变首领，此次蒙政会派兵赴西公旗，石王通电称曼头率众进逼，言之确凿，但蒙政会驻绥办公处主任亢仁发表谈话，则坚称曼头刻在白灵庙被蒙政会拘押，且加以镣铐，以其为上次西公旗事变中之祸首也。曼头竟成一谜，究竟被蒙政会拘押，抑在西公旗逞乱，记者现尚无法证明，过去云王传石王到案时，曼头曾被拘，无非表示盟长对叛乱之曼头亦不轻恕，只要石王到案，则可公平解决，现在曼头是否拘押，虽不可知，过去之拘押则确为事实。

云王年高，终日礼佛，淡泊自处。云王本为乌盟达尔汗旗之札萨克，乌盟盟长原为四子王，四子部落旗为亲王，在内蒙爵位最高，因其始祖系成吉思汗之第四子也。盟长本为轮流制，但四子王则指定不易，张绍曾治绥时代，四子王盟长职因故去任，由云王接替，盟长皆系以札萨克兼领，云王后专任盟长，以札萨克禅位于其弟根王，根王前岁病殁，由其侄沙拉布多尔济继任，现在之达尔罕旗，札萨克为沙王，近来外传云王让位于其侄，其内情如此，实系过去之事。至于云王对盟长一职，一再请辞，最初确因年迈多病，不胜繁剧，盟长与蒙政会委员长职，本拟一并辞去，后经蒙政会全体委员挽留，决定辞去盟长，仅担任蒙政会委员长一职。

总之，西公旗事之难于解决者为如石王去职，则内蒙各王公均人人自危，若石王仍保有原职，则非但云王觉有碍于盟长职权，即蒙政会亦以命令行不通为不堪忍受，究如何解决，须俟中央之最后裁夺云。

内蒙王公请保旧制

内蒙西公旗纠纷发生后，蒙藏会及绥、察两省府即进行调解，惟尚未商得具体解决办法。最近且因蒙古地方自治政务委员会罢免西公旗石王之议发动，各盟旗扎萨克咸以世袭制度将失保障，特于日昨联电中央，请重申明令，保障旧制。中央社记者兹采得乌、伊两盟各旗扎萨克致中央原电如次："（衔略）查蒙古原有盟旗制度，自逊清以来，历代相沿，已数百年。国民政府成立，十八年一八一次中央政治会议，十九年蒙古会议，及最近颁布之解决蒙古自治问题办法原则八项，均明定对于盟旗原有管辖治理之权及王公制度，予以保障，不加变更。令文辉煌，举世共鉴，良以我蒙民历史习惯，迥异内地，抚绥维系，全赖旧制，中央明令保存王公，即所以保存蒙古，王公等亦仰体中央扶植盛意，屏藩边围，矢志无二。乃者道路传言，有不经中央核准，自动撤消王公，改革旧制之说，如此恐蒙旗失却重心，边地势将多事，扎萨克等为保存四百年基业，维护二十万蒙民安宁起见，披沥上陈，恳请中央重申明令，保障旧制，以安远人，毋任悬企"云。

蒙政会三届大会

蒙政会各委员因第三届大会开会，业已先后抵庙，爰于廿一日下午二时开首次会议。计到会委员为伊德钦等十九人，由云委员长主席，领导行礼如仪后，当讨论议案。席间对防御"共匪"事，讨论甚详，至防御"共匪"有效办法，刻责成委员根据大会从事起草中，并决定就到会委员分第一、第二两组，分别审查议案。廿二日上午九时至十一时，开第一组第一次审查会议，计到会委员十四人，由召集委员伊德钦主席，当审查本会廿四年度经费，业经中央减缩百分之五，应如何减缩，以期收支适合等案多件。下午三时至五时，开第二组审查会议，计到会委员十四人，由召集委员尼冠洲主席，当审查从速设立自治讲习所案多起。又电，蒙政会云委员长年事高迈，染病在府休养，刻已病势霍然，喜占勿药，业于十三日莅会，亲临各厅处视察，步履甚健，精神亦极为矍铄云。

《西陲宣化使公署月刊》

南京西陲宣化使公署

1936 年 1 卷 4、5 期合刊

（朱宪　整理）

日人侵略下之内蒙概观

作者不详

在历史上，蒙古民族为中国民族中之最强悍者，当元朝之全盛时代，地跨欧、亚二洲，雄视一世，曾为中华民族创造最光荣的一页。乃降及近世，蒙古民族以文化落后，又以蒙古处境边陲，我政府对之有鞭长莫及之感，遂时为外人所觊觎，日人对之有所谓确立的满蒙政策。外蒙一向为俄国势力范围，日人侵略地带为内蒙，内蒙地域之广，可抵法国二分之一，人口有二百万众。内蒙为远东军事之冲要地带，为日、俄冲〈突〉之前哨阵线，故当世界战云迷漫的今日，日人积极实施其满蒙政策，以遂行其对内蒙之侵略，而为对俄军事上优越条件之准备。九一八事变后，日人将内蒙划作"兴安省"，编为伪国省区之一，设兴安总署以统治之，伪满中央并设有蒙政部，以掌管蒙人事务，其对内蒙之侵略处心积虑，不遗余力，现在更支持德王宣布蒙古独立焉。总之，日人对我之侵略，残暴饕餮，得寸进尺，非致我于亡国灭种而不已也。本刊能〔为〕使国人明了日人对内蒙之侵略情形，特将伪兴安省之疆域、人口、政治机构、财政、产业、蒙人种族与旗制、宗教及教育等等之概况，调查刊志如次。

一　疆域

一九三二年，伪国于兴安岭地方划定行政区域，将北部及西北部划归伪龙江省，西部蒙古地方划归伪奉天省，同时设立兴安省。兴安省又区别为四分省，即兴安南省、兴安北省、兴安东省、兴安西省是也。兴安省包括内蒙北部及东北部，占兴安岭西部，为巴尔虎地带，北部自阿穆尔河流域起始，南至热河边境，与苏联及外蒙古之喀尔喀地方接壤，又与察哈尔及绥远相毗连，东部地方北接伪龙江省，南迄伪锦州省，与伪奉天省相接壤，北兴安省内外之地理关系①，兴安四省总面积约达三十八万四千六百平方基罗米，与日本全国领域向〔相〕埒，斯为伪兴安省之疆域也。

二　人口

伪兴安省地旷人稀，蒙古人大部分业牧畜，居无定所，故人口详确统计颇为不易。据非正式之调查，住民总数约七十七万二千七百余人，其中蒙人与满、汉人之比率为六比四，以下为一九三五年伪兴安省之人口、面积统计表：

一九三五年兴安省面积与人口统计表

省旗名称	面积	蒙古人口	满汉人口	朝鲜人口	日本人口	白俄人口	共计
△兴安东省	一〇四，〇六〇	三八，〇〇〇	三六，七〇〇	五九	一三八	九三	七三，〇〇五

---

①　原文如此，疑为衍文。——整理者注

续表

省旗名称	面积	蒙古人口	满汉人口	朝鲜人口	日本人口	白俄人口	共计
巴彦旗	四一，九三〇	八，〇〇〇	七〇〇	——	——	——	八，七〇〇
莫力达瓦旗	二〇，九一〇	一〇，〇〇〇	六，四〇〇	——	——	——	一六，四〇〇
阿荣旗	八，〇〇〇	六，五〇〇	八，二〇〇	——	——	——	一四，八〇〇
布特哈旗	二〇，六九〇	一，二〇〇	二〇，九〇〇	五九	一三八	——	三三，二〇〇
科尔沁① 左翼前旗	一二，五一〇	一，五〇〇	五〇〇	——	九八	——	二，〇九八
△兴安南省	六六，五一三	二五三，八〇〇	八四，〇〇〇	二，二四一	二九七	——	一二四，三三八
科尔沁左翼后旗	二，六一八	三七，〇〇〇	二，〇〇〇	——	——	——	一二，〇〇〇
科尔沁左翼中旗	七，三七六	五，七〇〇	一二，六〇〇	一，二六三	一四九	——	五一，〇一二
科尔沁右翼中旗	一七，四七二	一一三，〇〇〇	三七，〇〇〇	二八五	二	——	一五〇，二八七
科尔沁右翼后旗	一二，五七八	三八，八〇〇	一二，二〇〇	一〇	——	——	五一，〇一〇
科尔沁右翼前旗	一一，七六三	二一，〇〇〇	五，〇〇〇	六四三	一四六	——	一一六，七八九
科尔沁右翼后旗②	六，二八〇	七，〇〇〇	一三，二〇〇	——	——	——	二〇，二〇〇
扎赉特旗	八，二一六	二，七〇〇	，二〇〇	四〇	——	——	二九，〇四〇

① 从后文看，科尔沁左翼前旗属兴安南省。——整理者注
② 原文如此，表中有两处科尔沁右翼后旗。——整理者注

省旗名称	面积	蒙古人口	满汉人口	朝鲜人口	日本人口	白俄人口	共计
△兴安西省	五八,四四五	一二〇,三七七	一九三,四九八	四六〇	—	—	三一四,三三五
扎鲁特左翼旗	五,〇三〇	四,三六一	二,七三六	—	—	—	七,〇九七
扎鲁特右翼旗	七,二三〇	四,五八七	二,四五六	—	—	—	七,一三三
阿鲁科尔沁旗	一四,一〇〇	一八,八七九	一〇,〇五六	—	—	—	二八,九三五
巴林左翼旗	七,五三〇	一五,〇〇〇	一〇,〇〇〇	—	—	—	二五,〇〇〇
巴林右翼旗	四,五四〇	二〇,〇〇〇	五,〇〇〇	—	—	—	二五,〇〇〇
克什克腾旗	一六,三二〇	五六,一〇〇	五七,七〇〇	—	—	—	一一三,八〇〇
开鲁县	一,四三〇	—	六九,九六〇	四六〇	—	—	七一,三一〇
林西县	二,二六五	—	三五,五〇〇	—	—	—	三六,〇〇〇
△兴安北省	一五五,〇〇〇	二七,一〇〇	一〇,〇〇〇	—	—	五,五〇〇	四二,九〇〇
索伦旗	二七,二六〇	七,四〇〇	—	—	—	—	七,四〇〇
新巴尔虎左翼旗	二五,三五〇	八,七〇〇	—	—	—	—	八,七〇〇
新巴尔虎右翼旗	三三,七六〇	四,五〇〇	—	—	—	—	四,五〇〇

省旗名称	面积	蒙古人口	满汉人口	朝鲜人口	日本人口	白俄人口	共计
陈巴尔虎旗	一八，八二○	五，四○○	——	——	——	——	五，四○○
额尔克纳左翼旗	二四，五九○	——	一，七○○	——	——	五，五○○	七，二○○
额尔克纳右翼旗	二五，八二○	一，○○○	一，○○○	——	——	——	二，○○○
海拉尔	——	一○○	七，六○○	一五○	一，○三六	四，九三九	七，七○○
共计	三八四，六一八	四三九，二七七	三二四，四九八	二，九一○	一，四七一	一○，五三七	七七二，七一二

　　（附记）该省之居民，蒙古人大部分业牧畜，故居住地带为沙漠地区，而满、汉人多为从事工商业及农业者，故居住地带为农村及都市地区。

三　政治机构

甲、伪蒙政部

　　伪兴安省之行政，即兴安四分省之行政，总括由蒙政部直辖，而兴安四分省之下管辖三县、二十七旗，各地方行政区之行政机关由蒙政部大臣直辖，各旗各县由旗长、县长掌管行政事务，旧日之旗族制度与新行政机关，在职权不相冲突之范围内，同时存在。各地驻扎军队之队长署理各地之军政事宜。蒙政部大臣对兴安省之行政有发令权，对法律之存废与修改有代替伪满首相实施之权，蒙政部大臣对该省之地方行政有设施与废止之权，对地方行政官吏有任免权，对违法之地方行政官吏有惩罚权，有指挥警察维持地方治安权，对该省之教育、宗教、产业皆负有设计与实施之全权。旧日之旗署对新行政机关有协助执行政事之义务，与对政务之咨询权。伪蒙政部之组织如下：

蒙政部（直属机关）
- 总务司（庶务科、经理科、调查科）
- 民政司（旗翼行政科、县行政科、警务科、教育科）
- 劝业司（农务科、家畜科、商工科）

蒙政部（兴安省治机关）
- 蒙古旧制整理委员会
- 蒙古教科书编纂委员会
- 兴安总署（见下表）

兴安总署（其一）	兴安总署（其二）
兴安四省行政公署	一、各旗行政委员会
总务科〔司〕（庶务科、经理科）	（总务科、内务科、警务科）
民政司（地方科、劝业科、教育科）	各旗自治委员会
警务司（警务科、特务科、监察科）	二、各县行政委员会
各警察署	（总务科、内务科、警务科）
	各县自治委员会

乙、地方行政机关

一、各省公署　各兴安分省有省公署，设省长一人，省公署为该省内最高行政机关，省长为该省最高行政权执行者，权限在各旗长之上，直接对蒙政部大臣负行政上之责务，省长对该省内之行政人员与旗长，有任免之权。省公署内之总务司，司文书、纪录、人事、经理等责务，民政司司地方自治、警察、交通、卫生、教育、产业开发等责务。

二、各旗公署　各旗有旗公署，旗公署内有旗长一，旗长受蒙政部大臣之支配，旗长有制定旗法之权，于自治政治下有为民治裁判之权，旗长对该旗之财政负豫算、决算、经理之责，对旗内课税标准之订定、物品价格之查定、奴隶制度之废止、旗制之整顿、取缔不法团体、饥馑之救济、食粮之保管等等，应付全权之责务。

三、各县公署　兴安西省内有开鲁、林西二县，兴安南省内有通辽县，该三县境内居民多为汉人，完全与蒙人分离，风俗习惯亦异，现已完全实现一般县制之行政组织与行政权。

地方行政机关之所在

△兴安东省公署（扎兰屯）

喜扎嘎尔旗（索伦）

希〔布〕特哈旗（扎兰屯）

阿荣旗（黄花岭子）

莫力达瓦旗（布西）

巴彦旗（和礼屯）

△兴安南省公署（王爷庙）

科尔沁左翼前旗（西扎哈察）

科尔沁左翼后旗（塔本格勒）

科尔沁左翼中旗（巴彦塔拉）

科尔沁右翼中旗（代领塔拉）

科尔沁右翼前旗（乌兰哈达）

科尔沁右翼后旗（察尔林）

扎赉特旗（哈彦哈喇）

库伦旗（库伦）

通辽县（通辽）

△兴安西省公署（大板上）

扎鲁特左翼旗（鲁北）

扎鲁特右翼旗（桃儿山）

阿鲁科尔志〔沁〕旗（昆都）

巴林左翼旗（海林贝子府）

巴林右翼旗（大板上）

克计〔什〕克腾旗（建平）

奈曼旗（奈曼）

翁牛特旗（——）

开鲁县（开鲁）

林西县（林西）

△兴安北省公署（海拉尔）

索伦旗（南屯）

新巴尔虎左翼旗（阿穆古朗）

新巴尔虎右翼旗（阿尔坦敖喇）

陈巴尔虎旗（乌珠尔和硬〔硕〕）

海拉尔布〔市〕（海拉尔）

额尔克纳左翼旗（奈勒穆图）

额尔克纳右翼旗（奈勒穆图）

四　财政

伪兴安省之财政，以牧场地带之牧场地租，与农业地带之土地税，为收入之主要项目，以充国库及省、旗、县公署支出之费用。该伪省自一九三二年开始财政上之预算年度，由上年三月至次年八月为一预算年度，于每年九月正式公表下一年度岁出岁入之预算。兹将其自一九三二至一九三五三年度预算志之如次：

第一年度支出预算表

经常费（以伪国之元为单位）	
总务费	三二，八二七，八五六
地方行政费	五九，一二三，五七〇
警察费	三九，四四五，三六八
其他	七三六，〇〇〇
共计	一三二，一四二，七九四

续表

临时费	
呼伦贝尔事件费	六，一七二，〇五三
家畜疫病预防费	三，三二三，八五五
地方行政费追加费	二一，八八七，七二〇
班禅喇嘛补助费	九六〇，〇〇〇
共计	三二，三四三，六二八
岁出总计	一六四，四八六，四二三〔二〕

第二年度支出预算表

经常费	
总务费	四二，六九八，八七三
地方费	四七，一八六，〇二六
警察费	七九，九三八，〇〇一
补助金	
旗及县	二七，九五八，一四一
蒙古人教〈育〉费	四，七一二，六四六
班禅喇嘛费	九六〇，〇〇〇
其他	一，〇一一，八〇〇
共计	二〇四，二五八，八七三
临时费	
家畜改良费	一，〇九一，四六〇
特别调查费	一，二〇九，九七四
家畜疫病预防费	四，九一七，六二八
共计	七，一三九，〇六二
岁出总计	二一一，三七七，九三五

第三年度支出预算表

经常费	
总务费（一）	二四九，〇七八
总务费（二）	一九二，九七二
印刷文书费	二八，六〇八
私的支出费	九，〇〇〇
地方费（一）	二五六，三九二
地方费（二）	二四四，三六九
警察费（一）	三二九，三七六
警察费（二）	三〇〇，三二一
警察事务费	三四七，六四一
警察训练费	一二，六四〇
警察情报费	五，〇〇〇
县公署费（一）	二四四，〇五〇
县公署费（二）	八七，七五九
家畜棚费	一五，五六七
学校教育费	一〇，三八〇
公共卫生费	二五，四八〇
其他	八三，七一五
共计	二，四四二，三四八
临时费	
羊改良费	二一八，〇〇〇
旗补助费	一〇〇，〇〇〇
县补助费	一七，六〇〇
蒙人教育费	三七，三五五
产业助成费	八，二〇〇
产业调查费	三〇，〇〇〇
旗长费	七，二〇〇
共计	四一八，三五五
岁出总计	二，八六〇，七〇三

五　产业

甲、概论

　　蒙古民族以处于沙漠地带，自然环境的势力影响到经济的生产，生产工具与生产方式不得改良，生产力极为薄弱，蒙古人中之从事于农业者为数极鲜，至从事于工商业者，则更微乎其微。伪兴安省中之蒙古人，大部分以牧畜为业，至满人与汉人，居住地方为都市及村镇区域，则皆从事于工商业及农业。自日人将内蒙划为伪兴安省以来，因外部经济关系的影响，蒙古人有生活固定化与生产农业化的两种显著倾向，其主要的经济生活，固仍为游牧式，其日常生活品，完全以牛、羊、马、骆驼是赖，有时亦以牲畜与就近之满、汉人为物物交换，以备其生活之需。故伪兴安省之主要生产品即为家畜，其天然产物，有盐类、金属类、药草类（如甘草药物，皆为医药上之重要物品）。呼伦诺尔湖及贝尔诺尔湖一带，产鱼量亦极丰富。又大兴安岭之森林地带，有广大之处女林，各种木材之产量亦极巨。最近日伪积极实施对兴安省之移民政策，以期开发此广大之富源，移住之人民多数为农民，故伪兴安省在日人的积极侵略政策之下，有将从游牧式的生产方式下，急速转化为农业的生产方式倾向与可能。在工商业方面，日伪对该省亦急谋开发，最近日伪在该省内设有曹达制造工场、面粉制造厂、造酒厂及其他各种原料制造厂及铁工厂等，以图对该省之生产状况，作根本的开发，不过暂时因为经济力量薄弱与交通不便的关系，其设备至为简单，范围亦极狭小，如日人真欲以工商业的势力，完全扫灭伪兴安省的原始生产状态，势必俟诸铁道政策完成，及其他交通机关发达而后可。

　　伪兴安省蒙人之主要生产方式为游牧，故家畜为蒙人之主要生产品，亦即其唯一的财产，蒙人之生活亦无处不赖家畜以维持。家畜与蒙人之关系至为重大，由家畜之多寡，可以决定其贫富与种族之强弱，故豢养家畜之繁殖即为其生产状况之表现也。兴安北省除北方一小部分为山川地带外，其兴安西省之北方地带，与兴安南省及内兴安岭地带，均为纯粹牧场区域。该地之家畜为数最多，依最近日人调查所发表之内蒙地区家畜统计数，计为：羊一千七十万头、牛廿八万头、马十八万五千头，骆驼在兴安西省及兴安北省为数最少，总计七百余头，至驴、骡、马、豚则在农作地带为数最多。家畜每年之增加率，以兴安北省为最强，兴安西省次之，兴安南省又次之，兴安东省最弱。家畜增加率强弱之原因，有以下诸端：1. 畜种之优劣：A. 寿命之长短，B. 疾病之遗传，C. 强弱之遗传。2. 牧场之优劣：A. 牧草之营养，B. 牧场之水草与疾病，C. 气候之寒暖。3. 疾病之流行：A. 牧草的瘠瘦病，B. 流行传染病，C. 结核病。4. 匪贼之多寡（蒙人之游牧民中，有所谓匪贼团之组织，专以掠夺偷窃牲畜为业，为蒙古游牧民之大患）。5. 其他偶然之灾害。以上原因影响于家畜之增加率最为显著，此伪兴安省之家畜情形，亦蒙古民族之产业状况也。然日人近方积极以农业移民与工商业建设等政策，开发蒙古，蒙人虽暂时仅能于半牧畜之情形下，维持其残余的存在，不久将来，则必沦胥于日人之残暴的掠夺之掌握无疑矣。

乙、家畜统计

一九三四年伪兴安省家畜统计

兴安东省	羊	牛	马	骆驼
喜扎嘎尔旗	二六九	一、一九三	一三二	……
布特哈喜〔旗〕	八七〇	三、六二二	四、一三二	……
阿荣旗	一五八	一、六五一	二、〇四三	……
莫力达瓦旗	……	一、七二二	一、八一七	……
巴彦旗	……	一、〇五三	六三七	……
共计	一、二九七	九、二四一	八、七六一	……
兴安南省	羊	牛	马	骆驼
科尔沁左翼前旗	二二、五〇〇	一二、〇〇〇	六、〇〇〇	……
科尔沁左翼后旗	一五、〇五〇	一五、八九八	二、三四六	七三
科尔沁左翼中旗	三〇、五〇〇	五、〇〇〇	七、〇〇〇	……
科尔沁右翼中旗	一二、三七八	三、四八五	二、一一三	七四
科尔沁右翼后旗	五一、〇七〇	一二、一五〇	三、五二五	五〇
科尔沁右翼前旗	二一、五〇〇	七、一〇〇	二、五〇〇	……
扎赉特旗	二七、七二三	五、二一五	一、五〇六	……
共计	一八〇、七二一	六〇、八四八	三四、九九〇	一九七
兴安西省	羊	牛	马	骆驼
扎鲁特左翼旗	一二、〇〇〇	二〇、〇〇〇	一、〇〇〇	五〇
扎鲁特右翼旗	一二、〇〇〇	一〇、〇〇〇	一、〇〇〇	二〇〇
阿鲁科尔沁旗	三一、二六一	二〇、〇〇〇	五、〇〇〇	四〇〇
巴林右翼旗	一三、〇〇〇	八、〇〇〇	二、五〇〇	二〇〇
巴林左翼旗	四八、〇〇〇	九、七二〇	四、九三〇	二〇〇
克什克腾旗	二九、〇〇〇	一二、五〇〇	六、一〇〇	二一五
林四〔西〕县	三五、〇〇〇	九、八四六	一、三八九	一五〇
开鲁县	五、一〇六	六、〇〇〇	二、〇〇〇	……
共计	一八五、三六七	九六、〇六六	二三、九一五	一、四一五

兴安北省	羊	牛	马	骆驼
索伦旗	六一，三二三	二二，四四二	一五，三六三	四七六
新巴尔虎左翼旗	二七七，九七七	三四，九五四	三九，四七一	二，三三〇
新巴尔虎右翼旗	二五三，二六	二三，六四九	二六，一四六	二，一〇〇
陈巴尔虎旗	九二，五四四	一六，三〇七	三〇，五七七	三三〇
额尔克纳左翼旗	一三，八一四	一四，六六二	四，七二五	……
额尔克纳右翼旗	六一	一一八	五三一	……
海拉尔市	六九〇	一六〇	七四四	一六
共计	六九九，七七六	一一二，二九二	一一七，五五七	五，二五二

丙、生产状况

1. 绵羊

蒙人饲羊为生产事业之一，大半皆饲绵羊，山羊为数绝少，以其品质低劣，不利于作为经济上之财富也。绵羊之利用价值，即毛、乳、肉、皮革。以兴安北省地方饲育绵羊最为进步，若海拉尔、钱家店、通辽、洮南、建平、林西、赤峰等地，夙为著名之家畜市场。海拉尔市场于一九三三年输出之产量：羊毛达二万担、羊二万八千余头、羊皮三万五千张。林西、建平市场于一九三三年输出之产量：羊毛三万担、羊二万余头、羊皮五万张。分配于各地销售焉。

2. 牛

蒙古牛呈暗黑色，有赤色与明褐色之斑点。牛对蒙人之利用价值，为乳及肉、皮革，且可供役使。蒙古人能以牛乳制成"酪"、"干酪"、"黄油"等以为食品。海拉尔及甘珠尔庙市场，于一九三三年之输出数，达一万五千余头，由四洮线输出者，达两万头，建平、林西市场同年之输出量，达一万余头，海拉尔附近每年输出牛皮，达四万五千余张。

3. 马

马为蒙人之唯一交通利器，马之利用价值，主要为代替人之劳役，毛亦可利用，兴安北省、南省、西省地带之马多半输出供汉人农业劳作，在爱珲河一带及后贝加尔地带之马，多数为供乘骑及比赛之用。海拉尔附近，于一九三三年马之输出数为五千头，由四洮路输出者达五万头。

4. 骆驼

兴安省之骆驼数，据统计在十五万头以上，而最多地方系在兴安省北部、西部，该地之骆驼有双峰之特色，高二米，重量为四六〇基罗格兰姆。骆驼之使用价值，为供劳役，最适宜于沙漠地带旅行乘骑之用，驼毛可为工业品，价值甚昂。

伪兴安省自设省以来，日人对该地之家畜产业状况，积极谋增殖与开发，于一九三三年确定于十八年内增殖绵羊一千万头，羊毛产量达三千四百万磅之计划，以美利坚种与澳大利亚种之牡羊输入繁殖，以期实现其计划，并树立由一九三五至一九三八之家畜五大市场计划，五大市场即达尔罕王府、海拉尔、王爷庙、大板上、林西是也。

六　种族与旗制

蒙人种族之分布

伪兴安省内之蒙人种族与分布状态，概如以下之记载：

达古亚苏族（兴安东省及兴安北省地带）

布利亚特族（兴安北省海拉尔南部地带）

巴尔虎族（兴安北省接近外蒙地带）

科尔沁族（兴安南省全部与兴安西省一部地带）

扎鲁特族（兴安西省东北部地带）

奥罗特族（兴安北省海拉尔南方地带）

巴林族（兴安西省中部地带）

克什克腾族（兴安东省及兴安北省地带）

奥罗秦族（兴安东省及兴安北省地带）

索伦族（兴安北省及东省，兴安岭南方，海拉尔北方地带）

蒙人之旗制

旗制为以先蒙人行政上之组织，大多数隶属内蒙治下，在兴安岭北方地区，即现在被日人划为伪兴安省之大部地带，蒙旗之四十三旗中，有三十九旗在该地区内，现旗制于伪兴安省治下，已丧失其意义与重要性矣，虽然，犹不能底取消，可见旗制在蒙人之行政组织上有其根深蒂固之地位也。兹将过去蒙人之盟旗名称与分布地域，志之如次：

甲　哲里木盟

奉天地方

科尔沁东翼（左翼）前旗

科尔沁东翼（左翼）中旗

科尔沁东翼（左翼）后旗

科尔沁西翼（右翼）前旗

科尔沁西翼（右翼）中旗

科尔沁西翼（右翼）后旗

吉林地方

郭尔罗斯前旗

龙江地方

郭尔罗斯后旗

扎赉特旗

杜尔伯〔特〕旗

乙　呼伦贝尔盟

龙江省地方

伊克明安旗

索伦东翼（左翼）旗

索伦西翼（右翼）旗

新巴尔虎西翼（右翼）旗

新巴尔虎东翼（左翼）旗

古〔陈〕巴尔虎旗

奥罗图旗

布利亚特旗

奥罗秦旗

丙　卓索图盟

热河地方

喀拉沁西翼（右翼）旗

喀拉沁中翼旗

喀拉沁东翼（左翼）旗

西土默特（右翼）旗

西土默特东翼（左翼）旗

唐古特喀亚喀旗

丁　昭乌益〔达〕盟

巴林西部（右翼）旗

巴林东部（左翼）旗

克什克腾旗

翁牛特东部（左翼）旗

翁牛特西部（右翼）旗

敖汉东翼旗

敖汉南翼旗

奈曼旗

喀尔喀东翼旗

扎鲁特西翼旗

扎鲁特东翼旗

阿鲁科尔沁旗

七　宗教与教育

蒙人之宗教

宗教在蒙人之心理上，占最大势力，现在蒙古的宗教以喇嘛教为最盛，喇嘛教之信徒亦为最多。喇嘛教有红教、黄教之分，现在黄教占优越地位，自元朝崇尚喇嘛教以来，该教已成为蒙古种族之宗教矣。蒙人中信仰喇嘛教者占全人口百分之六十五以上，盖蒙古人以喇嘛为崇高无此〔比〕，故多全家终身为僧侣。喇嘛庙在伪兴安省之庙宇内占百分之八十三数，喇嘛达数万余名，其中最著名之喇嘛庙，如兴安西省之汗庙、波提罗斯庙、纳奶庙、察阿欧庙、兴安南省之模林庙、兴安北省之甘珠尔庙等是。其他黄〔红〕教与天主教，在蒙人中虽有存在，未若喇嘛教之普遍。伪兴安省内林西一带地区之蒙人，信仰天主教者较多，其他地方则不多见矣。

蒙人之教育

蒙古人中之文盲最多，文化水准最低，其原因一方面因为自然环境关系，影响社会经济不得进步，始终停留于牧畜的原始生产状态下，对文化之发展，无迫切之需要；一方面因为蒙古人被宗教信仰束缚太深，思想不得自由发展，且以深处亚洲沙漠地带，西面与欧洲为巨大之山脉所隔绝，不得受到外面文化之影响，故无文化可言。然在元朝时代，因武功所及，斯时文化较高，其后逐渐衰落，绝无进步矣。

　　查蒙古人中之文盲，据日人统计竟达百分之九十五六以上，事变以后，日人积极实施其对内蒙的侵略政策，于是对蒙人实施奴化教育，于一九三四年在伪兴安省内，成立最高级教育机关——兴安学院，为遂行其根本的麻醉教育策。并成立小学校七十五处，学生达三千五百九十名，高等专门学校二处，即兴安第一师范，兴安第□实业学校，学生达三百余名。又在钱家店设有兴安军官学校，专对蒙古青年子弟施以奴隶的军事教育，学校教师皆为日人，以日文为主要科目，教材取舍，只以与日本之文化侵略政策协调为标准，而伪满蒙政部复受日人指使，每月刊发公报，灌输蒙人以钦服日本盟主、为道地亡国奴之知识，为大可哀矣。

《边讯》（月刊）

上海中国边讯社

1936 年 1 卷 6、7 期

（李红权　整理）

百灵庙一瞥

转载《大美晚报》

作者不详

百灵庙是三清圣地，原为内蒙古政教枢纽所在，所以"百灵庙"三字在全国人民印像独深。最近以来，匪部竟假籍〔借〕该庙为侵绥根据地。

百灵庙在绥远省之北，阴山之背，距归化约模有三百余里，汽车一日可达。四周环山，地势险峻，因石多土少，是不毛之地，前有小河，河流自西向东，折而西北，入沙漠中。河中滋生有蛇形小鱼，有毒不能吃，喇嘛也不允人捉捕。庙即在河西，周围大小，和北平中山公园相仿佛，有房约五六百间，喇嘛常川驻庙的约二三百人。当蒙政会成立时，系借庙房办公，喇嘛嫌恶职员噪闹，有碍啐经，曾向当时委员长云王要求搬出，因为喇嘛有政教大权，就是王公也得听从，于是迁出庙之东边，从各旗征来蒙古包四十多个，作为办公之用，因为没有桌椅，拿汽油箱代替桌椅。河东是商家，有米面油盐铺、皮铺、木匠铺、铁匠铺、成衣局、邮政局、绥远稽查处、保商团和蒙政会的无线电管理局，稽查处、征收局亦在河东，商铺共有二十余家，营业尚称不恶，恐怕现在一定不堪其扰了。

　　庙在最初是叫贝勒庙，从蒙政会成立后，取白灵相助的意思，才改今名百灵庙，封建意味十足，也可想而知了。

《边疆半月刊》

南京边疆半月刊社

1936 年 1 卷 7、8 期合刊

（朱宪　整理）

外蒙现状一瞥

彬　然　撰

外蒙（一）是我国的领土，因为处在遥远的北方，我国人向来对于它颇为忽视。一九二一年脱离中央建立独立政府（二）以后，与本部交通阻梗，那里的一切情形，就越加隔膜起来。最近因日本与苏联间关系的紧张，外蒙与伪满间联带着受到了严重的影响，所谓日苏、蒙伪边境纠纷的问题，已经成为当前远东国际政治舞台上的一个重要剧目了。在这时候，我们来把外蒙的现状作一番粗略的考察，对于时事的了解也许会有若干的帮助吧！

一提到外蒙，就会使我们联想到黄尘遍地、浩瀚如海的沙漠景象上去。不错，外蒙的南部确实被广大的戈壁大沙漠掩覆着。那一带有的是寒暑变迁剧烈的大陆性气候和干燥的砂砾，简直和"石田"一般，说不上有多大的经济价值。可是西北部的山岳地带和北部的鄂嫩河、克鲁伦河、色楞格河等流域，却都可算是比较富庶的区域。山岳地带里，山麓都遮掩着苍郁的森林，山谷间潆洄着无数川河和沼泽。横亘在西北部有一支不很高大的山脉叫做杭爱山的，所谓"杭爱"在蒙古话里，据说就是富于森林、河沼和牧草的理想天地的意思。所有近水的地方，每年一到春暖，一片片都是青葱的草地，那些就是天然的良好牧场。

外蒙民族处在这样的自然环境下面，他们的经济生活，一直到现在，大部分还停滞在游牧生活的阶段中，前几年有一位苏联的外蒙研究权威学者曾经说过如下的话：

> 现在外蒙的产业，可称为原始的或旷野的畜牧，它的特征
> 是自然的历史的进展，少加人工。

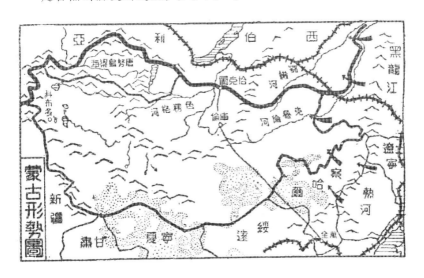

　　蒙古人的生活整个儿建筑在畜牧上，就最基本的食、衣、住、行四项物质生活来看吧：他们经常的主要食物是羊肉和羊乳。穿的是羊皮或用羊毛、驼毛织成的绒、毡。他们的住处是叫做"蒙古包"的帐幕，这种帐幕，通常是以羊皮、毡、绒绳和柳树做主要材料搭成功的。至于行呢？蒙人出门，大都驾着马匹，男男女女，没有不是骑马的能手，在平坦的道路上，一天中可以赶上五六百里远的路程。运载货物，多用骆驼，一匹骆驼载重分量可达千斤以上。在渡越沙漠的时候尤其非靠任劳耐渴的骆驼不成，人们把"沙漠船"这一个雅号赠给骆驼，骆驼是可以受之无愧的。所以牲畜是蒙古人的最大的财产，也可以说是蒙古人的第二生命。他们亲戚朋友相见时用作开场白的应酬话不是我们这里所常常听到"今天天气……哈哈哈……"的所谓"寒暄"，而是"府上的

牲口好吧！""谢谢你，很好，府上的草料呢？"

　　畜牧对于蒙古人生活的关系虽然这样密切，可是蒙古人向来畜牧的方法却并不见得高明。他们的广大的牧群，大都是没有好好的牧舍的，变化无定的天气，贪馋凶猛的野兽，恶性的疫疠，都是足以制畜类死命的可怕的敌人；蒙古人对于它们却都没有较为安稳的防御方法，说也奇怪，就是连最主要的牧草，也常常会感到缺乏。不过自从"蒙古人民共和国"成立以来，如建造畜棚、储积饲料、预防并扑灭畜类传染病以及改良畜种等事业，经政府的积极提倡，都已获得了良好的结果，据一九三四年的调查，全蒙的家畜已经由八百万头增加到二千二百五十万头了。从这一点上，就可见蒙古的畜牧，已经离开"原始的"阶段而在大踏步走向另一个境地去了。

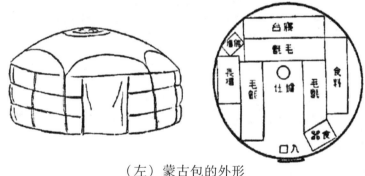

（左）蒙古包的外形

（右）蒙古包内部的布置

　　畜牧是外蒙最主要的产业，却并不是外蒙唯一的产业。如贴近西伯利亚各大河流域中及科布多四周，土质都适于栽培大麦、小麦、稞麦和豆类。据统计，现有耕地面积已有四万三千公顷，从事农耕生活的，什九是从黄河流域一带移往的汉人。目前外蒙政府对于新兴的农业生产正在竭力提倡，科布多等处，已建有国营农场，像苏联一样的集体农场，也在逐渐兴起来了。山岳地带中原来长着天然林，政府已颁布森林保护法，禁止人民滥加采伐。地下矿藏包括着金、银、白金、煤、岩盐、石墨、石绵等等种类，质量怎样，详细准确的报告，还没看见过，大规模的采掘，一时大概还谈不到。工业从前仅仅限于制鞍、锻冶、毛皮、佛像等小手工业；近十多年来，政府对于近代工业的建设，也颇为努力，在库伦（三）新式的制革、皮毛、毛皮、屠宰、印刷、制药、蜡烛等工业，都已有了相当的基础了。

外蒙的贸易权从前是多半操在汉人手里的，现在大部分已收归国营商业组合机关了，一小部还由蒙古银行、苏蒙贸易公司和汉人所设的商店等掌握着。外蒙最重要的输出品是家畜、兽肉、羊皮、皮革、兽毛、脂肪和狩猎品等等，主要的输入品是麦粉、谷类、糖、茶等。最主要的贸易国是苏联。

大家都知道当十三世纪的时候，蒙古民族曾经建立过领土横跨欧、亚两洲的庞大帝国，在历史上扮演着重要的角色。体魄健强、习性慓悍、崇尚勇武都是蒙族的特点。可是一经过了满清利用喇嘛教愚弄蒙族之后，蒙（四）族受着麻醉，抛弃生业去当喇嘛，渐成为社会的风尚，从此便一天天萎靡下去。外蒙政府知道喇嘛教的流行是蒙族的致命伤，十多年来，没有一天不在竭力设法要把喇嘛教消灭。不过喇嘛教在蒙古社会里的势力，已经根深蒂固，如果骤然施行剧烈的手段，将会引起群众的反感，因此他们只采取了渐进的方法：例如派人向年长的喇嘛讲演，劝他们实行教义，不要再亲近妇女；向年青的喇嘛讲解当喇嘛的不合理，使他们渐渐发生自动的觉悟，脱离喇嘛生活；禁止年龄不满十四岁或初级小学还没有毕业的儿童去当喇嘛。事实上，凡是受过小学教育的陶冶的，也再没有肯去充当喇嘛的了。

外蒙政府在文化上，除了努力扑灭喇嘛教势力之外，其他种种建设，都很积极。用在文化事业上的经费逐年增加。库伦是全蒙的文化中心，那里有教育、工业、军事等专门学院，较大的都市里，大都设有中学、小学校的设置，自然更其普遍。政府对于民众教育方面，也很注意，在库伦，如博物馆、图书馆、国立剧场、流动宣传队、流动电影馆等，都已备着相当的规模。一九三〇年九月起，开始励行扫除文盲的运动。第二年，采用了拉丁化的拼音新文字，现在库伦一地，文盲已经绝迹，其他各地，识字者的人数也日渐增多了。

外蒙在军备上，到最近也拥有了不可轻侮的实力。总军力已达十余万人，太〔大〕部分驻扎在库伦到东部贝尔池一带。飞机、大炮、装甲自动车等新式武器，大都已应有尽有。全国男子年龄十八岁以上、四十五岁以下，都有服兵役的义务。军队里聘有苏联籍的顾问，并仿照苏联办法设着政治部担任士兵政治训练的工作，士兵的政治认识据说已经非常清楚的了。

（一）"外蒙"在我国行政区划上，应称为"蒙古地方"，为简便起见，这里从习惯称为外蒙。

（二）一九二一年俄国白党败将巴龙恩琴，在日本卵翼下率领残部侵入外蒙，占据库伦，驱逐我国驻在那里的军队、官吏，拥活佛（即喇嘛教首领）做君主，宣布独立。一部分蒙古青年在恰克图组织蒙古青年党与库伦政府相对抗。不久得俄国红军协助剿灭白党，成立"蒙古国民政府"，仍奉"活佛"为君主。一九二四年，活佛逝世，政府改组为"蒙古人名〔民〕共和国"，政制大部分模仿苏联。

（三）库伦向来是外蒙政治、宗教、经济中心，"蒙古人民共和国"成立后，改称"乌伦·巴特"，蒙古语是"赤色英雄"的意思。

（四）喇嘛教在元代就传入蒙古，满清征服蒙古以后，恐防蒙族反叛，竭力提倡喇嘛教，充当喇嘛僧可以不劳而食，受一般民众尊崇，于是蒙人都以当喇嘛为荣。

《新少年》（半月刊）

上海开明书店

1936 年 1 卷 8 期

（于鑫蕊　整理）

苏俄控制下的外蒙古现势

沈云龙　撰

一　引言

自民国二十年"九一八"事变发生，不旋踵而辽、吉、黑、热尽沦为异域。于是我东北四省遂在日人缜密计划之下，成立一傀儡组织，名之曰"满洲国"。此一名词，五年来朝夕盘旋于国人心目中，未敢或忘。其实，此种掩耳盗铃的把戏，并非日人所新创，乃系模仿抄袭而来，像民国十三年在苏俄指导下成立的"外蒙古人民共和国"，便是蔑视我主权，侵略我领土的先例。因此，国人素来盛夸的海棠叶形的领土疆域，不过仅存形式的完整，实际上所谓整个的国家还得要包含着两个伪组织（严格来说，尚不止此）。只以国人一向漠视边疆，脑筋健忘，加之俄人手段高明，方法巧妙，不似日人之强取豪夺，威势逼人，于是"外蒙古人民共和国"转不若"满洲国"之为人所注意。

近年来外蒙与伪满边境时生纠纷，而背后阴为主宰的苏俄与日本，又复暗中捣鬼，于是中外报章遂不断登载俄、蒙与日、满冲突的消息。关心远东时局者，无不注视双方对峙情势的开展。最近更因《俄蒙议定书》的签订，我外交部迭提抗议，于是此建立逾十年的"外蒙古人民共和国"，益为国人所重视而亟欲洞知其实情。无如外蒙古自民国十三年组织人民共和国以后，采取锁国政策，除与苏俄保持密切联系之外，对于其他国家，俱不相往来。因此，其内幕真相如何，外间鲜得知其详尽。作者爰就参考所得，将最近外蒙古各方面情势，以及苏俄对外蒙的经济、政治侵略实况，作一较详晰的叙述，以供留心边疆问题者的参考。

二　外蒙古的政治区划与人口

外蒙古东界黑龙江及辽宁之一端，南接察哈尔、绥远、宁夏三省，西南毗连甘肃、新疆二省，北邻俄属西伯利亚，总面积约为一百五十五万三千五百平方粁。其政治区划，旧分喀尔喀及额鲁特二部。喀尔喀又析为车臣汗、土谢图汗、三音诺颜汗、扎萨克图汗四区；额鲁特又析为唐努乌梁海、科布多二区，综合全境，共分为六区域。其中除唐努乌梁海于民国十五年改称唐努多瓦自治州加入苏俄联邦外，民国二十年，"外蒙古人民共和国"复根据其最高权力机关大库拉尔会议第六次大会的议决，重新划分为东部、肯特部、中央部、农业部、库苏古尔部、后杭爱部、前杭爱部、扎布干部、土尔伯特部、科布多部、阿尔泰部、南戈壁部、东戈壁部，共十三区。兹将其新旧政治区划列表如下，以见其分划的状况：

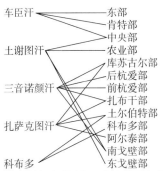

至其人口总数，向无精确统计，据民国九年俄人马斯基氏所发

表的《外蒙古人口调查》，其数字如下：

男	二七〇，三〇八人
女	二七二，一九六人
合计	五四二，五〇四人

然据民国十三年，外蒙古内务部所设的统计委员会，逐年调查人口及家畜的增减，其人口数字，每年似均有增加。兹列表如下：

年度	人口	对上年度增加百分比
民国十三年	五四六，〇〇八	——
民国十四年	六五一，七〇七	一九·二
民国十五年	六八三，九六一	四·九
民国十六年	六九八，七四三	二·一
民国十七年	七一〇，五四八	一·七
民国十八年	七二八.五〇〇	二·五
民国十九年	七六〇，〇〇〇	四·三

依此统计，则现在外蒙古人口总数，当在七十六万人左右。惟以蒙人的生活习惯，卫生状态的不良，花柳病的蔓延，小儿死亡数的增大，其人口自然增加率，实甚微弱。兹再将其十三新行政经济区的人口与面积，列表如下，以示其人口密度与分布状态：

部名	人口	面积（平方□）	一平方□的人口数
东部	七五，八〇〇	二〇二，九〇〇	〇·三六
肯特部	三六，八〇〇	七五，三〇〇	〇·四七
中央部	一一五，八〇〇	一四九，三〇〇	〇·七七
农业部	四一，九〇〇	六九，一〇〇	〇·六〇
库苏古尔部	六二，七〇〇	一〇七，二〇〇	〇·五八
后杭爱部	八三，二〇〇	五七，四〇〇	一.四四

部名	人口	面积（平方□）	一平方□的人口数
前杭爱部	八〇，六〇〇	一〇七，七〇〇	〇．七四
扎布干部	五五，五〇〇	九五，二〇〇	〇．五八
土尔伯特部	四四，八〇〇	八四，一〇〇	〇．五三
科布多部	四三，一〇〇	七七，九〇〇	〇．五五
阿尔泰部	三九，九〇〇	二〇七，一〇〇	〇．一九
南戈壁部	三九，四〇〇	一五五，四〇〇	〇．二四
东戈壁部	四〇，五〇〇	一六四，九〇〇	〇．二四
合计	七六〇，〇〇〇	一，五五三、五〇〇	〇．四八

三　外蒙古的政治组织

所谓"外蒙古人民共和国"，完全在苏俄策划之下一手造成。先是外蒙古急进派青年受俄国革命的强烈刺戟，秘密赴俄，组织蒙古国民党，希冀得苏俄的支援，以建设所谓民族的独立国家。民国十年，其首领苏爱巴图鲁等果得苏联及第三国际的援助回蒙从事革命运动，遂在同年二月二十二日召集第一次国民党大会于买卖城，宣告正式成立。三月十三日复组织临时政府并编制蒙古国民革命军，七月六日在苏俄红军援助之下攻入库伦。惟当时因不欲与王公、喇嘛等发生冲突，故仍拥哲布尊丹巴活佛为元首，实际上政权则操于国民党之手。至民国十三年五月二十日活佛死，当时政府及蒙古国民党，遂于同年七月六日对外宣言改称"外蒙古人民共和国"。十一月八日召集第一次大库拉尔会议（即国民会议）于库伦，颁布宪法五十条，称之为蒙古勤劳人民的权利宣言，其基调完全模仿自苏俄，并改称库伦为乌兰伯特尔荷特（意即赤色英雄之都）。兹将其权利宣言中重要改革事项，列举如左：

（1）蒙古为完全独立民主共和国，主权属于勤劳人民。

（2）蒙古共和国的根本任务，在废除封建神权制度，以巩固国家统治全民主化的基础。

（3）土地、矿产、森林、湖川及其他一切资源均归国有。

（4）一九二一年革命以前所缔结的国际条约及外债，一律废弃。

（5）实施大企业国营及外国贸易的国家专卖制。

（6）实行武装国民政策并对勤劳青年施以必要的军事教育。

（7）保障勤劳人民信教自由，但今后寺院及宗教须与国家分离。

（8）保障勤劳人民言论自由，并组织出版事业，以资启迪民智。

（9）保障勤劳人民集会结社自由，并以适当之场所，供给人民使用。

（10）实施普及教育并积极援助贫苦人民。

（11）勤劳人民，无民族、宗教、男女的区别，一切平等。

（12）往时王公、贵族（台吉）的称号一律取消，呼图克图（活佛）及西比尔干等特权亦同时废止。

（13）蒙古共和国鉴于时代趋势，其对外政策务与被压迫的弱小民族及全世界的革命的勤劳民族取一致行动。

从上列各条看来，所谓主权属诸勤劳人民者，其意义即不啻苏俄之无产阶级专政。此与"满洲国"在日人指导之下所高唱的王道主义，其口号虽不同，而甘心为他人作傀儡，则如出一辙。是以"外蒙人民共和国"的宪法，其开宗明义第一章，即已笼罩着一层很浓厚的"赤化"色彩，则一切政治主张，施政方针，对外政策以及政制组织，殆无不与苏俄相吻合。依照"外蒙人民共和国"宪法第四条，其最高权力机关属诸大库拉尔会议，此会议议员由各行政区按人口多寡用比例选举法推举代表充任，每年举行大会一次，闭会后由小库拉尔会议执行职权，一似苏俄之中央执行委员会，每年春夏举行常会二次，委员计四十五人。小库拉尔会议闭会时，推举五人组织干部会，掌管小库拉尔会议决案的执行，中央政府的指导，大赦特赦问题的解决，政府各部部长的任免等等事项。而中央政府则设总理一人，副总理二人，军务总司令及外交、内政、军务、财政、教育、司法、经济、交通、农业等各部，每部设正副部长各一人，此外尚有军事委员会、经济委员会、国民保安部、学术馆等，均隶属于中央政府。军事委员会为军事上最高级机关，其性质一似苏俄之革命军事会议；国民保安部则为对国事犯的搜查及内外敌人的警卫机关，握有极大的权力，与苏俄的"革配乌"正复相同。至握有外蒙古政治大权的国民党，实际上即等于共产党，业已加入第三国际。兹为明了其政治组织起见，列表如左：

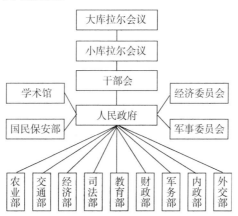

四　外蒙古的教育与宗教

外蒙素无教育，人民愚昧无知，惟素性骠悍，精于骑射，控弦百万，自古称雄。当元初成吉斯汗崛起时，奄有漠北，拓地欧俄，蒙势极盛。迄后入主中夏，尊崇佛教，始制文字。据陈邦赡〔瞻〕《元史纪事本末》卷十八《佛教之崇》云："世祖至元十九年（公元一二八二年），帝师亦怜真死，答儿麻八剌乞列嗣。初，土番人八思巴者……生七岁，诵经数十万言，能约通其大义，国人号之圣童。年十五，谒帝于潜邸，与语大悦，日见亲幸。中统元年（公元一二六〇年），帝即位，尊为国师，授玉印，命制蒙古新字，字成上之。其字仅千余，其母凡四十有一，其相关纽而成字者，则有韵关之法，其以二合、三合、四合而成字者，则有语韵之法，而大要则以谐声为宗。至元六年（公元一二六九年），诏颁行天下，凡玺书颁降，并用蒙古新字。……遂升号八思巴为大宝法王。十一年，请告西还，乃以其弟亦怜真嗣焉。十六年，八思巴死，诏赠皇天之下一人之上宣文辅治大圣至德普觉真治〔智〕佑国如意大宝法王西天佛子大元帝师。亦怜真嗣凡六岁，至是死，复以答儿麻八剌乞别〔列〕嗣位，自是每帝师一人死，必自西域取一人为嗣，终元世无改焉。……按元自太祖起朔方时，已崇尚释教，及得西域，世祖以其地广且险远，俗犷好斗，思有以柔服其人，乃郡县土番之地，设官分职，尽领之于帝师……"

佛教既经元世祖极度的尊崇以后，于是喇嘛僧遂在蒙古造成一特殊阶级，复以世袭的方式，掌握政治上的大权。其后明清相率继承此种怀柔政策，利用宗教，迷惑蒙民，使就羁縻，尊以厚爵，赐以名号，于是蒙人历来固有的雄劲之气，逐渐化为萎堕之习，不复振拔。迨至今日族衰识昧，罔知向背，遂时时受俄人之蛊惑而不自觉，其因亦在此。民国成立，外蒙王公受帝俄之煽动，曾宣称独立，旋于民国八年以俄国发生革命，乃取消自治。未几，外蒙国民党得苏俄之支援，复又组织临时政府，民国十三年，改称"外蒙人民共和国"以迄于今。惟一切改制既模仿自苏俄，则对于提高文化工作及反宗教运动，亦极为努力。现其文化事业，经费年有增加，如民国十七年的预算，不过二，八二〇（千卢布），但到民国二十年便增加至七，四九八（千卢布）了。民国十九年即由青年同盟实行扫除文盲运动，继又废止复杂的旧阿拉比亚型文字，采用拉丁字母（按拉丁化文字为苏俄对外文化侵略工具，近国内"赤色汉奸"有提倡汉字拉丁化的运动，国人不可不严密注意）。据统计，现在外蒙有流动电影馆二十一所，小学校五十一所，中学校六所，大学校一所。惟受教育者人数与总人口比率，仍甚低微，不过在百分之五左右。

外蒙喇嘛僧因其历史上及政治上的关系，势力极大，加以人民崇信极深，每家最少有一二子弟充当喇嘛，故其数几占全人口男子总数之半。在外蒙政府未成立以前，各喇嘛庙及僧侣，俱领有极多的家畜与很广的牧场，以是各喇嘛庙遂成为文化的及经济的中心地。惟自外蒙得苏俄支援宣告独立以来，在与第三国际及苏俄共产党的紧密联系之下，遂认为喇嘛乃"社会主义建设的反对者"而开始攻击。民国十九年，外蒙国民党第八次党大会，更决议谓"喇嘛僧从事商业及高利贷业，并与外国的反革命势力相结合，又彼等利用医术及信仰关系，在民众间广布有政治的势力，吾人认为于完成外蒙革命上非常有害，因此不得不予以扑灭"云云。此决议案后更得第六次大库拉尔会议的承认，并规定禁止十八岁以下的少年入庙为僧，至现存之年少喇嘛僧，迫令还俗，从事生产事业。喇嘛教经此打击后，僧侣人数，遂逐渐减少。兹将近年来喇嘛人数列表如下，以见外蒙反宗教的情况：

年度	僧侣数	对总人口百分比	对男子百分比
民国六年	一一六，五五七	二一·四八	四一·九五
民国十三年	一一二，六七二	二〇·六三	四〇·五五
民国十四年	八六，六七一	一三·三九	二三·二九
民国十五年	九一，二六九	一三·三四	二六·四五
民国十六年	九二，三一〇	一三·二一	二六·一五
民国十七年	九四，八五七	一三·三五	二六·三〇
民国十九年	一一〇，〇〇〇	一五·〇九	——
民国二十年	九三，〇〇〇	——	——
民国廿一年	八二，〇〇〇	——	——

五　外蒙古的军事情况

目前外蒙军事实力，在苏俄红军将校指导训练之下，甚为充实。其兵役法亦仿自苏俄，采取全国皆兵主义，凡男子在十八岁以上四十五岁以下，均有当兵之义务。现其总兵力约在十五万人左右；军队组织，分为国境联队、机关枪队、飞行队、炮兵、工兵等。并仿效苏俄办法，设置政治部，以实施士兵的政治训练。至其军事上布置情形，系以保持库伦、罗甫斯克、莫斯科三地的联络为目的。军队大部均驻在库伦、贝尔湖、哈尔哈河一带。凡飞机、大炮、装甲自动车等优秀设备，无不应有尽有。兹将其兵力及重要驻在地列左：

（1）库伦常驻五万人左右：计骑兵二团、步兵一团、炮兵一团、机关枪队一团、飞行机二队（一队以飞机五十架编成）、装甲自动车二队、通信队一队、工兵队一团。飞行队长为苏俄将校，飞机师十分之一为蒙古人；装甲自动车驾驶人十分之三为蒙人，十分之二为华人，余悉由俄人充任。

（2）幼库吉尔庙驻屯部队：计骑兵、步兵各一团、飞行机二十架、装甲自动车二十辆。

（3）桑贝子驻屯部队：计骑兵、步兵各一团。

（4）达里岗崖驻屯部队：计骑兵、步兵各一团。

此外，在库伦设有军官学校一所，校长为蒙古人，而教官大部分俱系俄人，学生中成绩优秀者，毕业后送往莫斯科留学，使其受严格的共产主义教育训练。至外蒙军用器械，均从苏俄购来，极为锐利。军队中之重要官长及顾问，亦多聘俄人充任，故作战力甚强。去年六月苏俄赠送外蒙飞机二十架，同时并派遣多数驾驶人员及飞行教官前往库伦从事训练。再苏俄为镇压外蒙反俄运动及准备远东战争起见，在外蒙境内尚驻有不少苏俄红军。

六　外蒙古的产业

外蒙以面积广大，人口密度稀少，气候干燥，雨量不丰，土壤内含有多量盐分，且宜于牧畜的草原异常繁茂，故蒙民产业以牧畜为主。日常食料大半以羊肉及羊乳为必需品，至用以御寒的靴、外套、天幕等，亦均以羊皮及羊毛制成。工业为国家所经营，农业则不甚发达，矿产虽金、银、铜、铁等蕴藏甚丰，但大都未经开采。兹分述之如下：

（1）牧畜：外蒙牧畜为马、骆驼、牛、羊、山羊五种。据民国十三年调查其数字如下：

骆驼	二七五，〇〇〇头
马	一，四〇〇，〇〇〇头
牛	一，五五〇，〇〇〇头
羊及山羊	一〇，七〇〇，〇〇〇头
合计	一三，九二五，〇〇〇头

但自民国十四年起迄二十一年止，据外蒙内务部统计委员会所调查，其家畜总数，似均逐年增加，兹列表如下：

年度	全家畜数
民国十四年	一六，四五〇，八九七
民国十五年	一九，二二一，七二四
民国十六年	二〇，一四一，八六五
民国十七年	二一，四三五，四二九
民国十八年	二一，九五〇，〇五一
民国十九年	二四，五五二，七五〇
民国二十年	二五，二〇五，一三〇
民国廿一年	二六，〇六六，九四〇

（2）农业：蒙人素习惯于游牧生活，对于农业，向甚贱视。近自外蒙政府成立，始从事农业经营与奖励。经民国十三年及十四年两次大库拉尔会议，关于农业政策，决定如左：

a、蒙人得地方官民的许可，租地耕种，不付租金。

b、蒙人经营农业者，不征收何项税金。

c、设立国立农场及农业讲习所。

d、树立人口灌溉、耕作及施肥计划。

e、实行官民农业合理的耕作法，并供给其农具与种子。

f、注意地方农业的改善。

g、研究公用粮秣的贮藏及牧草的栽培。

h、调查适宜农业地点的总面积并劝导人民从事垦殖。

外蒙农业自经政府如此努力倡导与奖励，直至民国十九年后，始略收成效，据去年调查，外蒙在十六万五千的农牧户中，已有九万二千户的贫农与中农实行集体耕作制，并闻对于大麦、小麦、燕麦、玉蜀黍等农作物的栽种，亦有相当成就。

（3）工业：外蒙工业，全属政府经营，迄民国十九年止，并无何等成绩，仅恃政府补助金以资维持，此因一切企业俱在无预算、无统制中进行，故遭失败。兹将民国十九年外蒙工业的生产价格，与迄民国二十年一月止所投资的资金，对照如下，以窥一斑：

工厂	资金（银元）	生产额（银元）
a. 那拉瓦炭矿	八三，九九〇	八五，〇〇〇
b. 制材工厂	一四九，九三五	五二，八六〇
c. 炼瓦工厂	二五〇，〇五五	一七五，〇〇〇
d. 铸造机械工厂	四一四，一四〇	二五二，八八五
e. 制革工厂	八九二，三五〇	四九三，五〇〇
f. 酒精工厂	一，五八六，五七〇	八一一，〇一五
合计	三，三七七，〇八〇	一，八七〇，二六〇

外蒙政府鉴于工业失败，乃着手五年计划从事改进。其计划主要目标在营业状态的整理，生产方法的改良，老朽设施的更新，以期企业将来的发展。依照其计划实现，生产总值可望增至一千二百万元云。

七　苏俄对外蒙古的经济侵略

苏俄对外蒙的经济侵略，乃属历史上首尾一贯的政策。战前帝俄政府时代所怀抱的理想计划，均由苏俄于过去十年间袭用而加以实现。自外蒙苏维埃式的政权产生以后，俄蒙间关系日见密切，不特在政治上苏俄已隐居指导者的地位，即在经济上，以苏俄中央集权的国营贸易机关的纵横活跃，实与白色帝国主义者压搾〔搾〕殖民地的方式，完全相同。不过苏俄外表打着扶助弱小民族的旗帜，以及"御用赤色汉奸"的到处鼓吹，遂往往掩护其政治的权谋与经济的支配方策而不为人所觉察。蒙民愚昧无知，乃益堕其术中，任其摆布。观于民国十年苏俄与外蒙缔结的修好条约，即在阳示亲善中着手经济侵略的第一步，其重要条文如下：

（1）苏俄对蒙输出以最惠国待遇。

（2）外蒙给予苏俄人民以土地买卖的权利。

（3）苏俄抛弃对蒙的债权。

（4）帝俄政府在蒙所设的邮政、电信，由外蒙收回。

迄后苏俄在外蒙经济势力，逐渐伸张，复于民国十二年二月二十日与外蒙临时政府缔结密约如左：

（1）今后外蒙的森林、矿产及土地均归国有，并将无主之土地，给予外蒙贫民及苏俄农民从事耕种。

（2）外蒙天然富源，禁止私有，一切矿区，准由苏俄雇用蒙人从事开采。

（3）全外蒙矿业，均归苏俄工团及工会承办。

（4）外蒙废止贵族的土地及财产上世袭权，代之以苏俄的土地分配制度。

（5）外蒙须召聘苏俄专门家，从事规划资源的开发，与贸易产业的振兴。

（6）苏俄军队得驻扎外蒙，以协助外蒙领土的保全，与防止中国的侵入。

上述条约缔结后，"外蒙人民共和国"遂于次年成立时所颁布之宪法中，即宣布一切私有财产制的否认，天然资源的国有，统制经济的采用。虽曰宪法原则，采自苏俄，要亦受该密约的影响，势不得不如此规定，由此可知，苏俄对外蒙的经济侵略及政治侵略，乃属双管齐下，同时并进，其手腕之高明，外温和而内实毒辣，殊属不容忽视。

其次，再就俄蒙间贸易情形而言，苏俄在外蒙的经济势力，更属日见膨胀。当民国八年时苏俄西伯利亚地方消费组合同盘〔盟〕

即在外蒙开始活动，迄民国十三年止，俄蒙间贸易，甚为微弱。但自同年起，其羊毛输出部及国营商业部等苏俄会社，与蒙古中央消费组合等贸易机关的设置，结果，苏俄对外蒙贸易遂急速的发展，同日〔时〕苏俄在外蒙独占内外汇兑业务的蒙古银行，更协同外蒙政府出资开设国立银行，并规定币制为银行本位，新通货的单位名"剌挨里古"，品质约含有十八瓦的纯银，相当于俄币九十戈比。此币制确立后，对于我华人在外蒙的金融束缚以及贸易的损失殊大，而苏俄在外蒙的商业发展，则着着成功。民国十六年外蒙遣派通商代表团访问莫斯科，与苏俄政府商洽蒙古中央消费组合的合同强化问题。结果，扩大蒙俄间贸易机关组织，名之为苏蒙会社。此会社成立后，苏俄对外蒙贸易乃急转直下，日趋发达，而我华商人遭此打击，日益衰落。当民国七年时外蒙华商有四百家，而俄商不过五十家；但至民国十五年时，华商受其排斥而不得不宣告闭歇者，竟达六十家之多。而外蒙对外贸易在民国十三年苏俄不过占其输出入总额的百分之十七，但至民国十五年则增至百分之二十九；其中外蒙的羊毛对俄输出，在民国十三年仅占百分之十八，但到民国十五年则激增至百分之七十八，于是外蒙出产大宗的羊毛，胥归苏俄之手。就此一端而言，可知苏俄在外蒙的经济势力是如何的突飞猛进了。兹将自民国十八年起至二十一年止，苏俄对外俄〔蒙〕的输出入贸易情况，列表如下，以见其发展的趋势（单位千卢布）：

年度	输出	输入
民国十八年	一六，四〇〇	一五，二〇〇
民国十九年	一七，八一九	一九，七四五
民国二十年	三七，三四三	二八，八三三
民国廿一年	四一，三九五	一九，二七八

八　苏俄对外蒙古的政治侵略

自民国十年外蒙国民党得苏俄红军的援助，驱走占据库伦的白俄部队以后，遂自行组织政府，叛我独立。于是苏俄的政治侵略方策乃在其甘言蜜语、威迫利诱之下，逐渐在外蒙展拓其势力。当外蒙政府成立之初，即派遣全权使节往莫斯科与苏俄政府缔结修好条约，规定两国间相互承认为正式政府，并在两国境内不许有敌对行为的存在，同时苏俄更声明前俄罗斯帝国政府与旧外蒙自治政府所缔结的一切旧条约为无效。此种"将欲取之，必先予之"的声明，原系苏俄惯技，不久其本来面目便会完全暴露。因是于民国十三年外蒙所颁布的宪法，即含有苏俄政制所具备的一切质素，举凡军事、产业、文化，无不满布了"赤化"的势力。同年二月二十四日，苏俄与外蒙缔结《赤库路约》；十月三日缔结《俄蒙电信联络协定》；民国十五年六月六日更缔结《色楞河航行条约》。于是外蒙的交通、电信、航行等大权，不数年间尽归苏俄掌握了。

九一八事变发生，苏俄对于极东形势，甚为注意，尤其是对于外蒙的防备，更为关心。于是苏俄为彻底笼络外蒙起见，所有外蒙政府支出的军事费，由苏俄负担十分之三，以作外蒙一带的大规模军事设施。并于民国二十三年七月十一日，外蒙政府举行立国十周年庆祝纪念时，由苏俄派往之祝贺代表加拉罕与外蒙代表吉他儿缔结密约如左：

（1）外蒙共和国，以苏俄的斡旋加入第三国际。

（2）苏俄政府及加入第三国际的国家，须一律承认外蒙新改组的政府。

（3）在两国内不得有敌对两国的团体存在。

（4）两国共同设置军事防备线，若在军事行动的场合，两国须作一致的行动。

（5）外蒙必须对极东军事设施加以援助。

（6）外蒙承认其邮电建设事业，由两国共同组织之。

（7）外蒙的铁道敷设权，属于苏俄。

（8）两国间的输入税率，不得超过其他的协定税率。

上述密约缔结后，外蒙实不啻沦入苏俄而为保护国。因此外蒙人民不堪其"赤化"政府的苛政虐待者，遂多向外逃亡避难，经三音诺颜汗泰奴瓦活佛的斡旋，自民国二十年六月起，向察哈尔、绥远各盟、旗交涉，准许居住。据民国二十二年至二十三年六月止，外蒙逃亡人数如左：

（1）锡林郭勒盟

东西浩济特两旗	一，五〇〇人
东西阿巴哈拉尔两旗	六〇〇人
东西苏尼特两旗	二，〇〇〇人
其他	七〇〇人

（2）乌兰察布盟

四子部落旗	三，二〇〇人
喀尔喀旗	二〇〇人
其他	三，六〇〇人

（3）伊克昭盟　　　　　八，〇〇〇人

此等人民，多系外蒙中产阶级，其不得已而逃亡者，乃因政府的无限制征发家畜，宗教的排击，集体农耕制的不相宜，与夫统治经济的压迫等等逼而出此。换言之，亦即苏俄在外蒙实施政治侵略的结果。是以外蒙保守分子，反对"赤化"者，无不希冀我国势强盛，为其声援，无如自民国成立以来，仅民八徐树铮以筹边使名义镇守库伦时，我中央政府曾一度伸张权威于外蒙，迄后俄白党恩琴叛占库伦驱退华军以后，即失统驭之力。民十三外蒙人民政府成立，以受苏俄的唆使，中蒙商务交通为之断绝；民十八中俄绝交，外蒙更于乌得设卡，禁汉人出入，张家口与库伦间交通完全阻隔，迨中俄复交形势始稍缓和。由此可见外蒙的一举一动，俱仰苏俄的鼻息而非我国权力所能支配了。

本年三月十二日，苏俄更与外蒙缔结《军事互助议定书》，益见其对蒙侵略的积极，兹录其条文如左：

第一条　苏俄或蒙古人民共和国之领土，如受第三国家或政府之攻击威胁，则苏俄及蒙古人民共和国应立即共同考虑发生情形，并采用防卫及保全两国领土所必需之各种方法。

第二条　苏俄及蒙古人民共和国政府，承认在缔约国之一国受军事攻击时，相互予以各种援助，包括军事在内。

第三条　苏俄及蒙古人民共和国政府，认为缔约国中一国军队根据互助公约，为完成第一条或第二条之义务起见，得屯驻另一缔约国内，至无此必要时，应立即退出。

第四条　此项草约，共有两份，一用俄文，一用蒙古文，两份具有同等效力。此项草约于签字后发生效力，至有效期间，则为十年。

上述议定书签订后，我外部即于四月二日向苏俄提出抗议，认其违背民国十三年五月三十一日所签订的《中俄协定》，因据该协定第五条规定"苏俄政府承认外蒙为完全中华民国之一部分，及尊重在该领土内中国之主权"，则依照该协定，任何国家自不能与外蒙缔结任何条约与协定。今苏俄不顾诺言，竟与外蒙缔结上述议定书，其为蔑视我主权，自属毫无疑义。吾人犹忆民国二十年日本曾与东北傀儡国缔结所谓"日满议定书"，其内容虽不尽与今日之"俄蒙议定书"相同，但就侵略的意义言之，胥属侵害我主权、分割我领土的行动。而今后日俄两国将更在我国境内积极备战，更属显而易见。因为俄蒙协定缔订以后，苏俄军队自可公然开入外蒙，日本则久倾其军队主力以来满洲，更对内蒙与冀、察作逐步的经营，不知所届。虽目前日、俄危机尚不至立时爆发，但双方在我国境以内的秣马厉兵，即属我国权受人蹂躏。外交固久成具文，形势亦尽为被动。所谓中国大陆的主人翁，殆全陷于被处分的地位，欲求苟安的旁观，亦为势所不能。是以仅恃外交即可谓作有效的保持国权，更无异于白日说梦，观于我外部最近对俄蒙协定再三提出抗议，所得效果如何，即可证作者所言非诬了。

《国论》（月刊）
上海国论社
1936 年 1 卷 11 期
（冀萌萌　整理）

蚕食鲸吞下的内蒙

过维之　撰

　　目前华北×军大量的增加，和走私的猖獗，多少冲淡了人们对于内蒙的注意。然而事实上，满洲、内蒙、华北的相继沦亡与丧失，其间本来有密切的关系。说明白一点，这就是×帝国主义大陆政策的步步实现；同时，也就是全中华民族危机步步的加深。

　　就地理上说，内蒙的范围，本来伸张到黑龙江、吉林、辽宁、热河、察哈尔、绥远、宁夏七省。以前是由哲里木、卓索图、昭乌达、锡林郭勒、乌兰察布、伊克昭六盟，察哈尔、土默特两部，阿拉善、额济纳两旗而成。哲里木、卓索图、昭乌达三盟，在×帝国主义夺去我东北四省后，被改为北兴安、东兴安、南兴安、西兴安四省，而设置所谓兴安总司令部。因此，形成了小规模的"蒙古国"。×帝国主义，企图以此为根据，再扩大包括整个外蒙的"蒙古国"。这样一来，其势力范围，便可南抵长城，北至西伯利亚，东连满洲，西达新疆。以傀儡式的"满洲国"和"蒙古国"为基础，完成其大陆政策先征服"满蒙"的美梦，继续其独吞中国以至全亚洲与进攻苏联的野心。

　　×帝国主义夺取内蒙的方法，我们可以指出：

　　第一步是采取秘密活动与威吓、利诱、欺骗的各种手段，把当地的统治者收买为自己的傀儡，借要求"自治"的名义，使脱离中国的领土主权。事实明白告诉我们，×帝国主义者已在全中国各地，遍设所谓"特务机关"，和派遣所谓"考察团"。据今年二月《大陆报》所载：自多伦至乌兰乌苏的各道上，实已布满日本的特务机关，而远至包头西部百哩之五原各道上，亦有同样的组织。三月十六日《申报》更称：此种特务机关，扩充到宁夏与阿拉善。日本考察团不断地派赴察哈尔、绥远与宁夏，而沿平绥铁路却有大批日人团体，俨如居留的考察者。内蒙各地，东自多伦、张北、溽江、白灵庙，西迄归化（归绥）、包头、五原、宁夏、阿拉善，都有日本的无线电交通站与飞机场。日本飞机，能在内蒙各地自由侦察。

与此种侵略布置同时进行的，是收买当地的土著王公。谁都知道，内蒙最有权力和野心的是德王，他在×帝国主义军火、飞机的供给之下，大演其脱离中央、建立"自治政府"的傀儡剧。在白灵庙会议之前，关东军特务队首脑，曾数次召见德王；而德王由溽江赴白灵庙或其他指定地方，都乘日本飞机。为了监视他的活动，日人及其收买的蒙古青年，对于德王的私生活，连其家庭与食品，都加以严密的监视。这样失却自由的傀儡，与溥仪并无不同，这也许是出卖民族的奸细们应得的结果吧！

日人除利用上层分子外，又以麻醉方法，给一些小惠与蒙古人民，如免费的医院与药品等。在察哈尔各处，设立所谓"睦邻合作社"，出卖廉价的物品。另外，又借宗教关系，利用喇嘛。日人曾派遣他们的僧侣，远到新疆的土鲁番。日本僧人山本不是有名的国际侦探吗？

日人更在内蒙各地乘机施行奴化教育。据外人旅行考察所得，在张北已设立学校一所，当地人家，送其十五岁至二十五岁的子弟约五百人入学。这个学校，名为普通小学，实则包含军事性质，这就是帝国主义者训练殖民地土著军队的一种方法。伴着此种奴化教育，×帝国主义者，更残酷地施行毒化政策，像在"满洲国"一样，察北六县中，已明令种植鸦片了。

在经济方面，×帝国主义，首先攫得各地税关的管理权。凡向"满洲国"输出的货物，经多伦一概免税，而南向张家口输出的，却抽百分之百的重税。摩托车经大连与多伦进口的免税，较由天津进口的，贱售四五百元。

第一步政治与经济侵略布置就绪后，于是开始第二步实行武力占领的计划。最先占据多伦与沽源，接着李守信的部队，占领察北六县；而在这些区域中指派的长官，都是当地的土豪劣绅，其实权则全操于日人顾问之手。设在白灵庙的蒙政会实代表×帝国主义的利益。

×帝国主义企图利用蒙政会，组织全内蒙的独立政府。现在进行粮食物的贮积，军用路的建筑，察北壮丁的征募与训练。在张北已补充两千蒙古人，正在受训。这是准备向西南发展，侵略平绥铁路与河套一带。

在目前，内蒙的六盟、二部、二旗中，×帝国主义已统治着东部的四盟及察哈尔部的东四旗；而西部的二盟与察哈尔部的西四旗及土默特部，现正陷于危机中。

内蒙的人口，百分之八十是中国人①，百分之二十是蒙古人，这些人，已经成为全中国人可怕的先例，不要以为内蒙的得失与我们不关痛痒，不要再中敌人的奸谋，再受汉奸的欺骗。我们只要想到东北义勇军发挥出来的效力，与人民抗×联军放射出来的光辉，全中国的觉悟大众一致奋发的联合起来，努力救亡运动，一定可以争取最后的胜利。那么，内蒙的危机不仅是给我们以悲痛，而且是给我们以最有力的教训。

《永生》

上海永生周刊社

1936 年 1 卷 14 期

（李红权　整理）

---

① 意为汉族人。——整理者注

苏联操纵之下外蒙的透视

于铭女士　撰

一　绪言

"蒙古"乃部落之名，自成吉思汗出，蒙古之名大著，遂亦以称其属蕃衍之地，简称曰蒙，或称鞑靼，史乘又有蒙兀、蒙骨斯。朔漠漠北之号，其特称外蒙古者，以在大漠之北，对漠南内蒙古而言也。太古时代为猃狁、獯鬻、山戎等所居，秦汉为匈奴，隋唐为突厥、回纥，唐置六部都督府以统辖之。五代至宋回纥始衰，蒙古突盛。元初成吉思汗崛起，奄有漠北，拓地至欧俄，蒙势盛极。明起诸部瓦解，就中鞑靼、互〔瓦〕剌，屡寇明边。清之勃兴，东蒙归附，终乃荡平漠北，征服准噶尔，悉隶版图。厥后俄国觊觎，时起交涉。民国三年，蒙人受俄煽惑，僭称独立，隐受俄之保护，政府乃将内蒙大部，改为热、察、绥三特别区域。及俄国内乱，蒙古撤消自治，仍归服焉。政府以边事日亟，初设筹边使，旋改置库乌科唐镇守使以统辖之，又设参赞分辖边政。自俄国革命成功，苏联政府建立后，乃又大肆煽惑，我国所设之官吏，早无立足之地。

外蒙形势，东扼关东，西控西域，南障大漠，北临强俄，北部之绝大屏藩也，自秦汉以来，匈奴、突厥之患，史不绝书，其关系于中国之安危者，至为巨大。乃自清代绥定蒙疆以后，不知实施统治，仅求朝贡虚荣，对于蒙人之愚昧，不思加以教导；对于蒙地之利源，不知加以开发。迨夫俄力东渐，虎视鹰瞻，利用蒙人之愚昧，日肆煽惑，觊觎蒙地之利源，竞事操纵。鼎革以还，变乱也，独立也，日暄聒于耳，终于民十三年七月脱离中国政府，宣布独立，而我政府终始无一对策，听其自然，任其变化，虽屡有抗议，奈置若罔闻。此皆因我国内政不修，因使边疆日蹙，东北四省既非我有，而今日之华北问题，又日趋严重，降乎？战乎？国人当早日决定也。

二　外蒙的军事概况

自满洲事变发生以后，与满为邻的外蒙国防，突现紧张，赤俄对日本之侵满，抱有十分严重的戒心。赤白帝国主义，原是势不两立，当然战争之危险，因地域之接近而更加危迫。赤俄为保障外蒙的统制，防止日本的侵略，因而不得不集中大部注意力于远东，特别重视他的保护国蒙古，而且蒙古在地势上为赤俄的左前卫，对于日俄战争有很大的关系和作用，因此，他为未雨绸缪之计，首先在外蒙加紧"赤化"工作，在政治上积极强迫实行苏俄的政策，加紧阶级斗争，努力□除王公、喇嘛势力，以固其根基。此外大肆暴露日本帝国主义的残暴，日本侵蒙的野心，在报纸上、无线电广播间，加紧其宣传鼓动，以提高人民仇恨日本之心理，鼓起其反日作战的情绪。在军事上，动员赤色蒙军，集中满蒙边境，坚守呼伦贝尔南境，以防日军之北进，同时扩大军力，蒙军原额仅三万人左右，很快的新扩充到七万人，又施行普遍的国民军训练，以为预备军。总之，"九一八"以后的外蒙，整个儿都在紧张的空气笼罩之下。今将外蒙的军事概况，略述如下。

（1）蒙军的起源　蒙古军队称曰蒙古国民革命赤卫军，其起源始于一九二一年，当时人民革命党首领等，为从库伦驱逐中国军队计，乃在亚尔垣普乌梭附近，组织义勇队五百，由总司令土木巴特尔将军指挥，先后与中国军队及白俄军战，败之，是年末，副司令汉东巴特尔及其啊巴尔散率领的"巴尔栖札"队来会合，共约两千余人，于一九二二年春改编成联队，同年四月，蒙政府派军事委员会主席林特诺夫至莫斯科，接洽供给武器及派遣教官事宜，及归国乃着手新的组织，十一月并编成定员的预算，外蒙赤军，自是始成为现代的军队。

（2）蒙军的编制　蒙军的中心干部，大都系留俄学生中下级军官，杂有很多的布里亚特人，军队有与俄军一样的很精密底政治工作系统，当〔党〕代表的权威也是高过一切，军队的精神还很团结，更加上有严密的"格拍武"工作笼罩着，蒙军算是赤俄的忠实工具了。

蒙军全系骑兵，除骑兵外，没有其他兵种，其编制如下：

达斯科　一五名	莎拉　三达斯科为一莎拉
梭蒙　三莎拉为一梭蒙	贺诺　五梭蒙为一贺诺
特壁基　三贺诺为一特壁基	

据上表所示，达斯科约合我国一班，莎拉为一排，梭蒙为一连，五连为一贺诺，约与我国一团不相上下，三团为一师，即蒙军之所谓"特壁基"是。

（3）蒙军的兵器　蒙军所采用的兵器，与俄国骑兵相仿佛，每人都有枪和大刀各一，枪械大部为新式的苏俄制造品。另外有特种兵器，据日人于一九三二年五一节调查在库伦市内游行及各地所有的特种兵器，所得统计如下：

野炮三十门	山炮五十门
装甲汽车六十部	铁甲车一部
飞机二十架（包含邮用飞机）	

（4）蒙军的驻地和军事教育　外蒙古的常备军在一九三一年前还是以团为单位，直隶于军事委员会，总兵额约三万人左右，但满洲事变后，蒙军则大加扩充，将近七万人，另外又添了装甲兵种，俄国拟利用蒙军以阻由满袭来之日军。兹据日人在一九三一年调查，蒙军分布驻扎地点如下：

一、库伦驻蒙军一师，其所属部队为：

骑兵第一贺诺，机关枪第二贺诺，野炮兵第三贺诺，及其他士官学校学生约千名。

二、车臣汗部驻蒙军约三千名，部队为：

骑兵第三贺诺，骑兵第九贺诺。

三、土谢图汗部驻骑兵第五贺诺，附有特科队，人数约千五百名。

四、贝加尔湖南省一带，驻蒙军约二千名，部队为骑兵第十五贺诺。此中无特务队，但设有青年军校一所，学生约二百余名。

关于蒙古之军事教育，在最近两年，普遍的进行国民军事训练，加紧国民的军事教育，规定凡十八岁以上至四十五岁的男子，都有服兵役的义务，只有已经登记住在寺院的僧侣，以及正在学校中肄业的学生，才能免去此役。兵役期间前定为三年，一九三二年改为二年，缩短了一年的期限。虽然蒙政府对国民军事训练十分认真，连侨民都不免，可是仅限于几个中心镇市，且成绩并不见若何的好。

负责教育的人员，除一部分是蒙古军校的学生而外，再就是俄国来的二百五十名俄国军官，在战争时大约蒙古全国连民兵在内可动员五十万人。

（5）苏联在外蒙的军备　苏联之与外蒙，犹今日之日本与满洲，在外蒙所有的军备，大概虽如下面所载，然今后当然是会继续扩大的。那么苏俄在外蒙的军备，对于日、满有些什么准备呢？关于此点，吾人即就外蒙的军事中心放在三伯斯那里，亦可以充分明白了。苏联现今在外蒙的兵力如下：

总兵力约有五个师团，均为苏俄军司令官所统率，其配置的地方以自三伯斯以至下伊尔南方一带为主。兹再分配于下：

A 库伦：

1. 兵力　骑兵、炮兵、机关枪队混成兵一万八千名，炮四门，高射炮七门，重机关枪一百三十架，轻机关枪二百四十架，战车八台，装甲汽车十八辆。

2. 空军——现已定〔完〕成一个可以容纳二〇〇台飞机的大格纳库，苏俄空军第九大队长朴拉夫氏在蒙古方面任指挥官，在其属下的飞机有七十架。

3. 兵工厂——在库伦有科学兵器工厂。

B. 三伯斯：

空军　计有各种飞机约一百架，三伯斯附近的走尔伦河左岸车臣汗飞机场，配置有一个约具有三十架飞机的爆击队。

此外屯驻库伦的红军大部队，正陆续向三伯斯移动，去年七月中，已有一个炮兵旅（有六吋炮四门，三吋炮四门，卡车二十台）到达三伯斯了，最近离三伯斯之□俄里地方，又完成了一个飞机场，该场已放着好几架飞机在那里待着。又据可靠的消息，近又有在满蒙"国境"附近的地方设置军卫成的计划，以此为中心，在满洲及内蒙"国境"的地方配置骑兵队，及汽车队的巡逻兵。

C. 它吾库斯吾：

去年七月月中，因为拉斯康哥尔事件发生，满蒙关系非常紧张，它吾库斯吾地方，开到红军三师，其编制为骑兵三队，炮兵一联队，同地屯驻红军第一师，最近已移驻托洛伊库梭斯科，此外，七月中，金啻林哥格地方，又派来骑兵一联队及战车队一大队。

D. 买卖城：

买卖城有七个兵营，两个军需工场，一个飞机场，一个格纳库，一个陆军学校。

E. 乌里雅苏台及两〔西〕部国境地方：

乌里雅苏台，有独立派遣军的红军经理部，在西部国境地方，有二，二〇〇名兵士，分驻于阿连萨布至海西托洛蓄，自哥尔分拜印至贺伦德斯之间，计有驻屯地十所，乌哥吾尔及它吾斯库，〔咎〕有兵士五〇〇，野炮二〇，战车五辆。

三　外蒙的经济一瞥

蒙人为游牧民族，牲畜为其富源，所以长于畜牧，拙于穑稼，农耕之业，因不发达。其所食米、麦，大都产自内地。西北部多天然森林，松、柏、杨、桦，苍郁蔽天，矮树丰草，可供牧畜。除大漠之外，为极广之山陵区域，宝藏富蕴，甲于他区。库伦附近之金矿，库苏古尔泊之金沙，产量均巨，尤以阿尔泰山产金为最著，有金山之号。他如银、铜、铁、铅等各类矿物，亦莫不悉备。境内咸水湖到处皆是，故盐之产额亦巨，惜乎蒙人以游牧为生，幕席而居，除毡毯、帐幕为切身所用之毛织业外，一切工业均不发达。今将外蒙经济情况介绍于下。

（1）商业　外蒙地广人稀，其面积大过东北四省，但人口不足百万人，地属亚洲内陆，为大陆性气候，土地硗确，不适耕种，蒙人大都营游牧生产，散布各地，经济落后自不待言。因为历史的关系，外蒙早与我国内地通商，一切日用物品，都由我国供给，由张家口、多伦等地运往，甚至一针一线都得仰给我国。他们输出的交易品，大都为牲畜、皮毛、药材、鹿脯、鹿茸等物。这种交易关系，从通商以后，即在继续发展扩张，不幸外蒙"赤化"以后，对我商业渐渐采限制政策，至一九二九年中俄战争时，它一方面断绝中国的通商，一方面对个人营业课以极重的税率，蒙政府将营业税分为七等征收，计：

一等	年额五万元以止
二等	年额三万元以止
三等	一万元以止
四等	五千元以止
五等	三千元以止
六等	二千元以止
七等	一千元以止

此外，另加附税三厘。店员一名，征收年额百分人头税。因征税率过高，故中、俄商人秘密买卖者甚多，苟被蒙政府发见，则课以商品十倍的罚金。普通商业者往往被课一等或二等税，只有少数俄国商人才被课六等税和□等税，因此大商店几皆停闭，个人营业者，更不能立足，只有苏俄及蒙古官营的合作社才能发展，所以赤俄操纵了整个的外蒙经济，垄断了外蒙商业。它在外蒙设了几个商业机关，主要的为中央合作社、俄蒙贸易公司、蒙古转运公司和银行等，就由这几个商业机关，支配了外蒙贸易的全部。

自提高税率断绝我国与蒙古贸易以后，外货在蒙几告绝迹，俄货遂来占领市场，但苏俄本国物货缺乏，哪能对外蒙尽量供给，这就引起物价高涨。据日人调查外蒙物价，约如下表：

一、茶砖	每块　一·五　托格利克（外蒙货币单位）①
二、麦粉上等	每包　九·一四
三、牛肉	每磅　〇·一四

---

① 后文作"东克里克"。——整理者注

四、羊肉	每磅　〇·一三
五、白糖	每磅　〇·三五
六、方块糖	每磅　〇·五□
七、面包	每磅　〇·一五
八、粗布	每匹　二·五〇

物质缺乏，物价腾贵，人民生活困难，市场衰退，外蒙的商业，就这样地急剧地破产了。

（2）工业　以游牧生活为主要生活手段的外蒙古经济，当然谈不到什么工业，可是在赤俄五年经济建设计划的口号之下，外蒙也跟着赤俄去实施经济建设，主要不外就现有的产业基础上，实行生产合理化，借以提高生产率，添设几个新的生产部门借以扩大生产，最高限度的要求，也不过达到自给程度。现有的产业，在库伦有制酒工厂、制毯工厂、皮革工厂、制靴工厂四所，最大的只容得五百人工作，其余三二百人不等。其次则为恰克图、博因土木几处小镇市，不过有几个手工业作坊。在恰克图的毡靴作坊算是较大的，但还不满六十人工作，博因土木的几个作坊，毡靴、皮鞋、缝级〔纫〕都只有十人或二十人工作。一九三二年初，为满足蒙古人民之需要，在各处镇市添设许多手工作坊，制糕饼、制马鞍等等，并成立一个全蒙手工业组合，从事计划的生产，在这个系统下工作的，统计亦不满千人，所制造的产品，还难满足蒙古人的需要，大部分的日用品仍需由俄国运去。

这一些工厂的创设完全由俄人一手包办，机械不用说要从俄国高价购买，就连建筑房屋的砖瓦，也得要俄国供给，管理工厂的，名义上有一个蒙古人，实权皆在俄人之手，所有机师、机匠，都是俄人，他们享有很高的待遇，无限制的汇兑权利。俄国工人很多，中国工人亦不少，有一些中国工人是被没收财产的商贾，不得已去劳动的。因为机械采用的不高明，工人们又多不见熟练，因此生产率并不佳，结果除付给高价的俄藉〔籍〕机师工人的工资外，盈余几等于零，有的企业甚至还亏本，这就是外蒙在赤俄领导之下的工业建设，实际完全是赤色帝国主义剥削蒙古人的巧妙手段，以高价购买俄国机械，这就是很好证明。据闻蒙人在东边区布翼尔湖开办一所渔场，由海参崴买一汽船，购价和运费共耗一万数千"托格利克"蒙币，但如从哈尔滨购买，连运费至多不到七千蒙币，这种事实，完全暴露了赤色帝国主义者的真面目。

以如此落后的蒙古经济，怎样谈得上什么共产主义的经济建设，削足适履、另有用心的结果，在五年计划第二年度（一九三二年）作总结时，也无用掩饰喊出"全蒙企业仍是踟蹰于原有的地位"，外蒙的工业，不过如是而已。

不过我们也可以看到，许多面包房的添设，新建筑房屋的增加，但这不是外蒙产业发展的表现，而是赤俄含有军事意义的军事施设。

（3）农业　蒙古气候，冷热无常，土地又乏灌溉之利，以天时地利而言，都不适于农业的发展。事实上外蒙的人民，在其客观条件之下，适合游牧为生，营农耕种，不过是附业而已。闻"赤化"以后，俄人在外蒙提倡"发展国家农业"，组织什么"国家农场"，大约在一九三〇年时，由俄国运往库伦两架耕种机，在城郊首作农业试验，结果由人民革命党中央决议组织国家农场，并提出消灭富农的口号，把牲畜较多的"丹加特"（即富农）强行没收其牲畜，令其加入农〔国〕家农场，许多富农因此多〔逃〕出外蒙，跑入我国内地，其所没收的牲畜，都被赤俄赶去，这样没收了牲畜，主要的牲畜业也现出衰落的情况，剩下来集中到国家农场的牲畜数是很少，一些参加农场的人，不过榨点牛乳，收集些牛粪，谈不上什么生产效力，施行于耕种上的两架耕种机，就是国家农场的生产资本，在库伦附近曾划出一个农业区去实行，然而经常的仍然是歉收，农业的难于发展，于此可见一般〔斑〕了。

（4）外蒙的财政与币制　外蒙的财政收支情形，在从前无所谓预算的编制，到一九二三年才规定了中央费与地方费的区别，但所分的项目，仍是极其简单。大体各级机关通常在支出方面，都分为薪俸支出、办公费、房屋维持费、各项修理费、交际费、杂费及预备备〔费〕等七种。关于预算的编制，也都是漫无统一，各机关将收入核定后，即向预算委员会直接提出，预算委员会是由各地方代表所组织，他专办审核各机关的预算。外蒙财政的出纳，是厉行中央集权主义，全蒙预算的十分之七，集中在库伦一地，会计年度，每年由三月一日开始，自一九二五年以来才改用阳历。政府的收入，多半是仰仗租税来维持，在租税政策中，政府又力肆避免直接税的缴收，而采用间接税的方式，间接税最主要的是关税，按外蒙现行的关税法中规定全蒙的税关有四十一处，关税之外，对于工商业的课税则有所谓资本税及营业税等，对于一般牧畜的人民，则课以牧畜税。自一九二七年来，外蒙的国民大会，又决议实施课税的根本原则，废止地方自治机关的独立课税权，一切税率皆由政府制定，实行累进课税，对于极贫苦的免税，寺院所有的家畜亦须课税，分为二月及七月两期缴收之。

外蒙在宣言独立的当时，还没有独立的货币制度。从来外蒙是使用银块，而各地方要用茶砖及毛皮等为交易媒介，所谓外蒙的国民政府，他们也深感长此使用外国的货币不仅金融上要受他国支配，即在经济上也有不良影响，所以一九二四年的外蒙国民大会，决议改革币制，一九二五年遂发行蒙古银行的银行券，银行券的种类分为一、二、五、十、二十、五十、一百东克里克等七种，货币的铸造，则委托苏联的造币局代铸。硬币另为一东克里克，及五十孟沽二种（每一东克里克等于一百孟沽），每一东克里克含纯银十八瓦，他的成分是银九铜一的比例，所以一东克里克硬币的总重量为二十瓦，此外银辅币则有二十、十五及十孟沽三种，铜辅币则有〈十〉，五，及一孟沽三种。

（5）外蒙的交通及贸易　外蒙的交通，以库伦为中心以达于各地，主要路线如次：

1. 库伦——张家口（一千二百哩）；
2. 库伦——平地泉（一千二百哩）；
3. 库伦——归化城（一千二百哩）；
4. 库伦——五原（一千二百哩）；
5. 库伦——恰克图（二百二十哩）；
6. 库伦——满洲里（九百哩）；
7. 库伦——海拉尔（一千哩）；
8. 库伦——乌里雅苏台（一千哩）；
9. 乌里雅苏台——伊尔库次克（九百哩）；
10. 乌里雅苏台——古城（八百哩）；
11. 乌里雅苏台——科布多（四百哩）；
12. 科布多——古城（六百五十哩）；
13. 科布多——古兰科穆（二百哩）。

民国十四年外蒙与苏俄缔结恰克图—库伦—滂江铁路条约，以铁路及其所属的财产为担保，分三期由苏俄借款一亿元修筑，现在工程尚在进行中。最近我国政府为巩固张家口至库伦的交通网，拟由平地泉至乌得间修筑汽车公路，沿途设停车场及无线电台，计划以八十辆大汽车专供该路运输之用，是则今后内地与外蒙间之交通当更便利。

关于外蒙贸易的现势，现在可以说是完全被苏联所独占。在一九一八年我国内地对外蒙贸易与苏俄之对外蒙贸易为八与一之比例，到一九二七年，双方就相差无几，而现在内地对外蒙则只不过有少量茶的输出而已。外蒙所特产的羊毛及皮毛等在今日内地市场上已经少见，羊毛的百分之八十，都被苏联所拢〔垄〕断了。

苏联对外蒙的输出，以谷类及石油为大宗，以前东北所产的高粱，在外蒙市场上很占有相当的地位，现在却被苏联所产的高粱及麦类所代替了。计苏联对外蒙的输出额在一九三〇年为一七，八一九，〇〇〇卢布，而一九三一年则增加到三七，三四三，〇〇〇卢布，在欧战以前苏俄对外蒙贸易通常是入超，而现在外蒙则变为苏联在远东的最大市场了。

四　外蒙的政治鸟瞰

在满清的末叶，当时政府为防制帝俄之东侵，对于移住外蒙之汉民族，颇行奖励。辛亥革命时，帝俄乘机鼓动外蒙宣言独立，其后因《恰克图条约》曾明定外蒙为中国之领土，但许外蒙有自治之权，一九一七年俄国革命发生，一时无暇东侵，中国政府遂于一九一九年宣言取消外蒙自治，并拟派遣西北筹边使——徐树铮入库伦，旋因直皖战争而未果。及一九二四年七月外蒙又宣言成立共和国的组织，脱离中国的主权而独立，嗣因国内频年变乱，对于边疆各地，遂有鞭长莫及之势，对于外蒙的独立，更无力过问，十年来的外蒙，国人似早已不大注意了。今将外蒙政治情形，述之如下：

（1）政府及现阁僚　外蒙共和国，称为蒙古人民国，正式的称呼，则为蒙古革命人民国。

外蒙的议会为大富拉尔旦，其权限，类似于各国的议会，除了王公、贵族、喇嘛之外的勤劳民众，均有选举大富拉尔旦的代表之权；小富拉尔旦，类似内阁会议，但其权限较大富拉尔旦更为广大，小富拉尔旦的主席，是国务总理，同时也是外蒙中央行政的最高机关，自一九三〇年的左倾时代，一九三二年六月的改革时代以至今日，政府的组织及阁僚，曾经有好几次的变迁。一九三五年三月小富拉尔旦所使任命的阁员如下：

国务总理兼外交部长	根　顿
小富拉尔旦主席	阿莫尔
第一副总理	雀伊巴尔三
第二副总理兼军政部长及总司令	德米特
牧畜农务	多伍金
教育	满　河
工商邮电	威□伊伯托
司法	都□度伊兹布
内防处长（G.B.G）	剌吾萨拉

　　阁僚之中，根顿、阿莫尔、雀伊巴尔三、剌吾萨拉等，都是建国以来，担任国民党干部及政府的要职的，第二副总理德米特氏，曾在史赫巴托尔的部下任职，红军占领库伦之后，在布印德尔基尔服务，在克尔运方面驱逐温格伦军最为有名，一九二三年末为骑兵学校副校长，一九二五年升为正校长，二六年留学俄国，二九年归国，为联合军学校校长，兼"可吾米萨尔"，三〇年为军事社〔会〕议议长，九三二年以来，即任现职至今。

　　（2）蒙古革命国民党　外蒙共产党，称为蒙古革命国民党，普通略称为蒙古国民党。自蒙古建国以来，国民党即为蒙古的指导团体，执整个外蒙的牛耳，党部直接受苏俄联邦共产党党部的指挥。自一九三二年改革以来，表面上党不指挥国政，国权全部集中于中央政府，在一九三二年与国民党站在对立关系的蒙古革命青年党，亦已合并，而清党的工作，由是而完成。在库伦，设有党的中央执行委员会，统辖各旗的执行支部，即在现今，党在外蒙的行政上，仍占有绝大的势力，党本部，不用说，要受第三国际的指挥，蒙古革命国民党中央执行委员长，即是布里雅达人，他的名字为哈尔西施夏尔巴。

（3）人民对共产党的关系　现在外蒙的贫困者及废疾者，其生计均由政府补助，学生在毕业后即可高居要职，故对于国民党很表示好感。至于普通国民，对于国民党是没有什么喜欢的。因国民党压迫蒙古人的信仰中心的喇嘛教，并施以严重的排击，故人民对他的怨恨，相当深刻，加以王公、贵族、喇嘛们的势力给共产政府剥削殆尽，而财产又多数被它没收去了。故表面上虽装着服从，而其内心的反抗之念甚切，近两三年来，各地频发的暴动，均是这种反抗表面化了的动作。

（4）外蒙的行政组织　现在外蒙的组织，据外蒙的宪法中规定有如下表：

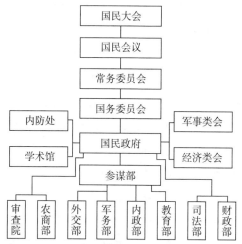

外蒙的最高机关，要算国民大会，所谓国民大会，是由外蒙市民及军队所选出之代表组织而成，议员的额数是按选举的人数而规定。第一次国民大会，决议议员的额数为九十五人，任期一年，会期通常每年举行一次，由国民会议召集之，临时大会除由国民会议决定外，经国民大会议员三分之一，或选民的三分之一的请

求，亦可召集之。外蒙一切的权力，按宪法中规定，是属于一般的勤劳民众，人民的最高权是在于国民大会及由国民大会所选出的政府，所以在国民大会闭会后，关于权利之运用属于国民会议，国民会议在休会中，则由其干部会及政府执行一切。国民会议的组织，很类似苏联的中央执行委员会，在国民大会闭会后，他便是国家最高的机关，他所职〔执〕行的职务是对国民大会负责。议员的人数现在为四十五人，每年举行常会二次，临时会议由干部会决定之，此外由政府或其议员中三分之一的请求，也可以召集。干部会系由国民会议中所选出五个人所组成，其掌管之事务为指导国民会议的议事，准备国民会议的会议材料，监督国民会议实施之决议，指导政府，解决大赦及特赦问题，任免政府中之各部长官，解决各地方间之事〔争〕议及问题，对国民会议提出法律案等。

外蒙各地方的行政单位，主要的仍是按居民的多寡，分为盟、旗、十户等等的组织，只有库伦一地，是外蒙一切的重心，特称之为市。

关于政党的组织，经外蒙政府所承认的，现在有蒙古国民党与革命青年党及其所属的团体。蒙古国民党之起源，是发端于一九一九年北京政府取消外蒙自治后的亲俄派青年所组成。

一九二四年五月活佛逝世后，外蒙的政界波澜，因之而起，同年八月之第三次蒙古国民党大会，又决议了党的基础是在于一般劳苦大众，而主张实行劳动阶级独裁，依非资本主义的方式以发展外蒙的经济。由此以后，所谓蒙古国民党的势力，遂完全被左倾分子所操纵。在该会中所选出之党的干部人员，虽然每年也举行改造的手续，但直到现在却并没有什么变动。

五　结论

外蒙情形既如上述，而外蒙的今日，已成为苏联的天下，虽然苏联对外蒙的侵略，在事实上，也有很多的设施，如现代化的军事设备及主要都市中轻工业之发展等，但是这总不外为榨取外蒙的富源，而对于蒙民没有丝毫利益的。外蒙人口百分之九十以上是游牧民族，这些所谓中产阶级的民众，他们是完全脱离外蒙的青年革命同盟而归属在王公的派别内，现在外蒙青年同盟在实力上已经没有民众的后盾，苏联的对蒙政策在这点上，将来不免有失败的可能。

自从东北事变发生以后，苏联东进的唯一出路，便是外蒙与察哈尔，而中苏间所接触的地方，除却新疆即是外蒙，事实上在今日形成中、日、俄三角关系的外蒙，对于远东政局的将来，实在蕴藏着极微妙而复杂的关系。日本自强占东北后，现在更进一步利用苏联对蒙政策之弱点，而想完成他"满蒙"政策的野心，关于去年吟〔哈〕尔哈事件的谈判，日本首先声明不许第三国参加，便可证明他用意之所在。在中苏既已复交，而所谓中日亲善，又在极积〔积极〕进展的今日，我们深愿运筹帷幄的贤明当局们，对于外蒙的情势在远东大局的前途上，也似乎有值得一顾的必要。

《现代评坛》（半月刊）

兰州现代评坛社

1936 年 1 卷 21 期

（李红权　整理）

内外蒙古考

郭毓麟　撰

第一编　地理方面

第一章　形势、气候、物产

（一）位置及名称　蒙古位于我国北部，为一极广大之地域。有大沙漠名戈壁者横互〔亘〕其中。其在漠南者，称内蒙古。其在漠北者，称外蒙古。查蒙古之名，乃由于土著民族之称而来。唐代之蒙兀部，亦号蒙骨斯，即蒙古族之旧称；自金时熬罗勃极烈为部长，自号大蒙古国，遂以之代表其族盘据之地矣。

（二）疆界及面积　蒙古北接俄属后贝加尔、伊尔库次克及叶尼塞斯克省，西界新疆省，南界甘肃、宁夏、陕西、山西及河北诸省，东邻满洲。面积百三十六万七千九百五十三英方哩。

（三）气候及物产　气候冬季严寒，夏季炎热干燥。地味半皆硗瘠，惟东南部兴安岭、阴山两大山脉分布之地（即内蒙古），富于磺〔矿〕物及草木，多为牧畜场，复有适于农耕之地。西北部则阿尔泰山地之树木亦茂，牧草繁盛。其他则半为沙碛，间有水草，牧畜而外，别无生产之可言。住民大半以游牧为主业，从事于农、工、商者甚少。张幕而居，迁徒〔徙〕无定，生活简单。

内蒙古之形势

内蒙古位于大沙漠之南，东界辽宁、吉林二省，南界陕西、山西、河北三省，西接宁夏，北连大漠。全境分六盟、二十四部、四十九旗。其附于内蒙古者，有内属蒙古二部、十旗。

外蒙古之形势

外蒙古当沙漠之北，东界黑龙江省，西界新疆省，北接俄属西伯利亚之后贝加尔及伊尔库次克省。通境分喀尔喀、科布多及唐努乌梁海三区。

第二章　山川湖泊

（一）外蒙古之山脉　　外蒙山脉多自阿尔泰山脉分出，可分萨彦岭、唐努山脉、阿尔泰山脉及巴颜乌兰山脉述之：

（1）萨彦岭山脉　　是脉自阿尔〈泰〉山脉分出东北走，穹窿于西北国境上，其山脊即中俄分界牌鄂罗列之地也。是脉自发端之处北走，为沙宾达巴哈，复东折而北为托罗斯岭。更东至叶尔吉克塔尔哈克台戞第十八界牌，即托罗斯岭之东端。其在克木克木池克博穆第二十三界处，有乌鲁克木河，北流为叶尼塞河，怒浪惊涛，喷薄其下，捣断山脉，两岸遂多悬岩狭谷。逾河流而东向，山势甚峻，拔海约六千五百尺。更东南，转至库苏古尔泊之北，为穆逊山，乃此脉之最高处。山岭嵯峨，上凌霄汉，高一万一千四百尺。山更东走，循国界以趋于恰克图，是为博古图达班山脉，东接布尔罕哈勒都那岭，以连于肯特山脉。

（2）唐努山脉　　是脉自阿尔泰山之察布产山口分出，东走于贝克穆河及乌布隆河之间，绵亘数百里，高峰峻岭甚多，有高出八千二百尺达雪线以上者。绕出沁达赖湖之东而西南走，为巴颜久鲁克山。更西走，绕出鄂叠尔及札布葛西河之源而东南而走，为杭爱山脉，即唐努山脉之东干也。

（3）南阿尔泰山脉　是脉自奎屯山东南走，为科布多河及额尔齐斯河之分水岭，斜贯于外蒙西南部。层峰连亘，山势高峻。横渡大漠，为雅玛特山、阿勒台岭、哈喇阿吉尔夏山、伊哈塔音山、巴颜察罕山、阿尔察博洽多山、布尔哈斯台搭拉山，东南没于绥远特区境。

（二）内蒙古之山脉　阴山山脉自贺兰山绕河套北边，横贯绥、察两区，至白岔山分支，东北迤者为热、察两区分界，即苏克鲁山、内兴安岭，东南走者，盘旋于热河境内，为七老图山、努鲁虎儿岭，自七老图山之西，分出燕山一支，由察境斜趋东南。

（三）外蒙古之河流、湖泊　外蒙河流孔多，其主要者述之于下：

（1）色楞格河　外蒙大水也，凡唐努山以东，肯特山以西，杭爱山以北之水靡不汇之。

（2）乌鲁克穆河　为外蒙西北部大水。有二源：南源曰阿喇赛河，出库苏古尔泊，西流至俄商住宅与北源会。北源曰贝克木河，出叶尔吉克塔尔哈克台夏岭，西流会支流甚多。

（3）奎屯果勒河　在车臣汗东北部。东走流行于乌鲁穆尔鄂班山之北麓，迤东北流，复转而东，当博列察山之北转北，出国界，至俄领西伯利亚成丹特之南，潴为一小泊。

（4）特斯河　在科布多境。隔山为乌鲁克木河支流。

（5）科布多河　在科布多境。东北流经杜尔伯特右翼旗，转而东南，注哈喇乌苏湖。

（6）匝盆河　又名札布干河，流于三音诺颜部及札萨克图汗部。此河凡行千六百余里，流域广阔，惜芦葭丛生，不适耕种，是其短也。

湖泊则有：

（1）库苏古尔泊　在唐努乌梁海东境。高出海面五千六百七十尺，东西狭，南北阔，袤约百五十里，广凡五十里，亦巨泽也。

（2）乌布萨泊　在科布多北境。当杜尔伯特左翼十一旗之北。长二百余里，广百余里。

（3）伊克亚拉克泊　在科布多南部，亦曰哈喇乌〈苏〉湖，又曰慈母湖。南北长，东西狭，袤凡百五十里，广七十里。

（四）内蒙之河流　热河为内蒙旧壤，兹述其重要河流于下：

（1）辽河　北部大水也。上源有二源：大辽河、小辽河是也。大辽河源出白岔山之西，喇札择岭北。东流有择察河，自白岔山西南来注之。又东有喀喇木伦河，携二赤木伦河自北来注之，水势始大。东至敖汉旗之北，有老洽〔哈〕河自西南来会，老哈河大河也，东北流入辽河，两者相合水势益大。东流入奉天境，至辽源北有新辽河，自西北来注。新辽河上源曰察勒河，发源于本区西北之苏克斜鲁山，为本区大水之一。

（2）滦河　即古濡水，南部大水也。源出独石口北之炭山，合无数乱泉，北流经察哈尔多伦县城南，转东南入本区境，曰上都河，即滦河。凡七老图山脉以西，滦西山脉以东之水，皆入之。其水夏日温暖可浴，冬亦不冰。

（3）白河　上源之潮河、黑河，皆流灌本区西南部，转而南流入直隶境。

第三章　都会

（一）外蒙古　库伦临图拉河，四围有木栅如城，为全蒙政治、宗教之中心地。其南有高五千二百尺之汗山，市街在丘陵上，分宫殿、商业、喇嘛三区。

恰克图　距库伦八百里，当中俄交界处。清初即与俄人互市，后因划界，将旧市街圈入俄境，商人就国境内别建新街市，即今买卖城是也。

乌里雅苏台　前清时为外蒙政治之中心。当阿尔泰军台之要冲，城垣甚小，亦分官衙、买卖二区。百商颇多。

科布多　濒哈喇乌苏湖西附近，土壤肥沃，气候温和，汉蒙贸易颇盛。有土城，位置适当对俄及通新疆之咽喉，为边防重地。

（一）内蒙古　塞多绥[①]为塞外繁盛之城市。他如承德、朝阳、赤峰、张北、多伦等县，人口俱在三万以上。其中绥远有二十万人口，为塞外第一大都会。

承德　为热河首邑，地味硗瘠，惟其山清水秀，宜于避暑，清代在此建设行宫，因而著名。

张北　为察区首县，当长城要隘，为北通库伦之孔道。清光绪二十八年辟为商埠，商业繁盛。

归绥　民国二年合并归化、绥远二县，改称归绥。为绥远首邑。地势开敞，当山西之要冲。

第四章　交通

（一）外蒙古　无水运之利，交通全是陆路，自张家口至赛尔乌苏分歧，西北至乌里雅苏台、科布多，北至库伦、恰克图，此两驿路为前清康熙征喝〔噶〕尔丹时所开，为全蒙之大干线。现在自张家口至库伦，已有汽车行驶，交通称便。

（二）内蒙古　夏季用车辆，冬季乘骆驼，距离近者，概多乘马。辽河及黄河之河套，夏季行〔行〕船，冬季结冰，人马可步行而过。京绥铁路已通至包头镇，仍有向西展筑之计划。察哈尔铁路之已成者为京绥路。绥远为张绥路、绥包路。

---

① 原文如此。——整理者注

第二编　历史方面

第一章　蒙古之史迹大略

蒙古之地，唐虞以前，为山戎、荤粥。《汉书》谓匈奴（即荤粥之转）为夏桀子淳维之后，特其一部耳，荤粥之来盖已不可考矣。黄帝北逐荤粥，合符釜山。古公亶父居邠，狄人（即荤粥）侵之，事之以皮币，不得免焉，事之以珠玉，不得免焉。昌既嗣位，国力雄厚，于是有北征之役。《诗经》载采薇之诗，有"靡室靡家，狁之故"之语，又有"岂敢定居，一月三捷"之语。诗序曰："《采薇》，遣戍役也。文王之时，西有昆夷之患，北有狁之难，以天子之命，命将率，遣戍役，以守卫中国，故歌《采薇》之〔以〕遣之。"当时之狁，盖即荤粥也。其后宣王时，亦有伐狁之役。荤粥在秦在汉为匈奴，其领域东自辽东，西及天山、葱岭，南至万里长城，以与中国相对。后分南北二部，至三国以后，匈奴势衰，仅领有内蒙一部，居蒙古称东胡之鲜卑勃兴，代匈奴而并有大汉〔漠〕南北，国势甚盛。至晋拓跋氏南下，领有蒙古南部与汉土北部。其北为柔然领有。至隋唐时，突厥、铁勒代之而有蒙古，是时唐室方盛，多羁縻之，设都督府及州于各地，复置都护府以统辖之。至于五代，契丹民族起而领有蒙古之大部。及辽衰，蒙古族又分据数部，羁属于金。蒙元之兴也，乃统一之，且渐次讨平欧、亚各部。至忽必烈起，灭南宋并汉土而统一中原。迨元末，中原各处，流寇蜂起，驱逐内地之蒙古人而放之。蒙古仍分立若干部，其中以鞑靼部、瓦剌部为最强，屡寇汉边，终明之世，迄无宁日。厥后各部分裂而为小部落，势力渐弱。有清兴起，东蒙各部，皆隶崃嵘，其他除察哈尔之林丹汗与准葛尔部外，殆无反抗者。至高宗之世，悉内附于清矣。降至民国，遂划其南部内蒙之地为熟汗〔热河〕、察哈尔、绥远三特区。北部皆属外蒙。以上蒙古之史略，其详细情形于下章蒙古之立国及其变迁说明之。

第二章　蒙古之立国及其变迁

成吉思汗之远祖，为古先印度之共戴汗。共戴汗即位后一百十二万五千一百世，传至胡尊山达立，为西藏第一代大汗。又传至第八代，为赫勒呼木巴拉尊。巴拉尊暴虐无道，为其丞相所弑而篡其位。三子失国，分道出奔，长子玛墨黎逃居棍布，取豁埃马拉尔为妻。后同渡腾吉思河，盘踞不儿罕合勒敦山，称孛儿帖国汗，即为孛儿帖赤那。单传至十一世，始分两支：曰朵奔蔑儿干，曰都蛙锁豁儿。朵奔〈蔑〉儿干早卒，其妻阿兰豁阿寡居时，夜梦天神御白衣者与之交，遂生孛端察尔。此即上天所赐之子，为蒙古之始祖，后为孛儿吉斤氏。孛儿吉斤，即成吉思汗之族姓也。蒙文又称为乞颜特，犹言天神与人间女子配合而生之子也。

孛端察尔既为一方之主，名震西北。十传至铁木真，年二十八，承先世之基业而抚有一方。嗣将十二暴汗，逐渐诛灭，威名大震；遂建九镞白纛于克鲁琏河上，复建四镞黑纛于斡〔斡〕难河上。岁次己酉，为诸部拥戴，即可汗位，号成吉思可汗。时，部众四十万人，定国号曰青蒙古，后人遂有青蒙古之称，青之为义，盛也。成吉思汗尚青，故其史传亦称青书。

成吉思汗二十九岁，庚戌，据有兀尔旗特旺崇汗之地。三十一岁壬子，据有高丽察甘汗之地，及其主权，纳其妃和拉豁为夫人。三十三岁甲寅，据有金主满州〔洲〕之地，加庙号曰圣武成吉思可汗。可汗素涎北京之地，于弓弰上令缩绘北京地图，以示不忘。三十四岁乙卯，杀沙拉隆套尔部之汗，而夺其五部落之地。三十五岁丙辰，刺杀秃马部之苏勒坛汗而据其地。三十七岁戊午，据有希罗特部。三十九岁庚申，灭乃蛮部，杀其塔阳汗。四十一岁壬戌，擒廓罗斯之依兰汗而据其部。四十三岁甲子，刺杀哈耳流特汗而夺其地。四十五岁丙寅，据西藏依罗等三省之地，虏藏民八十八万余众。复长驱向印度西征，渡赤哈特林岭绝顶，忽有独角兽奔马前，伏地罗拜，从人大惊，汗曰：此乃上帝仁慈，不欲朕多杀生命，故遣使以示朕兆。遂即日班师而还。四十七岁戊辰，灭萨尔塔沁部，杀其汗而夺其地，始封其功臣九人。诏曰："朕奉天帝之命，夷灭十二暴汉而平其国，并以余力荡平无数小国，诸臣相随左右，辅弼大业，备尝艰苦。现大业已成，暴虐已诛，自今以往，愿与诸臣共享太平之福。"自戊辰至丙戌〔戌〕十有九年，不事征服，专修内政，开国之基，遂以巩固矣。

后汗复率师西迈，归途至六盘山，病剧，自知不起；乃诏吉鲁根巴秀曰："尔辈以朕待人之心待吾民，朕之孛儿帖可敦、窝阔台、拖雷，尔辈以事朕之心事之。朕大业已成，名震寰宇，死可无憾。"言毕而殂，寿六十六岁。

蒙古自成吉思可汗灭十二暴汗后，始有一统可汗之号。手创之业，据有唐古忒、汉族、回族、俄罗斯各地，几有世界之半。所灭之国，多不能名之，统称为五色四夷。版图之广，无论东西南北，自此端至彼端，皆有一岁期程。

元传至顺帝失国，其子孙后在蒙古各旗、盟自立。

第三章　元代蒙汉之待遇

元代蒙、汉之待遇，极为不平等，蒙古人享有一切公权，汉人则置于最劣等之地位。元史曰："官有常职，位有常员，其长则蒙古人为之，而汉人、南人贰焉。"（卷八《百官志》叙语）又曰："故事，丞相必用蒙古勋臣。"（卷二五《仁宗纪》）又曰："平章之职，亚宰相也。承平之时，虽德望汉人，抑而不与。"（卷一八六《成遵传》）又曰："故事，台端（御史台长官御史大夫）非国姓不以授。"（卷一四〇《太平传》）又曰："各道廉访司，必择蒙古人为使，或阙，则以色目世官子孙得之，其次参以色目汉人。"（卷一九《成宗纪》）又曰："故事，汉人不得与军政。"（卷一八四《王克敏传》）又曰："旧制，枢府官从行，岁留一员，司本院事。汉人不得与。"（卷一五四《郑志宜传》）又曰："至正十一年，丞相脱脱奏事内廷，以事关兵机，而元善及参知政事韩镛皆汉人，使退避勿与俱。"（卷一八四《韩元善传》）又曰："至大二年甲戌〔戊〕，以宿卫之士，比多冗杂，遵旧制，存蒙古、色目之有阀阅者，余皆革去。"（卷二三《武宗纪》）皆其实例也。他如考试、荫叙、服色、征发、马匹与收没兵器，对于汉人皆有特殊之限制，而于刑罚上尤有不平之规定焉。兹略述之于左：

至元九年五月，禁汉人聚众与蒙古人斗殴。（《元史》卷七《世祖纪》）

诸蒙古人与汉人争，殴汉人，汉人勿还报，许诉于有司。（卷一〇五《刑法志》）

至和元年，以上都、大都所属蒙古人并怯薛军站色目人与汉人犯者，归宗正度处断。其余路、府、州、县汉人、蒙古、色目词讼，悉归有司。（卷八七《百官志》）

诸蒙古人居官犯法，论罪既定，必择蒙古官断之。行杖亦如之。（卷一〇二《刑法志》）

蒙古人有犯，及妇人犯者，不在刺字之例。（卷一〇四《刑法志》）

其尤苛者，则汉人、南人杀蒙古、色目人，处以死刑；且向犯人之遗族征收埋银。蒙古、色目人，若因争论或乘醉而杀汉人，仅罚金，命其出征而免死刑。

观上述情形，可知元代待遇汉人穷苛极虐：推其始意，盖以汉人之数目，汉人之智巧，皆远胜于蒙古人，非是恐不足以镇服汉人，而致子孙万世之业耳。讵知元代衰亡之原因，正亦坐此。昔厉王得巫以监谤，秦王焚书坑儒收天下兵器，皆兆覆亡之机于暴虐之政。压迫愈甚者则反抗亦愈烈。元代以蒙古入主中原，忽必烈英雄盖世，南征北伐，创业巩固；其国祚不久者，虽有其他原因，然末叶宗室之内讧，大臣之争权，究不得不归咎于虐待汉人尊重同种之适以致政治之腐败也。

第四章　满洲勃兴时之蒙古

元末天下大乱，张士诚、陈友谅、朱元璋等，四面蜂起。朱元璋既灭陈、张二军，据于金陵，进而取得北京。元最后之顺帝，为徐达部所追逐，遂亡于内蒙古多伦诺尔北部之应昌府。太子爱献识里达腊，远逃北方，隐居于和林城，受王保保之保护，于是乎蒙古人始退出祖宗之坟墓地矣。其后或被明军追击，或君臣、同族间发生弑杀与掠夺，遂益支离破裂，而明室亦不复顾忌之矣。十六世纪时，在张家口外开设幕营之瓦剌也先，曾使明室受其大创，土木站一战，英宗被擒，凡扣留十年。又有库库和屯，即今归化城之俺答（小王子），为元之嫡系，率众数万，掠夺山西、直隶各省，甚至乱入北京城内，然迄未能制汉族于死命。当满洲人勃兴，以至称帝，散在内蒙古之各部族，亦尚继续各自之行动。时割据察哈尔之林丹汗，自号蒙古可汗，各部受其压迫，不得不屈服其下。太宗时袭击察哈尔，败杀林丹汗于其地。次年，睿亲王降服林丹汗之子额尔克果尔汗，而收编其部属，移迁于义州。于是内蒙古之各部属，各会合于一地，奏请太宗号为博克多彻宸汗，而自愿为其部属。康熙二十七年，外蒙古被葛尔丹袭击，葛尔丹为蒙古别系之额鲁特族，当时外蒙分为札萨克图、土谢图及车臣汗三部，同族支配，不隶属任何部族，而自持独立，当葛尔丹侵入时，虽曾一度抗抵，然第二次侵入时，即无防御力，于是召开投俄或归清之一族会议，喇嘛教之教长云尔特格根，乃出自土谢图汗之王族，因宗教之关系，势力极为高大，而从人情、风俗及宗教〈几〉点上，裁断归清为有利，于是举族奔投南方，遂受康熙之热烈保护，使居苏尼特旗之地域内，下赐种种生活必需品，以慰抚之。此时葛尔丹侵到内地附近，又侵犯多伦诺尔之南乌兰布通，清兵与战，所谓乌兰布通之役是也。康熙乘胜追至外蒙，于库伦之东图拉河会战，大败敌人，所谓昭莫多之役是也。葛尔丹败后，服毒自杀，于是康熙遂定外蒙。并准以前在苏尼特旗之部众，重归旧地。

第五章　蒙古之外交关系——订立界约

（一）恰克图中俄界约　自清并吞蒙古，我国北方边界直与俄领为邻，划界交涉遂因缘而起。康熙五十八年，俄皇遣使来京，磋商边界，未得要领。雍正五年，俄使复至北京，仍请规划两国疆界。我国亦认北方界线之必要，于是派理藩院尚书图理善会同俄使伊立礼在恰克图定立界约十一条。自恰克图、鄂尔怀图两处中界址所立之鄂博起，西至沙必乃岭，立鄂博二十四；由布尔固特依山南依巴彦梁起，东至额尔古纳河源之阿巴哈依图，立鄂博四十八。迨嘉庆廿三年，复会勘一次。今则鄂博多十五处，共凡六十有三。

（二）科布多条约　清同治八年八月，科布多立界大臣奎昌同俄国立界大臣巴布阔幅，遵塔约议定，建科边牌博，自塞留格木岭适中之布果素克山口至玛尼图喝〔噶〕图干卞〔卡〕伦止，建立界牌、鄂博二十处，今存者八处。

（三）中俄乌苏雅里台〔乌里雅苏台〕界约　清同治九年正月，乌苏雅里台〔乌里雅苏台〕大臣荣全遵塔约自塞留格木岭适中之布果素克山达巴哈至沙宾达巴〔巴〕哈，定立界牌八处。今存者四。

第六章　蒙古近世史

（一）蒙古之独立　光绪三十四年四月，车臣汗盟桑贝子旗报告，胡匪陶什托琥猖獗，请派队剿办，驻库大臣延祉，以防营旧枪，不适于用，向哲布尊借快枪五十枝，哲布尊大怒，峻词谢之。延祉令人告之曰，庙内应否屯蓄枪枝，哲布尊枪存在河滩庙内，似须奏明，方为妥当，哲布尊怵于入奏之说，允借二十枝。宣统二年二月初一日，库伦大臣三多接篆，二十七日，即有喇嘛因购木料口角，聚众抢德义涌木厂之事。三多闻讯，亲往弹压，喇嘛等蜂拥而来，抛石如雨。幸有华人抛石还击，三多得免。当场指获为首喇嘛二名，复中途被抢，途责令沙比衙门，捕获解送惩办。越数日，该衙门仅将登曾一名解送到案，额林庆一名，终不肯交。后因登曾供称额林庆系起事正犯，复累经催提，抗不交出。三多遂将商卓特巴巴特玛多尔济，奏请革职，并将登曾解交理藩部发配。责令沙比衙门将德义涌木厂损失，饬属如数摊赔。于是蒙古对于办事大臣之感情，亦日趋于恶矣。加以三多莅任未久，新政大行，库伦一城新增机关二十余处，所有开办费，悉数责令蒙民供给。蒙民不堪其扰，重之以外诱，背清之心益决，亲俄之志益坚，遂有独立之举动焉。宣统三年八月中旬，俄国马步队八百余名，忽由喇嘛圈迤北大道，及东营至西库伦大道而来。三多闻报大惊，即向蒙古诘问，并告以要求停办新政，本大臣已奏请奉准。遂托大臣绷楚克车林贝子等，向哲布尊婉商，或将已派之俄兵退回，或电俄勿再续派，然后再议办法。往返磋商，千回百折，哲布尊始允电俄阻止续派兵队。宣统三年九月初十日，三多接到哲布尊丹巴呼图克图扎饬一件，内开"为扎饬事，照得我蒙古自康熙年间，隶入版图，所受历朝恩遇，不为不厚，乃近年以来，满洲官员，对于我蒙古欺凌虐待，言之痛心。今内地各省，既皆相继独立，脱离满洲，我蒙古为保护土地、宗教起见，亦应宣布独立，以期万全。现已由四盟公推本哲布尊丹巴呼图克图为大蒙古独立国大皇帝，不日即当御极。库伦地方，已无需用中国官员之处，自应即时全数驱逐，以杜后患。合行札饬三多，札到该三多，即便凛遵，限三日内带同文武官员暨马步兵队等，赶速出境，不准逗留，如敢故违，即以兵力押解回籍，此饬等因。"三多见事已至此，只得召集印房满、汉官员，共议启行办法，一面据实电奏。次日清晨，即十月一日，俄兵带同蒙兵多人，往清兵防营，勒收枪弹，由西库伦至大臣衙门，及印房前后一带，遍布俄、蒙军队，往来华人，辄被禁阻，中国商户，间有被其搜查及勒令关闭者。全城汹汹，大有坐待宰割，不知死所之现象，十月初九日，哲布尊丹巴呼图克图，行登极礼，同其妻额尔多尼，莅北庙受贺。宣布独立，称大蒙古国，以共戴为年号。于是设立政府，分五部，即内阁总理下内务部、外务部、财政部、兵部、刑部是也。外蒙独立之局，于形式上遂完全告成矣。

（二）蒙人之自治　蒙古既宣布独立，民国元年九月，俄密派前驻京公使廓索维慈，前赴外蒙，迭开会议，各汗、王公等皆列席。该使力言蒙古宜速决定对于中俄之关系，并劝诱订定蒙俄协约。其时外蒙方热心于建造国家，犹以为条约成立后，必可自成一国，必可为国际团体之一分子，必可有各国之公使、领事，派遣来蒙，故甫及一旬，约已成立。此约签定后，同日尚有商约之订定。条内所载，有为俄人在蒙古业经享用之利权及特权，并载蒙人在俄国享用之利权及特权。此外尚有俄人与外蒙私订条约，如开矿条约、铁道条约、电线条约等。兹以又〔文〕长，俱不之录。俄蒙私订条约后，为我政府所闻，十一月七日，以公文致俄使库朋斯齐，提出抗议云："蒙古为中国领土，现虽地方不靖，万无与各外国订条约之资格。兹特正式声明，无论贵国与蒙古订何种条款，中国政府，概不承认"云云。于是俄使屡次声言："如能承认俄蒙协约，更可订结中俄条约，若中国不允，俄国亦无改订中俄条约之必要，惟履行俄蒙协约可矣"云云。

（三）中俄会议后之蒙古　我国提出抗议后，俄国态度，至为顽强。陆征祥接任外交总长，遂与俄使在京开正式交涉，乃特允其开送条款，以资磋议。十二月七日，俄使来部会商，我政府修改条件五款。十二月十七日，陆总长复修改条件六款，面交俄使。翌年一月四日，俄参赞格拉卫，以公使有病，特代交来修改条件五款。十一日，我政府复修改其条件，提交于俄使。两方提议，迭经辩论，复会议至十七次之多。于五月二十日会晤时，协约大致就绪，计有六款如下：

中俄两国为免除蒙古现状所能发生之误会起见，协定条款如下：

（1）俄国承认蒙古为中国领土完全之一部分。兹特担任于此领土关系之继续，不谋间断。又此领土关系上生出之中国历来所有种种权利，俄国并担任尊崇。

（2）中国担任不更动外蒙古历来所有之地方自治制度，并因外蒙古之蒙古人在其境内，有防御及维持治安之责，故许其有组织军备及警察之专有权，并许其有拒绝非蒙古籍人在其境内殖民之权。

（3）俄国一方面担任除领署卫队外，不派兵至外蒙古，并担任不将外蒙古之土地举办殖民。又除条约所许之领署外，不在彼设置他项官员，代表俄国。

（4）中国愿用和平办法，施用其权于外蒙古。兹声明听由俄国调处，照上列各条之本旨，定立中国对待外蒙古办法之大纲。并使该处中央长官，自认有中国所属部内向有之地方官吏性质。

（5）中国政府因重视俄国政府之调处，故允在外蒙地方将下开利益给予俄民。（加入十七条条文）

（6）以后俄国如与外蒙古官吏协定关于该处制度之国际条件，必须经中俄两国直接商议，并经中国政府之许可，方得有效。

以上六条，七月八日，得通过于众议院。而参议院方面，因议员多不慊于政府，遂于十一日，将原案否决。俄使闻之，因亦推翻前议，至十三日，以其政府名义致照会于外部，并附新提出条款大纲四项。此照会之来，而数十次会议之功尽失，袁大总统大愤，外交总长陆征祥，亦因而辞职。次任总长孙宝琦抵任后，至九月十八日，始与俄使开议，会商十次，始将两国声明文件及另件完全通过。兹将声明文件全文录后：

（1）俄国承认中国在外蒙古之宗主权。

（2）中国承认外蒙古之自治权。

（3）中国承认外蒙人，享有自行办理自治外蒙古之内政，并整理本境之一切工商事宜之专权。中国允许不干涉以上各节，是以不将军队派驻外蒙古，及安置文武官员，且不办殖民之举。惟中国可任命大员，偕同应用属员，暨护卫队驻扎库伦。此外中国政府亦可酌派专员，驻扎外蒙古地方，保护中国人民利益。但地点仍照本文件第五款商订。俄国一方面，担任除各领事署护卫队外，不于外蒙古驻扎兵队，不干涉此境之各项内政，并不在该境有殖民之举动。

（4）中国声明承受俄国调处，按照以上各款大纲，以及一九二一年十月二十一日俄蒙商务专条，明定中国与外蒙古关系。

（5）凡关于俄国及中国在外蒙古之利益，暨各该处因现势发生之各问题，均应另行商订。

声明另件：

（1）俄国承认外蒙古土地为中国领土之一部分。

（2）凡关于外蒙古政治、土地交涉事宜，中国政府允与俄国政府协商，外蒙古亦得参与其事。

（3）正文第五款所载随后商订事宜，当由三方面酌定地点，派委代表接洽。

（4）外蒙古自治区域，应以前清驻扎库伦办事大臣、乌里雅苏台将军及科布多参赞大臣，所管辖之境为限。惟现在因无详细地图，而各该处行政区域，又未划清界限，是以确定外蒙古疆城〔域〕，及科布多、阿尔泰疆界之处，应按照声明文件第五款所载日后商订。

（四）外蒙煽诱内蒙　外蒙方面久拟并合蒙旗，组织国家，仅予以自治权，仅限以外蒙及科布多，尚不足以餍其大欲。故以并合全蒙为主旨，自独立后，屡次征扰内蒙，无非欲遂其并吞之志。自闻中俄声明文件成立后，惊惧交集，一面出示，分布内蒙，借图煽惑；一面特派密使三音诺彦汗那木囊苏伦赴俄，央求取销中俄前订各件，并请派兵助战，以窥内蒙。卒为俄人所拒，未能满志。兹将其煽惑内蒙告示，摘其要语如下：

我蒙族互相联络一气，各外国出而画分，自属不易。若再不识此机，同族离散自误，甚为可惜，我蒙族抱定宗旨，赶速上书归于一致，始成为蒙国。

今民国揣度蒙古定必统一，乃任意笼络内盟，恐其彼此通信，严行防守，以致蒙力不能一气相协；并设计笼络，意图日后将内蒙各旗游牧田产，均为己业。其情人所共知，尔等如知此情，不受其笼络，方能脱离灭亡之祸，亦属显然。

以上告示之重要语也。

（五）恰克图会议　自中俄声明文件互换以后，至三年九月，中、俄、外蒙三方，各遣代表会议于恰克图。是役也，中国全权专使为都统衔毕桂花〔芳〕，驻墨西哥全权公使陈箓，又顾问蒙藏院参事陈毅，参赞外交部佥事王景歧，蒙藏院佥事范其光，翻译王凤仪、阜海。正式开会凡四十八次，往来会晤谈判，亦不下四十次，都九阅月有奇。就中所历之大波折有三：

1. 铁路邮电问题　十二月十日，俄使无故取消已议条文，十二日私与外蒙代表发订电线、铁路条约，蔑视中俄声明文件，政府顾全大局，不肯决裂，函电诘责，卒无效果。仅得保持邮政为交换条件而已。

2. 税则问题　提议之始，颇可磋商，免税虽不可冀，而值百抽二五，已无异词。乃日本交涉发生，俄人遽变态度，推翻即〔既〕议，局中人繁〔体〕念民艰，出全力以操纵之，反复持争，断续讨论，费时最久，卒至让步。政府委曲求全之意，及向之进退措施之道，举为俄人所窥，遂密移而立于被动之地位。

3. 内外蒙交界不殖民问题　我虽严词拒绝，彼以为然否为会议成败关系之条件，停议半月，政府卒备文承认大纲，以期和平解决。然会事亦从此暂告结局矣。

俄人提议事项，轶出声明文件范围，其最重要者亦有三：

1. 税则条文要加"无论何种出产运入中国"一语，按"何种"法文可训为"何地"，意在朦混，意图输入俄货。

2. 中俄诉讼条文，以咸丰七年《天津条约》第八条另加解释，意在破坏我司法前途，牵动各国会审条约。

3. 内外蒙交界不得殖民条。（除此条另商办法外，其余两项虽力争取消，然已得不偿失。）

以上为民国初叶之蒙古情形也。关于近十余年之记载专书，现尚付阙如，故无从采述。惟自日本占领东三省后，蒙古之形势，更形紧张。夫蒙古为中国完全领土，至使日人欲据为征服世界之根据地，吾人观田中首相之奏折，有不掩券〔卷〕三叹息者哉？蒙古地大，便于殖民，盖日、俄所欲得而甘心者，中国于此时，若不严讲守备治民之法，则蒙古之为蒙古，未可知也。深望政府凛唇亡齿寒之训，遴选干员，以牧蒙民，兴其利，除其害，固城郭，缮甲兵，人心既附，一旦有警，且争死其长上，复何外附之足忧哉？窃尝论边地之民，去中原辽远，身不睹礼义之化，耳不闻道德之训，故常怀反侧，难于统制。而圣人所赖以欢服之者，盖舍善政莫属耳。行善政则近者悦远者来，不行善政，则为丛驱爵，为渊驱鱼，外附之心萌，而内叛之志决矣。此余所以于考蒙古之余，并望政府能孜孜于蒙古之治，而后可收利于无穷也。而鉴往知来，观蒙古之往迹，其亦可为施政之一助也欤？

参考书一览表：

《蒙古史研究》

《满蒙问题》

《元代经略东北考》

《蒙古概观》

《满蒙古迹考》

《元史考》

《蒙事随笔》

《元代蒙汉色目待遇考》

《外蒙近世史》

《图书集成 · 边裔典》

《中国分省地志》

《小方壶斋舆地丛钞》

《中国分省地图》

《玉海 · 地理》

《圣武记》

《读史方舆纪要》

《朔方备乘》

五种《纪事本末》

《元史》

《青年学术研究会季刊》

福州青年学术研究会

1936 年 2 卷 3 期

（李红权　整理）

绥远集宁县志略

许辑五 撰

甲 自然状况

一 沿革

绥远集宁县在战国时属赵地；秦时今县南部为雁门郡地，位于原阳以东；汉为定襄郡之东部及雁门郡之西部地，唯县名无考；光武中兴，置并州，今绥境皆为并州之一部，故今县当属并州，但东汉县名亦难详考；降及三国，地属魏治，然西自云中，东抵辽水，皆归鲜卑；西晋时代，绥远荒废；北魏设置镇戍，今县地为当时六镇之一部，概即抚冥、怀荒、柔玄三镇之戍兵地也；隋氏为马邑郡北边外地；唐属云州；辽为西京道界外之边地；金属西京路；元为集宁路集宁县西部地；明入蒙古，一部属山西大同路丰川卫北边地；清初因之。光绪十年，属山西大同丰镇厅及朔平府宁远厅辖地，光绪廿九年宁远分治于科布尔，成立陶林厅，丰镇分治于二道河，成立兴和厅，为今绥东四县之雏形，是时四厅均隶属归绥道。民国三年，晋绥分治，遂将绥东四厅，划归察哈尔区，本县是时尚未具有行政组织。迄于民国八年，平绥铁路修达今县治南二十里之平地泉村，路局拟于此地设立二等车站，而该处教民，不明铁路之利益，坚决反对，路局不得不已，临时移设该村北二十里地方之老鸦（读如洼）嘴村，即今县城也，故今车站仍以平地泉名之，平地泉遂加以"老"字以别之。九年，丰镇县垦务局局长杨葆初，以平地泉车站为蒙边要隘，加之交通频繁，百业待举，遂呈请当道移局于今县治，其当时呈请原文："……查筹边要道，首要移民，欲事抚绥，宣〔宜〕先设治。察区地方辽阔，县分星稀，当其划分之始，每县有周辖五六百里至七八百里不等，因其属境散漫，故一切设施有鞭长莫及之虞。即据〔距〕县窎远，人民纳赋输捐，亦有跋涉疲劳之苦，势非度地设治，不足巩固边陲，发展民智也。查丰〈镇〉县西北新平地泉地方，东南距丰镇县城一百五十里，西距凉城一百八十里，西北〈距〉陶林一百四十里，东北距商都一百六十里，四周土壤肥沃，广漠漠〔无〕垠，按其天然形势，亟应由丰、凉、陶、商四县酌划地亩，并作一区，添设县治。且查该处四通八达，地居险要，近有京绥铁路在该处又建筑头等车站，因之四方投资营业及侨民远来承垦者，大有争先恐后之势，只以该处居民距城过远，遇事尤感不便。局长每遇赴乡催荒，绅董商民，辄以改移设治为请，良以无设治机关，万难安辑流民，镇蹙〔慑〕匪氛。惟设治伊始，需款当属不资，值此财政竭蹶〔厥〕，又不能不妥筹因势利导之方，以期推行无阻。局长愚见，拟将职局移驻平地泉，改为平地泉招垦设治开埠局……"（见《集宁设治文献要录》）由此可知当时设治之起因也。九年一月，该局正式成立，同年在县境东南四十里地方，八苏木集成庄，发掘原〔元〕代古碑一方，系元大德十一年七月十九日加封孔子大成至〈圣〉文宣王事，额曰大王庙，证之史载鸳鸯泺（集宁海），俗名二苏木海子，旁有集宁城，可信焉，故当时遂采用古名，曰集宁招垦设治局。十二年呈请设县，至十三年二月十五日始正式成立，民十八年一月正式划归绥远。

二　形势及位置

集宁位绥远之东部，县城扼平绥路之要冲，西距省会归绥二百八十九里，东界兴和，南界丰镇，四〔西〕北与陶林为界，西南与凉城为界，东北与商都接壤，居绥东之中央。地势北高南低，有灰腾梁横互〔亘〕其北，突伸陶林、商都两县间，接壤内蒙四子王旗，北部、中部多高原丘陵地，南部宽广多平坦，在灰腾梁之苏吉不浪、红浪大庙、白彦沟、乌底沟皆为要冲之区，故其形势极为险要。

三　山脉及沟谷

境内山脉，皆阴山之支脉也。其最大者，首推灰腾梁，绵延起伏，随地而异名，无数怪山，在县治东北。其右有深谷曰乌底沟，形势险要，道路崎岖，为通蒙之要道。八印脑包山为陶、集二县之界山，他如乌拉山、双脑包山、岱青山、聚宝山、老龙不浪山、五个脑包山、喇嘛孔督山、宝石山、爱立公山、猴儿山，皆灰腾梁之余脉也。长凡一百二十余里，绵互〔亘〕于北，为天然之屏障。考灰腾梁系蒙语"冷"之意，山岭平坦，水草丰美，适宜牧畜，去年绥省政府，曾拟于此地设立畜牧场，足征是地之地势优良也。其山谷之大者，为哈拉沟、白彦沟，皆通蒙要道也。

四　河流及淖泊

集宁境内无大河流，其较大者仅霸王河及泉玉林河。霸王河在县城北三里许，折流而南，其地地势低洼，清流荡漾，宜于灌溉。泉玉林河在县城西北六十里白彦沟附近，源出灰腾梁山下，经三股泉、义生庄，流入丰镇境，会于霸王河，入二苏木海，长凡四十余里。霸王河发源于红旗八苏木二道沟，注入于黄旗二苏木海。

在城北七十里有虾酱河，源出贲红村山后，流二三里即渗入沙中。其他河之小者，有索旗河、阿旦河。淖泊在县境内特多，境北中特拉一带，有碱池五六处，其最大者面积达五六百亩之大，为天雨蓄积而成，水味甚咸，在阿桂山北亦有一海，曰红海。

五　土地及面积

集宁地形，纵长横狭，北部突出，壮〔状〕如弥勒佛，横约二百一十里，纵约一百八十里，除缺凹之处，合计面积约二万七千二百方里。山地居多，故可耕之地，计五千六百方里，历年垦殖，现今已升科粮地达一万零四百八十一顷，而实际现下种者，仅六千四百余顷，较之升科地约占二分之一有奇。

六　气候及土质

集宁地方，大部分为高原，土质多水成岩夹层，土多有粘性之砂土，大约在侏罗纪以后，多向断层，间亦有其他皱褶断裂，或局于一隅，变化殊多，无一定之规则。地之高度，达海平面四千六百余英尺，为平绥沿线最高之地，故气候极端大陆性，温度极低，雨量极少，气温冬夏相差很烈，即一日之中，昼夜也发生极大激变，夏日往往昼间炎热如火，夜则严寒如冬，故有"早穿皮袄午穿纱，守着火炉吃西瓜"之谚。其四季温度以摄〔华〕氏表计之，平均春季五十二度，夏季八十度，秋季二十度，冬季二十五度，每年四五月间，犹结坚冰，至十月时地即无青草，其寒冷之程度可知矣。

七　天然产物

动物：因本县山岭层叠，故野兽到处皆是，有狐、狼、獾、狸、黄羊等，本县居民以猎为生者很多，故其皮毛售价颇廉。

植物：天然植物，以药材为多，在灰腾梁一带，产大黄、黄芪、甘草、防风等，产量颇丰，运行于天津及安国（祁州）一带。

矿物：在县城北二十里之马莲滩及霸王河北岸之唐脑包一带，皆产煤，但煤质松软，火焰不大，惟价颇廉。其他在中特拉一带海子，产有盐与碱，德润庄附近产有云母，惟尚未大批开发。

乙　经济状况

八　实业

1. 农林

集宁住民，大部以农为业，农民约占一万三千六百户（内有晋民春来冬去者）。能耕地面积，总数约一万七千七百七十顷，旱田约一万七千七百六十顷，水田不过十余顷，今所耕者，仅达一万零三百三十顷，其中占有五十顷以上之地户仅五家。佃租制度，有佃户及地主二种，农具、牲畜由地主供给，佃农仅出劳力，收获分粮，普通各得其半，其农具、种子、牲畜由佃户自给，收获后分粮，则有地三〔者〕三成或二成，佃户七成或八成者，以其地之肥瘠而定标准。其农产物，以莜麦、大小麦、谷子、糜子、黍子为大宗，麦子每亩可获二三斗，糜、黍可获四五斗。因其收获无多，故地皮假〔价〕极廉，最肥之地，每亩不过四五元，中等二元上下，瘠地不足一元耳，水田每亩约十元左右。其本县每年农产数量，列表如左：

农产品	莜麦	小麦	大麦	麦子	谷子	麻子	菜籽	荞麦	杂豆	胡麻	总数
年产额（石）	60,000	10,000	40,000	20,000	1,500	450	200	1,200	240	5,000	134,090

至于林业，本县因地势高亢，气候寒冷，栽植不易成活，故

树木特别稀少，仅于县城南门外河渠中，植有杨柳树约二十余亩，其沿河两岸，亦皆栽植，现均丛密成荫。此外，第一区张姓种有榆树二亩，第二区亦张姓植有杨树一亩，但系丛生，均未成株。铁路沿线，栽植成活者亦不少。人民鉴于树株之可活，故近年街头屋角处，栽植者亦不少，数年后不难免除荒漠之气象矣。

2. 工商

集宁工商业，除弓沟镇及卓资山二处，皆有小规模之工商业数十家外，其大部皆在县城。至于县城之工业极为幼稚，仅有小规模之手工业百余家，资本最多一千五百元，最少二百元，普通五六百元。新式工业有打蛋厂，营业尚佳，工人约二百余，多女工、童工。其他营业发达者，以皮革业为佳，每年营业最多约万元，最少者千元。各业组织皆徒弟制，年仅给洋五六元。惟因交通便利，一切物品，皆来自各地，故工业颇不发达。

集宁商业，在初设治时，大小商店，不及十家，迄于平绥路修达，民国十三四年间，大小商店，达四百余家，仅粟店一项，即有廿家之多，岁输出粮食达二十二万石，市面赖此，因之而繁荣。考其原因：（一）设治未久，且交通便利，内地人争先恐后，前来垦殖，人口增多之故；（二）地位适中，四方皆来交易，极易周转；（三）新垦田地，又得天时亦佳，收获很丰，市面经济周活。基此三因，故设治数年，市面顿呈繁荣之象，最近调查，本县大小商店约五百余家，以运输公司为最发达。

3. 畜牧

集宁境内有灰腾梁，横贯全境，非耕之地，即可牧畜，居民大都以畜牧为副业，故年额畜很多，而本县之马种尤为佳良，系蒙古马与新疆马配种，体大而雄壮且美健，南方北上买马者，大都讲〔购〕于本县。马群之大者，有三四百之多，羊群有近千之群，终年牧于野，逐水草而牧，获利倍加。近年有剥羔羊之风，希图近利，对于羊产额量，不无妨碍，当局虽有禁令，然终难少减。今将每年产家畜量列表如左：

畜名	马	牛	骡	驴	羊	猪	总数
年产额	1，211（匹）	1，487（头）	180（匹）	229（匹）	3，322（只）	890（口）	7，312

　　4. 矿冶

　　矿产品种类及产地，前已略述，今将其采矿起源及方法述之。缘于民国十年居民于马莲滩一带，方发现煤田，遂于是年冬呈请当局，准予立案开采，定名为永宁煤矿公司，资本五百元。其开采之法，系就土掘坑，深约三丈余即得煤，一穴共需二人，一攫一汲，穴口置辘轳一具，日可采煤一千二百余筐，洋一元可购八十余筐，每筐约三四十斤，再以牛车运往各地，一车值洋一元上下，重约三四百斤左右，以其假〔价〕廉，故民多乐用。其制盐之法，系取碱海之水煮之即得，因质较劣，故销路不广。

九　交通

　　1. 铁路

　　平绥铁路自苏集入县境，经县城中间，折而西行，至三岔口站即出境，复入丰镇境，经过八苏木及十八台两站，又入本县境，经马盖图而达卓资山，西行达绥远。自是路修达，集宁遂成为绥东之重镇，故言开发边陲，首重交通。

　　平潢铁路，系未成之预定线，自县城经土木尔台达潢江，长凡四百六十余里。查本县为平绥路极北之一站，与潢江成南北之形势，沿途平坦，修筑自为易举。当此边疆云风之际，潢江为内外蒙之要道，察、绥两省之屏藩，此路倡于民国十四年，惜筹而未筑，果此路完成，不但可巩固边防，抑可挽外蒙之商权，在政治上亦易收统一之效，国人曾注意之乎？

2. 公路

集陶公路　自集宁西北行，经马莲滩、乌衣沟、东壕堑，至向道梁，长凡一百三十里。其中乌底〔衣〕沟一段长二十里，山路崎岖，起伏不平，又因霸王河夏季之洪水暴涨，辄阻行旅。由向道梁、柴家村、他拉胡同而达陶林，此三十里路途平坦，土质坚实，惟中经山岭之处，土匪出没无常，拦劫抢掠，以致汽车往往有时因之停驶。

集商公路　由县城迄察省之商都县（七台子），长凡一百六十里，唯其路亦不平靖，行旅为艰。

集隆公路　此路由县城自〔至〕丰镇之隆盛庄，经榆树湾、楼子庙、五福营屯至隆盛庄，路途平坦，计长百余里，营业以此路为佳，西北交通汽车公司，驶车行于此路。

上述三路皆可通行汽车，其行马车、骆驼者，有通兴和、丰镇、凉城、绥远大道四条，惟通绥远与丰镇二道，自通火车后，行旅车辆，逐渐稀少。

3. 邮政

绥远邮政在昔归山西邮政区，近年划归北平邮区，集宁县城设有三等甲种局一所，通汇一次，限洋二百元以下，惟近年地方繁盛，人口增多，往来信件浩繁，故有改设二等局之请。其在县境者，卓资山设有三等乙种局一所，弓沟镇设有代办所一处。在县境南二十里地方之老平地泉，亦设有代办所，归本县邮局管辖，皆以火车运输，故极便利，平、津报纸，隔日可到。

4. 电政

电政归张家口热察绥电政管理局，集宁设有支局，并附设长途电话处。此外，省政府在本县设有电信分局，除与本县各区公所通话外，并与陶林、兴和、绥远、隆盛庄皆可直接通话。集陶线长一百五十里，为民国廿一年绥远电信队修栽。集隆线长一百廿里，分局内有三处交换机一部、话机一部。

十　建设

1. 水利

集宁水利多系私人经营，现在已成渠道，计有四条，兹分述于左：

张起武渠：渠口通于壕赖沟河，经过裕厚庄、十周村，清水常流不绝，洪水在夏秋二季可供溉地，长凡三里，宽五尺，深三尺，可灌田七百余亩，民国三年，张姓自行出资开成。

霸王河渠：系民国十九年以工代赈筑成，由省赈务会，据华洋义赈会款兴修者，二十年完成，渠二千五百五十丈，并建大桥一座，需款四千三百元，经过地为同庆庄、如盛庄，引用之水为霸王河水。

民利渠：系第□区祥盛庄村民合资开者，可灌地二顷八十亩。

张全渠：该渠由壕赖沟山上小水泉发源，经小土城村西北，可灌地四五顷，惟渠不宽广，灌田不多，近年议重行开挖。

此外有二道河渠，为拟开之渠，长二十余里，又与丰镇县合资开之丰集民生渠，渠长一千三百八十丈，引用霸王河水，可灌田一百二十余顷。

2. 卫生

本县卫生建设成绩毫无，近年始有平民医疗所一处，但设备简陋，民不能受其惠，但有教会施诊送药，民多称便，故现今卫生建设实为最要之工作。近年时有灾疫流行，死亡人民之多，深可浩叹。

十一　垦务

1. 沿革

本县设治虽迟，但垦殖历史已早。考境内原垦之地，为察哈尔右翼王公牧厂地之一部。自清光绪二十九年至三十四年，本县已开垦地不少矣。案清季贻谷督办垦务，分为东垦、西垦、土默特牧场地，暨各台驿站地数部，本县即在东垦之区中，为右翼镶红、镶蓝、正红、正黄四旗，属于丰、集、凉、兴、陶五县。当开办之初，先令各王公将地亩报垦，右翼由绥垦分设清丈局，并设东路公司。自光绪二十九年至三十四年，右翼共清丈一万五千余顷。

2. 垦后情形

本县原为其他四县属地，故今县为正红、正黄、镶蓝三旗之各一部地，自划归绥远后，垦务总局于本县设立第七分局，管理绥东土地开垦清丈事宜。据十九年统计，计开垦者为一万零四百八十一顷九十二亩，但未垦之地尚多。自蒙古倡导自治，未垦之地，从此无开垦之望。

十二 金融

1. 银行

本县向无银行之设，只不过有丰镇分设之一二钱庄耳。自民国廿二年，绥远平市官钱局，始设分局于县城，去年十一月中国银行亦设分行于县城，因此地方金融颇呈活跃之现象。至于旧式银号，现有四处，附驻于其他商号中，办理存款汇兑。至市面周行之纸币，种类极多，除大多数为平市票外，其余如山西省银行票，中国、交通、中南、保商、农工、垦业、边业等银行之票，甚至绥远全境不便通行之票，本县尚可维持，此其特点也。通汇地点，为归绥、张家口、忻州、太原、祁县、平、津等地，汇水大约每汇千元，约一二元至三四元不等。

2. 合作事业

集宁因历年荒歉，农村地〔经〕济渐趋崩溃，政府为救济起见，爰于省垣有合作事业捐〔指〕导委员会之设。贷款于本县五百元，年利五厘，于民国廿一年九月在察汉营组织成立，曰信用合作社，社员十一人，资产五十五元，果能在将来逐渐推广，救济农村，其效甚于一切救济。

丙　社会状况

十三　政治

1. 行政

本县为二等县治。县府组织在民国廿三年以前，县府之下，分设四局，即公安、财政、教育、建设四局。自廿三年秋，奉命裁局并科，于是县政府之组织，较前为大。县长、秘书之下，分设二科，各科设科长一人，第一科长兼总务主任，次设民政主任一员、财政主任一员、科员二员、雇员四员；第二科科长兼财政主任（地方财政），分设建设主任及教育主任各一员、督学技士一员、科员一员、雇员六员，处理全县行政事务。

2. 财政

财政大部分收入为田赋，据十九年度统计，集宁田赋总额为三万五千一百五十八元，但实际征收者，仅一万九千五百五十三元，每年分两次交纳，惟遇天灾歉收，田赋征收则生困难。除田赋之外，杂税尤多（内包括商捐、妓捐、屠宰附加捐、卫生验讫捐、牲畜附加捐、羊肠捐、婚帖捐、店捐、卫生捐及田税附加、地方公产收款等）。其征收情形，田赋附加由县政府随粮带征，地方公产捐由教育局经收，杂税由财政局经收。

3. 司法

本县司法久已独立，设有司法公署一所，置监督一人、书记官二人，受理民刑诉讼事宜。最近丰镇成立地方法院，本县划归管辖。司法公署附设有看守所，执行未决之人犯，判决后解省监狱执行。

4. 保安

集宁保安，可分警察、保卫团、驻军各方面，兹分述之。

本县在民国八年初设警察所，置所长一人、分所长五人，分驻各区，并于各区各设巡官一人，城区有步警四十名、马警二十名、队长一人，各区皆设马警十名。至民国十七年改为公安局，另行组织，各警区改为行政区，另置区长、助理员，其公安局置局长一人、二等巡官一人、二等巡长一人、三等巡长二人、雇员一人、警士三十三名、枪械廿一枝、骑马十匹，每月经费四百六十二元，其来源由商店捐及田赋附加项下支付。

保卫团之组织，全县设一总队，编为三分队，总团长一职由县长兼任，至于全县共有官长七十五员，团丁三百八十九名，有枪三百十六枝，骑马一百九十七匹，本县赖此剿匪，颇见成效。去年冬有改为民团之令，由各保各甲抽拔，约可拔壮丁五百余人，以供自卫。近年各乡村之防御工事，建筑亦不少，已筑围堡之村庄十六村，已挖围沟之村庄十八村。

本县驻军，现有骑兵一旅、步兵一团、炮兵一团。去年去县城外西南隅，以兵工建筑大营房一处，闻今夏可告竣，闻可容兵一师之多，从此本县防卫上更巩固无虞矣。

十四 教育

1. 教育行政

本县教育行政机关，最初为劝学所，成立于民国十一年，至十四〈年〉改为教育局，内设局长一人、股主任二人、督学二人、事务员二人、录事一人，各区设教育委员一人。去年始裁局，于县府之下设教育主任及督学各一人，办理教育行政事务。至于学区，依行政区而划分为四区。

2. 教育经费

全县教育经费，年一万三千二百元，其来源大部由田赋附加捐而来，次之为婚帖捐，年约一千二百元，房租年约五百元，学田租年约五百元，三宗共二千二百元，苟遇凶歉，行〔则〕经费动摇。

其经费支出，每年入不敷出。经费大部分用之县城小学，社会教育更占少数，因其来源征收无法，故时欠薪，对于教育前途，殊多障碍。

各级人员薪给，主任月薪四十元，督学三十元，小学校长二十七元，教员十八元至廿五元，乡村小学教员十元至十五元。

3. 学校教育

全县小学现共有廿二处，完全小学三处，学龄儿童总数达一万零七百五十人，男龄儿童六千八百五十人，女童三千九百人，除就学儿童男生六百五十人、女生二百人外，失学儿童约九千九百人之多。其分布状况，在第一区境内者，凡四校，二区境内者，凡五校，三区境内，凡五校，四区境内，凡五校，其余设于县城，惟因乡村不靖，乡村小学，有时辍时设之扰〔忧〕。

4. 社会教育

社会教育在前设有社会教育所一处，自廿一年取消，于廿二年复设。图书馆附设民众学校一处，图书现有七百余册，多民众读物，刊物约十余种，日报八种，每日平均阅览者约五六十人，以商界为多。

5. 私塾

私塾在境内为数尚多，现约五十八处，学生一百三十二名，但教师率多冬烘，仍令儿童读经，并不讲体育，殊不合儿童需要，亟应设法改善或取缔，不然学校因之亦受影响，因民众信仰颇盛，故势力颇厚也。

十五　文化

1. 文化团体

本县地处边陲，文化晚开，赖交通之发达，始有今日之情况。自民国廿年春，本县创立绥远省立第二师范学校后，始有文化团体之产生。本县人氏组有文献委员会，以及丰镇旅集学会、绥二师集宁学会、村语社、塞云社，皆文艺团体也。各皆出版刊物，而尤以《晓声》为其滥觞，廿三年为极盛之期，今人员星散，不复如昔之盛矣。本县又创刊周报，系党部办理，党务停止，报亦中寝矣。

2. 文化遗迹

文化遗迹发现殊少，民国十年，县境东南发现元代古石碑一方，系元代集宁城孔庙之遗迹。在县境北贲红地方有阿桂庙，建筑壮丽，内有喇嘛数十人，所藏古代经卷甚多。再近年发现古印、古墓极多，虽无鉴别，亦可知是地在古代已文化灿烂矣。

十六　自治

1. 区治

集宁划分全境为四区，第一区公所设于县城，第二区设于弓沟镇，第三区设于贲红，第四区设于东卓资山，各区经费每月皆为一百四十二元，并设有保卫团，维持地方治安。去冬将区长取消，改设自治捐〔指〕导员于贲红，以捐〔指〕导乡村自治。

2. 乡治

全境共分四镇五十五乡，共七百八十七村，镇设有镇公所，乡设有乡公所，办理乡村一切事务。每村二十五家，设一闾长，五家设一邻长，惟最近已改为保甲制矣，其经费则按地亩均摊。

十七　宗教

境内蒙汉杂处，习尚迥异，信仰自不相同，故宗教各异。除佛教、道教，本县信仰绝少外，兹将一般人民所信仰之宗教，分述如左：

1. 喇嘛教

蒙民大部信喇嘛教。本县有喇嘛庙两处：一在灰腾梁山下，俗谓之白喇嘛庙；一在贲红，曰阿桂庙，建筑均壮丽，内有喇嘛数百人，一年四季，经庙拜谒者，不绝于途。

2. 回教

本县回教徒，系近年由附近或燕、晋迁来者，现共有教民一百三十九人，设有清真寺一处，教民多营小本商业，颇勤俭自守。

3. 天主教

天主教在绥远，势力雄厚，全省教堂约二百余处，教民达十万之多。本县为华北之一大教区，设主教一人，辖绥东各教堂。在本县境内有教堂二十四处，中国司锋〔铎〕十人，教民九千八百余人，其经营之男女学校共四十六处，较之本县设立小学为多，国人其注意及之！

4. 耶稣教

耶稣教在本县城南门外有信乐会福音堂一处，站东有救世军福音堂一处，此外卓资山亦有福音堂一处。三处中西教士约十五人，教民约五百余人。至福音堂附有诊疗处，每周开诊三次，皆不取费。卓资山有孤儿院之设。

十八　住民

1. 种族

本县人民虽汉、蒙、回皆有，而以汉族为最多，计一万一千四百三十二户，人口为六万九千一百一十四人，汉人占百分之九十八，其他各族仅占百分零二，蒙民仅二百九十户，计二千二百六十九人，回民一百三十九人，满族不及百人。兹将分布状况列表如左：

区别	户口数	人口数	备考
第一区	三，一八三	二一，一一七	
第二区	二，七五五	二四，四五三	民国廿年调查
第三区	二，四五六	一三，五八八	
第四区	三，二一八	一九，九五六	

2. 职业

人民务农者，居总人口百分之九十，商居百分之六，工居百分之三，其他职业居百分之一。蒙民职业，耕种、畜牧并重。

3. 语言

本县居民多由山西迁来者，因其年代不远，又因距离又近，故与晋北语言，大致相同；惟自交通开辟，远方来者，日益增加，久之遂因其环境，故融合成一种特殊语言，以适应新环境。至于蒙民，多晓汉语。蒙语，汉人亦多有通晓者，但大部分蒙语已少适用。

十九　生活

1. 衣食住行

县境居民，大都移殖而来者，即土著者，亦不过三十余年之久，故其生活与内地大致相同。因民皆十九务农，故于日常生活上，极为简陋，只布衣粟食，以求御寒果食足矣。然自近年以来，迭经兵灾，贼匪四起，天灾亦来，往往耕者不得安于野，商贾不能安于市，工艺之人，亦多失业，故流离颠沛者，比比皆是。兹先就衣言之，任〔住〕于城市者，衣服尚讲求时髦而美观，然在乡村者，衣服雅素，殆皆粗布皮衣。食则莜面、小米、山药耳，城市之家亦然，故有"口外三宗宝，莜面、山药、大皮袄"之谚。各处民房，多系土房，狭小简陋，屋内土炕，冬夏必生火。至于行路之工具，多骑马代步，间或以牛车代之。

2. 娱乐

本县文化落后，民无高尚之娱乐，惟每于节日有迎神赛会及酬神演剧之举，远近争趋赴之。其不良之娱乐为赌钱，此因无高尚之娱乐所致之也。故电影与播音及民众俱乐部、茶园、公园之设，实提高民智及改善生活之要图也。

二十　风俗

1. 婚姻

婚姻制度，在本县仍保持旧礼教，一切听命于父母，普通男女于十七八岁时，即举行结婚。其于订婚，多由媒人中间往来，两方家长同意，即送财礼于女家；至婚时，先期通信；娶时，新郎乘马前往新妇家迎娶，同时新妇乘轿相归，鼓乐导之，两方各随亲眷，共相贺禧，欢宴数日。

2. 丧葬

丧葬之礼，富者颇以奢糜为荣，贫者殊简朴。死后三日，俗谓之"过三天"。是日，其子孙亲眷，晚提灯至城隍庙或孤魂庙，举行告庙祭，鼓乐导之，其后每隔七日即开吊，并请僧道念经，以资超渡。出殡时，并有各种纸作之房屋、器具等，至坟时烧之，以为死者之用。至后每逢清明日、冬至节、十月一日，皆焚香敬纸，祷于神前，以表追念祖宗之意。

3. 杂俗

集宁居民多务农，故其风俗敦厚，俗尚俭朴。每逢过节，全家团聚欢宴。妇女有因求子而拜神者，病者有求仙问卜者，但此皆少数人，以其地方庙宇极少，人民对迷信观念很轻。惜近年地方有种鸦片者，致民多嗜食之，其影响民之健康，非常重大，此种恶习，有待文化之提高，而逐渐戒除焉。

廿一　县城概况

本县县城，北临霸王河，而依黄家梁，东南方面有老虎山，山之西部有巨石突现，状如卧虎，山名因焉。其山之东南约三里许，毛不浪地方有清泉，终年该处绿草如茵，其地实塞北难有之地也。又在城南南河渠两岸，杂树丛生，山禽野鸟，噪杂其上，每届夏春，城中士女，连袂经游其间者，不绝于途，洵天然之公园也。

县城围以土墙，高丈余，民国廿二年建筑告竣。有门四，曰怀远、永宁、集贤、开明。城周约十里，铁道横贯其中，车站在焉，故铁路多设二门，在铁路东者曰永宁镇，俗谓之桥东，铁路西者曰集贤镇，俗谓之桥西。各机关、商店多设于桥西，住民亦多侨居者，桥西〔东〕商店多小规模者，住民皆土著。街衢广阔，马路系历年驻军所修。其最繁盛之街为九龙街、顺城街、一马路等。城内居民约一万余口，每年冬季增加尤多，因乡村不靖故也。

机关之大者，厥为县政府，其他如公安局、司法公署、保卫团部、塞北关分卡、稽查处、税统查验所、征收局、铁路第二工务总段、平地泉铁路医院等。学校有〔有〕绥远省立第二师范学校、铁道部立平地泉扶轮小学、察哈尔省立正黄旗小学、县立第一高校、第一女小高校、第一初级小学校、私立新民小学等。至于社会教育，有图书馆、民众学校、演讲所，民众团体，有农会、工会、商会、教育会、妇女会等。

公共场所，有醒钟戏院一处，及公共体育场一处。驻军多分布各商户，新营房筑竣，想可免此不便矣。

廿二　蒙旗情况

本县蒙民为察哈尔右翼之一部，散布境内者约二千余人。每旗设总管一人，设参领（章盖）、佐领（孔督）等官管理学〔蒙〕民一切政务及军务。蒙民生活，大部与汉人相同，其兼营牧畜者，多饮奶茶，食炒米及奶食等。妇女操作颇勤。衣则喇嘛多红色和黄色，普通人多蓝、黑色，男女多着袍，束腰带，足多着皮靴，妇女服装、首饰多宝石，价颇珍贵。至于住所，大都为平房，与汉人同，屋内陈设极为简单，其营幕帐生活者，境内绝少。

婚嫁方面，亦有早婚之风，其订婚方式，亦由其父母决定，普通男家赠于女家礼物，而女家无答礼，即婚成。至于迎娶日期，多由喇嘛择定。是日新郎家着人迎新妇，至新妇家门，则新妇之戚友，团作圆形，似拒新妇之离别也。既而新妇出，跨马绕家周围三次乃去。至则拜会新郎及家人戚友，设宴欢贺，至酒酣乃罢。至丧礼，亦多纳椁入殓，间亦有火葬者，再储骨于灵塔。蒙人娱乐，有歌舞、跳鬼、赛马、角力等之竞技。近十余年来，蒙汉互通婚姻，相处极为和洽，蒙民子弟，亦多入学校，彼此同学亦为亲善，一般挑拨离〈间〉我民族分化者，其有何念欤！

《西北刍议》（月刊）

南京西北刍议社

1936 年 2 卷 1—4 期

（苏日娜　整理）

察哈尔蒙边考察纪要

北平朝阳学院察省蒙边考察团　编

慨自东北四省相继沦落以还，举国人士，于痛定思痛之余，乃大声疾呼，团结御侮。然团结虽可托高呼，而御侮则须恃国力之充实，于是朝野上下，乃大倡开发西北之议，移民殖边，充实国防，以为民族复兴之凭借。更当兹国际风云日趋险恶谲诈之今日，国内经济恐慌，日益严重，都市萧条，农村破产，社会经济形成总崩溃之征象，国难深重，又何可讳言？而充实国力，拯救民命，实为刻不容缓之举。察哈尔农村建设委员会成立后，乃积极努力从事建设，其埋头苦干之精神，实足为各方人士之高呼救民救国者所法师。内地各界，尤其是舆论界，亟应予以精神上之鼓励，而金融界，则尤应给以物质上之援助，则艰苦伟大之事业，庶不致因物力不给、精神不继而受摧损，则幸甚矣！

本团同人，此次乘春假之便，利用假期，为课外之活动，特组织察省蒙边考察团，赴西北蒙边一带，作实地之调查，并规定：（一）考察察省在蒙旗放垦地商都牧群一带及化德新设县治农村建设情形；（二）沿张库大道至明安（即滂江）一带，考察蒙民生活状况，便中至德王府访问德王，借表汉族青年对于蒙族领袖之敬意，及不忘边陲之念；（三）如有多余时间，则至察东龙关、赤城、沽源一带，视察国防现状。此次出发考察，历程凡数百里，计时已达半月，于日前分批先后返平回校，特作考察概略，以向关心边陲之国人，并特向察省地方政府及蒙、汉同胞表示感谢招待之盛意！

本团为边政系同学陈为纲君倡议组织，而陶巍、朱培烈、王渊诸同学与剑萍附和之，并经学校当局咨函，获得察省政府之同意，表示欢迎。而同人之能成行，且又为各方所注意，及察省政府、地方政府之殷勤招待，则本校教授余天休博士与有力焉！博士为西北问题专家，与察省军政当局均有深厚交谊，此次除极力赞助同人成行外，并代作介绍函数件，布置接洽一切。本团全体团员一行四人由团长陈为纲君率领，于九日午后专车抵察，先至下堡怡安街交通旅馆稍事休息，即赴省府晋谒省政当局，比因时间稍晚，办公时间已过，省府职员已全公毕回府，未获延见，遂返旅邸。翌晨九时，剑萍复偕团长陈为纲君携学校证明公函与余博士致杨秘书长介绍信至省府，由省府派交际科潘君接见，移时，杨秘书长由公馆以电话通知省府，谓午前不能到府，约于午后二时往见，嘱余等先回旅邸休息。待至午后二时，余等至省府，由潘交际员导至会客室，时杨秘书长已候于客室外矣。相见之下，互道景仰之情。杨君，籍山东，诚朴纯厚，有长者风。为纲君面陈余博士介绍信后，剑萍即陈述来意，并就商考察日程及考察计划诸问题，当蒙一一指示允准。谈约三十余分钟，即辞出。返旅邸后，随用电话约请察省新闻界来谈，应约而至者有《国民新报》、《商业日报》等记者五六人，由剑萍、为纲两人招待，并报告此行目的、计划及与省府接洽考察日程经过，盼新闻界与以协助，使本团同人不虚此行。当由《国民新报》记者刘君，提供许多有关于考察之特殊意见，相谈达四十分钟，始各辞去。在接见记者谈话时，省府交际科来电话通知，谓杨秘书长已派定长途汽车，于明晨八时由张垣出发，至蒙边商都牧群各旗地考察，盼于七时前整装完备，以便出发等语。晚七时许，有本校毕业同学朱延统君、王锡九君、周毓璸君、董维梓君，四人代表留察省同学会来访，相逢边塞，其欣愉之情，远愈在校相聚之日，更蒙指示蒙边考察应注意之事项，并为介绍本团所至考察各该地之负责行政人员照料一切，校友爱护母校同学盛情，于兹表现其精神矣！

十一日晨八时，乘省府特派长途汽车出发，为安全计，省府并派定护卫二人，随车前进，照料周致，深滋铭感！途经万全坝时，曾停车二十分钟，视察万里长城最北口绝塞，此地除仅留少许遗迹外，墙垣已倾圮不堪，沿塞山巅，尚存有千年前之烽火台数座，古色黯然，令人顿生景仰之念！国防设备之周密完备，古今相较，大见悬殊，能不令人望古迹而自惭怍耶?！十一时，车抵张北县（张北县为古辽萧太后建行宫地，宫殿遗址犹存，今为察北唯一重镇，南距张家口百二十里），停车约两小时，稍进茶点，即流览城市。午后一时，汽车开行，赓续向蒙边进发。车沿张库大道，北进约一小时，抵公会镇（公会镇在张北县北六十里，有居民约四五十户），沿途人烟稀少，为内地所罕见。过公会镇百余里，抵察汗赤鲁，有民房三幢（图一），为留客野店，往来张、库间运货之马车队、牛车队、骆驼队客商，均借此三数间土房以作栖止。车稍息约二十余分钟后，复向前进，约百二十余里，抵布敦诺尔，此地与察汗赤鲁相似，除三两间留客野店外，别无他物足可记述。经此再往北四五里，达朝诺干。此处设有察省农村建设委员会办事处，该会村治股全体职员，均在此分任工作，有新建造之房屋数间，村治股主任陈仲山先生亦在此指挥工作，此次察主席宋哲元氏偕民、财各厅巡视各县，及赴滂江会晤德王，往来均留宿于此（此地现更名朝阳镇，察省拟于此处建设新村，其详于后节另述之）。在朝诺干停车约五分钟，由团长陈为纲往访陈主任，适陈氏已随宋主席赴滂江，仅由顾参议代表延见，略谈数语，即告辞登车，径赴加卜寺。车行约十余分钟即到达，时已近暮，化德县设治局长石辑五君迎入县府（图二），稍事休息，由石局长领至平民医院参观（其设备及将来计划，另详后节叙述），当由团员王渊君于医院户外，为石局长、医院院长、大夫、护士及本团同人合拍一照（图三），复至县党务指委会拜访，略谈即辞出，返县府休息。石局长并盛席款待，备极欢洽，而党指委张榜金君亦列席作陪焉。晚餐后，由石局长及张君伴同谈该地风俗民情及地方疾苦（详情另于后节申叙），至深夜十二时，始各休息，当晚即下榻于县府。

（一图）车货之中止休及店野鲁赤汗察

（二图）员职体全府县及景全府政县德化

（图三）石局长及医院长同人就医院外合影

次晨六时许，石局长奉宋主席召往谒（宋主席已于十一日晚十二时由滂江返抵朝诺干），本团同人，由党指委张君导赴城西，参观硕果仅存之四五蒙古包（图四），并访问蒙民生活状况（图五）。午餐由县党部招待，丰膳盛馔，备极情殷。饭后以石局长仍未返，而县府两科长复奉召至朝诺干，故仍由张君导往城厢内外，参观各机关，并视察各项建设，至城南角时，并参观该地居民之穴居生活。盖此地尚有穴居汉民数户，据谈，彼辈均系河南省早年移居者，因生活贫苦，迫于生计，只能度上古时代之穴居生活。其穴约宽四方丈，高丈余，内置土坑一榻，家具少许，生活之简陋，为内地所少见（图六）。返县府稍憩，适萧振瀛委员已偕省府刘顾问，自滂江德王府归来，相会于县府，与谈考察状况。萧君为吉林籍，与同人相谈时，频频回首东北，对已失之大好河山，含有无限愤慨。刘顾问亦东北籍，现为察省农村建设委员会卫生股主任，此行随宋主席视察各地卫生设备，及人民卫生状况，刘君谈吐风雅，而语辄悲壮，其向同人等谈谓："我们的大好河山，已被强敌拿走了，这里眼看也要不得了了，你们诸位还考察，况且这地方又是要什么没有什么的穷苦地，能考察出东西来吗？在北平逛中山公园，在大好春光里，也许比来到这北风滚滚、沙漠飞扬的地方好些吧?"在语调之间,表示出老师考验学生之态度。萧委员接着说:"你们不怕吃苦吗,到这穷荒的蒙古地方来!"剑萍当答以:"是中国的地方,中国青年都应该去考察的,不独这样,尤其是在国防第一线的地方,敌人愈垂涎,我们是更要紧紧地把握着,绝不让敌人轻轻的拿走,所以越是危险的地方,我们政府和人民的努力建设,是越有意义,我们尤觉得越是穷荒僻壤,越是应该注意,像天津、上海一样,又哪用得着我们去点缀繁华,锦上添花呀!来这里考察一次,算得什么苦,就有真正吃不了的苦,我们青年也应该尝尝,因为这里已经有许多位地方长官在努力建设,埋头苦干,他们是先吃苦的了。"时石局长亦在座,相对一笑。萧委员并谓:"你们来的不巧,若早到一天,我们一道到滂江德王府去观光,不是更好吗?现在不行了,德王因蒙政会开会在即,恐不能再逗留于滂江了,只好等下次的机会罢!"同人至此,始知滂江之行已成问题,遂亦只可俟诸异日矣。萧委员本拟邀同人一同至朝诺干晋谒宋主席,嗣因宋主席当晚须回省垣,而同人在此间考察工作犹未完竣,未克随行。迨萧、刘诸先生离加卜寺后,同人复至党部访张委员,详谈蒙旗党务推进状况(详情见后),随就党部门前合摄一影(图七)。适平民医院王院长派员招宴,乃相阶〔偕〕同往,时王院长已迎于门外,略谈即入席,酒肴杂陈,备极精美,席间宾主各尽情欢叙,王院长并报告该院成立经过以及现在施诊概况(详见后述)。九时返县府休息,而石局长正送宋主席由朝诺干归来,余当同为纲君往访,叙谈之下,知主席已夜车返省垣,石局长殷殷代达宋主席之意,嘱同人多留数日,并嘱石局长及朝诺干陈主任善为招待,其礼遇宾客之意,情见乎词,本团同人实为心感。随即商请石局长次日备马数匹,乘赴附近一带考察。次晨稍进早点,即乘公安局特备马匹出发(图八),沿张库大道两旁,分别考察蒙、汉居民生活状况,而德华洋行运货驼队及牛车队络绎于途（图九），并有一队牛车于沙漠道旁之枯草地隔夜住宿，尚未成行。商人住宿于帐幕之中，牛马或横卧车旁，或散于旷野（图十），远处田丘上，并遥见化德县碉堡矗立，厥状宏伟。经此北行约三十余里，遇蒙古包一座，蒙民放牧羊群于沙漠草原交杂之野，本团同人当即趋前垂询日常生活状况，并蒙招待饮乳酪茶一盅。此辈蒙人，不识汉语，本团同人除团长陈为纲君蒙语尚可勉强对付外，其余数人，亦均不能与彼等直接会话，故颇难探究彼等之生活情形。最后则就此蒙古包摄取一影（图十一），遂至牧羊群之郊野，将其羊群拍下（图十二）。时过中午，遂拆〔折〕返加卜寺，正逢石局长率各界举行植树典礼，乃特为拍摄一影（图十三），借留纪念。因蒙古地面，树木稀少，同人此次赴加卜寺途中，除张北县有树数棵外，车行经过数百里途程，竟不见一树，于平原辽阔中，虽立有小而又低之丘陵起伏，然丛山峻岭，则绝未之见，目力所及，一望无际，直达天地相接之处，虽不能语海阔，亦可以云天空，故造林诚为首要之举。且无论自调和气候、调剂雨量、培植风景任何一方面而言，均为必要。昔左文襄公经营新疆，沿西北数省造林植柳，今日尚沾其余惠，故今日边疆蒙地造林之意义，最少亦堪与昔日左公植柳相比拟。是日晚餐由县府招待，因特请石局长备土产莜麦面、山芋为餐，同人均籍南方，初尝此山味，颇觉珍异。饭后，团员各就所负责部分职务，努力积极工作，绘图制表，整理散乱材料，而尤其关于统计工作，至为繁难，因无现成数字可采用也。忙至午夜，方各休息。翌日，应陈仲山主任之约，于早餐后骑公安局所备马匹往朝阳镇，县府石局长并雇牛车一辆，载运本团同人随带行李，并派县府段君率公安局马巡四名护送。当离加卜寺时，狂风暴作，砂砾飞扬，全城在风沙笼罩之下。本团因数日来忙于工作，未曾将加卜寺全景撮〔摄〕下，于临别一瞬间，特由团员王渊君将此风沙笼罩着之加卜寺全景撮〔摄〕下，街市屋宇，隐约可见（图十四），而环城斤陵上所建之碉堡，亦于漠糊中看出，此亦为同人与加卜寺留一临别纪念耳。加卜寺距朝诺干，约二十里，车马行二小时即达，陈主任知本团同人至，与顾参议、安组长迎于室外。稍事休息后，随即导同人参观各种建设，并导至镇外正在开凿之井巡视（图十五）。据谈此地凿井，常达十数丈不见水源者，其建设之困难，无水实为最要，即此一端，已可概见其余。蒙古地之建设，开凿水井，实为首要之图，观其工程浩大，诚令人叹观止矣。陈主任蓄有牛羊各一大群（牛约二百余头，羊约二千余头），雇蒙、汉工人十余代牧，提倡牧畜事业，示为民表率，本团团员王渊君特为摄影数幅（图十六、图十七），用表尊崇之意。当晚留宿于朝诺干，一切均由农村建设委员会村治股陈主任招待。夕间，陈主任、顾参议、安组长与同人详谈新村建设计划及其设施现状，并由顾参议、安组长出示表图，详加说明（关于此部材料，见后节叙述），分工合作，工效显然，其努力苦干之精神，颇堪佩服。本团同人分别加紧工作，至午夜方始就绪休息。

（图四）加卜寺硕果仅存之蒙古包

翌日清晨，同人分赴附近查看地势，并参观新造松林及朝诺干小碱池，八时回寓早餐，九时乘汽车沿张库大道南返，车经张北时，曾停车休息。剑萍当偕朱培烈君至县府访陈县长，适因公外出，复赴牧畜学校访问，又值该校放春假，无可参观，乃乘原车返张垣，至午后六时许，车已抵达，仍回交通旅馆休息。

（五图）影合小家人民蒙与后况状活生民蒙问访团本

（六图）影合后况状活生民人居穴寺卜加问访团本

（七图）影合外部党于（×）员委张与团本

（圖八）影攝時發出察考近附赴馬乘團本

（圖九）隊運駝庫張行洋華德

（圖十）車隊牛之宿露原郊古蒙

（图十一）团长陈为纲（×）访问蒙民生活

（图十二）蒙古人民游牧生活有（×）者团员陈剑萍

加卜寺植树节各界植树状况（×）为石局长
（八）为张委员（图十三）

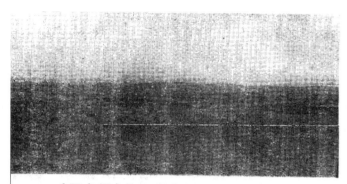

（四十圖）景全寺卜加之中罩籠沙風

（五十圖）「飲以井鑿」

（六十圖（活生之人蒙示，六十，五十圖）「食而羊牧」

（七十图）羊角四牝牡——者异珍之中萃羊

　　至此考察加卜寺新设化德县治及新村建设，已告一段落，滂江及德王府（德王府在滂江东北四十里）之行，又已作罢，而察东方面之情势，目前实表面平静，内容混沌，似缓实急，在考察上颇多不便，且时间尤感不足，故同人再三考虑，金主不必再去，遂将此计划作罢。最后则仅余察省省垣情况及张、库通商之实际情形，与乎察省十二旗群改盟经过情形一小部分而已，因先派团员二人返平，整理收集所得之材料，余则留张继续工作，经数日之努力，并得毕业同学朱、王等君之协助，始获稍有所得，一行遂于二十日乘平绥车回平。爰将此行收集所得之各种材料，分别编制报告，详加申述，并附考察后之感想，用作结论，借供关心边事之国人参考，并祈教正焉！

一　化德县（即加卜寺）

甲、设县之情形及经过

　　化德县城原名"加卜寺"，为蒙语之译音，即"空谷"之意。西北距滂江二百六十余里，南距张家口四百余里，张库大道由此经过，地势险要，东、西、北三面土山围绕，俨若天然城垣，东

北并通贝子庙，西通百灵庙。年来开发西北之声，高唱入云，该
省宋哲元主席，亦鉴于热河失陷，察省东北不仅孤立而且空虚，
因以此为繁荣与充实国防之中心地，乃（a）西南拨画商都县第一
区之七个整乡、二个半乡，即二道沟乡、白土卜子乡、吉尼乌苏
乡、二木匠〈沟〉乡、大黑沙图乡、张天祥乡、贾喜乡及大青沟
房子半乡与卯都半乡等是，将大青沟房子之一部与二道沟合并，
将贾喜乡公腊胡同等七村，与卯都之一部，合为合眼胡同乡，而
贾喜乡则仍单独成乡；（b）东北拨画康保第一屯垦乡之一部，及
教育学田地等是，将原来学田地之加卜寺，定为化德县城，其余
学田地改编为学田乡，而屯垦乡则改编为归化、屯垦两乡，又县
东十二里之"朝诺干"（即新村建设办公所在地），则改为朝阳镇，
合计一镇十一乡。

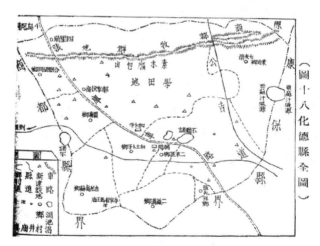

商都〔化德〕，北与商都牧群为界，东北与康保县、厢〔镶〕
黄旗两处为界，东南与康保、商都两县为界，西南与商都为界，
南北最长为百五十里，东最长为九十里，面积约八千方里。

划清界后，于二十三年三月一日，始成立，改名化德县，第一

任县长为秦汉清，无若何成绩，五月省府改委石玉瑞为县长，到任时奉令在加卜寺正东十二里之朝诺干为县城，后以加卜寺为过往之交通要道，并原有居民较多，四面环山，形势优秀，周围有筑成之碉楼十座，防守亦较便利，故以加卜寺为全县之中心——设县于此。县政府位于环山以内之西北高原，居高临下，形状巍巍，县政府系去年开工建设，十月底修竣，大堂、房院二十九间，洋式门房，各房均整齐高敞，县府门前，本年已种有松、柏、槐、柳等树，将来并拟将此辟为公园。

县政府组织下分为两科，第一科科长一，总务科员、会计科员、征收员、庶务员、书记员各一，办理行政事项。第二科科长一，财、建、教三项事务员各一，科员二，技术员一，督学兼教育委员一，政务警五名，雇员二，兼理司法事务，承审员一，书记员一，医生一，检验吏一，承发吏一，司法警二，监狱看守所设官〔管〕狱员兼看守所长一，看守二，所丁二。附建设委员会，办理建设事宜。除第一科外，第二科现仅有科长一人，其余尚属虚悬，据负责人谈，本年内当可将房屋修竣，并聘定员司，开始办公。

乙、化德县新设之各机关

化德在未设县之前，除商家五六户外，其余尽属空地，别无所有，常发生匪警绑票等事，至设县后，乃一面派兵镇慑土匪，一面设立各机关，已较察北商都、康保诸县现有机关为多，其锐意欲繁荣此地之苦心，于此亦可见也。计有党务指委会、税捐局、平民医院、护路稽征所、蒙货查验所、骑兵连、公安局、盐务稽征所、加卜寺皮毛业同业公会、加卜寺各种同业公会、街公所及县署十一处，兹分述于下：

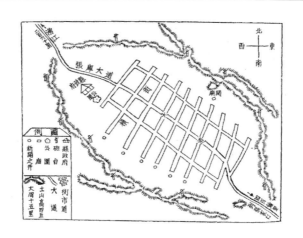

图十九加卜寺街市图

A、化德党务指导委员会

化德县蒙汉杂处，过去忽于边事一切建设，因之文化落后，人民与中央隔阂，故党务工作尤为需要。据该会负责人谈，其工作计划，暂定为：

1. 原则

依据《中国国民党察哈尔省各县党务指导委员会工作大纲》第十二条之规定，并化德实际情形及其需要，在可能范围内，确定该会工作实施之原则三项如下：

a、宣传本党主义，提倡教育，增高文化，改良民俗。

b、协助设治局，指导组织自卫团体，俾人民安居乐业，地方逐渐繁荣。

c、协助设治局，举办社会事业，提倡合作事业，以增进人民之生产力。

2. 实际工作

为达以上之目的，拟于〈民国〉二十四年内，先举办以下各种事项。

a、举办民众学校

化德全县竟无一学校，民众多未受教育，性质强悍，往往不守法纪，影响社会治安，极其重大，应设立民众学校，使其受教育之陶冶，庶可渐渐转移风气，学校经费，拟由设治局与本会共同负担，本会委员分任教师，系义务职，课程注重党义与生产各项。

b、举行民众谈话会

会，不拘形式，与民众作个别谈话，或集团谈话，冀全体民众，均能明了党义，以一年为限。

c、设立民众阅报室

化德地处边陲，交通不便，人民对于国家时事，多不明了，应设立民众阅报室若干处，逐日由本会派员指导阅读，必要时，为之讲解字句，使其明了国际情形与国家大事，庶民族意识、爱国热诚，由此增高。其经费拟由设治局负担，讲演员由本会担任，系义务职。

d、协助设治局训练地方保卫团

化德县向为荒区，住户多系游民，良善者不能安居乐业，散之四方，地方疲敝，不堪言状。设治局有鉴于此，特成立略具雏形之保卫团，若能再施以严格之训练，其自卫效力，自可增加，民众武力，亦可树立。其训练经费，拟由设治局担任，训练人员，拟由本会委员，并聘请有军事智识者担任之，均系义务职。课程注重军事战术及党义等，期限以三个月为限。

e、指导并协助人民组织商会、农会、教育会

化德农商业幼稚，教育落后，兹为增进其利益、发展其事业起见，拟依法组织商会、农会、教育会。

f、指导并协助人民组织牧畜改良会

化德牧畜事业，虽较农、商各业发达，但其牧畜方法，墨守旧

规，以关领袖①依法组织牧畜改良会，并设法聘请牧畜专家来会指导。其经费拟由设治局酌量津贴，庶今后牧畜事业，渐有发达之望。

B、税捐局

a、征税之种类及税率　　税类有各种杂货店铺之营业税，烟酒营业牌照税，皮毛、牲畜、米粟、蘑菇、干鲜食品类各项牙税及牲畜税、屠宰税、车牌捐、斗捐等。其税率系按章征取百分之一，米粟牙税、斗捐，各以二分为标准，其他各项牙税，均以四分为标准征收之。此外尚有米粟牙税、屠宰税、牲畜牙税、车牌捐等项下附加税，县地方收二成，以作补助县行政费之用。

b、征收之情形　　各货经过征收局卡时，即预征买卖主双方之牙税，总计每年征收各项税捐，平均在八万余元之谱。

c、税捐局及经费　　该局暂设总局一处、员巡十人，经费由本省财政厅按月拨发。

C、平民医院

察省面积纵横数千里，人口稀少，公共设施多不讲求，以卫生之医院而论，除张垣有平民总医院一处外，近来因鉴于日本人对于我蒙古民族，表面上虽表示好感，在蒙地设立医院，实则诱惑人民，内含政治作用。宋主席乃于去年冬拨经费一千四百元，在加卜寺设立一分院，经两月筹备，曾于去年一月十二号正式成立医院，开始诊疗。每月经常费暂定八百元，院内现仅设西医部，大夫二、护士二、护生四、差役四，院址系暂时借用，外观虽属土屋形式，余等入内，则见四壁洁白，陈设井然，其工作人员均甚和蔼，作事亦有条不紊。据王院长谈，该院设立之意义，在使

---

① 原文如此。——整理者注

我边地民众，遇疾病得有就医之机会，纯属慈善性质，造福边民，故治病者，除收二大枚挂号费外，无论贫富，概不收取医药费，并谢绝以礼物酬谢情事。初来诊者，日仅五六人，不数月而挂号者，日达二百人以上，蒙人多来自一二百里外，每日工作，几无暇时，足见蒙民对于政府之恩泽尚信赖也。蒙民来就医者，普通壮年男性为多，妇女因路远，行路不便，医院病房又未建设，故较少。治病种类，因蒙民智识过低，不知卫生，故以花柳病与眼病为多。该院有蒙语译员一，专司为蒙民说明各病源，及讲求卫生之重要，此点有治本之意，颇可嘉许。

察北多属广大之平原，汽车通行，甚为便利，该院今年计划，拟先拨五千元建造新式医院（如下图），并由省府拨汽车开始游行治病，仍不收医费，此举在内地尚属罕见。地荒民贫、财政不裕之察省，竟能作此伟大事业，其苦干精神，于此可见一般矣。

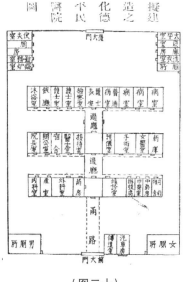

（图二十）

D、护路稽征所与蒙货查验所

张、库通商问题，至今仍未解决，仅德商所组织之德华洋行一家，往来道上。其运输之工具有汽车队，有骆驼队，有牛车队，规模颇大。余等沿张库大道考察时，始知我人民反仅零星小贩，只于内蒙北部小本贸易而已。因之加卜寺之护路稽征所，与蒙货查验所，几专为德华洋行而设，二者之组织皆甚简单。前者征收之办法，凡驼车等通过该地马路，不以货价为单位〈征〉税，而以驼数或车辆数为单位征税，征收税款完全作每年补修该路之用。后者查验之范围，凡由库伦来内地之货物，（a）查验有无违禁物品；（b）查验其货量与货价，登记并发给执照。此外尚有注意之点，凡税收机关虽设于加卜寺，而大商家经此缴税地点则在张家口，因过去该地地广人稀，户口无统计，乡村无组织，土匪出没无常，无法歼灭，暂时只消极的避免危险，据谈将来候治安上有力量，办理当完全在一处，以利商贾。又稽征所为德华洋行而设，前已言之，余等抵加卜寺考察时，适宋主席至漧江过道于此，查知该所稽征超出范围以外，向汉商当地收税，蒙蔽上方，宋立即将该所长撤职管押，闻者莫不称赞宋主席之贤明。

E、盐务稽征所

蒙地因未尽开发，出产植物种类甚少，影响省府之财政收入，故盐类之收税，较为繁重。分正税、附税、食户捐、救国捐、盐坊牌照五种，列表于下：

$$
\text{正捐每担}\begin{cases}\text{青盐二元}\\\text{白盐一元五角}\\\text{土盐一元五角}\end{cases}\qquad \text{附税每担}\begin{cases}\text{青盐}\\\text{白盐}\\\text{土盐}\end{cases}\text{三角}
$$

$$
\left.\begin{array}{l}\text{食户捐}\\\text{救国捐}\end{array}\right\}\text{每担}\begin{cases}\text{青盐二元}\\\text{白盐六角}\\\text{土盐三角}\end{cases}\qquad \text{盐坊牌照}\begin{cases}\text{甲种——五十元}\\\text{乙种——二十元}\\\text{丙种——十元}\\\text{丁种——六元}\end{cases}
$$

上列每担系按市秤一百斤计算，盐商经此，皆须按律实收，牌照以一年为限。因之盐业近况愈下，或有漏税而不经加卜寺情事。宋主席为繁荣该地计，拟在最近期内，设法减轻或蠲免。

该所之组织，系局长一员、会计兼文牍一员、书记一员、司秤员一员、马差四名、工役一名。经费开支，由直辖上级机关拨付，每年费用，亦复不少。

F、皮毛公会及各种同业公会

加卜寺在二三年前，仅有当地蒙汉商人作零星之物件交换，或稀少之货币交易，而汉人又以蒙人货币观念不明，每作不公平之事情，欺骗蒙民，因之商业不甚发达，殊为遗憾。县署与党务指委会成立，见该地商人日渐增多，为发达商业计，乃组各同业公会，今仅具雏形，尚未收实效，仍有待于党政人员努力开导。

此外县署——即设治局——情形已于前见其概略，公安局则于另节述之。街公所组织与内地同，兹不赘述。

丙、化德全县之村庄分布概况及统计

A、化德县城

县城占地四十顷。有商贾八十二户，共三百九十二口。有农民一百零五户，共五百三十五口。

B、乡村

1. 贾喜乡　共二十村，一百九十四户，共一千零八十五口。所种土地一百一十二顷五十亩。有水滩四个。

2. 白土卜子乡　该乡共十七村，二百四十三户，共一千四百八十口。所种地面一百八十顷，有小河沟两条。

3. 大黑沙图乡　该乡共十一村，三百二十七户，共一千五百二十六口。种地二百零一顷，有泡一个。

4. 吉尼乌苏乡　该村〔乡〕共十四村，二百四十一户，共一千零八十口。种地一百零五顷，有小河沟一条。

5. 蒙边乡　该乡有十四村，一百八十三户，共一千零八口。种地一百九十五顷，有甜水淖一个。

6. 二木匠沟乡　该乡共二十五村，四百户，共二千零七十八口。种地二百一十五顷五十亩，有水泉三眼，咸水淖一个。

7. 张天祥乡　该乡共十村，二百二十户，共一千二百九十口。种地一百三十八顷。

8. 归化乡　该乡共十村，一百九十户，共九百五十四口。种地一百三十九顷，有甜水泉一眼。

9. 学田乡　该乡共八村，一百零六户，共五百五十九口。种地一百八十八顷，有咸水淖二个。

10. 合眼胡同乡　该乡共二十一村，二百零七户，共九百九十八口。种地一百二十二顷四十亩，有水泉二眼、小河沟四条。

11. 大二道沟乡　该乡共二十二村，一百九十户，共九百五十四口。种地一百三十九顷，有水泉一眼。

上面列举之数字，多系最近之调查，然以该地乡县，内地前去谋生之农、商，逐渐增加，大有繁荣即在目前之势，故于统计缺乏固定性。

丁、化德县之土壤与物产

化德地面，多系沙土，较内地冀、鲁土壤略瘠，面积广大，垦户甚稀，故其耕种之方法，采轮耕式，殊少施肥。因地处塞北，气候寒冷，每年只能收获一次。普通物产为莜麦、马铃薯（该地呼为山药蛋）、小麦、莱子、胡麻、小豆、乔〔荞〕麦等类。每一壮年农夫，年可耕地五六十亩，每亩以莜麦论，可产五斗，约值三元，每农年有一百元至二百元之收入。通常所用之农具为犁、耙、耧、盖、锄、镰、杈、箔、锹、扫帚、连繁等物，多从张北公会，或商都各处购买，犁二元，耙八元，耧五元，盖一元，锄一元，镰四角，杈二角，笆一角，扫帚一角。

化德县除平原外，尚有卯都山、公纳胡同山、妈妈山、苏木老包山、本坝图山、不动山、青龙山等山地。诸山之高，不过三四丈左右，虽土石相间，而野草茂盛，惜当地对于水泉之开凿，殊少注意。倘将此种问题解决，仍可耕可牧，或植树造林。

戊、化德县人民之生活情形及其风俗

A、衣服，冬夏多着白色。皮袄、皮裤皆本地产，所用布匹为白、蓝、青色，多购自张家口、张北、公会、商都等地。

B、民居多系土房，材料大多购自公会、张北或兴和等处。

C、婚姻由媒妁介绍，均有采礼，多寡不同。娶时多乘车，新妇下车后，抱宝瓶壶。贺客以麸子、干草、核桃、制钱等物，向新妇头上乱撒，拜天地时，香案上陈列斗、秤、尺、剪、镜等物。嗣后新郎即张弓箭，偕新妇入洞房合卺。翌日，新妇遍拜亲友，三日归宁。

D、丧事咸用木葬，殡时多用车拉，接三后，葬埋日期，久暂不等。庆贺普通喜钱五角，拜礼一元，吊丧者多用馒头十二个，坐席一日者，回礼六个，坐席两日者，回礼一个。祭祀分清明、七月十五、十月一日三节，间有谢土之风。礼节多用跪拜。交际普通用中等点心二斤，往来致候。

化德县之农民多来自内地，而在未设治之前，系汉人亡命之徒流集于此，俨然逋逃薮，其人民至今仍多无正当职业，赌具、烟具，几每家必备，已成普遍之现象，当局现尚未严加禁止，因恐骤然施行禁令，民众他去也。

己、化德县之公安局与自卫

A、地方治安　化德地面以前隶属商、康两县，乃鞭长莫及之区，故久为盗匪出没之地。自上年十二月间，经设治局将地方各村联庄，编制就绪，选举乡保卫团中队长一名，各乡分选甲长各一名，各村选设牌长各一名，制发旗帜传牌。至其自卫力量，全境共有大小枪二百三十五支，庄丁约一百九十五名，均能骑马，遇小股土匪，即由各乡团负责剿办，设治局随时调遣，而大股土匪，则会同各地方驻军剿办。自去年腊月以后，地方迄无匪案，甚为安静。

兹附《联庄剿匪办法条例》于下：

1. 各乡传牌为调集联庄之用。

2. 传牌由各甲长保存，发生土匪时，甲长得发传牌招集联庄，如有遗失，从严惩办。

3. 各乡境内无论任何村庄地点发生土匪时，附近居民，应即报告就近联庄牌长及甲长。

4. 各甲长得报告后，应即指定地点，限定时间，发传牌招集联庄剿匪，不得有误。

5. 各联庄见传牌后，应即按照限定时间，向指定地点出发，不得片刻耽误。

6. 甲长得到匪情报告后，不发传牌或迟发，致匪逃窜者，以纵匪殃民论。

7. 各联庄见传牌后，不依限定时间到指定地点，或不听甲长指挥剿匪者，以通匪论。

8. 本局所发各甲传牌，互相有效。

B、公安局组织　客岁因地方无备，仅有临时组织，自本年一月一日始正式成立，复于二月一日奉省府民厅令改编。现在编步警三班（三十名），设警官一，书记兼会计一，伙夫三名。黑色制服，皮大衣，大枪二十支，纯系马队，维持地方秩序，保护往来商贾，并受县长指挥。

二　化德县新村建设计画

甲、朝阳设镇之起源及建设

朝阳镇原名"朝诺干"，乃蒙文之译音，即"狼饮水"之意。塞北水源缺乏，又无森林，不能储水，故凡遇有水源之地，即以水字意名其地，使人留意之，如"多伦诺尔"、"诺卜诺尔"、"库库诺尔"、"昔苏乌苏"等名，皆同一取义也。

宋哲元主席于上年上月曾来"朝诺干"，见其泉水甚旺，即拟以"朝诺干"为县城，以"加卜寺"为镇。同年八月十四日再来视查，以"朝诺干"之地势，不及"加卜寺"之险要，而"加卜寺"施以人工之开井，亦可供全城之需用，于是乃改以"加卜寺"为县城，以"朝诺干"为镇。今察省农村建〈设〉委员会化德县新村建设办公处，即住于此。

本年一月，该会派陈仲山君至朝阳镇，开始计画，今一切尚在草创时期。据云本年秋可初步完成朝阳镇及二十个新村建设，其目的在以化德县为中心，繁荣察北。

乙、新村建设所采用之原则

年来开发西北之说，虽已高唱入云，而实际工作者，尚属寥寥。其原因由于边疆人村〔材〕之缺乏，忍苦耐劳者之稀鲜，兼之边疆建设，一切俱无基础，进行当感困难，因此察北加卜寺新村建设计划，与内地情形多不相同。当局为打破此困难计，先立定两大原则，即先从事调查，而后从事设备是也。

关于调查事项，其着重处：1. 村基之位置；2. 土地之性质；3. 山之形势、高度及其性质，为土为石，或土石相间；4. 水泉之有无，及其地点、面积、深浅，并其水之咸淡；5. 井之有无，及其深浅、构造之法，并其水量，水味若何；6. 碱地之有无，及其地点、面积；7. 河流之有无及其来源、去向；8. 道路现有之形势，及其经过地点；9. 有无可设窑烧砖、瓦、盆、瓮土质，及其地点；10. 有何种特别产（如药材、矿产、动物等类）。

关于设备事项，其着重处：1. 购置木材，以备建造农村；2. 派员赴荒地绘画区域地图，以便设村放田；3. 招雇凿井工人，分往各地凿井；4. 招徕农户，送往荒地耕垦；5. 丈量农田，以资分配；6. 兴办长途汽车，以利荒地交通；7. 筹办农具工厂，以资应用；8. 招工建筑农村围墙，以及农户应用房屋；9. 定购造房土壤，以资应用；10. 测画农村街道地图，以凭建造；11. 划分农村，应用公共牧畜、林场、蔬圃、堆粪场、收获场区域；12. 先行建造农村应用房式，以凭仿造；13. 创造农村公共市场，以谋发达工商事业；14. 筹备农村，按户领住房屋，以资安置。（插入新村图）

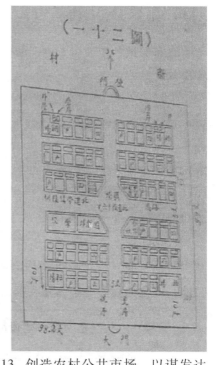

丙、新村建设进行程序

A、购置大批树木以备建造农村　建设农村，开发市镇，所有建筑等项，在在需用木材，而本地一无出产，均由邻省兴和县一带输运供给，与荒地相距约二百五六十里，如大批购置，殊非即刻能办，现值冬季正在出售木材之时，立速派人往购，价值当较平时低廉。年前即行砍伐，去皮曝诸风日之下，略去水气，减轻重量，于明年二三月间起运，不致有误时间。

B、雇募凿井工人以备开凿村井　建设农村，先须筑围，打墙造房，一切工程，均非水不可，故凿井尤为当务之急，而土法凿井，多有深至数丈不见水泉者，今为要求工作效率起见，应改用凿洋井法，借免蹈过去徒劳无功之覆辙。但此项工人，口外难觅，须由内地招雇，拟先行招雇三班或两班，每班四五人，此则须即时办理者也。

C、物色建筑人才　化德县属，东西相距九十里，南北相距约百五十里，新农村之建设不下数十处，须素有经验之建筑人才，分往监督考察，方能收效敏速而切实，而此项人才则必须早为物色。

D、创设农具工厂以备应用　招徕人民，首重生产，而外来农户，初到新地，一切用具不便携带，而于农具，更属困难，其户口陡增，需用日广，临时购买，恐良窳不齐，有误应用。兹拟于化德县朝阳镇，设立农具工厂，建筑房屋，招募各项工人，前往工作，租与房屋，以便营业。其制作农具，可以随时指导检查，俾含有改良性质，价廉物美，以利农民。

E、画荒地区域以便各项建筑　按图暂定每村之位置，俾得实际设计，其各村四面距离皆为十里，则每户应得一百方里，即三百六十顷（每亩以三百六十弓计算），每村五十户，每村〔户〕种地二顷，则每村可种地一百顷，初以一百顷划为农田区，余则按山之形势、水之位置，分划植林、牧畜二区。

F、选定村基以备建造　划区既定，村基即宜选择，早为指定，得以从容计画，而领垦经营，亦有目标可循，至其应注意之点有五：1. 近水；2. 利用山湾以避风；3. 交通无大阻碍；4. 便于守望；5. 土质宜于建筑。

G、筹设交通器具以求便于进行　省城至化德县，以村庄极稀，旅行多感不便，又因脚力缺乏，代价昂贵，故来往于此道者亦稀。如先以汽车一二辆定期开行，营业不求获利，但借以招徕行人，使赴化德者无行路之苦，其欲调查边地情形，欲往经营事业者，自必日见其多，不招自来。至本会人员往来经营，亦可借汽车之便，节省时间，办理敏速。

H、调查耕牛以备农户开垦　农户初到荒地，耕牛之用必繁，须早为调查，除有力者自行购用外，其余皆可临时租用。此项耕牛，向来租借之习惯如何，及购价如何，皆须先为筹划。

I、招徕农户前往耕垦须先有公布　各项办法既有规定，须广招农户，以往实地经营，其招徕之法列下：1. 省政府暨有关系各县政府出布告；2. 宣传、登报、印刷；3. 在张家口设接洽处。

J、筑营驻兵以维农村治安　在数个农村适当地，建造营房，以备派兵保护，而维农村治安，庶农民到此得以安居乐业。

K、招徕内地农民，筹议减收火车费　请省政府商请铁道部，对于移来农户，酌减车费，以恤农艰，家眷则全免车费。按照民国十四年西北移民开垦成案办理。

L、凡关于本会所规定农垦、牧畜、造林、卫生各大端，有须提前办理者，亦请参照本提案规定进行程序，以求一齐进步，而收分工合作之效。

上列方案，规画周详，切合该地环境情形。除 D、J、K 三项外，余已大概实现。据陈主任谈，并择适宜地点，建筑公园、戏园、关庙、马王庙等，在朝阳镇者，本年均可完成。

三 察省概况

本团此次赴察省蒙边一带考察，除对于加卜寺化德设治及朝诺干农村建设委员会筹建新村，作有较详细之报告外，对于其他方面，因时间及环境关系，未获身临其境，作实地之考察者，则不便赘述。兹再就留察期间所得关于察省之一般概况，作一简明之叙述，以飨关心边政之读者。

甲、经济方面

察哈尔省，位居塞北，地广人稀，北连外蒙，东毗辽、热，省会张家口，为内外蒙与内地交通之孔道，昔以张、库通商，贸易繁盛，工商业亦颇发达。惟自外蒙"赤化"后，因政治问题未获解决，交通因而中断，蒙、汉商务，遂亦隔绝，致使昔日繁华之区，变为萧条之地。全省经济因工商业不振而蒙受其影响者，实为繁重。且近年来，除张、库商业关系中绝，致使察省经济遭受影响外，而张、多间之商务，以多伦被日伪强占未复，察东各县又入于混沌状态，此其影响，亦非浅鲜。更自"五二六"同盟军事件发生，察省身当其境，以贫瘠之地，作巨大之供应，尤为使地方经济愈趋贫困之要因。至其人民生活之状况，则非亲至其地实际考察者，绝不能知其痛苦之深矣。本团留省时，闻察东赤城一带，已发生饥饿死人之事，并悉该地请愿代表，已来省向省府请求赈济，即此一端，更可概见其余。此在私人经济方面，仅人民之生活已如此贫困，工商业之不振与破产，尤不待言。张家口大境门外昔日对蒙交易之商号，现几完全倒闭。在公经济方面，省府全年收入，据称仅有三百万元，其拮据之情形，亦不言可知矣。

乙、政治方面

察哈尔虽亦行省之一，然因地处边陲，汉蒙杂处，自东北四省沦亡后，已立于国防之最前线矣。故其在政治上之设施，除视汉、蒙居民生活习惯之不同情形，斟酌布行新政外，并须注重适合国防边塞之措置，此其因地制宜，通权达变，未可强谋与内地省区行政雷同者，其理至明。故省府专设一科，统筹蒙务，并有十二旗群总管之设立（十二旗群即（1）商都牧群，（2）明安牧群，（3）右翼牧群，（4）左翼牧群，（5）镶黄旗，（6）正黄旗，（7）镶白旗，（8）正白旗，（9）镶红旗，（10）正红旗，（11）镶蓝旗，（12）正蓝旗），用以推进蒙政，改善蒙民生活。对于东北部各县，则又须注重于收拾人心，使民内向。故凡政治设施，均以"民为邦本，本固邦宁"为原则，求人民实际生活改善。惟察省地瘠民贫，一切政治措施，均甚困难，而当局者仍能孜孜不倦，努力与民更始，诚为难能可贵者也。

至于军事国防各端，则因有关国家大计，未便申述，故只好付之缺如。他如教育方面，则察省虽财政困难，对于教育仍甚努力，除对于汉民努力施教外，于蒙民教育，亦极为注意，张家口省立师范，且有蒙古青年特班之设，其意在养成蒙民师资，为将来推进蒙民教育之准备也。

丙、垄断张、库商务之德华洋行

此外，吾人再就目前垄断张、库间商务之德华洋行，一为申叙。按德华洋行，名为德华商人之商业组织，而实际上则由德人包办，未闻有华股挈入，至于俄人股本之是否参入，固不可知。

为据情度理，德华洋行为张、库间唯一商业机关，俄人想不至于坐视此巨大利益不受而放弃之也。关于组织内容、资本数额、每年之营业状况，及实际其贸易量为几何，外间均莫由探悉。即出入口货物种类，除仅知出口货为布匹、砖茶、杂货，入口货为皮毛、蘑菇、药材等普通物品外，其他是否尚有特殊运销之货物，则外间多不知之。至其贸易状况，仅就下列两事而论，即足以证明其数额之大矣。其一，为保护张、库通商之安全，特设护路队，以保护交通；其二，设护路稽征所，征收税捐，作每年修补该路之用。以仅有之一家商业组织，而有如此之特别设备，其营业规模之大，当可概见。至每日往来运货之牛车队、马车队、骆驼队，无虑数百辆，周岁络绎不绝于途。在外蒙因政治问题未解决前，商业已皆为外人所垄断，经济利益，悉为人操，执笔及此，不胜痛心！甚盼我政府当局，迅速解决外蒙政治问题，俾早日恢复张、库通商，挽回经济权益，免被外人独占此大好市场，则不独察省之繁荣，可立而待，即汉、蒙人民之生活，亦可逐渐起色，福国利民，亦计之至得也。

考察后之感想——代结论

本团同人，此次赴察省蒙边考察，以仓促之时间，作一走马看花之巡视，所历各地，搜集之材料，已编作报告，申叙于前。今再就同人考察后之感想，略述如后。

先就全省而论，精神方面，大体表现振作奋斗之气象，一般工作人员，在宋主席领导之下，埋头苦干，孜孜不倦，虽物质方面，稍感困难，而其积极建设，努力图存，固未稍落人后，尤以农村建设委员会之积极筹建新村，工作紧张，为内地各省所罕见。以察省贫瘠之区，竟能大刀阔斧，努力建设，成绩斐然，此种精神，实令人敬佩。倘各省均能如此奋发，则中华民族复兴前途，诚具有无穷之希望也。

再就化德设治而论，因察省军政当局，上下一心，埋头苦干，故在加卜寺之负责人员，均能努力工作，忍苦耐劳，毫无怨尤之意，且彼辈全系青年，在工作上，尤表现硬干、快干之精神。在此蒙边荒原，物质供给，异常缺乏，凡一砖片瓦，均须临时设法添制，至于木料及其他建筑原料，皆非本地所能产生，故常取诸数百里外，虽有牛车载运，然旷时废日，用费浩繁，且极困难，非如内地之予取予求，供给便利者可比。惟彼等绝不因是中止工作，反因此更下决心，其责任心之重，由勇于任事一点，即可证明。如遇有必须兴办之事宜，即先断然做去，再另呈省政当局追认，固不因迁就形式，必待呈准，而后兴办，此其较之内地公务，因公文往返而误时机者，迥乎不同。至于其工作方面，均注重于实际，较之内地专事宣传讲究表面工作者，实不可同日而语也。

关于各方面之建设计划，颇为周详，非富有经验者，绝不能为之。举凡县治建设、新村建设、移民屯垦、自卫公安、教育设施、党务推进各端，均在短促之时间内，表现出相当之成绩。

除以上列举各端外，其风俗民情，亦为吾人所当特别注意者。该地在设治之前，固僻处边窍〔徼〕，人烟稀少，一般生活，尚难终岁维持，故在民风上，颇难养成良善之习惯，正当娱乐，更无从说起。且民风刁悍，为非作歹，恬然不以为怪，昔日匪风之炽，此中原因，实造端于是，故在设治以后，地方当局，即首先注意公安，计亦良得。惟就吾人所知，在风俗上，赌风盛行，黑化尤深，两性关系，因男女人口比例之差异，往往一女子与数男子同居，形成公妻之现象，荒谬绝伦，莫此为甚！其影响于人民之健康颇大，更不足以语道德伦常，民族前途，覆灭堪虞，甚盼当局者，积极开导，禁绝烟赌之风，纠正不合伦理道德之婚姻关系，尤盼迅速提倡有意义之公共娱乐，如射击、狩猎……等，以移易风俗。至于导民、训民，使能自治自卫，教民、养民，提倡生产建设，政令行于前，科罚随于后，言出法随，不稍宽贷，则尚有赖于负责当局之继续努力也！

《正风》（月刊）

北平正风杂志社

1936 年 2 卷 1—4 期

（朱宪　整理）